高等学校建筑环境与能源应用工程专业
"十三五"规划·"互联网+"创新系列教材

# 建筑设备安装施工技术

邹声华　胡锦华　魏小清　杨惠君　李文菁　编著

U0747906

中南大学出版社
www.csupress.com.cn

长沙

**图书在版编目（CIP）数据**

建筑设备安装施工技术／邹声华等编著. —长沙：
中南大学出版社，2019.11（2022.10 重印）
ISBN 978-7-5487-3754-4

Ⅰ.①建… Ⅱ.①邹… Ⅲ.①房屋建筑设备－建筑
安装－工程施工－高等学校－教材 Ⅳ.①TU8

中国版本图书馆 CIP 数据核字（2019）第 198254 号

# 建筑设备安装施工技术

邹声华　胡锦华　魏小清　杨惠君　李文菁　编著

| | |
|---|---|
| □责任编辑 | 刘颖维 |
| □责任印制 | 李月腾 |
| □出版发行 | 中南大学出版社 |
| | 社址：长沙市麓山南路　　　　邮编：410083 |
| | 发行科电话：0731-88876770　　传真：0731-88710482 |
| □印　　装 | 长沙市宏发印刷有限公司 |

| | |
|---|---|
| □开　　本 | 787 mm×1092 mm　1/16　□印张 21.75　□字数 555 千字 |
| □版　　次 | 2019 年 11 月第 1 版　　□印次 2022 年 10 月第 2 次印刷 |
| □书　　号 | ISBN 978-7-5487-3754-4 |
| □定　　价 | 68.00 元 |

# 高等学校建筑环境与能源应用工程专业
# "十三五"规划·"互联网+"创新系列教材编委会

# 出版说明
## Publisher's Note

遵照《国务院关于印发"十三五"国家战略性新兴产业发展规划的通知》(国发〔2016〕67号)提出的推进"互联网+"行动,拓展"互联网+"应用,促进教育事业服务智能化的发展战略,中南大学出版社理工出版中心、中南大学廖胜明教授、湖南大学杨昌智教授、南华大学王汉青教授等共同组织国内建筑环境与能源应用工程领域一批专家、学者组成"高等学校建筑环境与能源应用工程专业'十三五'规划·'互联网+'创新系列教材"编委会,共同商讨、编写、审定、出版这套系列教材。

本套教材的编写原则与特色:

### 1.新颖性

本套教材打破传统的教材出版模式,融入"互联网+""虚拟化、移动化、数据化、个性化、精准化、场景化"的特色,最终建立多媒体教学资源服务平台,打造立体化教材。采用"互联网+"的形式出版,其特点为:扫描书中的二维码可以阅读丰富的工程图片、演示动画、操作视频、工程案例、拓展知识、三维模型等。

### 2.严谨性

本套教材以《高等学校建筑环境与能源应用工程本科指导性专业规范》为指导,教材内容在严格按照规范要求的基础上编写、展开、丰富,精益求精,认真把好编写人员遴选关、教材大纲评审关、教材内容主审关。另外,关于本套教材的编辑出版,中南大学出版社将严格按照国家相关出版规范和标准执行,认真把好编辑出版关。

### 3.实用性

本套教材针对21世纪学生的知识结构与素质特点,以应用型人才培养为目标,注重理论知识与案例分析相结合,将传统教学方式与基于现代信息技术的教学手段相结合,重点培养学生的工程实践能力,提高学生的创新素质。

### 4.先进性

本套教材既突出建筑环境与能源应用工程专业理论知识的传承,又尽可能全面反映该领域的新理论、新技术和新方法;本着面向实践、面向未来、面向世界的教育理念,培养符合社会主义现代化建设需要,面向国家未来建设,适应未来科技发展,德智体美全面发展以及具有国际视野的建筑环境与能源应用工程专业高素质人才。

本套教材不仅仅是面向建筑环境与能源应用工程专业本科生的课程教材,还可以作为其他层次学历教育和短期培训的教材,以及广大建筑环境与能源应用工程专业技术人员的专业参考书。由于我们的水平和经验有限,这套教材可能会存在不尽人意的地方,敬请读者朋友们不吝赐教。编审委员会将根据读者意见、建筑环境与能源应用工程专业的发展趋势和教学手段的提升,对教材进行认真修订,以期保持这套教材的时代性和实用性。

编委会
2019年6月

 # 前言
## Preface

  "建筑设备安装施工技术"是建筑环境与能源应用工程专业的一门实践性较强的主要专业课程。21世纪以来，随着我国材料工业的不断发展，涌现出了许许多多的新材料，施工器械和施工技术不断进步，暖通空调领域的规范和标准不断更新，老教材很难适应这种新形式。作者结合多年的教学经验，参考各种同类教材，组织编写了本书。

  本书共八章，分为三大部分：第一部分(第1章)主要介绍建筑设备安装施工技术基础(包括所用材料、管道、阀门、紧固件等及其加工与连接方法)；第二部分(第2章—第7章)主要介绍基本知识在暖通空调领域所涉及的各种不同系统(供热、热源系统、通风空调、制冷、室内给水排水、燃气供用等)中的应用，每种系统自成一章，对系统的构造方法、工艺和特色进行介绍。最后一部分(第8章)对各种系统的防腐与保温进行了介绍。

  本书在编写过程中，以新规范和新标准为依据，将各种新技术介绍给学生，以开拓学生的视野，同时注重文字表述上的通俗易懂、深入浅出和资料的收藏。本书具有两个特点：①紧跟新形势、新规范、新材料、新工艺和新技术，力求简明扼要、重点突出、图文互补、可操作、可复制，突显实用性。②每章均提供了适量的课后复习思考题，供学生课后复习思考，帮助学生更好地理解和掌握书本知识。

  本书可作为普通高校建筑环境与能源应用工程专业课程教材，也可作为相关专业工程技术人员设计、施工、运行管理时的参考用书。

  本书由湖南科技大学邹声华、兰州交通大学杨惠君和湖南工程学院李文菁编写第1章、第2章，湖南工业大学魏小清编写第3章、第4章。第5、6、7、8章由湖南科技大学邹声华、胡锦华编写，全书由邹声华和胡锦华负责统稿。湖南工程学院李文菁对全书进行了校读。研究生张杰、杨万鑫、黄海清对本书的文字输入和插图做了许多有益的工作。在此，对他们的付出表示感谢！

  由于编者水平有限，书中存在的错漏和不妥之处，恳请广大专家和读者予以批评指正，不胜感激！

编　者<br>
2019 年 5 月

# 目 录
## Contents

# 第1章 建筑设备安装施工技术基础

## 1.1 钢管及管子附件及其加工与连接

### 1.1.1 钢管及管子附件及其通用标准和适用条件

为便于生产厂商制造和用户选用,钢管及管子附件通用材料应符合国家统一标准。

#### 1.1.1.1 钢管及其附件的通用标准和适用条件

(1)公称尺寸

根据《管道元件 DN(公称尺寸)的定义和选用》(GB/T 1047—2019)中的表述,公称尺寸(公称直径)定义为:用于管道系统元件的,用字母和数字组合的尺寸标识。它由字母 DN 后跟无因次的整数数字组成。这个数字与端部连接件的孔径或外径(用 mm 表示)等特征尺寸直接相关。

注:①除非在相关标准中另有规定,字母 DN 后跟的数字不代表测量值,也不应用于计算。②采用 DN 标识,应给出 DN 与管道元件的尺寸的关系。例如:DN150 的管道只表示公称尺寸为 150 的管道,而该系列管道的外径为 159 mm,标识为 DN159 mm,国内常标识为 $\phi$159。

管道及其附件的公称尺寸部分系列规格见表 1 – 1。

表 1 – 1 管道及附件的公称尺寸部分系列规格(GB/T 1047—2019)

| | | | |
|---|---|---|---|
| DN6 | DN40 | DN175 | DN450 |
| DN8 | DN50 | DN200 | DN500 |
| DN10 | DN70 | DN225 | DN600 |
| DN15 | DN80 | DN250 | DN700 |
| DN20 | DN100 | DN300 | DN800 |
| DN25 | DN125 | DN350 | DN900 |
| DN32 | DN150 | DN400 | DN1000 |

注:最高系列规格为 DN4000。

由此可见，公称尺寸既不是管道内径也不是管道外径，三者之间也无换算关系。公称尺寸是一种名义直径。它是为保证管道及其附件的通用性和互换性而制定的通用标准。不同类别的管道其公称尺寸各有其适用性。

（2）公称压力

根据《管道元件PN（公称压力）的定义和选用》（GB/T 1048—2019）中的表述，公称压力定义为：与管道系统元件的力学性能和尺寸特性相关，用字母和数字组合的标识。它由字母PN后跟无因次的数字组成。

注：①字母PN后跟的数字不代表测量值，也不应用于计算，除非在有关标准中另有规定。②除与相关的管道元件标准有关联外，PN不具有意义。③管道元件允许压力取决于元件的PN数值、材料和设计以及允许工作温度等，允许压力在相应标准的压力－温度等级表中给出。

公称压力通常表示在Ⅱ级温度（20～200℃）下，管道及附件允许的最大工作压力。

（3）钢管及管子附件的工作压力、试验压力

1）工作压力

工作压力是指管道在正常工作时管内流动介质的压力，用 $P_t$ 表示，单位使用MPa。下标"t"表示介质最高温度1/10的整数值，但一般用介质最高温度所在级别范围上限温度1/10的整数值表示。例如，介质最高温度为220℃的工作压力表示为 $P_t = P_{22}$。

随着温度的升高，金属材料机械强度降低，因而承压能力随着温度升高而降低。所以，随着工作温度的提高，应选用公称压力等级更高的元件与之相配。

通常将0～450℃的工作温度分为八级，见表1－2。

表1－2　碳素钢的工作温度与最大工作压力的关系表

| 温度分级 | 温度范围/℃ | $P_t$ 与公称压力的关系 |
| --- | --- | --- |
| Ⅰ级温度 | 0～20 | $P_t = 1.20 \, PN1.0$ |
| Ⅱ级温度 | 20～200 | $P_t = 1.00 \, PN1.0$ |
| Ⅲ级温度 | 200～250 | $P_t = 0.92 \, PN1.0$ |
| Ⅳ级温度 | 250～300 | $P_t = 0.82 \, PN1.0$ |
| Ⅴ级温度 | 300～350 | $P_t = 0.73 \, PN1.0$ |
| Ⅵ级温度 | 350～400 | $P_t = 0.64 \, PN1.0$ |
| Ⅶ级温度 | 400～425 | $P_t = 0.58 \, PN1.0$ |
| Ⅷ级温度 | 425～450 | $P_t = 0.45 \, PN1.0$ |

例如：碳素钢闸阀，阀门标识为PN1.6，说明它可用于介质温度不高于200℃、介质工作压力为1.6 MPa（ $P_t = PN1.0 = 1.00 \times 1.6 = 1.6$ MPa）的管道系统中。但是，同样的1.6 MPa工作压力，如果介质的工作温度为360℃（在350～400℃范围内），则应选择PN2.5（1.6/0.64＝2.5）的同种阀门，才能满足工作压力为1.6 MPa、工作温度为360℃的介质条件。

2）试验压力

试验压力是指在常温下检验管道及其附件的机械强度及严密性能的压力标准，用 $P_s$ 表示，单位使用 MPa。

机械强度及严密性能通常采用水压试验；对易燃易爆及有毒性气体介质管道及其附件还要进行气密性试验。

试验压力数值和试压用介质及操作程序，由相关规范、规程根据试压对象的材质、结构或工艺系统特点进行规定或工艺设计给定。碳素钢管道及附件公称压力、试验压力与工作压力的关系见表 1-3。

**表 1-3　碳素钢管道及附件公称压力、试验压力与工作压力的关系**

| 公称压力 | 试验压力（用100℃的水）$P_s$/MPa | 介质工作温度/℃ | | | | | | |
|---|---|---|---|---|---|---|---|---|
| | | 20~200 | 200~250 | 250~300 | 300~350 | 350~400 | 400~425 | 425~450 |
| | | 最大工作压力 $P_t$/MPa | | | | | | |
| | | $P_{20}$ | $P_{25}$ | $P_{30}$ | $P_{35}$ | $P_{40}$ | $P_{42}$ | $P_{45}$ |
| PN0.1 | 0.2 | 0.1 | 0.1 | 0.1 | 0.07 | 0.06 | 0.06 | 0.05 |
| PN0.25 | 0.4 | 0.25 | 0.23 | 0.2 | 0.18 | 0.16 | 0.14 | 0.11 |
| PN0.4 | 0.6 | 0.4 | 0.37 | 0.33 | 0.29 | 0.26 | 0.23 | 0.18 |
| PN0.6 | 0.9 | 0.6 | 0.55 | 0.5 | 0.44 | 0.38 | 0.35 | 0.27 |
| PN1.0 | 1.5 | 1.0 | 0.92 | 0.82 | 0.73 | 0.64 | 0.58 | 0.45 |
| PN1.6 | 2.4 | 1.6 | 1.5 | 1.3 | 1.2 | 1.0 | 0.9 | 0.7 |

注：1. 表中略去了 2.5 以上的公称压力及与之对应的试验压力、工作压力。

2. 表中的试验压力是指常温下的水压试验压力。

（4）管螺纹标准

管螺纹标准是管道螺纹连接时，为了保证管道与管子附件的通用性，而制定的螺纹加工统一标准。目前执行的是《55°密封管螺纹 第 1 部分》（GB/T 7306.1—2000）：圆柱内螺纹牙型（图 1-1）与圆锥外螺纹牙型（图 1-2）。该标准规定了牙型角为 55°、螺纹副本身具有密封性的圆柱内螺纹和圆锥外螺纹的牙型、尺寸、公差和标记。

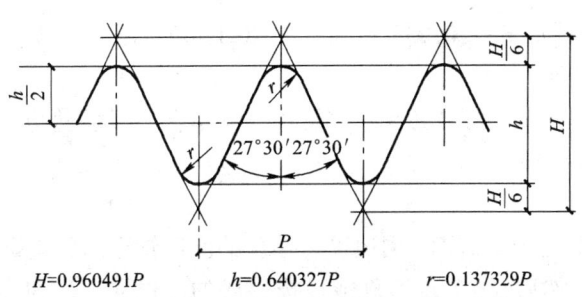

$H=0.960491P$　　　$h=0.640327P$　　　$r=0.137329P$

**图 1-1　圆柱内螺纹牙型示意图**

$P$—螺距；牙型角—27°30′+27°30′=55°；

$h$—牙高（螺纹深度）；$H$—原始三角形高度；$r$—圆弧半径

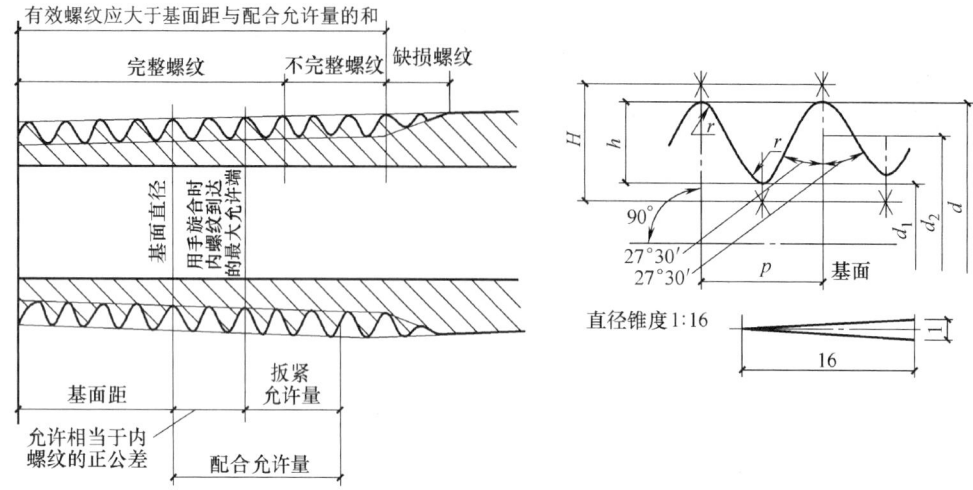

**图 1-2  圆锥外螺纹牙型示意图**

$d$—螺纹大径；$d_1$—螺纹小径；$d_2$—螺纹中径

本标准适用于管子、阀门、管接头、旋塞及其他管路附件的螺纹连接。

### 1.1.1.2  钢管及管子附件

**1. 碳素钢管的材质**

碳素钢是指含碳量 $w(C)$ 低于 2%，并含有少量锰、硅、硫、磷、氧等杂质元素的铁碳合金。按其含碳量的不同可分为：

①工业纯铁——$w(C) \leqslant 0.04\%$ 的铁碳合金。

②低碳钢——$w(C) \leqslant 0.25\%$ 的碳钢。

③中碳钢——$0.25\% < w(C) \leqslant 0.60\%$ 的碳钢。

④高碳钢——$w(C) > 0.60\%$ 的碳钢。

但是，钢中所含某些杂质是有害的，主要是指磷、硫。按其含量分类，碳素钢管又分为：

①普通碳钢管 $[w(P) \leqslant 0.045\%，w(S) \leqslant 0.050\%]$。

②优质碳钢管 $[w(P)、w(S)$ 均 $\leqslant 0.035\%]$。

③高级优质碳钢管 $[w(P) \leqslant 0.035\%，w(S) \leqslant 0.030\%]$。

**2. 碳素钢管及其附件**

钢管按其制造方式不同，可分为无缝钢管和有缝钢管（焊接钢管），见表 1-4。

（1）无缝钢管及其附件

1）无缝钢管

无缝钢管是一种具有中空截面、周边没有接缝的圆形管道。无缝钢管是用钢锭或实心管坯经穿孔制成毛坯管，然后经热轧、冷轧或冷拔制成的。根据工程的实际使用需求，不同输送管道应执行相应标准，其执行标准通常有：

①《结构用无缝钢管》（GB/T 8162—2018）是用于一般结构和机械结构的无缝管。

②《流体输送用无缝钢管》（GB/T 8163—2018）是用于输送水、油、气等流体的一般无缝管。

表 1-4　无缝钢管与焊接钢管

| 碳素钢管 | 有缝钢管（焊接钢管） | 低压流体输送用焊接钢管 规格表示：公称尺寸 | 普通管 | 加厚管 |
| | | | $P_t \leqslant$ PN1.0 | $P_t \leqslant$ PN1.6 |
| | | | 白铁管（镀锌）、黑铁管 | |
| | | 螺旋缝焊接钢管 规格表示：$\phi$ 外径 × 壁厚 | 适用于介质压力 $P_t \leqslant 2$ MPa，介质温度 $t \leqslant 200℃$ 的场合 | |
| | | 直缝卷制电焊钢管 规格表示：$\phi$ 外径 × 壁厚 | 适用于压力 $P_t \leqslant$ PN1.6，温度 $\leqslant 200℃$ 范围 | |
| | 无缝钢管 | 普通无缝钢管 | 规格表示：$\phi$ 外径 × 壁厚 | |
| | | 专用无缝钢管 | | |

③《低中压锅炉用无缝钢管》（GB 3087—2008）是用于制造各种结构低中压锅炉过热蒸汽管、沸水管及机车锅炉用过热蒸汽管、大烟管、小烟管、拱砖管用的优质碳素结构钢热轧和冷拔（轧）无缝管。

④《高压锅炉用无缝钢管》（GB 5310—2017）是用于制造高压水管锅炉受热面用的优质碳素钢、合金钢和不锈耐热钢无缝管。

还有其他执行标准，这里不再介绍。

热轧管是在再结晶温度以上进行轧制制成的，冷拔（轧）管是在再结晶温度以下进行轧制制成的。热轧无缝管一般用于制造结构用无缝管，流体输送用无缝管，低、中压锅炉钢管，合金钢管，不锈钢钢管等；冷拔（轧）无缝管除热轧管品种外，还包括碳钢薄壁管、合金钢薄壁管、不锈钢薄壁管、异型钢管等。

无缝钢管具有强度高、内表面光滑、水力条件好等优点，适用于 $P_t =$ PN32，温度为 $-30 \sim 425℃$ 的水、蒸汽、空气、氢、氨、氮及石油制品等介质。

2）无缝管力学性能

碳素钢的力学性能主要取决于钢的化学成分和热处理方法。根据不同的使用要求，主要有拉伸性能、硬度、韧性指标，还有高、低温性能等，一般由钢的牌号和品种表示。通常而言，钢的含碳量增加，其强度、硬度升高，塑性、韧性和可焊性降低。表 1-5 给出了执行《结构用无缝钢管》（GB/T 8162—2018）标准的部分无缝钢管的力学性能。

表 1-5　优质碳素结构钢、低合金高强度结构钢和牌号为 Q235、Q275 的钢管的力学性能

| 牌号 | 下屈服强度 | | | 抗拉强度 /MPa | 断后伸长率 /% |
| | 壁厚/mm | | | | |
| | $\leqslant 16$ | $16 \sim 30$ | $> 30$ | | |
| 10 | 205 | 195 | 185 | $\geqslant 335$ | 24 |
| 20Mn | 275 | 265 | 256 | $\geqslant 450$ | 20 |
| Q235 | 235 | 225 | 215 | $375 \sim 500$ | 25 |
| Q275 | 275 | 265 | 255 | $415 \sim 540$ | 22 |

钢的牌号简称钢号，是对每一种具体钢产品所取的名称，钢号含义比较复杂，其表示方法执行《钢铁产品牌号表示方法》（GB/T 221—2008）标准。例如：牌号 Q235 钢，Q 是屈服强度的意思，235 是屈服强度的数值，单位是 N/mm²。

3）无缝管规格

无缝管的规格通常采用"φ 外径 × 壁厚"表示。执行的标准不同，无缝管的尺寸、外形、质量及允许偏差就有所不同。我国结构用无缝钢管的尺寸、外形执行《无缝钢管尺寸、外形、质量及允许偏差》（GB/T 17395—2008）标准。该标准将钢管的外径和壁厚分为三类：普通钢管的、精密钢管的、不锈钢管的。钢管的外径分系列 1、系列 2、系列 3 三个系列。系列 1 是普通系列，属于推荐选用系列；系列 2 是非通用系列；系列 3 是少数特殊、专用系列。精密钢管的外径分为系列 2、系列 3。表 1-6 是部分普通钢管的外径和壁厚。

表 1-6　部分普通钢管的外径和壁厚

| 外径/mm | | | 壁厚/mm | | | | | | | | | |
| --- | --- | --- | --- | --- | --- | --- | --- | --- | --- | --- | --- | --- |
| 系列 1 | 系列 2 | 系列 3 | 3.0 (2.9) | 3.2 | 3.5 (3.6) | 4.0 | 4.5 | 5.0 | 5.5 (5.4) | 6.0 | 7.0 (7.1) | 7.5 |
| ○ | ○ | 30 | ● | ● | ● | ● | ● | ● | ● | ● | ● | ● |
| ○ | 32(31.8) | ○ | ● | ● | ● | ● | ● | ● | ● | ● | ● | ● |
| 34(33.7) | ○ | ○ | ● | ● | ● | ● | ● | ● | ● | ● | ● | ● |
| ○ | ○ | 35 | ● | ● | ● | ● | ● | ● | ● | ● | ● | ● |
| ○ | 38 | ○ | ● | ● | ● | ● | ● | ● | ● | ● | ● | ● |
| ○ | 40 | ○ | ● | ● | ● | ● | ● | ● | ● | ● | ● | ● |
| 42(42.4) | ○ | ○ | ● | ● | ● | ● | ● | ● | ● | ● | ● | ● |
| ○ | ○ | 45(44.5) | ● | ● | ● | ● | ● | ● | ● | ● | ● | ● |
| 48(48.3) | ○ | ○ | ● | ● | ● | ● | ● | ● | ● | ● | ● | ● |
| ○ | 51 | ○ | ● | ● | ● | ● | ● | ● | ● | ● | ● | ● |
| ○ | ○ | 54 | ● | ● | ● | ● | ● | ● | ● | ● | ● | ● |
| ○ | 57 | ○ | ● | ● | ● | ● | ● | ● | ● | ● | ● | ● |
| 60(60.3) | ○ | ○ | ● | ● | ● | ● | ● | ● | ● | ● | ● | ● |
| ○ | 63(63.5) | ○ | ● | ● | ● | ● | ● | ● | ● | ● | ● | ● |
| ○ | 65 | ○ | ● | ● | ● | ● | ● | ● | ● | ● | ● | ● |
| ○ | 68 | ○ | | ● | ● | ● | ● | ● | ● | ● | ● | ● |
| ○ | 70 | ○ | ● | ● | ● | ● | ● | ● | ● | ● | ● | ● |
| ○ | ○ | 73 | ● | ● | ● | ● | ● | ● | ● | ● | ● | ● |
| 76(76.1) | ○ | ○ | ● | ● | ● | ● | ● | ● | ● | ● | ● | ● |
| ○ | 77 | ○ | | ● | ● | ● | ● | ● | ● | ● | ● | ● |
| ○ | 78 | ○ | | ● | ● | ● | ● | ● | ● | ● | ● | ● |

注：括号内尺寸为相应的 ISO4200 规格。"●"表示有此规格的管道；"○"表示无此规格的管道。

4）无缝管常用管件

无缝管一般采用焊接连接，其管子附件通常采用压制构件。常用的无缝管管件有弯头、异径管、三通、封头等。

①压制弯头。

无缝管弯头是冲压制造弯头，有 90°弯头、45°弯头，特殊的还有 180°弯头等。其规格采用"$\phi$ 外径 × 壁厚"表示。无缝管弯头见图 1 - 3。

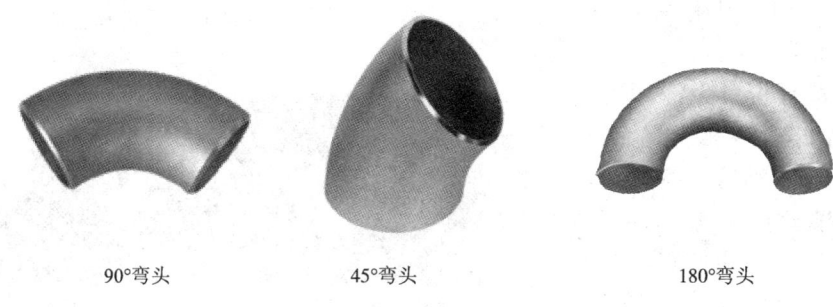

| 90°弯头 | 45°弯头 | 180°弯头 |

图 1 - 3　无缝管弯头

常用弯头的中径弯曲半径 $R$ 为公称直径的 1.5 倍，短半径系列的中径弯曲半径为公称直径的 1.0 倍。对于热水等有特殊要求的系统，弯头中径弯曲半径 $R$ 通常采用 2.0 或以上倍数的管外径。

②压制异径管。

异径管也叫作"大小头"，异径管（大小头）是用于管道变径处的一种管件。分为同心大小头和偏心大小头。"心"是指大小头两端断面中心轴线。

通常采用的成形工艺为缩径压制、扩径压制或缩径加扩径压制，对某些规格的异径管也可采用冲压成形，其规格采用"$\phi$ 外径 × 壁厚"表示。压制异径管见图 1 - 4。

③压制封头。

封头是管道的末端作封堵之用的一种管件。根据几何形状（指两个封头相扣合的形体形状）的不同，可分为球形、椭圆形、碟形、球冠形、锥壳和平盖形等几种。

管道上常使用椭圆封头。规格采用"$\phi$ 外径 × 壁厚"表示。压制封头见图 1 - 5。

| 同心大小头 | 偏心大小头 | 椭圆封头 | 平封头 |

图 1 - 4　压制异径管　　　　　　图 1 - 5　压制封头

④压制三通。

压制三通适用于压力、温度要求较高的管道系统。有等径三通和异径三通之分，如

图 1 - 6 所示。

等径三通：指三通的三个口径都相等。规格采用"φ 外径 × 壁厚"表示。

异径三通：通常指中间的口径与两端的口径不相等，一般中间口径小于两端口径。规格采用"φ 大外径 × 小外径 × 壁厚"表示。

（2）有缝钢管及其附件

1）有缝钢管

有缝钢管是相对无缝钢管而言的，有缝钢管是钢板卷焊而成，所以也叫作焊接钢管。一般按焊缝形态分为直焊管和螺旋焊管两大类（图 1 - 7）；常用的直焊管又叫作水煤气管或低压流体输送管。

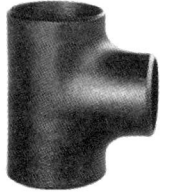

异径三通　　　　　等径三通

图 1 - 6　压制三通

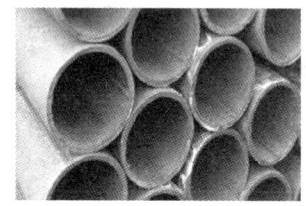

水煤气管(直焊管)　　　　　螺旋焊管

图 1 - 7　有缝钢管

有缝钢管一般能够承受的最大使用压力在 2.0 MPa 以内，这是最安全的使用范围。它一般用于输水、煤气、压缩空气等低压流体。

当前也有一些有缝钢管无缝化处理的管，它对焊缝进行了退火处理，消除了焊缝的残余应力，使焊缝处的机械性能与母材相当，其承压范围基本与无缝钢管相当。

2）低压流体输送焊接钢管及其管件

①低压流体输送焊接钢管。

低压流体输送焊接钢管也叫作水煤气管，是建筑水暖上常用的一种直缝管，代表材质是 Q235A，材质含碳量 $w(C) = 0.14\% \sim 0.22\%$。用于水、煤气（燃气）、空气、油等低压介质。有镀锌管（俗称白铁管）和非镀锌管（俗称黑铁管）两种。DN32 以下的管道，一般采用螺纹安装。部分低压流体输送焊接钢管规格见表 1 - 7。

管道规格采用"公称尺寸"表示。公制单位为 mm，英制单位为 in。例如：DN15 或 DN1/2 in①。

英制系列中，1 in 分为 8 分，DN1/2 in，就是 DN4/8 in，也叫"4 分管"，因其"1/2"正好是"一半"，所以也叫"半寸管"。

②螺纹管件。

由于直焊管常用于低压流体输送管道，所以其使用的管件材质通常为可锻铸铁，也有低碳钢制品。目前使用的铸铁螺纹管件均为镀锌管件，有耐腐蚀、美观等优点。

普通铸铁管件的结构与组合如图 1 - 8 和图 1 - 9 所示，管件实物如图 1 - 10 所示。

管件螺纹一般为圆柱形内螺纹，管件规格采用"公称尺寸 DN"表示。对于有不同口径的管件，其规格采用"DN 大口径 × 小口径"表示。例如大口径为 DN32、小口径为 DN25 的异径三通，其规格表示为"DN32 × 25"。

―――――――――

① 　1 in = 25.4 mm。

表 1-7　部分低压流体输送焊接钢管规格

| 公称尺寸 | | 管外径 | 钢管 | | | |
|---|---|---|---|---|---|---|
| | | | 普通钢管 | | 加厚钢管 | |
| mm | in | mm | 壁厚/mm | 理论质量/(kg·m$^{-1}$) | 壁厚/mm | 理论质量/(kg·m$^{-1}$) |
| DN15 | DN1/2 | 21.3 | 2.8 | 1.28 | 3.5 | 1.54 |
| DN20 | DN3/4 | 26.9 | 2.8 | 1.66 | 3.5 | 2.02 |
| DN25 | DN1 | 33.7 | 3.2 | 2.41 | 4.0 | 2.93 |
| DN32 | DN1$^{1/4}$ | 42.4 | 3.5 | 3.36 | 4.0 | 3.79 |
| DN40 | DN1$^{1/2}$ | 48.3 | 3.5 | 3.87 | 4.5 | 4.86 |
| DN50 | DN2 | 60.3 | 3.8 | 5.29 | 4.5 | 6.9 |
| DN70 | DN2$^{1/2}$ | 76.1 | 4.0 | 7.11 | 4.5 | 7.95 |
| DN80 | DN3 | 88.9 | 4.0 | 8.38 | 5.0 | 10.35 |
| DN100 | DN4 | 114.3 | 4 | 10.88 | 5.0 | 13.48 |

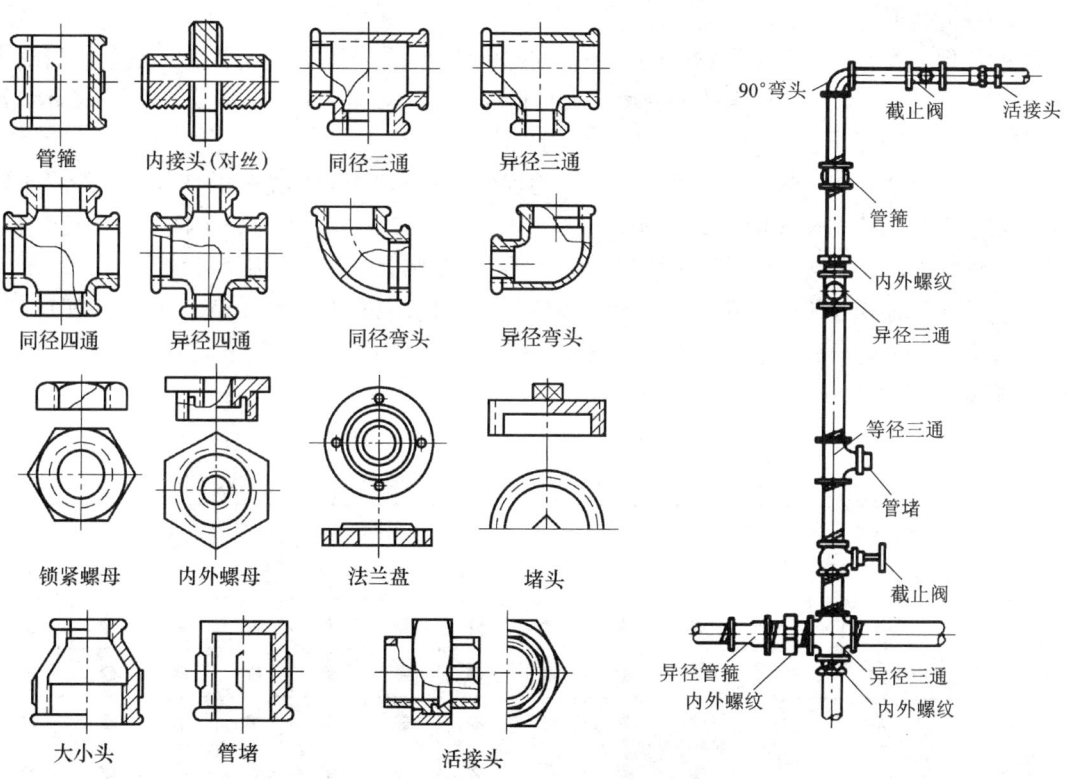

管箍　　内接头(对丝)　　同径三通　　异径三通

同径四通　　异径四通　　同径弯头　　异径弯头

锁紧螺母　　内外螺母　　法兰盘　　堵头

大小头　　管堵　　活接头

图 1-8　部分螺纹管件结构

90°弯头　截止阀　活接头

管箍

内外螺纹

异径三通

等径三通

管堵

截止阀

异径管箍　异径三通
内外螺纹　内外螺纹

图 1-9　管件组合

图 1 - 10　部分管件实物图

3) 螺旋焊管

螺旋焊管是将低碳素结构钢带钢按一定的螺旋线角度(成形角)卷成管坯,然后将管缝焊接起来制成的,它可以用较窄的带钢生产大直径的钢管。规格采用"$\phi$ 外径 × 壁厚"表示,常用规格如表 1 - 8 所示。

螺旋焊管能用较窄的坯料生产管径较大的焊管,还可以用同样宽度的坯料生产管径不同的焊管。但是与相同长度的直缝管相比,焊缝长度增加 30% ~ 100%,而且生产速度较低。因此,较小口径的焊管大都采用直缝焊,大口径的焊管则大多采用螺旋焊。

普通流体输送螺旋焊管执行《普通流体输送管道用埋弧焊钢管》(SY/T 5037—2018)标准;管道主要适用于水、污水、空气、供热蒸汽和可燃性流体等普通低压流体输送。

螺旋管管件通常采用无缝钢管管件。

表 1 - 8　部分螺旋钢管规格

| 外径/mm | | | 壁厚/mm | | | | | | | | | |
|---|---|---|---|---|---|---|---|---|---|---|---|---|
| 系列 1 | 系列 2 | 系列 3 | 4 | 4.5 | 5 | 5.4 | 5.6 | 6.3 | 7.1 | 8 | 8.8 | 10 |
| 88.9 | ○ | ○ | ● | ● | ● | ● | ● | ● | ● | ● | ● | ● |
| ○ | 101.6 | ○ | ● | ● | ● | ● | ● | ● | ● | ● | ● | ● |
| ○ | ○ | 108 | | | | | | ● | ● | ● | ● | ● |
| 114.3 | ○ | ○ | ● | ● | ● | ● | ● | ● | ● | ● | ● | ● |
| ○ | 127 | ○ | ● | ● | ● | ● | ● | ● | ● | ● | ● | ● |
| ○ | 133 | ○ | ● | ● | ● | ● | ● | ● | ● | ● | ● | ● |

续表 1-8

| 外径/mm | | | 壁厚/mm | | | | | | | | | |
|---|---|---|---|---|---|---|---|---|---|---|---|---|
| 系列 1 | 系列 2 | 系列 3 | 4 | 4.5 | 5 | 5.4 | 5.6 | 6.3 | 7.1 | 8 | 8.8 | 10 |
| 139.7 | ○ | ○ | ● | ● | ● | ● | ● | ● | ● | ● | ● | ● |
| ○ | ○ | 141.3 | ● | ● | ● | ● | ● | ● | ● | ● | ● | ● |
| ○ | ○ | 152.4 | ● | ● | ● | ● | ● | ● | ● | ● | ● | ● |
| ○ | ○ | 159 | ● | ● | ● | ● | ● | ● | ● | ● | ● | ● |
| 168.3 | ○ | ○ | ● | ● | ● | ● | ● | ● | ● | ● | ● | ● |
| ○ | ○ | 177.8 | ● | ● | ● | ● | ● | ● | ● | ● | ● | ● |
| ○ | ○ | 193.7 | ● | ● | ● | ● | ● | ● | ● | ● | ● | ● |
| 219.1 | ○ | ○ | ● | ● | ● | ● | ● | ● | ● | ● | ● | ● |
| ○ | ○ | 244.5 | ● | ● | ● | ● | ● | ● | ● | ● | ● | ● |
| 273 | ○ | ○ | ● | ● | ● | ● | ● | ● | ● | ● | ● | ● |
| 323.9 | ○ | ○ | ● | ● | ● | ● | ● | ● | ● | ● | ● | ● |
| 355.6 | ○ | ○ | ● | ● | ● | ● | ● | ● | ● | ● | ● | ● |
| 406.4 | ○ | ○ | ● | ● | ● | ● | ● | ● | ● | ● | ● | ● |
| 457 | ○ | ○ | ● | ● | ● | ● | ● | ● | ● | ● | ● | ● |
| 508 | ○ | ○ | ● | ● | ● | ● | ● | ● | ● | ● | ● | ● |
| ○ | ○ | 599 | ● | ● | ● | ● | ● | ● | ● | ● | ● | ● |
| 610 | ○ | ○ | ● | ● | ● | ● | ● | ● | ● | ● | ● | ● |

注："●"表示有此规格的管道；"○"表示无此规格的管道。

#### 3. 合金钢管及其配件

合金钢是指在碳素钢的基础上，为了改善钢的性能，在冶炼时特意加入一些合金元素（如铬、镍、硅、锰、钼、钨、钒、钛、硼等）而炼成的钢。按其合金元素的种类不同可分为：铬钢、锰钢、铬锰钢、铬镍钢、铬钼钢、硅锰钢、硅锰钼钒钢、铬镍钼钢、锰钒硼钢等。按其合金元素的总含量可分为：

①低合金钢——合金元素总质量分数不大于 5%。

②中合金钢——合金元素总质量分数为 5% ~ 10%。

③高合金钢——合金元素总质量分数大于 10%。

（1）不锈钢无缝管

不锈钢管洁净，无污染，使用寿命长，被广泛应用于建筑的冷、热水系统和直饮水系统以及食品、医药、化工等领域。一般不锈钢管道的型号和执行标准参见《无缝钢管尺寸、外形、重量及允许偏差》（GB/T 17395—2008），规格采用"φ 外径 × 壁厚"表示，见表 1-9。

表 1 - 9　部分不锈钢管的外径和壁厚

| 外径/mm | | | 壁厚/mm | | | | | | | | | |
|---|---|---|---|---|---|---|---|---|---|---|---|---|
| 系列1 | 系列2 | 系列3 | 2.0 | 2.2 (2.3) | 2.5 (2.6) | 2.8 (2.9) | 3.0 | 3.2 | 3.5 (3.6) | 4.0 | 4.5 | 5.0 |
| 34(33.7) | ○ | ○ | ● | ● | ● | ● | ● | ● | ● | ● | ● | ● |
| ○ | ○ | 35 | ● | ● | ● | ● | ● | ● | ● | ● | ● | ● |
| ○ | 38 | ○ | ● | ● | ● | ● | ● | ● | ● | ● | ● | ● |
| ○ | 40 | ○ | ● | ● | ● | ● | ● | ● | ● | ● | ● | ● |
| 42(42.2) | ○ | ○ | ● | ● | ● | ● | ● | ● | ● | ● | ● | ● |
| ○ | ○ | 45(44.5) | ● | ● | ● | ● | ● | ● | ● | ● | ● | ● |
| 48(48.3) | ○ | ○ | ● | ● | ● | ● | ● | ● | ● | ● | ● | ● |
| ○ | 51 | ○ | ● | ● | ● | ● | ● | ● | ● | ● | ● | ● |
| ○ | ○ | 54 | ● | ● | ● | ● | ● | ● | ● | ● | ● | ● |
| ○ | 57 | ○ | ● | ● | ● | ● | ● | ● | ● | ● | ● | ● |
| 60(60.3) | ○ | ○ | ● | ● | ● | ● | ● | ● | ● | ● | ● | ● |
| ○ | 64(63.5) | ○ | ● | ● | ● | ● | ● | ● | ● | ● | ● | ● |
| ○ | 68 | ○ | ● | ● | ● | ● | ● | ● | ● | ● | ● | ● |
| ○ | 70 | ○ | ● | ● | ● | ● | ● | ● | ● | ● | ● | ● |
| ○ | 73 | ○ | ● | ● | ● | ● | ● | ● | ● | ● | ● | ● |
| 76(76.1) | ○ | ○ | ● | ● | ● | ● | ● | ● | ● | ● | ● | ● |
| ○ | ○ | 83(82.5) | ● | ● | ● | ● | ● | ● | ● | ● | ● | ● |
| 89(88.9) | ○ | ○ | ● | ● | ● | ● | ● | ● | ● | ● | ● | ● |
| ○ | 95 | ○ | ● | ● | ● | ● | ● | ● | ● | ● | ● | ● |
| ○ | 102 (101.6) | ○ | ● | ● | ● | ● | ● | ● | ● | ● | ● | ● |
| ○ | 108 | ○ | ● | ● | ● | ● | ● | ● | ● | ● | ● | ● |

注：括号内尺寸为相应的英制单位。"●"表示有此规格的管道；"○"表示无此规格的管道。

　　建筑给水用薄壁不锈钢管的型号和安装参见《建筑给水薄壁不锈钢管管道工程技术规程》(T/CECS 153—2018)执行。

　　建筑给水系统常用的不锈钢有304和316两类。304不锈钢即0Gr18Ni9，是一种用途广泛的不锈钢，具有良好的耐腐蚀性、耐热性、低温强度和机械特性，应用在餐具、厨具、热水器、医疗器具、建材、石油、化工设备、食品工业、原子能工业。316不锈钢即0Gr17Ni14Mo2，添加了Mo元素，故其耐大气腐蚀性和高温强度特别好，可在苛刻的条件下使用，广泛应用在海水、化学、染料、造纸、草酸、化肥、食品工业用设备、容器、输送线等。

　　不锈钢无缝管执行标准不同，管子规格也不尽相同，根据需要可参见不同标准执行。例如：《流体输送用不锈钢无缝管》(GB/T 14976—2012)，《结构用不锈钢无缝管》(GB/T 14975—2012)，《锅炉、换热器用不锈钢无缝管》(GB/T 13296—2013)。

（2）锅炉用合金钢无缝管

锅炉用无缝钢管（合金钢无缝管）主要用来制造高压及其以上压力蒸汽锅炉的管道，使用优质碳素结构钢、合金结构钢和不锈耐热钢无缝钢管。这些锅炉管经常处于高温和高压下工作，管子在高温烟气和水蒸气的作用下还会发生氧化和腐蚀，因此要求钢管有高的持久强度、高的抗氧化性能，并具有良好的组织稳定性。采用钢号有：

①优质碳素结构钢钢号：20G、20MnG、25MnG。

②合金结构钢钢号：15MoG、20MoG、12CrMoG、15CrMoG、12Cr2MoG、12CrMoVG、12Cr3MoVSiTiB 等。

③不锈耐热钢常用钢号：1Cr18Ni9Ti、1Cr18Ni11Nb。

锅炉用无缝钢管执行《高压锅炉用无缝管》（GB5310—2017）标准，规格采用"φ 外径 × 壁厚"表示。

## 1.1.2　钢管的加工

管道加工包括调直、切断、煨弯、加工螺纹、制作管件等内容。管道连接包括螺纹连接、法兰连接、承插连接、焊接、黏接、热（电）熔连接、沟槽连接、卡环连接、卡套连接、打口连接等。

### 1.1.2.1　钢管的调直

（1）管道的弯曲变形检查

1）目测检查法

目测检查法是将管道的一端抬起，另一端自然触地，以管道的两个端点和检查者的眼睛三点成一直线为准，然后边转动管道边观测。此法适合于较轻且刚性较好的管道，但不易定量测量管道弯曲度。

2）测量工具检查

①直尺、线绳检查。

在管道两端临时固定（可点焊上）相同高度的金属棒，用细直线绳距两金属棒一定高度（50～150 mm）绷直，然后用直尺测量线绳与管道外表面的距离，以此测量管道的弯曲度。管断面水平和垂直两个方向均要测量。

②经纬仪检查。

将管道置于地上，用经纬仪从管道一端向另一端测量。每测量一定距离，便在管道上标出测量点（从经纬仪中观测十字交叉线在管道上的落点）位置。然后，再用直尺或线绳测量这些点连线的直度，以此测量管道的弯曲度。管断面水平和垂直两个方向均要测量。

③滚动检查法。

将被检查的管道平放在两根水平且平行的轨道架上，轻轻滚动数次，并细心观察管道在轨道上停下来的位置（图 1-11），若每次滚动时在任一位置能停下，说明管道无弯曲。反之，若总是在某点停下，说明管道有弯曲变形，且凸弯朝下。此法不易定量测量管道弯曲度。

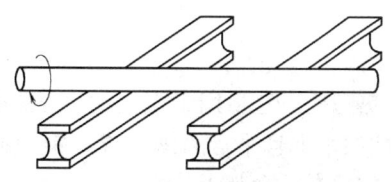

图 1-11　滚动检查

（2）管道的变形校正

1）冷态校正法

①锤击校正法。

锤击校正法是人工用一把锤子顶在管道弯里（凹面），起弯点作为支点，另一锤敲打凸面处，直至校直。操作时，两锤不能对着敲打，锤击处宜垫硬木板，以防止把管道打扁。螺纹连接管道校直时，不能敲打管件，只能敲打管件两端的管道，此方法适用于 DN50 以下且弯曲变形不大的管道。

②机具校正法。

机具校正法是利用简单的机具对弯曲管道进行调直。其中用螺旋顶顶直弯管是一种常规做法（图 1 - 12），此方法可以较容易地调直 DN125 以内的钢管。

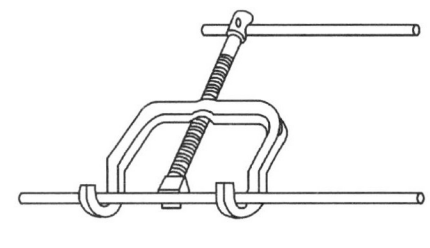

图 1 - 12    螺旋顶调直

对于管径较大、管壁较厚的管道，可借助机械压力将管道校直。管道放入压力校直机内，然后调节垫块的间距（支点间距）至合适位置，再利用丝杠千斤顶（力点）顶压管道弯曲处（凸处），直至校直为止（图 1 - 13）。此法适用于管径大于 DN50，弯曲变形不大的管道。

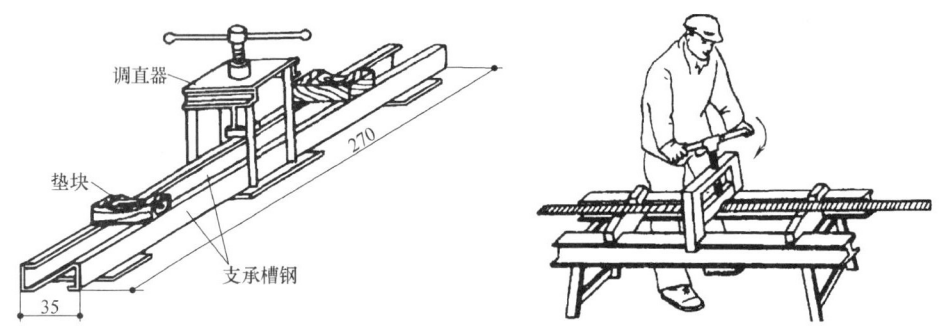

图 1 - 13    机械调直

2）热态校正法

热态校正法适用于管径大、弯曲变形大的管道校直。设置地面加热炉和滚动校直平台（由两根水平且平行的钢管或型钢铺成），将管道弯曲部位加热到 600 ～ 800℃（呈火红色），然后放置在平台架上反复滚动，利用重力作用和管材的塑性变形，将管道校直。加热管道应使用焦炭，不使用原煤，也可利用氧气、乙炔焰加热，方法如图 1 - 14 所示。

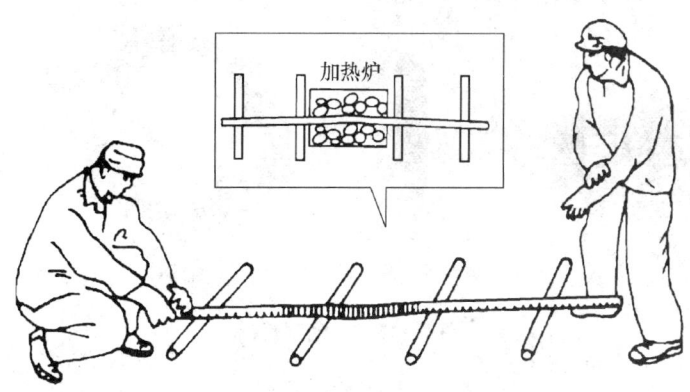

图 1 – 14　弯管热态调直

3）热应力校正法

热应力校正法适合于壁厚较大的管道校直。将管道置于地面，用氧气、乙炔烤枪加热弯管的凸处，加热面积以弯凸处为中心，适当向四周扩大。将管道弯凸部位加热到 400 ~ 600℃，然后让其自然冷却。由于碳钢管受热部位在冷却过程中的热应力变化，使管道向受热方向弯曲，从而调直管道。

### 1.1.2.2　钢管的切断

**（1）人工切断**

1）钢锯切断

钢锯切断是采用刮削原理切割管道的。它是工地上应用较普遍的切断工具，主要用于切割管径较小的管道。其钢锯和锯条如图 1 – 15 所示。钢锯的规格一般根据锯条规格进行标定。常用的锯条规格有 12 in ×18 牙和 12 in ×24 牙两种，12 in 是指锯条长度，18 牙或 24 牙是指 1 in 长有 18 个齿或 24 个齿。18 牙用于切断厚壁管道，24 牙用于切断薄壁管道。

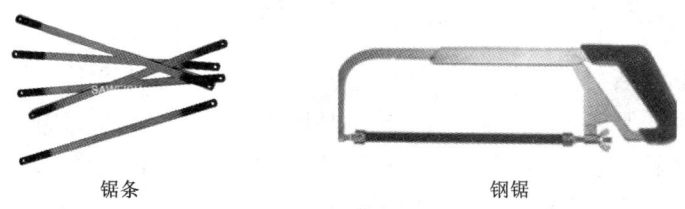

锯条　　　　　　　　　　　钢锯

图 1 – 15　钢锯和锯条

2）手动割管器切断

手动割管器又称滚刀切管器，它是用带有刃口的圆盘形刀片，在压力作用下，边进刀边沿管壁旋转，将管道切断。滚刀切管器与钢锯相比，切割速度快、切口平整，但切口易产生缩口变形，需要进行刮口。滚刀割管器适用于切断 DN15 ~ DN50 的低碳钢钢管，铰接式割管器适合于切断 DN70 ~ DN150 的钢管、铸铁管。手动割管器如图 1 – 16 所示。

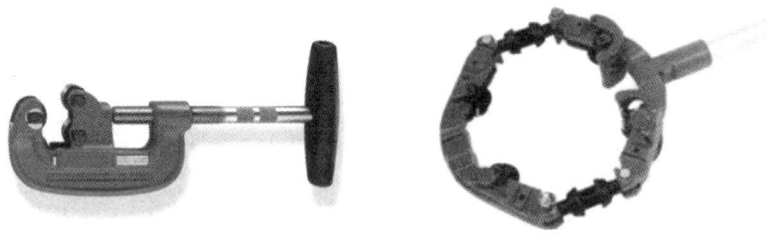

滚刀割管器　　　　　　　　重型旋转割管器

**图 1 – 16　手动割管器**

（2）机械切断

1）砂轮切割机切断

砂轮切割机是工地上常用的切割设备，它是利用磨削原理切割管道的。砂轮切割机结构紧凑、体积小、搬运方便，且速度快、省劳力、工效高，但噪声大、切口常有金属熔化形成的毛刺，速度快时切口有高温淬火变硬现象。砂轮切断机可切断钢管、铸铁管以及金属型材。砂轮切割机结构如图 1 – 17 所示。

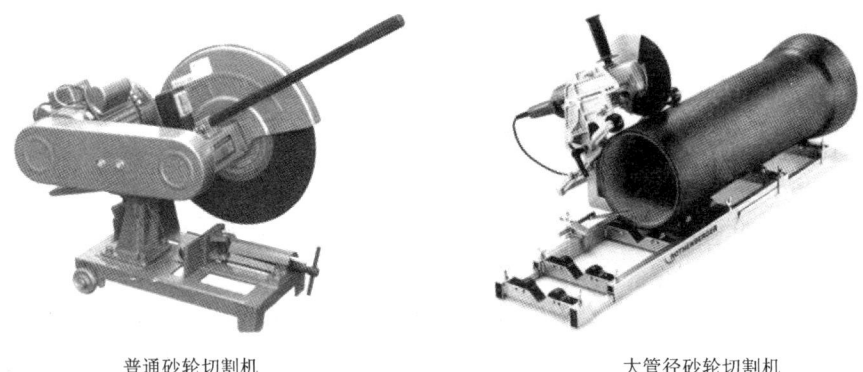

普通砂轮切割机　　　　　　　大管径砂轮切割机

**图 1 – 17　砂轮切割机**

2）液压割管机切断

与手动割管器的原理相同，液压割管机也是用带有刃口的圆盘形刀片，在压力作用下，边进刀边沿管壁旋转，将管道切断。只是其刀刃压力由液压装置提供，适合切割大管径、壁厚较厚的钢管。液压割管机切割管道如图 1 – 18 所示。

3）动力锯割切断

与人工钢锯切割管道的原理相同，动力锯割也是采用刮削原理切割管道的。常用便携式切割锯，分为条形锯和圆形锯两种。

条形切割锯的动力分为风动和电动两种（图 1 – 19），风动的适合易燃易爆环境。

圆形锯常用自爬式电动切管机（图 1 – 20），自爬式电动切管机是通过汽油机（或电动机）液压工作泵站，输出液压油，连接长胶管，驱动胶管机上的液压马达，带动切管机旋转工作的。即将刀具切透管壁，挂上走刀手柄。

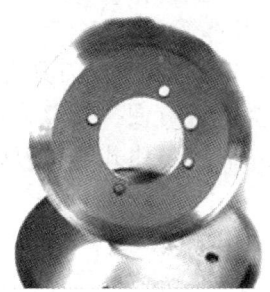

液压割管机　　　　　　　　　　　切割刀片

**图 1 - 18　液压割管机切割管道**

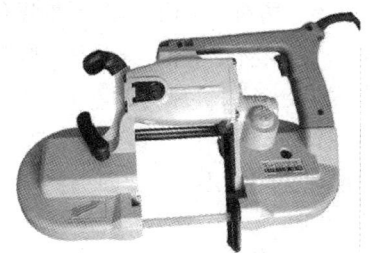

风动切割锯　　　　　　　　　　　电动切割锯

**图 1 - 19　条形切割锯**

　　爬行采用机械链条固定切管机，主机上的链轮在固定链上爬行，不需导轨，以确保爬行和切断口的重合率。

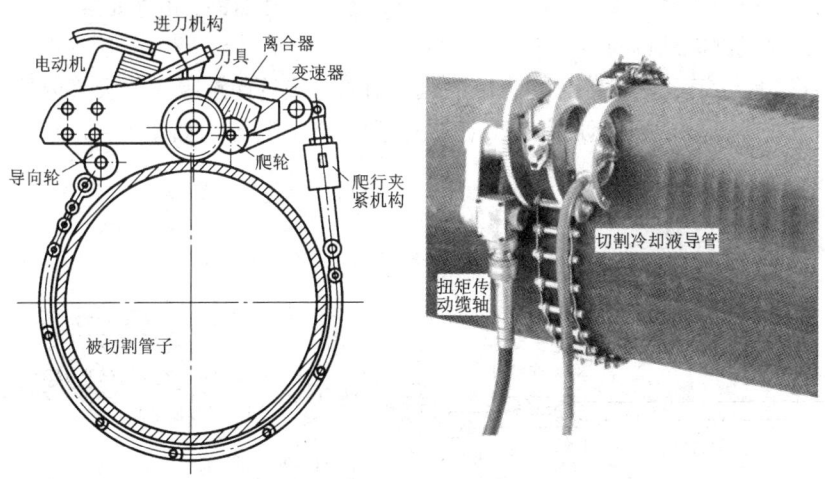

**图 1 - 20　自爬式电动(圆锯)切管机**

4）刀旋式切管机

利用车刀将管道切断，管子不动，车刀旋转，既可以切割管道（更换刀具后）又可以加工管道坡口。常用的有便携式刀旋切管机和固定刀旋切管机。便携外钳式电动刀旋切管机如图1—21所示。

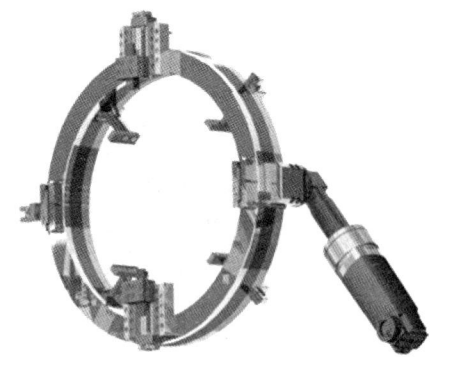

图1－21　便携外钳式电动刀旋切管机

（3）热力切割

1）氧、乙炔焰切割

使用割炬进行氧、乙炔焰切割管道，是目前施工中广泛应用的切割方法之一。它不受切割地点、空间的限制，也不受切割断面几何形状的限制，使用灵活、方便。割炬可以人工操作切割，也可以使其与机械相结合实现自动切割。

割炬由割嘴、混合气管、射吸管、喷嘴、预热氧气调节阀、乙炔阀、切割氧气调节阀等部件构成。根据使用乙炔气压力的不同，割炬分为射吸式割炬和等压式割炬两种。射吸式割炬应用于低压乙炔气，配用的割嘴按其结构形式分为组合式和整体式，割嘴的中心是切割氧通道，周围是预热火焰通道。

①切割原理。

割炬的作用是使氧与乙炔按比例进行混合，形成预热火焰，利用氧、乙炔焰加热待割工件，温度达到燃点后，供给高压纯氧，使工件割缝处的金属剧烈燃烧，同时喷出的高压氧又将熔融态的氧化物吹掉，使金属分离。符合上述切割条件的金属有纯铁、低碳钢、中碳钢和低合金钢以及钛等。

根据这一原理分析，某些金属有以下特性的不宜使用氧、乙炔焰切割：金属的熔点低于燃点；切割时形成的氧化物的熔点高于金属熔点；金属的导热性太高，加热处温度难以达到金属的燃点；金属中含有较多可提高钢的可淬性的杂质，例如钨、钼等元素。

②氧、乙炔气割炬结构与型号

对射吸式割炬，其乙炔是靠预热火焰的氧气射入射吸管而被吸入射吸管内的。这种割炬适用于低压或中压乙炔。目前使用最多的就是这种割炬，其结构如图1－22所示，其型号见表1－10。

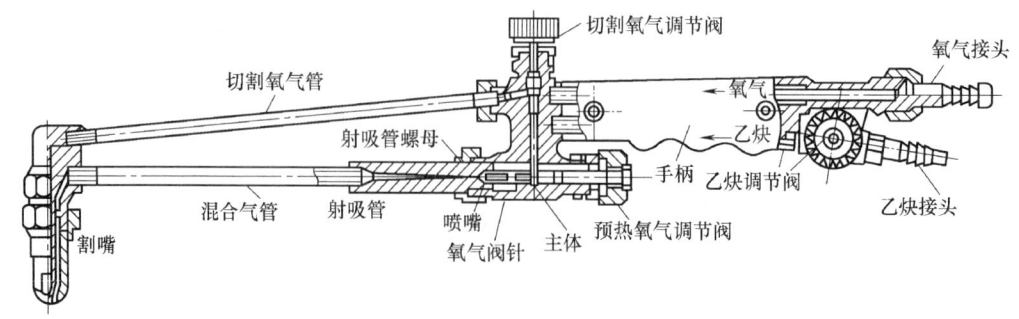

图1－22　射吸式割炬结构图

等压式割炬(图 1 – 23)与射吸式不同,其乙炔与预热氧气的混合是在割嘴接头与割嘴间的空隙内完成的,由于没有射吸作用,因而割炬使用的乙炔压力较高。等压式割炬在气割时,具有火焰稳定,不易回火,使用较为轻便灵活等优点,适用于中压乙炔。

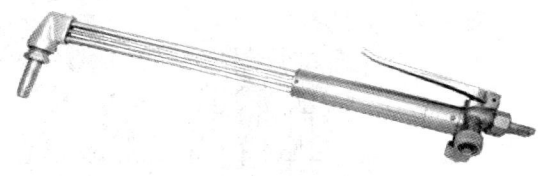

图 1 – 23　等压式割炬

表 1 – 10　普通氧、乙炔气割炬型号

| 割炬型号 | 割嘴性能 | 割嘴型号 | 割嘴氧孔直径 /mm | 切割厚度 /mm | 氧气工作压力 /MPa | 乙炔工作压力 /MPa |
|---|---|---|---|---|---|---|
| G01 – 30 |  | 1# | 0.7 | 0.5 ~ 10 | 0.2 | 0.001 ~ 0.1 |
| G01 – 30 | GKJC01 – 30 | 2# | 0.9 | 10 ~ 20 | 0.25 | 0.001 ~ 0.1 |
| G01 – 30 |  | 3# | 1.1 | 20 ~ 30 | 0.3 | 0.001 ~ 0.1 |
| G01 – 100 |  | 1# | 1.0 | 20 ~ 40 | 0.3 | 0.001 ~ 0.1 |
| G01 – 100 | GKJC01 – 100 | 2# | 1.3 | 40 ~ 60 | 0.4 | 0.001 ~ 0.1 |
| G01 – 100 |  | 3# | 1.6 | 60 ~ 100 | 0.5 | 0.001 ~ 0.1 |
| G01 – 300 |  | 1# | 1.8 | 100 ~ 150 | 0.5 | 0.001 ~ 0.1 |
| G01 – 300 | GKJC01 – 300 | 2# | 2.2 | 150 ~ 200 | 0.65 | 0.001 ~ 0.1 |
| G01 – 300 |  | 3# | 2.6 | 200 ~ 250 | 0.8 | 0.001 ~ 0.1 |
| G01 – 300 |  | 4# | 3.0 | 250 ~ 300 | 1.0 | 0.001 ~ 0.1 |

注:1. 切割金属厚度技术参数指普通碳素钢板。

　　2. 割炬指射吸式割炬。

　　3. 割嘴为手工切割用割嘴。

2)等离子切割

气体在电弧高温下被电离成电子和正离子,这两种粒子组成的物质流称为等离子体。等离子体流同时经过"热收缩效应"和"磁收缩效应"变成一束温度高达 8000 ~ 15000℃ 高能量密度的热气流。热气流的速度可以控制,能在极短的时间内熔化金属材料,可用来切割合金钢、有色金属和铸铁等。

等离子切割是利用高温等离子电弧的热量使工件切口处的金属部分或局部熔化(或蒸发),并借高速等离子的动量排除熔融金属以形成切口的一种加工方法。

安装工程使用的等离子切割机,其割炬部分有手把式和自动式,手把式便于人工操作进行切割,自动式便于编程进行自动切割。等离子切割机由切割割炬、控制箱、直流电源等部分组成。等离子切割机配合不同的工作气体可以切割各种氧气切割难以切割的金属,尤其是对于有色金属(不锈钢、铝、铜、钛、镍)切割效果更佳;其主要优点在于切割厚度不大的金属的时候,切割速度快,尤其是在切割普通碳素钢薄板时,速度可达氧切割法的 5 ~ 6 倍,且切割面光洁、热变形小、几乎没有热影响区。等离子切割机割炬结构与切割现场见图 1 – 24。

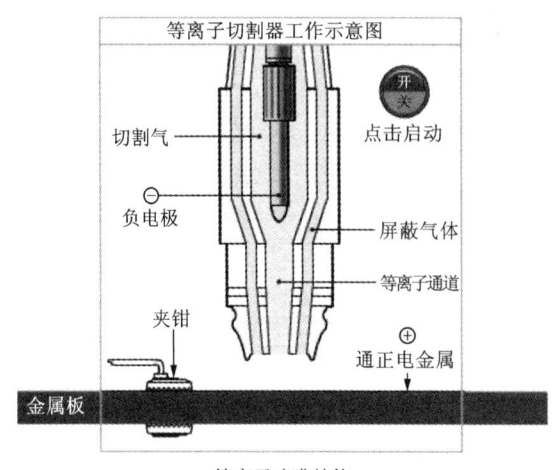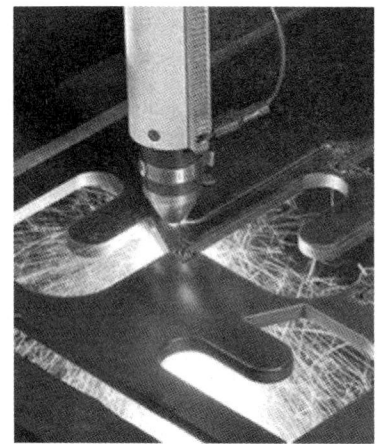

**图1-24　等离子割炬结构与切割现场**

### 1.1.2.3　钢管的加工

**(1)冷弯弯管加工**

在管道安装工程中,需要对管道进行弯曲加工,对于45°、90°、180°等特定弯曲角度的弯管,大多采用弯头管件完成。对一些特殊弯曲角度的弯管,现在一般交由加工厂加工。但是,由于施工的需要,也有少量弯管加工需要在现场完成。建筑水暖施工中,常常需要进行现场弯管加工。

1)弯管受力分析

煨弯加工要求管子弯曲段的强度及圆形断面不应受到明显影响,为此必须对圆断面的变形、焊缝位置、弯曲长度以及煨弯工艺等方面进行分析、计算和制定质量标准。

弯管变形与受力分析如图1-25所示。在煨弯过程中,管子内侧管壁各点均受压力,由于挤压作用管壁 $CD$ 增厚,直线成为圆弧 $C'D'$;外侧管壁 $AB$ 受拉力 $f$,在拉力作用下管壁厚度减薄,直线变为圆弧 $A'B'$,管壁减薄会使强度降低。

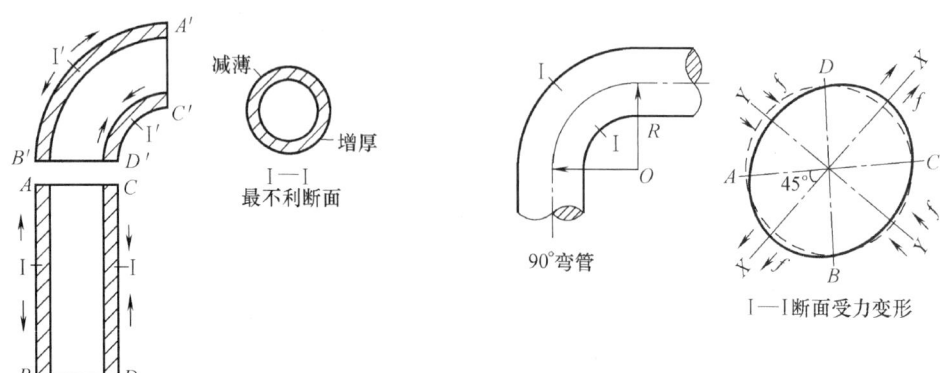

**图1-25　弯管变形与受力分析**

为了保证弯管质量，要求弯曲段管子 $A'B'$ 减薄应均匀，减薄量不应超过壁厚的 15%。断面的椭圆率（长短直径之差与长直径之比）：当管外径 $D \leqslant 50$ mm 时不大于 10%；当管外径 $50$ mm $< D \leqslant 150$ mm 时不大于 8%；当管外径 $150$ mm $< D \leqslant 200$ mm 时不大于 6%。此外，管壁不得产生裂纹，增厚侧不得产生皱褶，弯度要均匀。

影响弯管壁厚的主要因素是中径弯曲半径 $R$，同一直径的管道弯曲时，$R$ 大则弯曲断面的外侧减薄量或内侧增厚量小；$R$ 小则弯曲断面外侧减薄量大。从强度和减小管道阻力的角度考虑，$R$ 越大越有利。但在工程上，$R$ 越大弯头占据的空间越大且不美观，所以中径弯曲半径 $R$ 应有一个选用范围，根据管道系统的不同采用不同的 $R$ 值，常用 $R = (1.5 \sim 4)D$。采用机械弯管时，热弯 $R = 3.5D$，冷弯 $R = 4D$，冲压弯 $R = 1.5D$。

使用有缝钢管弯管时，焊缝应放在受力最小的部位。如图 1-25 所示，图中 Ⅰ-Ⅰ 断面处管子变形最大，该断面 $A$、$B$、$C$、$D$ 四点位置不变，说明受力最小。所以，这四点是焊缝放置的最佳位置。

2）手工弯管器弯管

手工弯管通常采用手工弯管器完成，操作方便、省力。手工弯管器见图 1-26。图 1-27 所示为采用手工弯管器弯管。

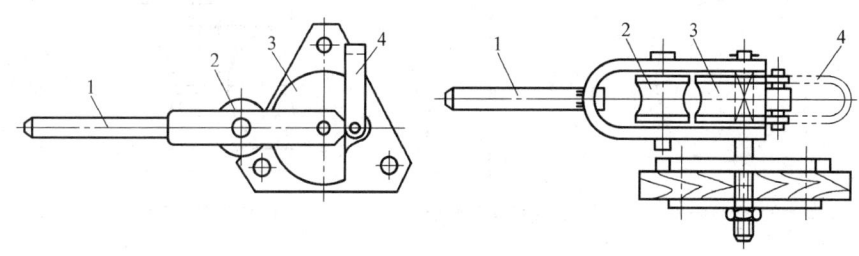

**图 1-26　手工弯管器**

1—杠杆；2—活动滚轮；3—滚轮胎具；4—管道夹持器

对于弯管受力较大的管子，采用小型液压手工弯管器弯管更加省力。小型液压手工弯管器见图 1-28。

**图 1-27　采用手工弯管器弯管**

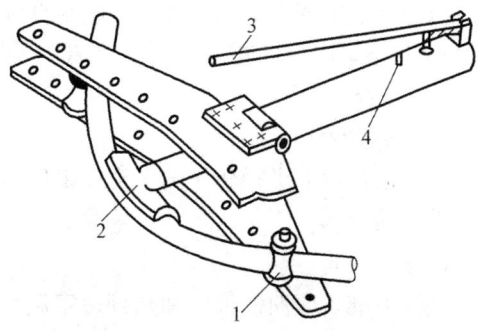

**图 1-28　小型液压手工弯管器**

1—顶杆；2—胎具；3—液压手柄；4—回液阀

手工弯管器,由于滚轮胎具是固定的,每种弯管器只能弯曲一种管径的管子,需要准备多套弯管器弯曲不同管径的管子。因此,只能适用于小管径管道。

管子弯曲时为了减小管道的椭圆率,有时须往管子里灌入细砂。细砂要灌满、灌实,管两端临时封堵,严禁漏砂,弯管完成后再将细砂倒出。

3)电动弯管机

对于大管径或管壁较厚的管道,手动弯管机功效较低,甚至无法完成弯管。因此,一般采用电动弯管机。电动弯管机分为无芯冷弯弯管机和有芯冷弯弯管机两类。

①电动无芯冷弯弯管机。

电动无芯冷弯弯管机弯管时管内既不灌砂,也不加入芯棒。当管径在 108 mm 以下时,最小弯曲半径 $R = 2D$ 的管道弯管后无明显椭圆现象。为了防止弯管产生椭圆断面,可以采取反向预变形法。即在管道弯管前,在管道弯曲段加压力,产生反向预变形。当管道弯管后,反向预变形正好消除,弯曲处管道断面保持圆形,见图 1 – 29。加压预变形是通过滚轮胎具压制而成的,滚轮胎具的凹槽是按照变形的实际情况加工的,对不同管径的管道要用不同的滚轮胎膜。适用于有缝、无缝、镀锌管和有色金属管。

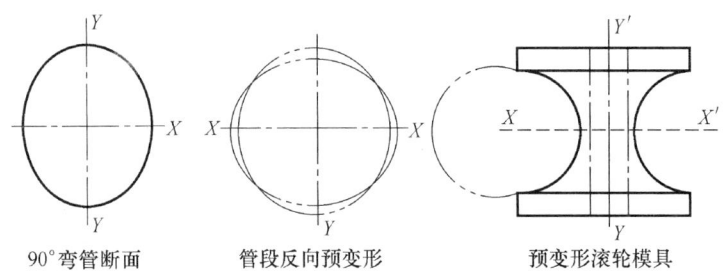

90°弯管断面          管段反向预变形          预变形滚轮模具

**图 1 – 29   加压预变形滚轮胎具**

②电动有芯冷弯弯管机。

对于大管径的钢管,管壁较薄的话,弯管时椭圆率较大;管壁较厚的话,预变形法消耗动力较大。因此,一般采用有芯弯管机弯管。有芯弯管机的特点是在管道弯曲段加入芯棒,在弯管时它可随着管道弯曲或移动,防止管道弯曲时压扁。芯棒有两类:一类是单件芯棒,棒的前端有一定的圆弧角,以保证管道的渐变弯曲和便于芯棒移动;另一类是有多块活动部件的组合芯棒头,它的灵活性大,弯管质量较好。适用于有缝、无缝、镀锌管和有色金属管。芯棒种类见图 1 – 30。

(2)热弯弯管加工

大直径及弯曲半径较小的管道应采用热弯。热弯即将管道加热,提高其塑性,再将其弯成所需要的角度。

1)手工热弯

将管道准备弯曲的部位加热到一定温度范围,再进行手工弯管。不同材质的管道,加热温度不同,对碳素钢而言,一般加热温度控制在 700 ~ 900℃。

为防止管道椭圆率超标和管内侧发生皱褶,弯管前要在管道内灌满、灌实砂粒。砂粒直径视管径大小而不同,例如,DN80 ~ DN150 的管道,采用 2 ~ 3 mm 粒径的砂粒。

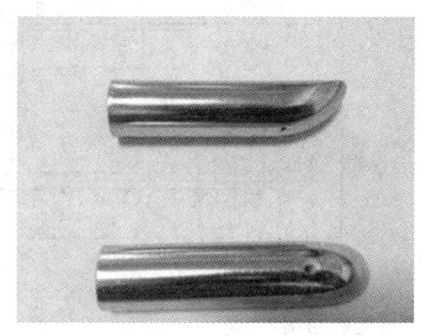
单件芯棒

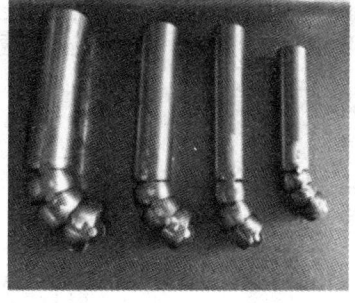
软轴芯棒

图 1 - 30 弯管芯棒种类

常用手工加热方法有地炉加热和燃气加热,少量弯管也可用氧、乙炔焰加热。

2)中频弯管机

中频弯管机的基本原理是利用电感应圈,由于通过感应圈的电流交变,感应圈对应处的管壁中就相应产生感应涡流,在涡流电的热效应作用下,产生高温,加热管道。中频弯管机见图 1 - 31。

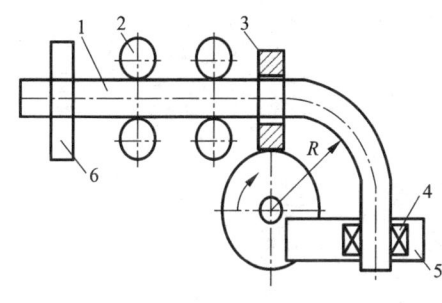
(a)中频弯管机结构

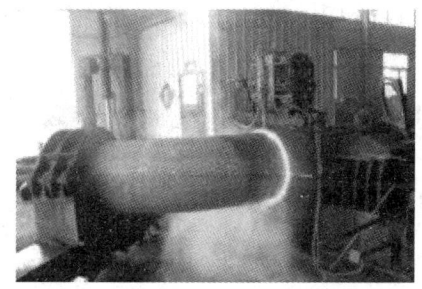
(b)中频弯管机弯管

图 1 - 31 中频弯管机

1—管坯;2—导向轮;3—中频加热;4—夹头;5—托臂;6—送进机构

3)火焰弯管机

火焰弯管机是对管道的弯曲部分分段加热,无须灌砂,管道加热采用环形燃气火焰圈,加热宽度一般在 150 mm 左右,当加热至 900℃ 左右时,对加热部位进行弯热。管道边热弯边向前移动,管道热弯后的部位立刻喷水冷却,使热弯范围总是控制在加热部位。这样加热、热弯和冷却连续进行,即可弯成所需的弯管。火焰弯管机结构见图 1 - 32。

(3)模压弯管

模压弯管是根据一定的弯曲半径制成模具,然后将下好料的管段放入加热炉中加热至 900℃ 左右,再取出放在模具中加压成形的。模具由上模、下模及芯子三部分组成,经模压一次成形。模具结构见图 1 - 33。

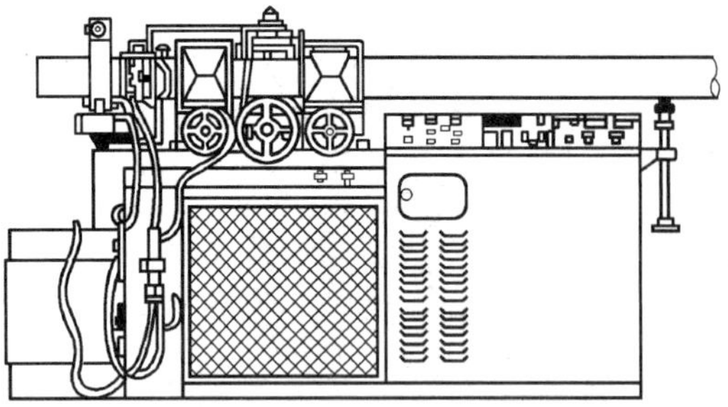

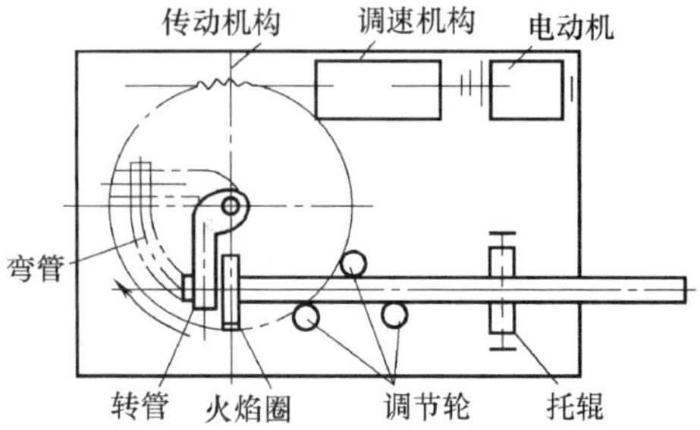

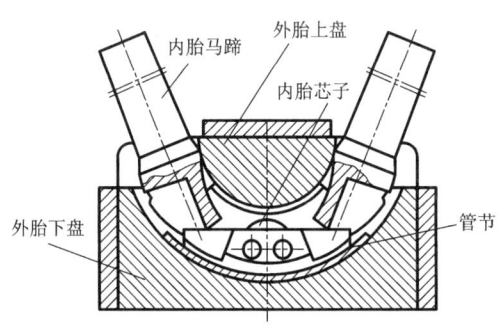

图 1-32 火焰弯管机结构

图 1-33 模具结构

## 1.1.3 钢管及其与附件的连接

### 1.1.3.1 钢管的焊接连接

**1. 钢管的电弧焊**

（1）电弧焊原理

将电压为 220 V 或者 380 V 的工业用电通过电焊机里的减压器降低电压，增强电流，利用电能产生的巨大热量融化钢铁。焊条和焊件作为两个电极，被焊金属称为焊件或母材。在两电极间的气体介质中强烈而持久的放电现象称为电弧，电弧放电时，一方面产生高温，同时产生强光，手弧焊就是利用电弧产生的高温熔化焊条和焊件，使两块分离的金属熔合在一起，从而获得牢固的接头。手工电弧焊接设备与附件见图 1-34。

（2）电焊设备及附件

1）电焊机

常用的电焊机有交流电焊机、直流电焊机、交直流两用电焊机。交流电焊机电源电压有 220 V 和 380 V 两种，通过电焊机的变压整流，将电压变为 60~70 V 的安全电压，输出电流为交流电。直流电焊机电流稳定、焊接效果好，输出电流为直流电。电焊机见图 1-35。

2）焊钳

焊钳是夹持焊条夹持端的器械，起导电和手持作用。能安全、快速地装上焊条和取下剩余的焊条残段。电焊手把钳见图 1-36。

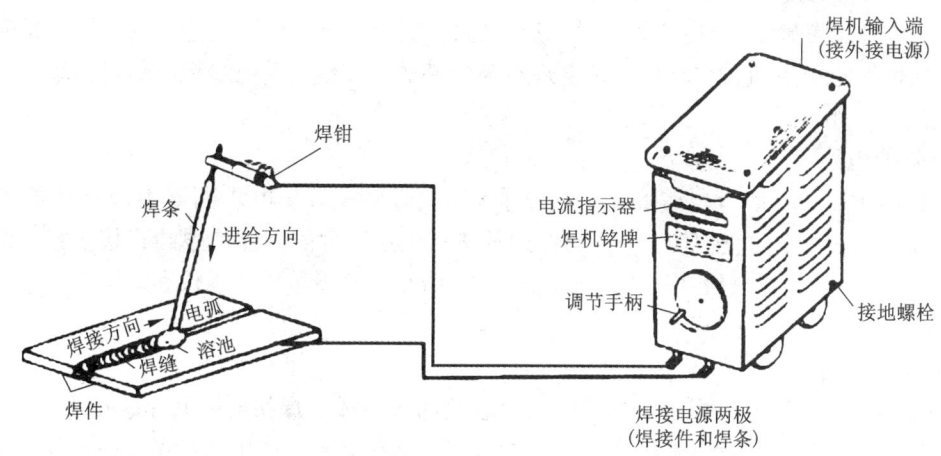

图 1 - 34　电弧焊接设备与附件

交流电焊机　　　　　　　　　　　直流电焊机

图 1 - 35　电焊机

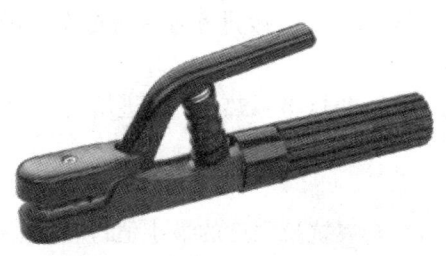

图 1 - 36　电焊手把钳

3）导线

导线有电源线、接地线、手把线（焊钳线）。导线规格根据焊机的电流大小选用，长度根据焊机、焊件位置确定。电源线指电焊机与电源（二相或三相电源）的连接线，是电焊机的输入端；接地线指电焊机的输出端，是电焊机与焊件的连接线；手把线指电焊机的输出端，是电焊机连接焊钳的导线。

4）防护用品

焊接防护用品一般有电焊面罩、电焊手套、电焊脚盖等。电焊面罩由面罩和护目镜组成，一方面保护面部防止灼伤，一方面保护眼睛防止强光直射并能使眼睛直接观察焊缝；电焊手套和脚盖是用耐热材料（例如羊皮）制作的，防止焊渣飞溅烫伤手臂和脚面。

（3）电焊条

1）电焊条结构

手工电弧焊使用的电焊条，由药皮和焊芯两部分组成。焊接时，电焊条作为一个电极，一方面起传导电流和引燃电弧的作用，使电焊条与基本金属间产生持续的、稳定的电弧，以提供熔化焊条所需的热量。另一方面，电焊条又作为填充金属加到焊缝中去，成为焊缝金属的主要成分。因此，电焊条的组成物与电焊条质量，将直接影响焊缝金属的化学成分、机械性能和物理性质。

2）电焊条分类及药皮作用

焊条药皮的化学成分对电弧的稳定性、熔深、金属熔敷率和定位能力有很大影响。焊条可分为三大类：纤维药皮型焊条、氧化钛药皮焊条和碱性药皮焊条。每种不同药皮的焊条，都各有其特点，应根据焊件的材质、物理特性、焊缝位置、坡口形式、环境特点、焊条特性等因素选用焊条。

药皮有以下几种作用：

①确保电弧稳定燃烧，使焊接过程正常进行。

②利用药皮反应后产生的气体，保护电弧和熔池，防止空气中的有害气体（如氮、氧等）侵入熔池，如果这些气体侵入，会造成焊材产生裂纹和气孔等，使焊接达不到理想效果。

③药皮熔化后形成熔渣，覆盖在焊缝表面上保护焊缝金属，使焊缝金属缓慢冷却，有助于气体逸出，防止气孔产生，改善焊缝的组织和性能。

④药皮熔化后会进行各种冶金反应，如脱氧、去硫、去磷等，从而提高焊缝质量，减少合金元素烧损。

⑤通过药皮将所需的合金元素掺加到焊缝金属中去，改进和控制焊缝金属的化学成分，以获得所希望的性能。

⑥药皮在焊接时会形成套管，增加电弧吹力，集中电弧热量，促进熔滴过渡到熔池，有利于完成焊接过程。

3）焊条型号

焊条用字母"E"表示；前两位数字表示熔敷金属抗拉强度的最小值；第三位数字表示焊条的焊接位置，"0"及"1"表示焊条适用于全位置焊接（平、立、仰、横），"2"表示焊条适用于平焊及平角焊，"4"表示焊条适用于向下立焊；第三位和第四位数字组合时表示焊接电流的种类及药皮类型。在第四位数字后附加"R"表示耐吸潮焊条，附加"M"表示耐吸潮和力学性能有特殊规定的焊条，附加"－1"表示冲击性能有特殊规定的焊条。

焊条型号与其对应的熔敷金属的力学性能、药皮类型、焊接位置和焊接电流种类有关。例如 E4320 焊条,"43"表示熔敷金属抗拉强度不小于 420 MPa;"2"表示焊条适用于平焊及平角焊;"20"表示焊条药皮是氧化铁型,适用电流为交流或直流。

(4)焊缝的坡口处理

1)焊缝坡口形式

为了使焊缝熔透,保证焊接质量,焊缝应根据焊件厚度、材质、焊位等状况加工成一定的坡口,坡口形状、尺寸可执行《气焊、焊条电弧焊、气体保护焊和高能束焊的推荐坡口》(GB/T 985.1—2008)标准,常见焊缝形式及尺寸也可参考图 1-37、图 1-38。

①I 形坡口

当钢板厚度 $d \leqslant 4$ mm 时,可开 I 形坡口,单面焊;当 3 mm $< d \leqslant 6$ mm 时,此坡口适合双面焊接。$b = 0 \sim 2$ mm,见图 1-37(a)。

②V 形坡口

当钢板厚度 3 mm $< d \leqslant 26$ mm 时,可开 V 形坡口。$b = 0 \sim 3$ mm,$p = 1 \sim 2$ mm,$\alpha = 60° \sim 70°$,见图 1-37(b)。

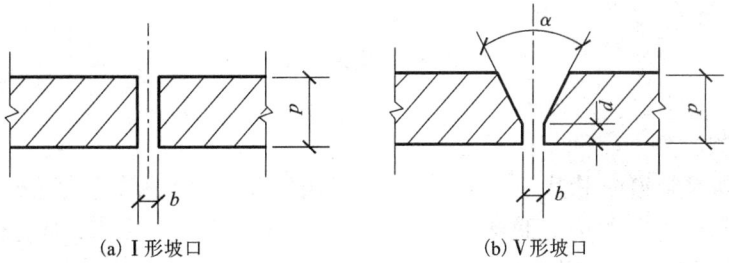

(a)I 形坡口　　　　　　　　　(b)V 形坡口

图 1-37　I、V 形坡口

③X 形坡口

当钢板厚度 12 mm $< d \leqslant 60$ mm 时,可开 X 形坡口,适合双面焊接。$b = 0 \sim 3$ mm,$p = 1 \sim 3$ mm,$\alpha = 60° \sim 70°$,见图 1-38(a)。

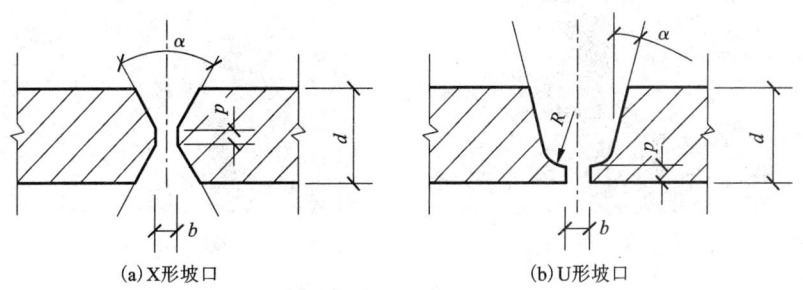

(a)X 形坡口　　　　　　　　　(b)U 形坡口

图 1-38　X、U 形坡口

④U 形坡口

当钢板厚度 20 mm $< d \leqslant 60$ mm 时,可开 U 形坡口。$b = 0 \sim 3$ mm,$p = 1 \sim 3$ mm,$\alpha = 1° \sim 8°$,

$R = 6 \sim 8 \ \mathrm{mm}$，见图1-38(b)。

2)焊缝坡口加工

①焊缝热力加工。

对于管径较小的管子，一般使用氧、乙炔焰割炬手工操作加工；对于管径较大、壁厚较厚的管子，可采用氧、乙炔焰自动切割机[图1-39(a)]加工。氧、乙炔焰切割完的坡口表面，再用锉刀或角向磨光机[图1-39(b)]打磨平整。

(a)氧、乙炔焰管道切割机 　　　　　　　　　　　(b)角向磨光机

**图1-39　热力加工坡口用具**

②焊缝机械加工。

管道坡口机是管道或平板在焊接前端面进行倒角坡口的专用工具，它解决了火焰切割、磨光机磨削等操作工艺的角度不规范、坡面粗糙、工作噪声大等缺点，具有操作简便、角度标准、表面光滑等优点。管坡口机如图1-40所示。

手持式管道坡口机 　　　　　　　　　　　内撑式管道坡口机

**图1-40　管道坡口机**

3)管道焊缝对口

管道坡口加工完成后，开始管道对口，对口应保证两根管道的轴心在同一条直线上；与偏心异径管对接时，应保证两个管道的某一边在同一直线上。当管道焊口不易对正时，可采

用角钢做的管卡进行辅助对口。管卡辅助对口形式如图 1 – 41 所示。

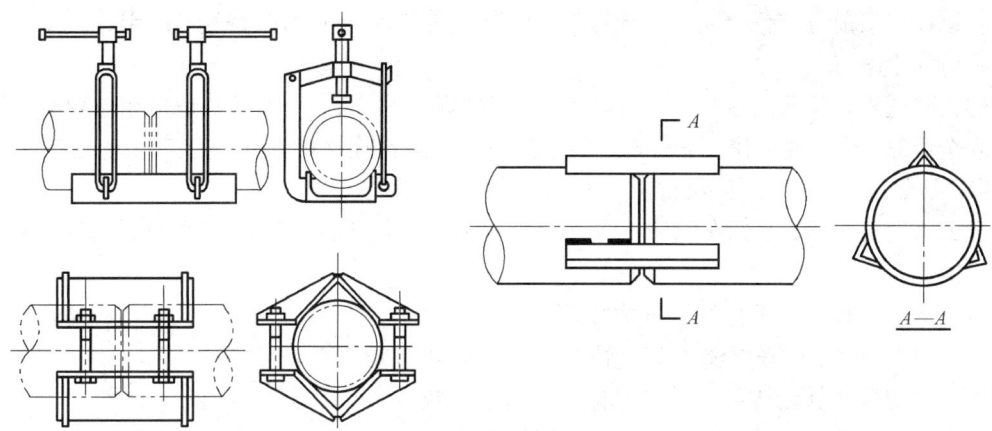

图 1 – 41　管卡辅助对口形式

对口间隙应符合要求,除设计规定的冷拉焊口外,对口不得用强力对正,以免引起附加应力,如果焊口间隙过大,不允许用加热管道的方法来缩小间隙,也不允许用加填料等方法来消除接口端面的空隙偏差。

当两段钢管椭圆率不同,对口出现错口现象时,如果超出规范范围,则要对管道端面进行整圆,一般可采用内撑法整圆。管子端面内撑整圆见图 1 – 42。

管道端面整圆也可用千斤顶,为了防止顶坏管道,撑头处应垫木垫。

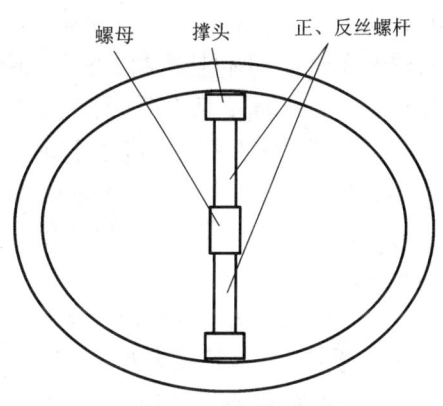

图 1 – 42　管子端整圆

对口的钢管视空间位置的不同,对口后的焊缝位置也不同,一般有平缝、立缝、仰缝、横缝四种。平缝最能保证焊接质量,在焊接时,如果条件允许,可以通过转动管子的方法,使焊口尽量保持在平焊位置。焊缝位置如图 1 – 43 所示。

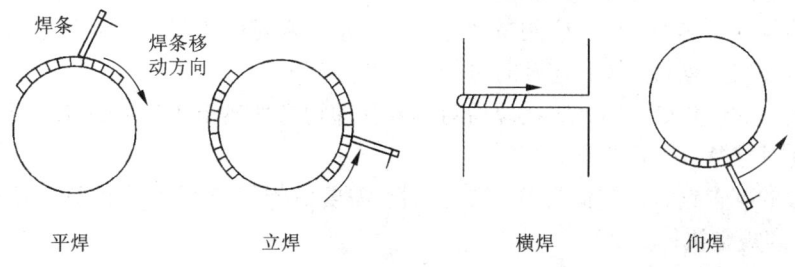

图 1 – 43　焊缝位置

（5）管道电弧焊

1）焊接基本要求

管道在焊接前应进行全面的清理检查，将焊缝周围 20 mm 内的铁锈、泥土、水分、油脂等污物清除干净。

焊接的优点是接头强度高，牢固耐久，严密性好，不需要接头配件，造价相对较低，工作性能安全可靠，施工速度快，不需要经常维护检修。焊接连接的缺点是接口是固定接口，不可分离，拆卸时必须把管道切断，接口操作工艺要求较高。

在管道对好口后，要先在焊缝上分开点焊 3~4 点用以固定焊缝，然后再进行正式焊接，焊缝间隙不宜变形。

管道焊接时焊口处不得处于外力作用下，焊接时管内不得有穿堂风，防止焊缝冷却过快。凡是可以转动的管道都应采用转动焊接，尽量保证平焊位置，减少固定坡口，以减少仰焊，这样可以提高焊接速度和保证焊接质量。多层焊缝的焊接起点和终点应互相错开，焊缝焊接完毕，应自然缓慢冷却。多层焊缝如图 1-44 所示。

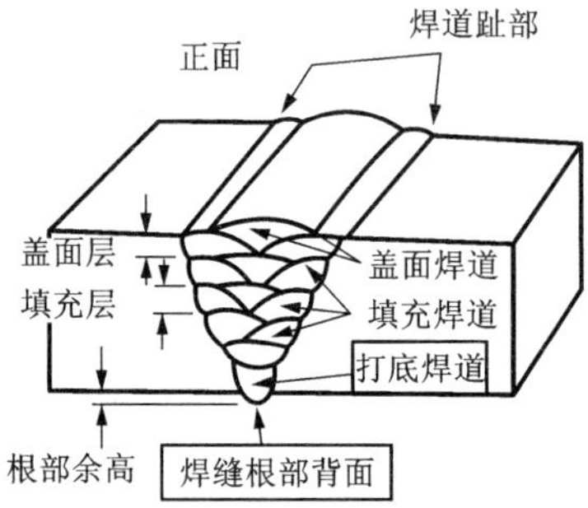

图 1-44　多层焊缝

焊缝距离弯管（不包括压制、热弯或中频弯管）起弯点不得小于 100 mm，且不得小于管道外径。

环焊缝距支、吊架净距不应小于 50 mm，需要热处理的焊缝距支、吊架不得小于焊缝宽度的 5 倍，且不得小于 100 mm。

不宜在管道焊缝及其边缘位置开孔；直缝管的纵向焊缝应置于易检修的位置，且不宜在管底部位置。

两焊缝之间的距离不应小于管外径，且最小不得小于 150 mm。

为了降低或消除焊接接头的残余应力，防止产生裂纹，改善焊缝和热影响区的金属组织与性能，应根据材料的淬硬性、焊件厚度及使用条件等综合考虑进行焊前预热和焊后热处理。

并不是所有焊件焊前都要预热，要求焊前预热的焊件，其层间温度应在规定的预热温度范围内。当焊件温度低于 0℃ 时，所有钢材的焊缝都应将焊接处 100 mm 范围内预热到 15℃ 以上。焊前预热的加热范围应以焊缝中心为基准，每侧不应小于焊缝宽度的 3 倍。加热带以外部分应进行保温，焊件的内外壁温度应均匀。

焊前预热及焊后热处理时，应测量和记录其温度，测温点的部位和数量应合理。对容易产生焊接延迟裂纹的钢材，焊后应及时进行焊后热处理。

当不能进行焊后热处理时，应在焊后对焊缝立即均匀加热至 200~300℃，并进行保温缓冷，其加热范围与焊后热处理要求相同。

对于一般的碳素钢，在较低温度下焊接时，需要对焊缝进行焊前预热。预热温度可按表 1-11 所示的规定执行。

表 1-11　碳素钢管道低温焊接环境与预热温度

| 碳素钢钢种 | 允许焊接的最低温度 | 预热要求 | |
|---|---|---|---|
| | | 常温焊接 | 低温焊接 |
| $w(C) \leq 0.25\%$ | -30℃ | 环境温度高于 -20℃ 时，可不预热 | 环境温度低于 -20℃ 时，预热 100~150℃ |
| $w(C) > 0.2\%$ | -20℃ | 环境温度高于 -10℃ 时，可不预热 | 环境温度低于 -10℃ 时，预热 100~150℃ |

2)焊接方式

由于焊缝的坡口形状、坡口参数、焊件牌号、管道直径、焊接环境等条件不同，具体施焊方式也不同。为了保证焊接质量，打底焊非常关键，要求既要焊透又不能出现钢瘤。壁厚较厚的管道，工程上普遍采用氩弧焊打底、电弧焊盖面的焊接方式；壁厚较薄的管道一般采用氩弧焊或气焊。

焊条的选用须慎重，其干燥程度、运条方式等因素对焊接质量有很大影响。运条有三个基本动作：焊条的送进运动，焊条的摆动，焊条沿焊缝移动。运条的三个基本动作参见图1-45。

焊条的送进运动主要用来维持所要求的电弧长度。由于电弧的热量熔化了焊条端部，电弧会逐渐变长，有熄弧的倾向。要保持电弧继续燃烧，必须将焊条向熔池送进，直至整根焊条焊完为止。为保证一定的电弧长度，焊条的送进速度

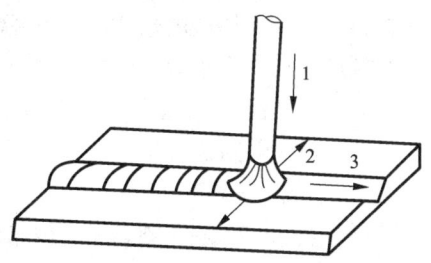

图 1-45　运条的三个基本动作
1—焊条的送进；2—焊条的摆动；3—沿焊缝移动

要与焊条的熔化速度相等，否则会引起电弧长度的变化，影响焊缝的熔宽和熔深。

焊条的摆动和沿焊缝移动这两个动作是紧密相连的，而且变化较多、较难掌握。通过摆动和移动的复合动作能获得一定宽度、高度和熔透度的焊缝，使得焊缝成形良好。

焊条一般有 7 种以上的运条方式，下面介绍较常用的 7 种。

①直线形运条法。

直线形运条法常用于 I 形坡口的对接平焊。适用于多层焊的第一层焊道或多层多道焊。

②直线往复运条法。

这种运条法的特点是焊接速度快、焊缝窄、散热快，适用于薄板或接头间隙较大的多层焊第一层焊道。

③锯齿形运条法。

焊接时，焊条末端做锯齿形连续摆动和向前移动，并在两边稍停片刻，以防产生咬边，这种方法较易掌握，工程施焊中应用较多。

④月牙形运条法。

这种运条方法熔池存在时间长，便于熔渣上浮和气体析出，焊缝质量较高。

⑤斜三角形运条法。

这种运条方法能够借助焊条的摇动来控制熔化金属，促使焊缝成形良好，适用于 T 形接头的平焊和仰焊以及开有坡口的横焊。

⑥8字形运条法。

这种运条方法能保证焊缝边缘得到充分加热，熔化均匀，保证焊透，适用于带有坡口的厚板对接焊。

⑦正圆圈形运条法。

这种运条方法熔池存在时间长，温度高，便于熔渣上浮和气体析出，一般只用于较厚焊件的平焊。

焊接速度对焊缝外观质量影响较大，所谓焊接速度即单位时间内完成的焊缝长度。若焊接太慢，会焊成较宽而局部隆起的焊缝；若焊接太快，会焊成断续细长的焊缝；只有当焊接速度适中时，才能焊成表面平整、细致而均匀的焊缝。

管道焊接工艺由许多因素组成，应综合考虑，而后制订一个可行的焊接方案。其内容主要包括：

①自然环境要求，主要指温、湿度的影响。

②焊件坡口加工，指坡口形式、加工精度。

③焊条的选用，焊条的选用应符合焊件的需要，指型号、规格等。

④焊接的方法，指采取怎样的技术措施保证焊缝的质量，达到设计要求。

⑤(有必要的话)焊件焊前预热及焊后热处理，指要给出处理的具体方法。

⑥检查方法，指对焊缝采用怎样的质量检验方法。

3)焊缝质量检查

焊缝质量检查一般有外观检查和内部探伤，外观检查主要采用目视法或借用简单测量工具检查；探伤检查需要采用专用仪器进行检查，例如超声波、X探伤检查等。常见的焊缝缺陷参见图1-46。

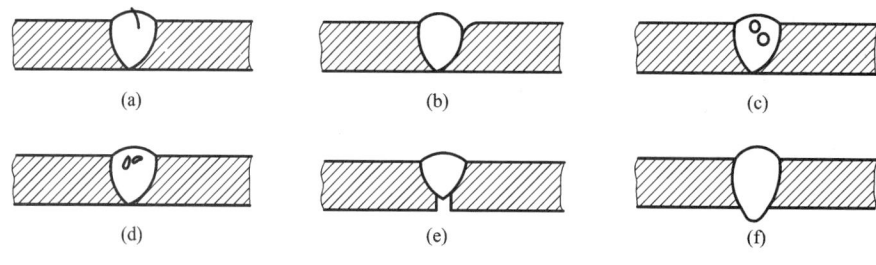

**图1-46　常见的焊缝缺陷**

(a)裂纹；(b)咬边；(c)气孔；(d)夹渣；(e)未焊透；(f)钢瘤

管道焊缝检查按介质特性以及管道压力、温度划分为Ⅰ~Ⅴ个等级，等级越高检查越严格。暖通空调专业涉及的管道焊缝等级一般在Ⅱ~Ⅴ范围。

焊缝质量检查由专职人员进行，且应出具检查报告。管道焊缝检查等级、方法和比例参见表1-12。

对于检查等级为Ⅴ的管道焊缝，只需要目视检查即可。目视检查的内容主要为：表面缺陷、焊缝尺寸等。

表1-12　管道焊缝检查等级、方法和比例

| 检查等级 | 检查方法 | 焊缝类型及检查比例/% | | |
| --- | --- | --- | --- | --- |
| | | 对接焊缝 | 角焊缝 | 支管连接 |
| Ⅱ | 目视检查 | 100 | 100 | 100 |
| | 磁粉/渗透 | 20 | 20 | 20 |
| | 射线照相/超声波 | 20 | — | 20 |
| Ⅲ | 目视检查 | 100 | 100 | 100 |
| | 磁粉/渗透 | 10 | — | 10 |
| | 射线照相/超声波 | 10 | — | — |
| Ⅳ | 目视检查 | 100 | 100 | 100 |
| | 射线照相/超声波 | 5 | — | — |
| Ⅴ① | 目视检查 | — | — | — |

①检查等级Ⅴ的管道焊缝时，只需要目视检查即可。目视检查的内容主要为表面缺陷、焊缝尺寸等。

**2. 钢管的气焊**

（1）气焊基本原理

气焊是利用可燃气体与助燃气体混合燃烧的火焰去熔化工件接缝处的金属和焊丝而使金属间牢固连接的方法。它是利用化学能转变成热能的一种熔化焊接方法，具有设备简单、操作方便、实用性强等特点。因此，在各工业部门的制造和维修中得到了广泛的应用。气焊所用的可燃气体主要有乙炔（$C_2H_2$）、液化石油气［丙烷（$C_3H_8$）、丁烷（$C_4H_{10}$）、丙烯（$C_3H_6$）等］和氢气（$H_2$）等。氧气（$O_2$）为助燃气体。

气焊使用的工具主要是焊炬，焊炬又称焊枪，其作用是将可燃气体和氧气按一定比例混合均匀，以一定的速度从焊嘴喷出，形成一定能率（每小时可燃气体的消耗量）、一定成分、适合焊接要求和稳定燃烧的火焰。焊炬按可燃气体与氧气混合的方式分为等压式和射吸式两类。

射吸式焊炬的原理是：氧气从喷嘴口快速射出，将聚集在喷嘴周围的乙炔吸出，并在混合气管按一定比例混合后从焊嘴喷出。所以不论使用低压乙炔或中压乙炔，都能使焊炬正常工作，目前使用较多的是射吸式焊炬。焊炬构造及焊接示意图如图1-47所示。

焊炬型号有H01-6、H01-12、H01-20等。型号中H表示焊炬，0表示手工，1表示射吸式，后缀数字表示焊接低碳钢的最大厚度，单位为mm。每个焊炬都配有不同规格的5个焊嘴，每个焊嘴上刻有不同数字1、2、3、4、5，数字小的焊嘴孔径小，数字大的焊嘴孔径大，焊接时可根据材料、板厚选用所需的焊嘴。

（2）管道气焊

1）气焊焊缝

气焊主要采用对接形式，对接接头分为卷边对接接头、开坡口对接接头、Ⅰ形（常称为不开坡口）对接接头。气焊焊缝坡口形式见图1-48，气焊焊缝尺寸参见《气焊、焊条电弧焊、气体保护焊和高能束焊的推荐坡口》（GB/T 985.1—2008）标准。

当焊件厚度不小于5 mm时，必须开V形坡口。气焊只是在不宜采用电焊的情况下

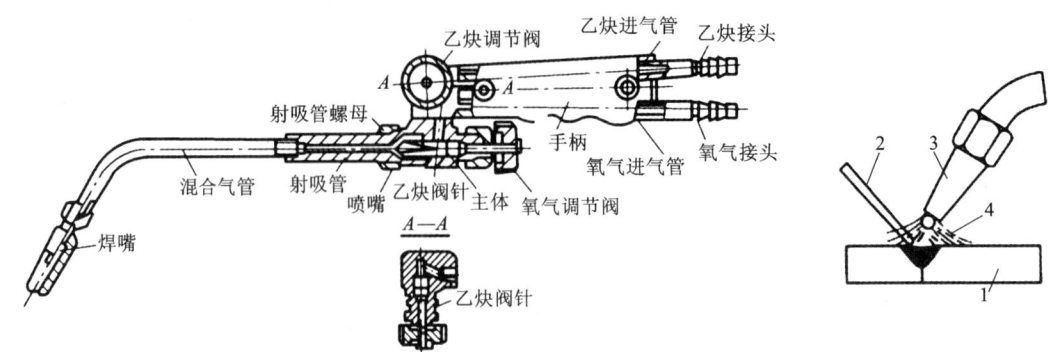

图1-47　气焊设备外形及焊炬构造

1—焊件；2—焊丝；3—喷嘴；4—熔池

使用。

　　一般情况下，气焊常用于有色金属（锡、铅等低熔点金属除外）焊接和铸铁焊接。

　　2）气焊工艺

　　气焊工艺参数包括焊丝牌号、焊丝直径、气焊溶剂、火焰性质与能率、焊炬的倾角、焊接方向、焊接速度。焊接质量与这些综合因素有关。

　　①焊丝牌号。

　　焊丝牌号应根据焊件材料的力学性能或化学成分选择。

　　②焊丝直径。

　　焊丝直径应根据焊件厚度、坡口形式、焊缝位置和火焰能率等因素来确定。焊丝过细易造成未熔合和焊缝高低不

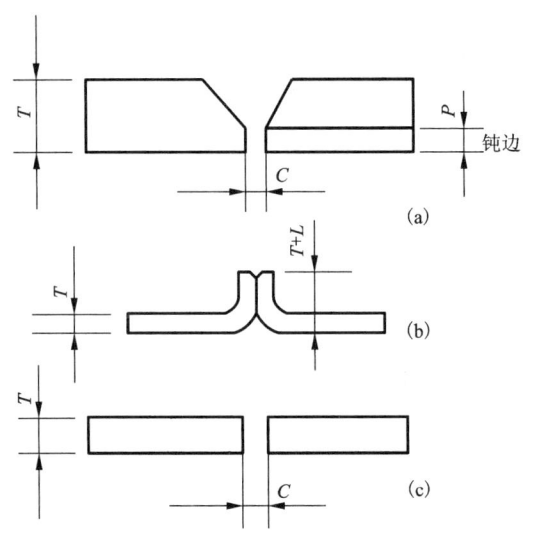

图1-48　气焊焊缝坡口形式

(a)V形坡口；(b)卷边接头；(c)Ⅰ形坡口

平、宽窄不一；焊丝过粗易使热影响区过热，导致焊缝产生未焊透等缺陷。

　　③气焊溶剂。

　　为了防止金属的氧化及消除已经形成的氧化物，在焊接有色金属、铸铁以及不锈钢等材料时必须采用气焊溶剂。气焊溶剂根据焊件成分选择。

　　④火焰能率。

　　火焰能率是以每小时可燃气体的消耗量来表示的。焊件的厚度较厚、熔点较高、导热性较好，宜选用较大火焰能率，反之则应小。

　　⑤焊炬倾角。

　　焊炬倾角指焊炬焊嘴中性线与焊件平面之间的夹角。与焊件的厚度、熔点、导热性、焊接位置有关。

⑥焊接速度。

一般情况，厚度大、熔点高的焊件，焊接速度要慢些；反之，速度可快些。在保证焊接质量的前提下，尽量加快速度。

**3. 钢管的氩弧焊**

氩弧焊技术是利用氩气对金属焊件的保护，通过高电流使焊丝和焊件（视焊缝状态有时也可不添加焊丝）熔化成液态形成熔池，从而使焊件达到冶金结合的一种焊接技术。由于在高温熔融焊接中不断吹入氩气，使焊接过程不能和空气中的氧气接触，从而防止了金属的氧化。氩弧焊按照电极的不同分为熔化极氩弧焊和非熔化极氩弧焊两种。非熔化极氩弧焊是电弧在非熔化极（通常是钨极）和工件之间燃烧；熔化极氩弧焊是通过丝轮送进焊丝，导电嘴导电，在焊件与焊丝之间产生电弧，使焊丝和焊件熔化。

在碳钢焊接中，氩弧焊常用于打底焊。工艺称为"氩弧打底，电弧盖面"，目的是使焊缝焊透，保证焊接质量。氩弧焊设备参见图 1-49。

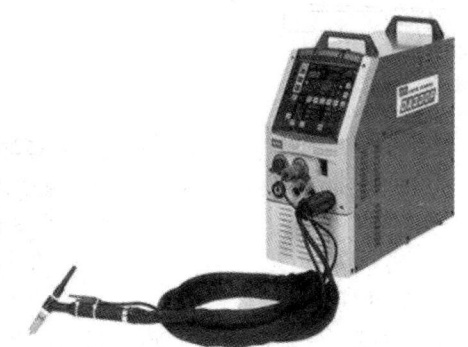

**图 1-49　氩弧焊设备**

### 1.1.3.2　钢管的胀管连接

（1）胀管连接原理

胀管连接是指用胀管器将管道胀接到管板（孔板）上的一种连接方式。胀接使得管道发生塑性变形，管孔发生弹性变形。管孔有回到原来状态的趋势，而管道已被胀大到发生塑性变形，无法恢复原状。如此，管孔则将管道牢牢地"箍紧"，达到强度与严密度的结合。胀管原理与胀管器构造见图 1-50。

（2）管端硬度要求与处理

为了达到胀接效果，管端硬度要保证在一定范围内。当管子硬度（HB）大于 170 或大于管板硬度时，管端均需做退火处理，温度控制在 600~650℃，恒温保持 10~15 min。管端退火处理方法一般有反射法、铅浴法及电加热法等。

常采用"铅浴法"退火，即将管端插入铅液槽中。管端退火长度为"管板厚度 + 管端伸出长度（7~12 mm）+ 管段下部余量（4~6 mm）"，但不应少于 100 mm。退火后，应使管端缓慢冷却，可将管端插入干燥的石棉绒中使其缓慢冷却，冷却时间不应少于 10 min。

铅的熔点是 328℃，将铅熔化后继续加热，控制加热源，使铅液温度保持在 600~650℃。

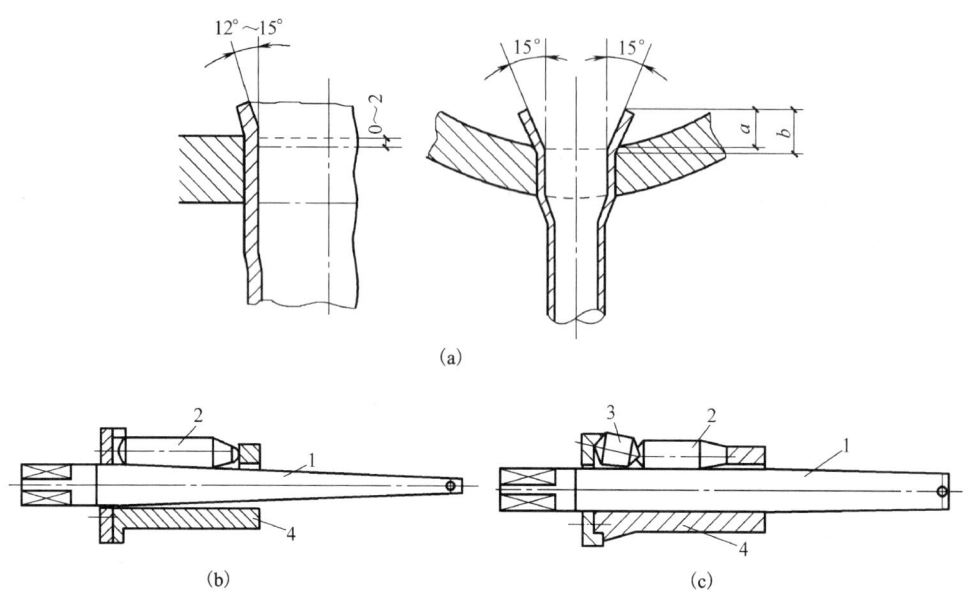

**图1-50  胀管原理与胀管器构造**

(a)胀接原理；(b)固定胀管器；(c)翻边胀管器
1—胀杆；2—直胀珠；3—翻边胀珠；4—外套

（3）管端打磨处理

对退火后的管端和管板的管孔要进行打磨，直至表面露出金属光泽。打磨时只能沿管圆周方向进行，严禁出现纵向划痕。打磨完毕后用三氯乙烯清洁管端，暂时没安装的管子和管孔要涂抹黄机油保护，防止生锈。再安装时，用汽油和酒精清洗干净管端和管孔，不得有残留油物和其他杂质。

（4）胀管率

胀管连接用胀管率来控制管道的胀接质量，胀管率一般按内径控制法计算，采用以下公式。

$$H = \frac{d_1 - d_2 - \delta}{d_3} \times 100\% \tag{1-1}$$

式中：$H$——胀管率，%；

$d_1$——胀完时实测管内径，mm；

$d_2$——未胀时实测管内径，mm；

$d_3$——未胀时实测管孔径，mm；

$\delta$——未胀时实测的管孔直径与管子外径之差，mm。

胀管连接，多用于锅炉本体安装。实际安装时将$H$控制在$1.5\% \sim 1.8\%$。

### 1.1.3.3  钢管的沟槽连接

沟槽式管道连接，是用压力响应式密封圈套入两连接钢管端部，两片卡箍包裹密封圈并卡入钢管沟槽内防止滑脱，上紧锁紧螺栓使卡箍包紧密封圈，实现钢管密封连接。卡箍结构及密封原理如图 1 – 51 所示。

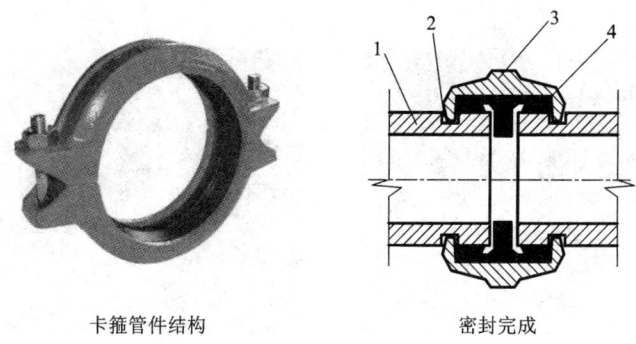

卡箍管件结构　　　　　　　　　密封完成

**图 1 – 51　卡箍结构及密封原理**

1—钢管；2—沟槽；3—卡箍；4—密封圈

钢管端外表面的沟槽加工由沟槽滚压机完成，它不破坏管道内壁结构，这是沟槽管件连接特有的技术优点。在水暖安装中，镀锌管道、衬塑钢管、钢塑复合管等都宜使用沟槽连接。目前建筑消防系统的镀锌管道安装，普遍采用沟槽连接。

沟槽管件连接方式具有独特的柔性特点，使管路具有抗振动、抗收缩和膨胀的能力，与焊接和法兰连接相比，管路系统的稳定性增加，更适合温度的变化，从而保护了管路阀件，也减少了管道应力对结构件的破坏。

### 1.1.3.4　钢管的螺纹连接

螺纹连接俗称丝扣连接。建筑内水暖（非消防管）系统采用的低压流体输送用焊接钢管常采用螺纹连接。

螺纹连接形式有：圆锥形外螺纹连接与圆柱形内螺纹连接，接口强度及严密性较好；圆锥形外螺纹与圆锥形内螺纹连接，接口强度及严密性很好；圆柱形外螺纹与圆柱形内螺纹连接，接口严密性较差。水暖上通常采用圆锥形外螺纹与圆柱形内螺纹连接，俗称"锥接柱"。

（1）管螺纹加工

螺纹加工通常有手工加工螺纹和机械加工螺纹。其加工质量要求：螺纹尺寸正确，松紧适度；螺纹端正、光滑，无毛刺、无裂纹；断丝、缺扣小于螺纹全长的 1/10。管道的切割要用割刀或钢锯，使用砂轮切割机切割时，要对切口毛刺进行修整，严禁使用氧、乙炔焰切割。切口端面倾斜偏差不应大于管道外径的 1%。为了保证螺纹质量，螺纹加工时可采用套丝机专用油进行润滑，但不得用水或者其他液体替代。

螺纹管道加工好后要用螺纹量具进行检查，若有相同规格的管件，则用管件进行匹配较好，其松动程度只要用手能将管件拧入即可，不应过分松动或管件拧入时有被卡现象。

1）手工加工螺纹

手工加工螺纹使用手工套丝工具，有手动套丝器和管子绞板。套丝器的板牙装配是固定不变的，不同规格的管子使用不同的板牙头；管子绞板的板牙装配在一定范围内是可调节的，板牙架上设有四个板牙孔，用于装配板牙，板牙的进、退调节是靠转动带有滑轨的活动标盘进行的，绞板的后部设有四个可调节松紧的卡子，用以把绞板固定在管子上。套丝加工时，要先用管台钳将管子固定在工作台上，再用手动套丝工具加工螺纹。手动套丝工具如图1－52所示。

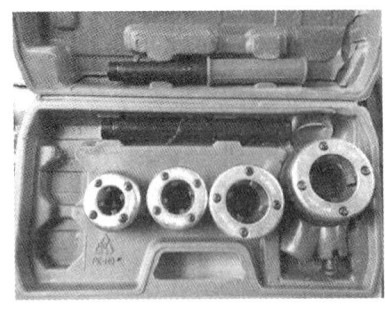

手动套丝器　　　　　　　　　　　　　　　　　管子绞板

图1－52　手动套丝工具

2）电动加工螺纹

施工现场的电动加工螺纹使用电动套丝机，套丝原理与手工套丝相同，只是采用电动动力，有的电动套丝机装配上切管刀具还可以切断管子。电动套丝机由机座、电动机、齿轮箱、板牙驾、卡具、传动机构等主要部件组成，加工效率高，螺纹质量好。另外，还有一种手持式电动套丝器，使用也比较方便。电动套丝工具如图1－53所示。

电动套丝机　　　　　　　　　　　　　　手持式电动套丝器

图1－53　电动套丝工具

（2）螺纹连接

通过管道的外螺纹与管件的内螺纹把管道与管道、管道与管件、管道与阀门连接起来。螺纹连接灵活、拆卸简单、不破坏管道内表面，但大口径管道的螺纹加工和连接难度大，最大接口直径为DN150。螺纹连接适用范围：

①不大于DN32的室内供暖系统焊接钢管的连接。

②不大于DN50的室内给水系统（非消防用）焊接钢管的连接。

③不大于DN100的室内燃气管道的连接。

④钢管与带螺纹的设备、附件等的连接。

⑤需经常拆卸(加活接头),又不允许有明火、火花等其他火源的生产场合。

1)填料

螺纹连接必须填充密封材料。常用密封材料有聚四氟乙烯胶带、麻丝加铅油等。起到密封、防腐、易拆卸的作用。

当管道在输送冷热水、压缩空气时,常用麻丝加铅油作为填料。当管道用来输送燃气时,则不能使用麻丝铅油作填料,最好使用聚四氟乙烯生料带。当输送的蒸汽温度较高时,最好使用石棉纤维加铅油。

使用麻丝铅油作为填料时,要先将麻丝理成薄而均匀的纤维束,然后把铅油均匀地涂在管螺纹上,再将麻丝从螺纹的第二扣开始沿顺时针方向进行缠绕,如图 1 - 54 所示。

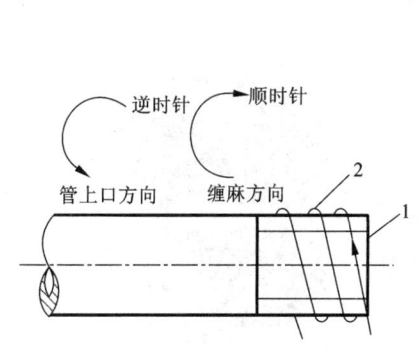

图 1 -54　缠绕法示意图
1—带管螺纹钢管;2—麻丝

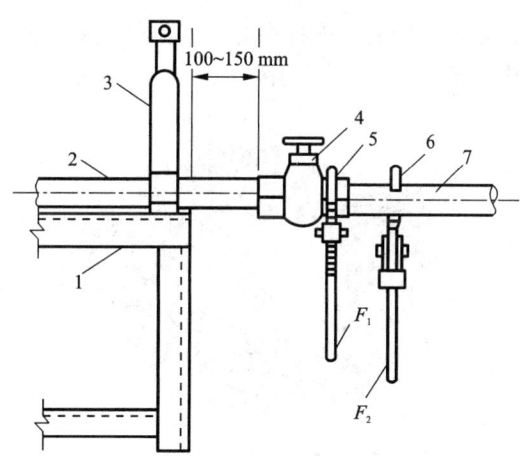

图 1 -55　阀门上安装管子操作
1—台架;2—管段;3—管台钳;
4—阀门;5、6—管钳;7—管段

2)连接

将阀门安装到管道上,如图 1 -55 所示。先将带螺纹的管段 2 固定在虎台钳上,使螺纹端距虎台钳 100 ~150 mm,并缠好密封填料;然后用手将阀门顺时针拧进螺纹 2 ~3 扣为宜,再用管钳把阀门拧紧。将带螺纹的管段 7 缠好密封填料,按顺时针方向用手将管段 7 拧入已连接好的阀门;用管钳(或活扳手)夹住已拧紧的阀门一端,防止转动,然后用另一管钳拧紧管段 7,管钳 5 用力方向为逆时针,但不得使阀门与管段 2 发生相对转动,管钳 6 按顺时针方向慢慢旋紧管段。

螺纹连接后的管螺纹根部应有 2 ~3 扣的外露螺纹,多余的麻丝应清理干净并对螺纹做防腐处理。

### 1.1.3.5　钢管的法兰连接

法兰连接是在管道、设备、阀门等接口的法兰盘之间垫上垫片,并用螺栓、螺母紧固而将系统连接起来的一种连接方式。具有拆卸方便、强度高、密封性能好等优点。

（1）常用法兰

法兰规格型号较多，介质压力、温度、化学性质不同，所选用的法兰、法兰垫片、法兰紧固件就不同。法兰选用要指出采用何种标准（例：GB/T 9112—2010 钢制管法兰类型与参数），其规格型号采用法兰名称加其公称压力表示。法兰的密封面形式有多种，一般常用的有突面(RF)、凹面(FM)、凸面(M)、榫面(T)、槽面(G)、全平面(FF)、环连接面(RJ)。

1）突面(光滑面)密封法兰

密封面是突出法兰面的一个环形平面，其上也可车制密纹水线。密封面结构简单，加工方便，且便于进行防腐衬里。但是，这种密封面垫片接触面积较小，预紧时垫片容易往两边挤，不易压紧。突面密封法兰参见图 1-56。

2）全平面密封法兰

整个法兰表面作为密封面，主要用于宽面法兰及低压管道系统中，与相配的密封垫片接触面分布于法兰螺栓中心圆的内外两侧。对应的垫片材质多为石棉橡胶等非金属软质材料，垫片预紧比压较低，用于公称压力不大于 PN1.6 的介质。全平面密封法兰参见图 1-57。

图 1-56　突面密封法兰

图 1-57　全平面密封法兰

3）凹凸面密封法兰

密封面是由一个凸面和一个凹面相配合组成的，在凹面上放置垫片，能够防止垫片被挤出，故可用于压力较高的系统。凹凸面密封法兰参见图 1-58。

4）榫槽面密封法兰

密封面是由榫和槽所组成的，垫片置于槽中，不会被挤出，一般采用金属垫片。榫槽密封面适用于易燃、易爆、有毒的介质以及较高压力的场合。榫槽面密封法兰参见图 1-59。

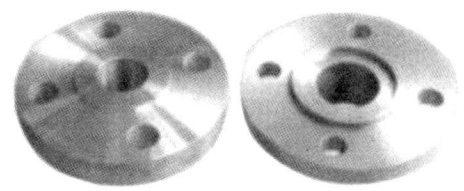

图 1-58　凹凸面密封法兰

图 1-59　榫槽面密封法兰

5）梯形槽面密封法兰

环连接面法兰的一种，梯形槽密封面，与椭圆形或八角形截面的金属垫片配合。密封面可用于压力较高的场合,但需要的尺寸精度和表面光洁度高,不易加工。适用于高压容器和高压管道的密封。梯形槽面密封法兰参见图 1 - 60。

6）带颈平焊法兰

带颈平焊法兰也属于平焊法兰,因为有个短颈,从而提高了法兰的强度,改善了法兰的承载力度。所以可以用于更高压力的管道上。带颈平焊法兰参见图 1 - 61。

图 1 - 60　梯形槽面密封法兰　　　　　　图 1 - 61　带颈平焊法兰

7）整体法兰

整体法兰属于带颈对焊钢制管法兰的一种。其改善了管道与法兰盘焊接的缺陷,提高了焊接质量。整体法兰参见图 1 - 62。

8）螺纹法兰

用于设备或管道是螺纹接口而又便于拆卸的连接处。或设备接口为螺纹接口,而其后管道为焊接连接的安装。螺纹法兰参见图 1 - 63。

图 1 - 62　整体法兰　　　　　　　　图 1 - 63　螺纹法兰

9）承插式法兰

与平焊法兰类似,只是法兰与管道连接面加工出一个承插口,管道插入法兰承口再进行平焊。有突面(RF)、凹凸面(MFM)、榫槽面(TG)、环连接面(RJ)。常用于压力较高的系统中。承插法兰参见图 1 - 64。

10）松套法兰

松套法兰是利用翻边、钢环等把法兰套在管端上，法兰可以在管端上活动。钢环或翻边就是密封面，法兰的作用则是把它们压紧。由此可见，由于被钢环或翻边挡住，松套法兰是不与介质接触的。松套法兰参见图1－65。

图1－64　承插法兰

图1－65　松套法兰

11）法兰盲板

法兰盲板的功能之一是封堵住管道的末端，其二是可以在检修系统时方便打开封口。法兰盲板是用螺栓固定的，方便拆卸。法兰盲板参见图1－66。

（2）常用法兰垫片

法兰密封垫是两片法兰相连接时，放在两片法兰密封面的中间，然后用螺栓上紧法兰，使法兰不发生泄漏的一种产品。

图1－66　法兰盲板

法兰垫片材料有橡胶垫、石棉橡胶垫、四氟垫、金属缠绕垫、金属垫等几十类品种。在使用时一定要根据介质的压力、使用的温度、管道中介质特性来选择使用，部分法兰垫片资料参见表1－13。

表1－13　部分法兰垫片资料表

| 橡胶垫片 | 石棉橡胶垫片 | 耐油石棉橡胶垫片 | 聚四氟乙烯类垫片 |
|---|---|---|---|
| 适用于水、空气、惰性气体等介质，使用温度范围为－30～120℃。 | 适用于水、空气、蒸汽和煤气等介质，使用温度$T \leqslant 300℃$，工作压力$P \leqslant 5$ MPa | 适用于有机溶剂、碳氢化合物、浓无机酸等介质，多用于中低压管道系统 | 具有良好的耐热性、绝缘性及化学稳定性，低温时韧性和柔软性好。适用于－180～250℃的场合 |

法兰垫片规格型号采用垫片名称加公称尺寸表示。部分法兰垫片见图1－67。

（3）法兰与管道连接

1）法兰平焊连接

法兰平焊连接是先将管子插入法兰内孔至1/4～2/3位置，然后再内外焊接。参见图1－68。适用于压力等级比较低，压力波动、振动及振荡均不严重的管道系统中。

橡胶垫片

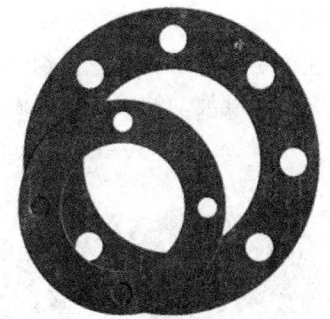

石棉橡胶垫片

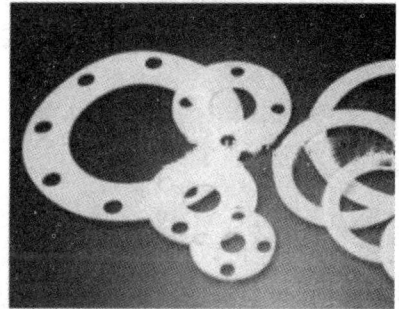

聚四氟乙烯垫片

金属缠绕垫片(外环)

环连接面垫片

**图 1 - 67　法兰垫片**

**图 1 - 68　法兰平焊**

2）法兰对焊连接

法兰对焊连接是将管道和法兰带颈部位以对接形式焊接的一种方式，参见图1-69。适用于压力或温度大幅度波动的管线或高温、高压及低温的管道，公称压力不超过PN2.5。也可用于输送价格昂贵、易燃、易爆介质的管路，公称压力为PN16左右。

图1-69　法兰对焊

3）法兰松套连接

法兰松套连接是把一个内孔较大的法兰套在管端上，法兰可以在管端上活动，法兰的作用是把翻边密封面压紧，松套法兰本身不与介质接触。如果翻边密封面由管道本身加工出来，则加工前就须将松套法兰套在管子上，否则，翻边内套必须与管道采用某种方式连接。适用于塑料管、薄钢管、有色金属管、衬里管等的连接。

## 1.2　铸铁管及管子附件及其加工与连接

铸铁又称生铁，是$w(C)$大于2.1%的铁碳合金，防腐性能较好。其成分除碳外还含有一定数量的硅、锰、硫、磷等化学元素和一些杂质。目前，给排水工程常用的铸铁有灰口铸铁和球墨铸铁。

（1）灰铸铁

灰铸铁是指具有片状石墨的铸铁，因断裂时断口呈暗灰色，故称为灰铸铁。主要成分是铁、碳、硅、锰、硫、磷，是应用最广的铸铁，其产量占铸铁总产量的80%以上。

灰铸铁的力学性能与基体的组织和石墨的形态有关。灰铸铁中的片状石墨对基体的割裂严重，在石墨尖角处易造成应力集中，使灰铸铁的抗拉强度、塑性和韧性远低于钢，但其抗拉强度却与钢相当，也是常用铸铁件中力学性能最差的铸铁。

（2）球墨铸铁

球墨铸铁是指具有球状石墨的铸铁。球墨铸铁除铁外的化学成分通常为：$w(C) = 3.0\%$～$4.0\%$，$w(Si) = 1.8\%$～$3.2\%$，含锰、磷、硫总量不超过3.0%和适量的稀土、镁等球化元素。

它是一种高强度的铸铁材料，其综合性能接近于钢，正是基于其优异的性能，已成功地用于铸造一些受力复杂，强度、韧性、耐磨性要求较高的零件。球墨铸铁已迅速发展为仅次于灰铸铁的、应用十分广泛的铸铁材料。

（3）高硅铸铁

平常所说的高硅铸铁是指$w(Si) = 14\%$～$18\%$的铁合金。

高硅铸铁具有极强的耐酸腐蚀性，它的原理就是在合金的表面形成大面积水化二氧化硅作为保护膜。如果没有形成这种合金膜，合金具有极强的腐蚀性，由此可见，高硅铸铁在形成的初期具有较高的腐蚀率，它在经过数小时的氧化反应之后才会达到一种稳定值。

在碱性的环境中，二氧化硅的膜可以溶解，其形成产物是硅酸盐，由此可见，在碱性的环境中高硅铸铁的稳定性并不好。

## 1.2.1　给水铸铁管及管子附件与连接

### 1.2.1.1　给水铸铁管

目前，市政给水用的铸铁管材质为球墨铸铁和灰铸铁。铸铁管参见图 1 – 70。

图 1 – 70 中，大口端叫作“承口”，小口端（与直管段同径）叫作“插口”。

按铸造方法不同，铸铁管分为连续铸铁管和离心铸铁管，其中离心铸铁管又分为砂型和金属型两种。

（1）连续铸铁管

连续铸铁管即连续浇铸的管，材质有球墨铸铁和灰口铸铁。

灰口铸铁管执行标准为《连续铸铁管》（GB/T 3422—2008），按其壁厚分为 LA、

**图 1 – 70　铸铁直管**

A、B 三级，其有效长度分为 4000 mm、5000 mm、6000 mm 三种。规格表达由壁厚级别、公称尺寸、有效长度表示。例如：公称尺寸为 DN300，壁厚为 A 级，有效长度为 5000 mm 的灰口铸铁管，其规格标记为：A – 300 – 5000。连续灰口铸铁管规格参见表 1 – 14。

**表 1 – 14　部分连续灰口铸铁管规格**

| 公称尺寸 | 外径/mm | 壁厚/mm | | |
|---|---|---|---|---|
| | | LA 级 | A 级 | B 级 |
| DN75 | 93.0 | 9.0 | 9.0 | 9.0 |
| DN100 | 118.0 | 9.0 | 9.0 | 9.0 |
| DN150 | 169.0 | 9.0 | 9.2 | 10.0 |
| DN200 | 220.0 | 9.2 | 10.1 | 11.0 |
| DN250 | 271.6 | 10.0 | 11.0 | 12.0 |
| DN300 | 322.8 | 10.8 | 11.9 | 13.0 |
| DN350 | 374.0 | 11.7 | 12.8 | 14.0 |
| DN400 | 425.6 | 12.5 | 13.8 | 15.0 |
| DN450 | 476.8 | 13.3 | 14.7 | 16.0 |
| DN500 | 528.0 | 14.2 | 15.6 | 17.0 |
| DN600 | 630.8 | 15.8 | 17.4 | 18.0 |
| DN700 | 733.0 | 17.5 | 19.3 | 21.0 |
| DN800 | 830.0 | 19.2 | 21.1 | 23.0 |

连续球墨铸铁管执行标准为《水及燃气管道用球墨铸铁管、管件和附件》(GB/T 13295—2013)。铸铁管壁厚 $e$ 按管道公称尺寸的函数计算：$e = K(0.5 + 0.001 \times 公称尺寸)$；$K$ 为壁厚级别系数，$K = 9$、10、11、12。管道规格由壁厚级别、公称尺寸表示。例如：公称尺寸为DN300，壁厚为K9级的球墨铸铁管，其规格标记为：DN300(K9)。离心球墨铸铁管规格参见表 1 – 15。

表 1 – 15　部分球墨铸铁管规格

| 公称尺寸 | 外径/mm | 壁厚 $e$/mm | | |
|---|---|---|---|---|
| | | K9 级 | K10 级 | K11 级 |
| DN80 | 98 | 6(7) | 6(7) | 6.38 |
| DN100 | 118 | 6(7) | 6(7) | 6.6 |
| DN150 | 170 | 6(7) | 6.5 | 7.15 |
| DN200 | 222 | 6.3 | 7 | 7.7 |
| DN250 | 271 | 6.75 | 7.5 | 8.25 |
| DN300 | 326 | 7.2 | 8 | 8.8 |
| DN350 | 378 | 7.65 | 8.5 | 9.35 |
| DN400 | 429 | 8.1 | 9 | 9.9 |
| DN450 | 480 | 8.55 | 9.5 | 10.45 |
| DN500 | 532 | 9 | 10 | 11 |
| DN600 | 635 | 9.9 | 11 | 12.1 |
| DN700 | 738 | 10.8 | 12 | 13.2 |
| DN800 | 842 | 11.7 | 13 | 14.3 |

注：离心球墨铸铁管最小公称壁厚为 6 mm；非离心球墨铸造管和管件的最小公称壁厚为 7 mm(表 1 – 15 括号内数字)。

（2）离心铸铁直管

离心铸铁管主要为球墨铸铁，采用金属型离心机铸造，执行标准为《水及燃气管道用球墨铸铁管、管件和附件》(GB/T 13295—2013)，铸铁管规格见表 1 – 15。

#### 1.2.1.2　给水铸铁管件

铸铁管不用焊接安装，而是采用相应管件连接。铸铁管件就是连接铸铁管的构件，常用铸铁管件有三通、弯管、异径管、短管、四通、管箍等构件。连接方式有承插式和法兰式两种。灰口铸铁管件执行《灰口铸铁》(GB/T 3420—2008)标准；球墨铸铁管件执行《水及燃气管道用球墨铸铁管、管件和附件》(GB/T 13295—2013)标准。

（1）灰口铸铁管件

图 1 – 71 为常见灰口铸铁管件及其名称。

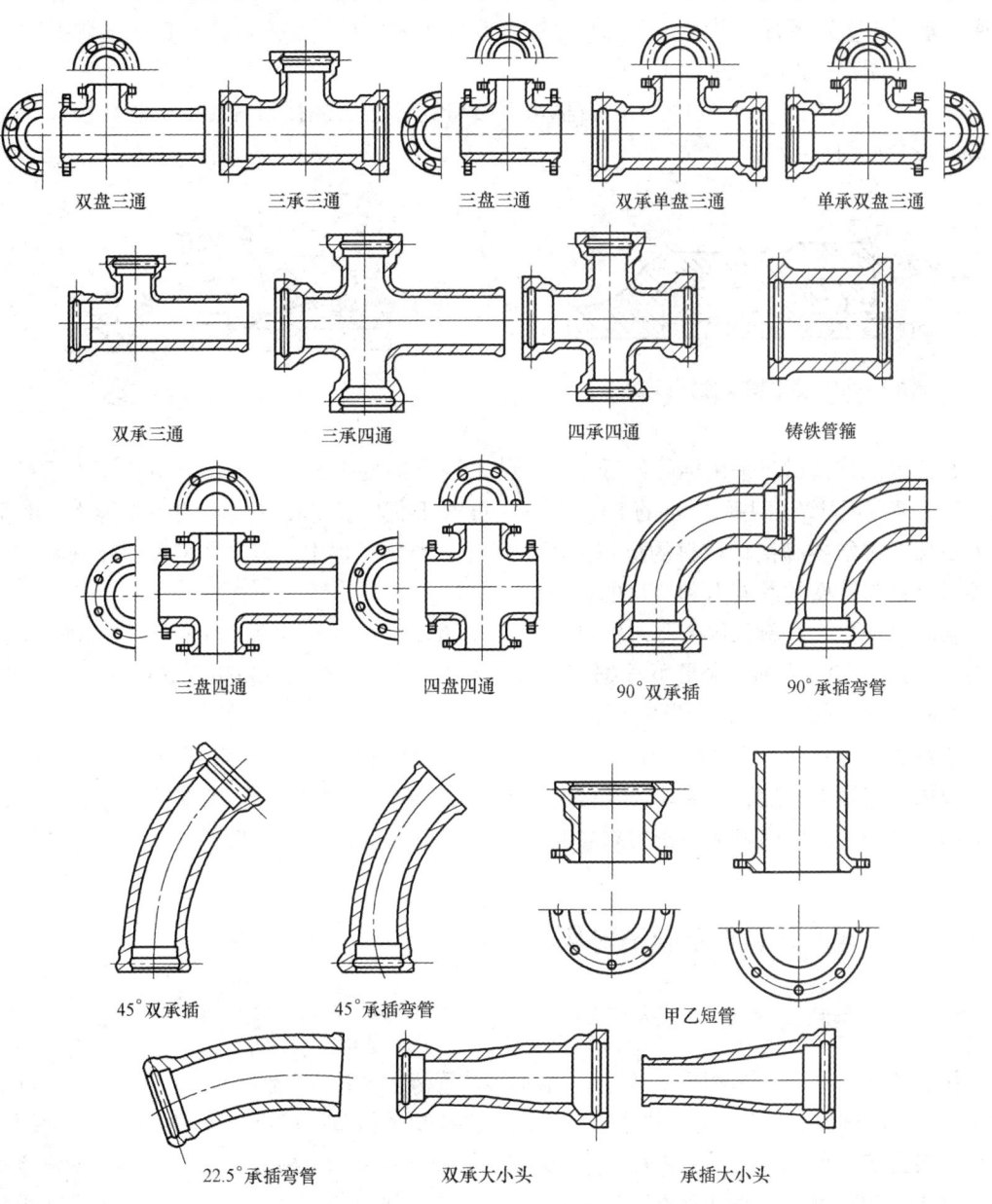

双盘三通　　三承三通　　三盘三通　　双承单盘三通　　单承双盘三通

双承三通　　三承四通　　四承四通　　铸铁管箍

三盘四通　　四盘四通　　90°双承插　　90°承插弯管

45°双承插　　45°承插弯管　　甲乙短管

22.5°承插弯管　　双承大小头　　承插大小头

图 1-71　灰口铸铁管件

(2)球墨铸铁管件

球墨铸铁管件与灰口铸铁管件类似,管件具体尺寸符合球墨铸铁管安装要求。

### 1.2.1.3　给水铸铁管连接

给水铸铁管采用承插式连接，承插连接就是将插管插入承管承口内，再用填料密封间隙，达到接口严密连接的方法。目前，主要采用橡胶圈柔性连接。橡胶圈接口是将专用橡胶圈密封承插口，外用石棉水泥或膨胀水泥抹平接口作为保护，该接口具有良好的防振性和伸缩性。橡胶圈接口形式参见图1-72。

除了橡胶圈柔性接口，也可采用石棉水泥接口或膨胀水泥接口，其属于刚性接口。刚性接口形式参见图1-73。

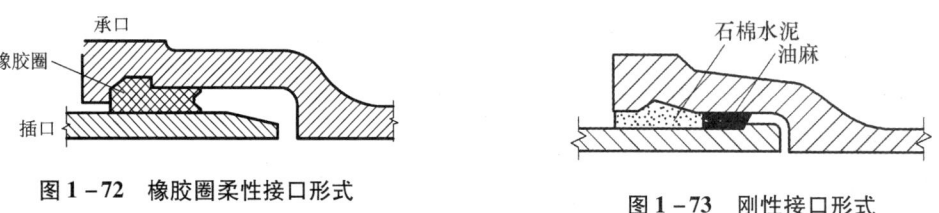

图1-72　橡胶圈柔性接口形式　　　　　图1-73　刚性接口形式

石棉水泥接口材料采用标号不低于425的水泥及4级或5级石棉。质量比可按石棉∶水泥=3∶7进行配比，水占总质量的10%左右。石棉纤维对水泥具有很强的吸附能力，水泥中掺入石棉纤维能提高接口材料的抗拉强度。水泥在硬化过程中，石棉纤维可阻止其收缩，提高接口材料与管壁的黏着力和接口的密封性。

膨胀水泥接口材料采用膨胀水泥和中砂。质量比可按膨胀水泥∶中砂=1∶1进行配比，水占总质量的30%左右，水量可根据气候条件调整，但不宜超过35%。膨胀水泥拌合应均匀，外观颜色一致，一次拌和量宜在30 min内用完。

刚性承插连接时，要将承、插口表面的灰土、浮锈清理干净，再将管道的插口插入管道的承口内。管道对正后，先填入嵌缝材料(油麻或普通橡胶圈)嵌缝，用扁铲打紧，再填入适量的密封材料，然后用扁铲将密封材料打紧。逐层填入密封材料并打紧，直到密封材料与接口平齐。

## 1.2.2　排水铸铁管及管子附件与连接

### 1.2.2.1　排水铸铁管

排水铸铁管不承受较大压力，管壁比给水铸铁管薄，常用于生活污水、生产废水、建筑屋面雨水或雪水的排放。目前，建筑排水广泛应用柔性接口铸铁管，其管壁薄，质量轻，装拆方便，适合高层建筑和有抗震要求的排水系统。其柔性接口方式分为机械式(有A型、B型两种类型)和卡箍式(有W型、$W_1$型两种类型)两大类。卡箍式连接W型、$W_1$型所用的直管端口外边缘有区别，W型使用的管子管端口外边有凸缘，$W_1$型的则没有。B型连接与W型连接所使用的管材相同，均为管端带外凸缘的平口直管。A型连接所使用的管子是一端带有承口的直管。管材、管件执行标准为《排水用柔性接口铸铁管、管件及附件》(GB/T 12772—2016)。

适用于A型接口的铸铁直管带承插口，长度有500 mm、1000 mm、1500 mm、2000 mm、3000 mm五种，其铸铁直管规格参见表1-16。

表 1 – 16 A 型接口铸铁直管规格

| 公称尺寸 | 外径/mm | 壁厚/mm | |
|---|---|---|---|
| | | A 级 | B 级 |
| DN50 | 61 | 4.5 | 5.5 |
| DN75 | 86 | 5.0 | 5.5 |
| DN100 | 111 | 5.0 | 5.5 |
| DN125 | 137 | 5.5 | 6.0 |
| DN150 | 162 | 5.5 | 6.0 |
| DN200 | 214 | 6.0 | 7.0 |
| DN250 | 268 | 7.0 | 7.0 |
| DN300 | 318 | 7.0 | 7.0 |

适用于 W 型、B 型接口的铸铁直管无承插口，长度有 1500 mm、3000 mm 两种，其铸铁直管规格参见表 1 – 17。

表 1 – 17 W 型接口铸铁直管规格

| 公称尺寸 | 外径/mm | 壁厚/mm |
|---|---|---|
| DN50 | 61 | 4.3 |
| DN75 | 86 | 4.4 |
| DN100 | 111 | 4.8 |
| DN125 | 137 | 4.8 |
| DN150 | 162 | 4.8 |
| DN200 | 214 | 5.8 |
| DN250 | 268 | 6.4 |
| DN300 | 318 | 7.0 |

适用于 $W_1$ 型接口的铸铁直管无承插口，长度只有 3000 mm 一种，其铸铁直管规格参见表 1 – 18。

表 1 – 18 W1 型接口铸铁直管规格

| 公称尺寸 | 外径/mm | 壁厚/mm | |
|---|---|---|---|
| | | 标准 | 最小 |
| DN50 | 58 | 3.5 | 3.0 |
| DN75 | 83 | 3.5 | 3.0 |
| DN100 | 110 | 3.5 | 3.0 |
| DN125 | 135 | 4.0 | 3.5 |

**续表 1 – 18**

| 公称尺寸 | 外径/mm | 壁厚/mm | |
|---|---|---|---|
| | | 标准 | 最小 |
| DN150 | 160 | 4.0 | 3.5 |
| DN200 | 210 | 5.0 | 4.0 |
| DN250 | 274 | 5.5 | 4.5 |
| DN300 | 326 | 6.0 | 5.0 |

#### 1.2.2.2 排水铸铁管件

柔性连接铸铁排水管件与其连接方式相适应, 不同的连接方式管件尺寸不尽相同。A 型管件的外径和壁厚与其直管相同, 三通管件见图 1 – 74。

**图 1 – 74 A 型三通管件**

W 型管件的外径与壁厚符合表 1 – 19 的规定, 部分管件见图 1 – 75。

**表 1 – 19 W 型、B 型管件的外径与壁厚**

| 公称尺寸 | 外径/mm | B 型管件壁厚/mm | W 型管件壁厚/mm | |
|---|---|---|---|---|
| | | | A 级 | B 级 |
| DN50 | 61 | 4.5 | 4.5 | 5.0 |
| DN75 | 86 | 4.5 | 4.5 | 5.0 |
| DN100 | 111 | 5.0 | 5.0 | 5.5 |
| DN125 | 137 | 5.0 | 5.0 | 5.5 |
| DN150 | 162 | 5.0 | 5.0 | 6.0 |
| DN200 | 214 | 6.0 | 6.0 | 6.0 |
| DN250 | 268 | 7.0 | 7.0 | 7.0 |
| DN300 | 318 | 7.0 | 7.0 | 7.0 |

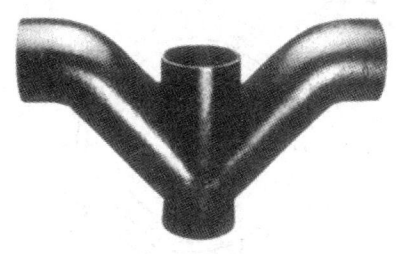
W型四通连接管件

B型四通连接管件

图 1 – 75　W、B 型柔性连接管件

$W_1$ 型管件的外径与壁厚符合表 1 – 20 的规定，管件参见图 1 – 75 的 W 型柔性连接管件。

表 1 – 20　$W_1$ 型管件外径与壁厚

| 公称尺寸 | 外径/mm | 壁厚/mm | |
| --- | --- | --- | --- |
| | | 标准 | 最小 |
| DN50 | 58 | 4.2 | 3.0 |
| DN75 | 83 | 4.2 | 3.0 |
| DN100 | 110 | 4.2 | 3.0 |
| DN125 | 135 | 4.7 | 3.5 |
| DN150 | 160 | 5.3 | 3.5 |
| DN200 | 210 | 6.0 | 4.0 |
| DN250 | 274 | 7.0 | 4.5 |
| DN300 | 326 | 8.0 | 5.0 |

#### 1.2.2.3　排水铸铁管柔性连接

（1）A 型柔性连接

A 型柔性连接属于承插口连接，采用法兰及密封胶圈连接，法兰压盖将橡胶密封圈压紧到承、插口之间的间隙中，达到密封作用。具有抗震性能好、密封性强、施工简便、便于维修、使用可靠等优点。连接方式见图 1 – 76。

（2）W 型、$W_1$ 型柔性连接

W 型、$W_1$ 型柔性连接均属于无承口连接，采用不锈钢柔性管箍连接，两种连接方式基本相同，只是管件结构尺寸不同。连接时，要先将管口清理干净，再将橡胶箍套在管口处，然后用不锈钢卡箍外套卡紧管口。具有抗震性能好、施工简便、易检修、使用可靠、美观耐久等优点。连接方式见图 1 – 77。

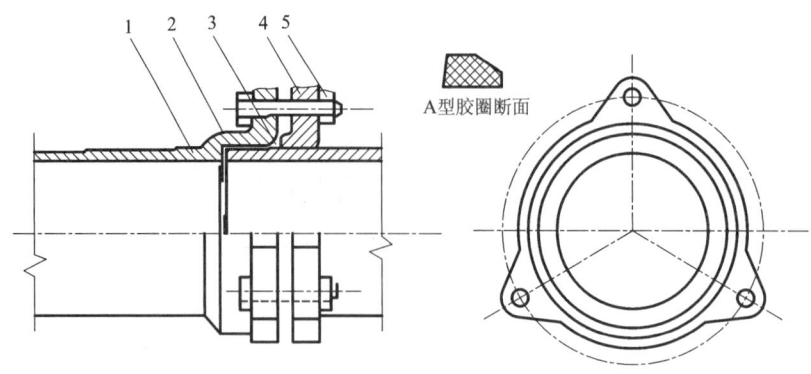

**图 1 – 76　A 型连接方式**

1—承口管；2—插口管；3—密封胶圈；4—法兰压盖；5—螺栓

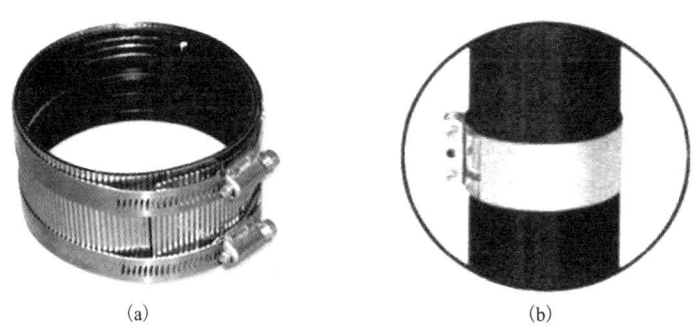

(a)　　　　　　　　　(b)

**图 1 – 77　W、W₁ 型连接方式**

(a)卡箍；(b)管道连接

（3）B 型柔性接口

B 型柔性接口属于全承口连接，铸铁排水管综合了 W 型和 A 型铸铁排水管的优点。直管部分采用了 W 型无承口铸铁管，管件采用全法兰结构。这种连接组合既有 A 型结构连接强度高和安装便捷的优点，又因采用 W 型直管而降低了材料成本，加之 B 型管件设计结构较为紧凑，较 A 型管件节约安装空间。B 型连接方式见图 1 – 78。

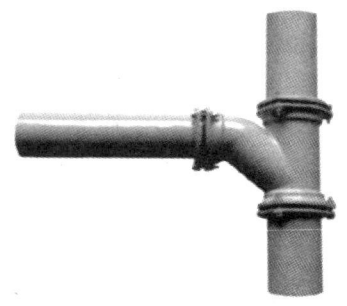

**图 1 – 78　B 型连接方式**

# 1.3   铜管及其加工与连接

## 1.3.1   铜管管材

铜管及铜合金管品种较多,建筑环境与能源应用工程专业应用的铜管主要有紫铜管和黄铜管。按照制造工艺,铜管分拉制管和挤制管。铜管导热性好,低温强度高。具有一般金属的强度;同时又比一般金属易弯曲、易扭转,不易裂缝、不易折断,并具有一定的抗冻胀和抗冲击能力。

不同用途的铜管执行标准不同,其规格型号表示方式也不尽相同,各类不同用途铜管可执行标准有几十种之多。空调与制冷用铜管执行《空调与制冷设备用无缝铜管》(GB/T 17791—2007)标准;换热器用铜管执行《热交换器用铜合金无缝管》(GB/T 8890—2015)标准;纯铜管和黄铜管执行《铜及铜合金无缝管材外形尺寸及允许偏差》(GB/T 16866—2006)标准。

(1)紫铜管

常用的紫铜管按化学成分又分为 T2 和 TP2 两种。

T2 为纯铜,含铜量国家标准是 99.90%,对成分中的磷含量没有要求。

TP2 为磷脱氧铜,对成分中的磷含量要求为 0.014% ~ 0.041%。目的主要是提高铜管的焊接性能,主要用于空调焊接多的产品。

(2)黄铜管

黄铜管质地坚硬,不易腐蚀,且耐高温、耐高压,可在多种环境中使用。一般用于电器用及制冷用铜管、耐高压铜管、耐腐蚀铜管、连接用铜管、水道用铜管、电热铜管、工业用铜管。

(3)铜管及铜合金管规格

铜管的制造方法不同,产品规格也不尽相同。部分挤制铜管及铜合金管规格见表 1 – 21;部分拉制铜管及铜合金管规格见表 1 – 22。

表 1 – 21   部分挤制铜管及铜合金管规格

| 管子外径/mm | 管子壁厚/mm | | | | | | | | | | | | |
|---|---|---|---|---|---|---|---|---|---|---|---|---|---|
| | 1.5 | 2.0 | 2.5 | 3.0 | 3.5 | 4.0 | 4.5 | 5.0 | 6.0 | 7.5 | 9.0 | 10.0 | 12.5 |
| 20, 21, 22 | ○ | ○ | ○ | ○ | | ○ | | | | | | | |
| 23, 24, 25, 26 | ○ | ○ | ○ | ○ | ○ | ○ | | | | | | | |
| 27, 28, 29 | | | ○ | ○ | ○ | ○ | ○ | ○ | ○ | | | | |
| 30, 32 | | | ○ | ○ | ○ | ○ | ○ | ○ | | | | | |
| 34, 35, 36 | | | ○ | ○ | ○ | ○ | ○ | ○ | ○ | | | | |
| 38, 40, 42, 44 | | | ○ | ○ | ○ | ○ | ○ | ○ | ○ | ○ | ○ | ○ | |

**续表 1 – 21**

| 管子外径/mm | 管子壁厚/mm | | | | | | | | | | | | |
|---|---|---|---|---|---|---|---|---|---|---|---|---|---|
| | 1.5 | 2.0 | 2.5 | 3.0 | 3.5 | 4.0 | 4.5 | 5.0 | 6.0 | 7.5 | 9.0 | 10.0 | 12.5 |
| 45, 46, 48 | | | ○ | ○ | ○ | ○ | ○ | ○ | ○ | ○ | ○ | ○ | |
| 50, 52, 54, 55 | | | ○ | ○ | ○ | ○ | ○ | ○ | ○ | ○ | ○ | ○ | ○ |
| 56, 58, 60 | | | | | | | ○ | ○ | ○ | ○ | ○ | ○ | ○ |
| 62, 64, 65, 68, 70 | | | | | | | ○ | ○ | ○ | ○ | ○ | ○ | ○ |
| 72, 74, 75, 78, 80 | | | | | | | ○ | ○ | ○ | ○ | ○ | ○ | ○ |
| 85, 90 | | | | | | | | | | ○ | | ○ | ○ |
| 95, 100 | | | | | | | | | | ○ | | ○ | ○ |

注："○"表示推荐规格，需要其他规格的产品应由供需双方商定。

**表 1 – 22　部分拉制铜管及铜合金管规格**

| 管子外径/mm | 管子壁厚/mm | | | | | | | | | | | | | |
|---|---|---|---|---|---|---|---|---|---|---|---|---|---|---|
| | 0.2 | 0.3 | 0.4 | 0.5 | 0.6 | 0.75 | 1.0 | 1.25 | 1.5 | 2.0 | 2.5 | 3.0 | 3.5 | 4.0 |
| 3, 4 | ○ | ○ | ○ | ○ | ○ | ○ | ○ | ○ | | | | | | |
| 5, 6, 7 | ○ | ○ | ○ | ○ | ○ | ○ | ○ | ○ | ○ | | | | | |
| 8, 9, 10, 11, 12, 13, 14, 15 | ○ | ○ | ○ | ○ | ○ | ○ | ○ | ○ | ○ | ○ | ○ | ○ | | |
| 16, 17, 18, 19, 20 | | ○ | ○ | ○ | ○ | ○ | ○ | ○ | ○ | ○ | ○ | ○ | ○ | ○ |
| 21, 22, 23, 24, 25, 26, 27, 28, 29, 30 | | | ○ | ○ | ○ | ○ | ○ | ○ | ○ | ○ | ○ | ○ | ○ | ○ |
| 31, 32, 33, 34, 35, 36, 37, 38, 39, 40 | | | | ○ | ○ | ○ | ○ | ○ | ○ | ○ | ○ | ○ | ○ | ○ |
| 42, 44, 45, 46, 48, 49, 50 | | | | | | ○ | ○ | ○ | ○ | ○ | ○ | ○ | ○ | ○ |
| 52, 54, 55, 56, 58, 60 | | | | | | ○ | ○ | ○ | ○ | ○ | ○ | ○ | ○ | ○ |
| 62, 64, 65, 66, 68, 70 | | | | | | | ○ | ○ | ○ | ○ | ○ | ○ | ○ | ○ |
| 72, 74, 75, 76, 78, 80 | | | | | | | | | | ○ | ○ | ○ | ○ | ○ |
| 82, 84, 85, 86, 88, 90, 92, 94, 96, 100 | | | | | | | | | | ○ | ○ | ○ | ○ | ○ |

注："○"表示推荐规格，需要其他规格的产品应由供需双方商定。

### 1.3.2　铜管的加工与连接

铜管连接有机械式和焊接式两类，机械式连接常采用扩口压紧式连接、卡套式连接；焊接式连接常采用钎焊连接、气焊连接。

（1）机械式连接

1）扩口压紧式连接

扩口压紧式连接是铜管连接常用的方法之一，安装前必须对铜管管端进行成形加工，其管端经过切割修正后，还需用特殊的成形工具将管端加工成扩口杯形或锥形。杯形或锥形的形状、尺寸需规范统一，因为加工压紧式铜管件的连接是靠杯形或锥形的管端直接与铜管件的结合面压紧密封来保证管道接头的严密性的，铜管端成形是否规范，直接影响接头的连接质量。扩口连接原理参见图 1 - 79。

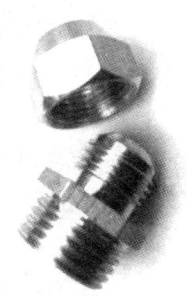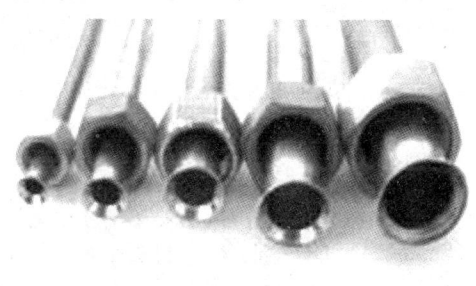

**图 1 - 79　扩口连接原理图**

2）卡套式连接

这种接头基本结构较为简单，只有接头体、卡套和螺母三个基本零件组成，通过压缩管子上的密封卡套进行连接。这种接头起主要密封作用的是卡套，在拧紧螺母的压紧作用下，卡套外缘受到接头体和螺母内锥的挤压而变形，形成锥面密封，消除卡套与管子的间隙。铜制卡套式连接应用广泛，具有结构简单、密封性能可靠、

**图 1 - 80　铜管卡套连接**

连接牢固、不用焊接、反复装拆性能好的优点，适用于油、水、气等非腐蚀性介质的管路。铜管卡套连接参见图 1 - 80。

（2）焊接式连接

1）铜管钎焊

铜管钎焊是用比铜管熔点低的金属材料作为钎料，用液态钎料润湿铜管并填充承插接口间隙使其与铜管相互扩散的焊接方法。钎料熔化后因毛细吸附现象而填充进两铜管连接处的缝隙，形成焊缝。在焊缝中，钎料和铜管之间相互溶解和扩散，从而牢固结合。

焊前必须对铜管进行细致加工和严格清洗，除去油污和过厚的氧化膜，保证接口装配间隙。间隙一般要求为 0.01 ~ 0.1 mm。钎焊接头的强度直接受接头装配缝隙大小的影响，接合处的强度会随着缝隙的增大而下降，而且缝隙的大小还影响毛细管作用与钎着面积，因此

钎焊接头装配时,应保持均匀而严格的缝隙,以确保钎焊接头的质量。

钎焊的主要特点是加热温度较低,焊件的组织和机械性能变化较小,接头平整光滑,变形不大,且可连接不同材料,生产效率高。铜管钎焊参见图1-81。

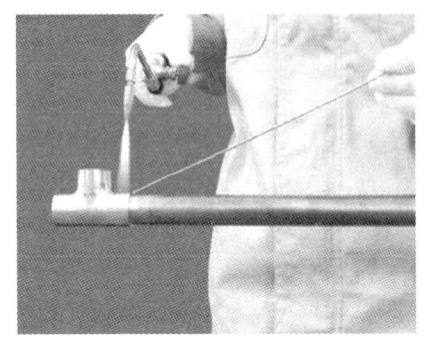 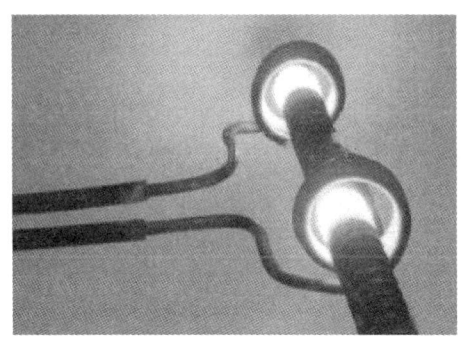

氧乙炔焰加热钎焊                          高频加热钎焊

图1-81    铜管钎焊

钎焊常使用的钎料有两种,一种是铜磷钎焊料,一种是银钎(银铜合金)焊料。

铜磷钎焊料由铜磷二元合金组成,属硬钎焊料,由于磷可以还原氧化铜,因此采用铜磷钎焊料钎焊紫铜件时不需另加钎剂,工艺性好,使用广泛。

银钎(银铜合金)焊料主要是由银铜等合金组成,属硬钎焊料,具有钎焊接头强度高、润湿性好等特点,主要用于对质量要求较高的钎焊接头。目前常用$w(Ag)$为2%或5%的低银钎料。

在紫铜和黄铜配件钎焊时还要使用钎剂,其主要作用是清除铜管材料和钎料表面的氧化膜,抑制铜管材料及钎料在钎焊过程中再氧化,从而改善钎料对被钎焊材料的润湿作用。

2)铜管气焊

气焊是利用可燃气体与助燃气体混合燃烧的火焰去熔化工件接缝处的金属和焊丝而达到金属间牢固连接的方法。这是利用化学能转变成热能的一种熔化焊接方法。它具有设备简单、操作方便、实用性强等特点。因此,在各工业部门的制造和维修中得到了广泛的应用。

# 1.4    常用非金属管

## 1.4.1    混凝土管和钢筋混凝土管及其连接

(1)混凝土管和钢筋混凝土管

混凝土管是指管壁内不配置钢筋骨架的混凝土圆管(CP管);钢筋混凝土管是指管壁内配置有单层或多层钢筋骨架的混凝土圆管(RCP管)。它们作为排水管均适用于雨水、污水、引水及农田排灌等重力流管道。混凝土管按外压承受荷载分为Ⅰ、Ⅱ两级,钢筋混凝土管分为Ⅰ、Ⅱ、Ⅲ三级。两种管子按连接方式的不同有刚性接口和柔性接口两种。混凝土管规格、外压荷载参见表1-23;钢筋混凝土管规格、外压荷载参见表1-24。

表 1 – 23　混凝土管规格、外压荷载

| 公称尺寸 | 有效长度 /mm | I 级管 | | II 级管 | |
|---|---|---|---|---|---|
| | | 壁厚/mm | 破坏荷载 /(kN·m⁻¹) | 壁厚 t/mm | 破坏荷载 /(kN·m⁻¹) |
| DN100 | | ≥19 | 12 | ≥25 | 19 |
| DN150 | | ≥19 | 8 | ≥25 | 14 |
| DN200 | | ≥22 | 8 | ≥27 | 12 |
| DN250 | | ≥25 | 9 | ≥33 | 15 |
| DN300 | ≥1000 | ≥30 | 10 | ≥40 | 18 |
| DN350 | | ≥35 | 12 | ≥45 | 19 |
| DN400 | | ≥40 | 14 | ≥47 | 19 |
| DN450 | | ≥45 | 16 | ≥50 | 19 |
| DN500 | | ≥50 | 17 | ≥55 | 21 |
| DN600 | | ≥60 | 21 | ≥65 | 24 |

不同级别的混凝土管能够承受的内水压力也不同，I 级管能承受的内水压力为 0.02 MPa，II 级管能承受的内水压力为 0.04 MPa。

表 1 – 24　部分钢筋混凝土管规格、外压荷载

| 公称尺寸 | 有效长度 /mm | I 级管 | | | II 级管 | | | III 级管 | | |
|---|---|---|---|---|---|---|---|---|---|---|
| | | 壁厚 /mm | 裂缝荷载 /(kN·m⁻¹) | 破坏荷载 /(kN·m⁻¹) | 壁厚 /mm | 裂缝荷载 /(kN·m⁻¹) | 破坏荷载 /(kN·m⁻¹) | 壁厚 /mm | 裂缝荷载 /(kN·m⁻¹) | 破坏荷载 /(kN·m⁻¹) |
| DN200 | | ≥30 | 12 | 18 | ≥30 | 15 | 23 | ≥30 | 19 | 29 |
| DN300 | | ≥30 | 15 | 23 | ≥30 | 19 | 29 | ≥30 | 27 | 41 |
| DN400 | | ≥40 | 17 | 26 | ≥40 | 27 | 41 | ≥40 | 35 | 53 |
| DN500 | | ≥50 | 21 | 32 | ≥50 | 32 | 48 | ≥50 | 44 | 68 |
| DN600 | | ≥55 | 25 | 38 | ≥60 | 40 | 60 | ≥60 | 53 | 80 |
| DN700 | | ≥60 | 28 | 42 | ≥70 | 47 | 71 | ≥70 | 62 | 93 |
| DN800 | ≥2000 | ≥70 | 33 | 50 | ≥80 | 54 | 81 | ≥80 | 71 | 107 |
| DN900 | | ≥75 | 37 | 56 | ≥90 | 61 | 92 | ≥90 | 80 | 120 |
| DN1000 | | ≥85 | 40 | 60 | ≥100 | 69 | 100 | ≥100 | 89 | 134 |
| DN1100 | | ≥95 | 44 | 66 | ≥110 | 74 | 110 | ≥110 | 98 | 147 |
| DN1200 | | ≥100 | 48 | 72 | ≥120 | 81 | 120 | ≥120 | 107 | 161 |
| DN1350 | | ≥115 | 55 | 83 | ≥135 | 90 | 135 | ≥135 | 122 | 183 |
| DN1400 | | ≥117 | 57 | 86 | ≥140 | 93 | 140 | ≥140 | 126 | 189 |
| DN1500 | | ≥125 | 60 | 90 | ≥150 | 99 | 150 | ≥150 | 135 | 203 |

不同级别的钢筋混凝土管能够承受的内水压力也不同，I 级管能承受的内水压力为 0.06 MPa，II、III 级管能承受的内水压力为 0.10 MPa。

（2）管道连接

混凝土管和钢筋混凝土管的连接有刚性接口和柔性接口两种，刚性接口分为平口，承、插口，企口三种，一般用石棉水泥、膨胀水泥填充，参见图 1 – 82。

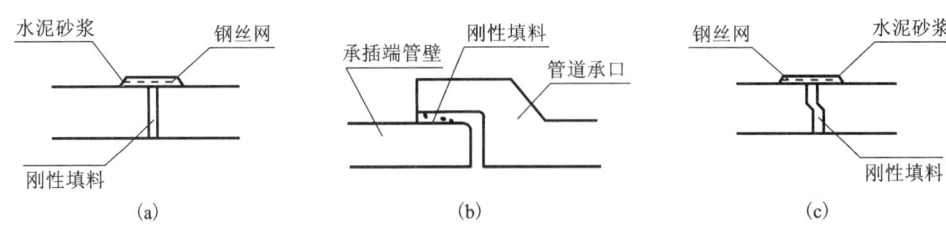

**图 1 – 82　刚性接口连接**

(a)平口连接;(b)承、插口连接;(c)企口连接

柔性接口较为复杂,其接口形式与管道两端部的结构类型有关,分为承、插口连接和企口连接两大类,承、插口连接分为 A、B、C 三种类型。企口连接根据管型不同分为 A、B 两种类型接口。企口柔性接口原理参见图 1 – 83。

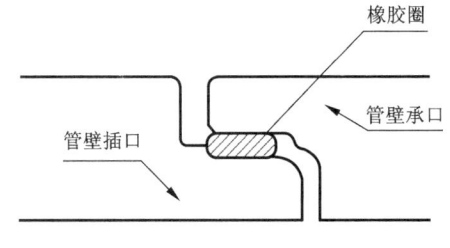

**图 1 – 83　企口柔性接口**

## 1.4.2　预应力混凝土管及其连接

使管身混凝土获得预压应力的钢筋混凝土管,通称为预应力混凝土管。它能承受较高的管内径向压力,广泛应用于各种压力式输水管道。管的直径在 0.4 m 以下的为小口径管,0.4 ~ 1.4 m 的为中口径管,1.4 m 以上的为大口径管。管接头主要为承插式,承插式管属柔性接头,安装方便,密封止水效果好。管的生产工艺有三阶段和一阶段之分。三阶段制管工艺,首先制作带有预应力或非预应力纵向钢筋的混凝土管芯,然后在管芯上缠绕环向预应力钢丝,最后在环向钢丝外面覆加一层砂浆保护层。一阶段制管工艺是将三个工序合并为一道工序。

目前,预应力钢筋混凝土管都向大口径和轻质高强度方向发展,由于预应力钢筋混凝土管的主要缺点是性脆、怕碰撞,因此逐渐被预应力钢筒混凝土管(PCCP)替代。

预应力钢筒混凝土管是在带有钢筒的混凝土管芯外侧缠绕环向预应力钢丝并制作水泥砂浆保护层而制成的管子。具有高强度、高抗渗性、高密封性的优点,可用于城市给水排水干管、工业输水管线等。根据

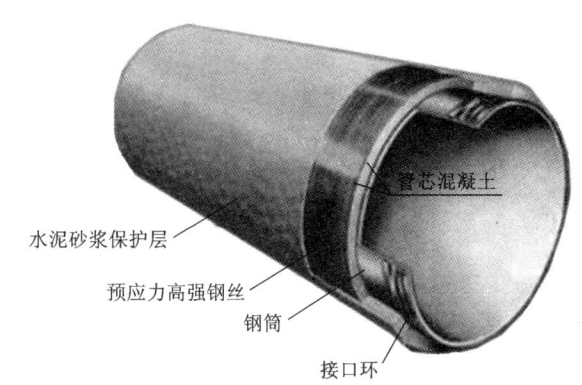

**图 1 – 84　内衬式预应力钢筒混凝土管结构**

钢筒在管芯中位置的不同,PCCP 管可分为两种:内衬式预应力钢筒混凝土管(PCCPL)和埋置式预应力钢筒混凝土管(PCCPE)。PCCP 管件采用钢板制作主要结构,并在钢板内、外侧

包覆钢筋(丝)网水泥砂浆层而制成。

内衬式预应力钢筒混凝土管是指由钢筒和混凝土内衬组成管芯并在钢筒外侧缠绕环向预应力钢丝,然后制作水泥砂浆保护层而制成的管子,参见图 1 -84。

内衬式预应力钢筒混凝土管规格见表 1 -25。

表 1 -25　内衬式预应力钢筒混凝土管规格

| 管子种类 | 公称尺寸 | 最小管芯壁厚 /mm | 保护层净厚度 /mm | 钢筒壁厚 /mm | 有效长度 /mm | 管子长度 /mm |
|---|---|---|---|---|---|---|
| 单胶圈管 (PCCPSL) | DN400 | 40 | 20 | 1.5 | 5000 6000 | 5078 6078 |
| | DN500 | 40 | | | | |
| | DN600 | 40 | | | | |
| | DN700 | 45 | | | | |
| | DN800 | 50 | | | | |
| | DN900 | 55 | | | | |
| | DN1000 | 60 | | | | |
| | DN1200 | 70 | | | | |
| | DN1400 | 90 | | | | |
| 双胶圈管 (PCCPDL) | DN1000 | 60 | 20 | 1.5 | 5000 6000 | 5135 6135 |
| | DN1200 | 70 | | | | |
| | DN1400 | 90 | | | | |

注:1. 单胶圈管是指柔性密封接口采用一个橡胶密封圈的管子。

2. 双胶圈管是指柔性密封接口采用二个橡胶密封圈的管子。

埋置式预应力钢筒混凝土管是指由钢筒和钢筒内、外两侧混凝土层组成管芯并在管芯混凝土外侧缠绕环向预应力钢丝,然后制作水泥砂浆保护层而制成的管子,参见图 1 -85。

图 1 -85　埋置式预应力钢筒混凝土管结构

埋置式预应力钢筒混凝土管规格见表 1 -26。

表 1－26　埋置式预应力钢筒混凝土管规格

| 管子种类 | 公称尺寸 | 最小管芯壁厚 /mm | 保护层净厚度 /mm | 钢筒壁厚 /mm | 有效长度 /mm | 管子长度 /mm |
|---|---|---|---|---|---|---|
| 单胶圈管 （PCCPSE） | DN1400 | 100 | 20 | 1.5 | 5000 6000 | 5083 6083 |
| | DN1600 | 100 | | | | |
| | DN1800 | 115 | | | | |
| | DN2000 | 125 | | | | |
| | DN2200 | 140 | | | | |
| | DN2400 | 150 | | | | |
| | DN2600 | 165 | | | | |
| | DN2800 | 175 | 20 | 1.5 | 5000 6000 | 5125 6125 |
| | DN3000 | 190 | | | | |
| | DN3200 | 200 | | | | |
| | DN3400 | 220 | | | | |
| | DN3600 | 230 | | | | |
| | DN3800 | 245 | | | | |
| | DN4000 | 260 | | | | |
| 双胶圈管 （PCCPDE） | DN1400 | 100 | 20 | 1.5 | 5000 6000 | 5135 6135 |
| | DN1600 | 100 | | | | |
| | DN1800 | 115 | | | | |
| | DN2000 | 125 | | | | |
| | DN2200 | 140 | | | | |
| | DN2400 | 150 | | | | |
| | DN2600 | 165 | | | | |
| | DN2800 | 175 | | | | |
| | DN3000 | 190 | | | | |
| | DN3200 | 200 | | | | |
| | DN3400 | 220 | | | | |
| | DN3600 | 230 | | | | |
| | DN3800 | 245 | | | | |
| | DN4000 | 260 | | | | |

注：1. 单胶圈管是指柔性密封接口采用一个橡胶密封圈的管子。

　　2. 双胶圈管是指柔性密封接口采用二个橡胶密封圈的管子。

### 1.4.3　塑料管及其加工连接

塑料管道是指用塑料材质制成的管子的统称。塑料管道具有自重轻、耐腐蚀、力学性能好、卫生安全、水流阻力小、节省能源、节省金属、改善生活环境等优点。目前广泛应用于给水、排水、燃气、地暖、电力通信、农业等领域。常用的塑料管道有聚乙烯(PE)管、聚氯乙烯(PVC)管、聚丙烯(PP)管、聚丁烯(PB)管等。

#### 1.4.3.1　聚乙烯管道及其加工连接

(1)聚乙烯(PE)管及其加工连接

1)PE 管材

PE 管及高密度聚乙烯管(HDPE)具有优良的化学性能、韧性、耐磨性以及相对低廉的价格优势,广泛应用于燃气、给水、废水、雨水、地源热泵的地埋换热管、排水以及电保护管等领域。聚乙烯塑料管的连接方式多为电熔焊、对接式热熔焊、承插式热熔焊等。PE 管根据不同用途,经过结构改性、材质改性后,有多种产品,见图 1 - 86。

PE矿用管　　　　　　　　　　PE燃气管　　　　　　　　PE盘管(常用地暖)

**图 1 - 86　PE 管产品**

PE 管规格因其产品的多样化,各种管子规格不尽相同,可查询相关标准。按国际统一标准,PE 材料按密度划分为五个等级:PE32 级、PE40 级、PE63 级、PE80 级、PE100 级。用于给水的 PE 管多为高密度聚乙烯(HDPE),其等级为 PE80 级和 PE100 级两种。管材的分级数是指20℃、50 年使用期内,管子能够承受的静液压强度(MPa),以数值的十倍计。

给水用聚乙烯管材执行《给水用聚乙烯(PE)管道系统 第 2 部分:管材》(GB/T 13663.2—2018)标准,适用于 PE63、PE80、PE100 材料制造的管子,管材公称压力为0.3 ~ 1.6 MPa,输送水温不超过40℃。管子规格采用管子级别和规格尺寸表示,例:PE80,De125 ×7.4。PE80 级部分管材规格见表 1 - 27。

对于设计输送高于20℃水温的管子,设计压力按表 1 - 28 修正。

表 1-27　PE80 级部分管材规格

PE80 级管规格表

| 公称尺寸 | 壁厚/mm | | | | | |
|---|---|---|---|---|---|---|
| | SDR33 | SDR21 | SDR17 | SDR13.6 | SDR11 | |
| | 0.4 MPa 级别 | 0.6 MPa 级别 | 0.8 MPa 级别 | 1.0 MPa 级别 | 1.25 MPa 级别 | |
| DN16 | — | — | — | — | — | |
| DN20 | — | — | — | — | — | |
| DN25 | — | — | — | — | 2.3 | |
| DN32 | — | — | — | — | 3.0 | |
| DN40 | — | — | — | — | 3.7 | |
| DN50 | — | — | — | — | 4.6 | |
| DN63 | — | — | — | 4.7 | 5.8 | |
| DN75 | — | — | 4.5 | 5.6 | 6.8 | |
| DN90 | — | 4.3 | 5.4 | 6.7 | 8.2 | |
| DN110 | — | 5.3 | 6.6 | 8.1 | 10.0 | |
| DN125 | — | 6.0 | 7.4 | 9.2 | 11.4 | |
| DN140 | 4.3 | 6.7 | 8.3 | 10.3 | 12.7 | |
| DN160 | 4.9 | 7.7 | 9.5 | 11.8 | 14.6 | |
| DN180 | 5.5 | 8.6 | 10.7 | 13.3 | 16.4 | |
| DN200 | 6.2 | 9.6 | 11.9 | 14.7 | 18.2 | |
| DN225 | 6.9 | 10.8 | 13.4 | 16.6 | 20.5 | |
| DN250 | 7.7 | 11.9 | 14.8 | 18.4 | 22.7 | |
| DN280 | 8.6 | 13.4 | 16.6 | 20.6 | 25.4 | |
| DN315 | 9.7 | 15.0 | 18.7 | 23.2 | 28.6 | |

注：SDR 名称为"标准尺寸比"，即公称外径比壁厚。

表 1-28　50 年设计寿命要求 40℃以下温度的压力折减系数

| 温度/℃ | 20 | 25 | 30 | 35 | 40 |
|---|---|---|---|---|---|
| 压力折减系数/$f_1$ | 1.0 | 0.93 | 0.87 | 0.8 | 0.74 |

2）常用 PE 管件

给水用 PE 管件执行《给水用聚乙烯（PE）管道系统 第 2 部分：管材》（GB/T 13663.2—2018）标准，适用于 PE63、PE80、PE100 级管子的安装。分承插式热熔连接管件、对接式热熔连接管件和电熔式连接管件。承插式热熔管件内径大于管子外径，热熔连接时，管子一段插入管件内，主要用于建筑内给水管的连接。对接式热熔管件内、外径与管子相同，热熔连接时，管子是以对接方式连接的，主要用于壁厚较厚的管子连接。电熔管件属于承插式连接，整个管件内径大于管子外径，管件内侧设有电加热丝，外有接电电极。

对于需要与螺纹接口的连接，管件上一般嵌有金属螺纹或管件本身加工有螺纹。

PE 管件参见图 1 – 87。

承插式热熔三通管件

对接式热熔三通管件

电熔式三通管件

嵌有金属外螺纹的热熔管件

图 1 –87　不同类别 PE 管件

3）PE 管连接

承插式热熔连接采用承插式热熔焊机（图1 –88），在加热模具上同时热熔管子端部外表面和管件内表面，当热熔温度和时间达到要求时，迅速拔下管子和管件，将管子端部对正管件，并插入其内，插入时严禁转动管子或管件。关键技术是要掌握好热熔温度、热熔时间、热熔深度三个技术参数。不同级别与厚度的管子，热熔的技术参数不同，可查询相关技术标准。

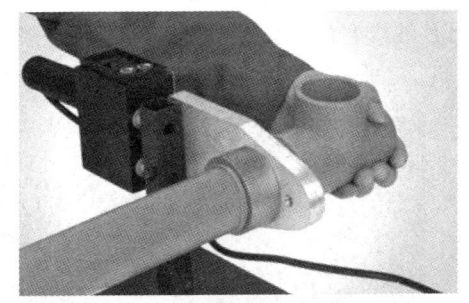

图 1 –88　承插式热熔焊机与热熔过程

管子与管件的连接只能一次性使用，因此要根据设计要求和施工现场的具体情况，准确下料。如果管道埋地敷设，注意应使埋地部分的接口尽量少。

管道熔接前要认真清洁管道和表面，清除管材表面的油污、杂质及毛刺。并注意管材插入管件的长度要适宜，连接后的管道接头处应形成均匀的凸缘。

对接式热熔连接采用对接式热熔焊机，加热模具是一个加热板，在其上同时热熔两个管子端面，当热熔达到要求时，抽开加热板，通过热熔机下部导架来保证两个管子同心或达到设计角度。连接时，由导架给两个管子端面一个压紧力，使管子端面热熔连接。对接式热熔焊机与热熔过程见图1-89。

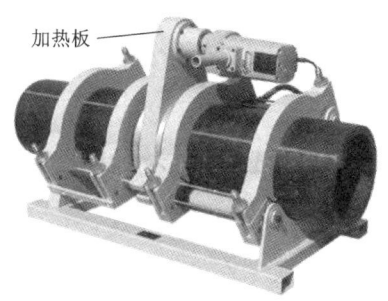

加热板

图1-89 对接式热熔焊机与热熔过程

电熔式热熔连接采用电熔式热熔焊机，用来控制管件热熔温度和时间，连接时，把管道与管件清理干净，然后将管子一端插入管件规定深度，对正合适后，接通电熔焊机，待热熔温度和时间达到要求后，断开焊机。电熔式焊机与热熔见图1-90。

（2）高密度聚乙烯双壁波纹管及其加工连接

1）高密度聚乙烯（HDPE）双壁波纹管

图1-90 电熔式焊机与热熔示意图

HDPE双壁波纹管，简称PE波纹管。主要用于工作压力在0.6 MPa以下的大型输水、供水、排水、排污等，大量替代混凝土管。具有优异的化学稳定性、耐老化及耐环向应力的性能。外壁呈环形波纹状结构，大大增强了管材的环刚度，从而增强了管道对土壤负荷的抵抗力，在这个性能方面，HDPE双壁波纹管与其他管材相比具有明显的优势。

PE波纹管的脆化温度是-70℃。一般低温条件下（-30℃以上）施工时不必采取特殊保护措施，冬季施工方便，而且，PE波纹管具有良好的抗冲击性。PE波纹管见图1-91。

图1-91 PE波纹管

目前，还没有针对 PE 波纹管的国标，一般生产厂家都执行《高密度聚乙烯双壁波纹管管道设计、施工技术规程》标准，是一种行业指导性技术文件。常用 HDPE 管规格参见表 1 - 29。

表 1 - 29　常用 HDPE 双壁波纹管规格

| 公称尺寸 | 平均外径/mm | 承口深度/mm | 承口内径/mm |
| --- | --- | --- | --- |
| DN225 | 260 | 152 | 264 |
| DN300 | 347 | 190 | 351 |
| DN400 | 468 | 200 | 473 |
| DN500 | 570 | 240 | 575 |
| DN600 | 685 | 250 | 691 |
| DN800 | 955 | 260 | 963 |
| DN1000 | 1200 | 280 | 1027 |
| DN1200 | 1425 | 310 | 1433 |

2）加工连接

HDPE 双壁波纹管一般采用承插式、卡箍式、套筒式、热收缩式连接。HDPE 管道，常采用承插式连接，接头采用弹性密封橡胶圈接口。

①承插式连接。

承插式连接是柔性接口，采用橡胶圈密封。先将承口的内壁和插口的外壁清理干净，将橡胶圈套在插口一端，并在承口内壁及插口橡胶圈上涂润滑剂，然后将承插口端面的中心轴线对齐，将插口端插入承口至预定位置。承插式连接见图 1 - 92。

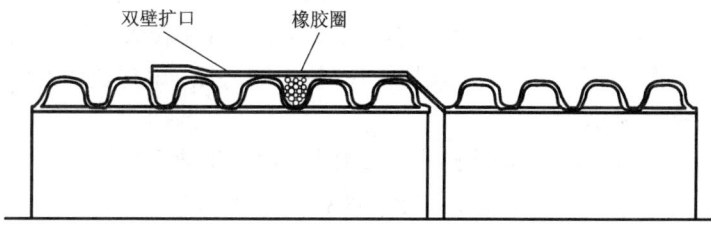

图 1 - 92　承插式连接

②卡箍式连接。

采用不锈钢卡箍或钢带增强聚乙烯卡箍连接，是柔性连接的一种。管子是不带承口的直管，先将管子连接端外表清理干净，在接口处套上橡胶套，再套上卡箍上紧螺栓。卡箍式连接见图 1 - 93。

③套筒式连接。

套筒一般分为玻璃钢套筒和 PE 套筒。玻璃钢套筒材料是用玻璃纤维及胶

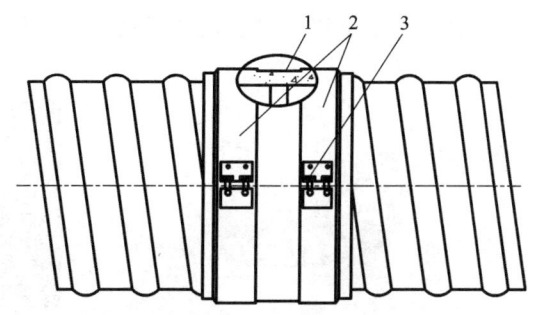

图 1 - 93　卡箍式连接

1—橡胶套；2—卡箍；3—上紧螺栓

衣等加工而成的,硬度比 PE 波纹管大,适合所有口径的管材。PE 套筒材料为 PE,其内外壁光滑,韧性较好,适合于口径在 500 mm 以内的管材。密封性要求比较严格的管道如污水管一般不推荐使用 PE 套筒,而建议使用玻璃钢套筒。

连接前,先将管道接口端部位、密封圈及套筒工作面清理干净,将橡胶密封圈套在管子接口端,然后将润滑剂涂抹在密封圈、套筒的工作部位,将套筒两端与管接口对正。连接时,用力沿轴线向套筒推进管道,直至管道接触到套筒中间环位置。

④热收缩式连接

热缩管有普通型和纤维增强型两种。连接前,先将 PE 波纹管直管的连接端和热缩套管清理干净,对正管子,然后将一定宽度的热缩带(管)搭接在接缝处,内涂高强度热熔胶,加热热缩,增强接缝强度。再将热缩套管套到管子上,将高强度热熔胶涂到管子连接端外表,其宽度略小于热缩管长度。将热缩管调整到接口处,再用烤枪加热热缩。

图 1 - 94  热收缩式连接

这种连接使聚乙烯经交联后在分子链之间形成交联键,构成立体网状结构,这种结构显著地改善了接缝处的牢固性。热收缩式连接见图 1 - 94。

(3)交联聚乙烯管及其加工连接

1)交联聚乙烯(PE - X)管

PE - X 管具有良好的力学和理化性能,被视为新一代绿色管材,它是由高密度聚乙烯、引发剂、交联剂、催化剂等助剂,采用世界上先进的一步法技术制造的,其交联度可达 60% ~89%。该管质地坚实、有耐热性、抗内压强度高,可在较大温度范围内长期使用,寿命长达 50 年。该管管材内壁光滑,流动阻力小,流动噪音低,输送流体的流通量比同径金属管材大,管材的导热系数较低。

PE - X 管主要应用在建筑内的冷热水、饮用水、食品工业中的液体食品输送系统、中央空调系统、低温地板辐射采暖系统、太阳能热水器系统等领域。

建筑给水用 PE - X 管执行行业标准《建筑给水交联聚乙烯(PE - X)管材》(CJ/T 205—2000),适用给水温度不大于 95℃,瞬间给水温度不大于 110℃。建筑用 PE - X 管见图 1 - 95。建筑给水用部分 PE - X 管规格参见表 1 - 30。

盘管

直管

图 1 - 95  PE - X 管

表 1 – 30　建筑给水用部分 PE – X 管规格

| 公称尺寸 | 标准尺寸比（SDR） | | | |
|---|---|---|---|---|
| | 13.6 | 11 | 9 | 7.3 |
| | 管材系列 S | | | |
| | 6.3 | 5 | 4 | 3.15 |
| | 管壁厚/mm | | | |
| DN10 | 1.3 | 1.3 | 1.3 | 1.4 |
| DN12 | 1.3 | 1.3 | 1.4 | 1.7 |
| DN16 | 1.3 | 1.5 | 2.0 | 2.2 |
| DN20 | 1.5 | 2.0 | 2.3 | 2.8 |
| DN25 | 1.9 | 2.3 | 2.8 | 3.5 |
| DN32 | 2.4 | 2.9 | 3.6 | 4.4 |
| DN40 | 3.0 | 3.7 | 4.5 | 5.5 |
| DN50 | 3.7 | 4.6 | 5.6 | 6.9 |
| DN63 | 4.7 | 5.8 | 7.1 | 8.7 |
| DN75 | 5.6 | 6.8 | 8.4 | 10.3 |
| DN90 | 6.7 | 6.2 | 10.1 | 12.3 |
| DN110 | 8.1 | 10.0 | 12.3 | 15.1 |
| DN125 | 9.2 | 11.4 | 14.0 | 17.1 |
| DN140 | 10.3 | 12.7 | 15.7 | 19.2 |
| DN160 | 11.8 | 14.64 | 17.9 | 21.9 |

介质温度不同，同一管材系列的管子其使用寿命和允许工作压力不同。介质温度分为 10 个不同范围，不同系列使用不同温度和寿命下的允许工作压力，参见表 1 – 31。

管材规格采用公称尺寸和壁厚表示，例如：DN40，壁厚为 3.7 mm 的管子，其规格表达为"PE – X40 × 3.7"（依据 CJ/T 205—2000），也可简单表示为 PE – Xde40 × 3.7。对于适用于其他规范的 PE – X 管，按相应规范规定的管标标记方式执行。

2）交联聚乙烯（PE – X）管的加工连接

建筑给水用 PE – X 管的连接方式主要为承插式热熔式连接和电熔式连接，因而所用管件结构与前面讲述的 PE 管件基本相同，这里不再讲述。管件生产执行《建筑给水交联聚乙烯（PE – X）管用管件技术条件》（CJ/T 138—2001）行业标准，适用于工作温度不超过 95℃ 的建筑给水管用管件，与 CJ/T 205—2000 配套使用。由于管件采用最苛刻的条件设计，因此它适用于任何温度范围、任何 S 系列下的管道。

表 1 – 31  部分不同温度下管材允许工作压力

| 温度/℃ | 使用寿命/年 | 标准尺寸比 SDR | | | |
|---|---|---|---|---|---|
| | | 13.6 | 11 | 9 | 7.3 |
| | | 管材系列 S | | | |
| | | 6.3 | 5 | 4 | 3.15 |
| | | 允许工作压力/MPa | | | |
| 20 | 1 | 1.26 | 1.58 | 1.99 | 2.51 |
| | 5 | 1.23 | 1.55 | 1.96 | 2.46 |
| | 10 | 1.22 | 1.54 | 1.94 | 2.44 |
| | 25 | 1.21 | 1.52 | 1.92 | 2.42 |
| | 50 | 1.20 | 1.51 | 1.91 | 2.40 |
| | 100 | 1.19 | 1.50 | 1.89 | 2.38 |
| 60 | 1 | 0.79 | 1.00 | 1.26 | 1.58 |
| | 5 | 0.78 | 0.98 | 1.23 | 1.55 |
| | 10 | 0.77 | 0.97 | 1.22 | 1.54 |
| | 25 | 0.76 | 0.96 | 1.21 | 1.52 |
| | 50 | 0.75 | 0.95 | 1.20 | 1.51 |
| 95 | 1 | 0.54 | 0.68 | 0.86 | 1.08 |
| | 5 | 0.53 | 0.67 | 0.84 | 1.06 |
| | 10 | 0.53 | 0.66 | 0.83 | 1.05 |
| | 25 | 0.52 | 0.56 | 0.82 | 1.04 |

### 1.4.3.2  硬聚氯乙烯管及其加工连接

（1）给水硬聚氯乙烯管（PVC – U）

PVC – U 管道是以卫生级聚氯乙烯（PVC）树脂为主要原料，加入适量的稳定剂、润滑剂、填充剂、增色剂等经塑料挤出机挤出成形和注塑机注塑成形而成的。

优点是：强度较高，高刚度和高硬度，良好电气绝缘性，化学稳定性好，可自行熄灭，低吸水性，易黏接、易焊接（热风焊）、易油漆。

缺点是：韧性差，受天气条件限制，气温较低时，材质呈脆性；介质温度较高时，刚度显著降低，不宜用于大于45℃的热水管路，PVC – U 给水管材见图 1 – 96。

给水用 PVC – U 管，执行《给水用硬聚氯乙烯（PVC – U）管材》（GB/T 1002.1—2006）标准。适用于压力输送饮水和一般用途水，水温不超过45℃。管道规格见表 1 – 32。

带有弹性密封方式承口的PVC-U给水管

带有粘接连接方式承口的PVC-U给水管

图 1-96 PVC-U 给水管

表 1-32 公称压力等级和规格尺寸/mm

| 公称尺寸 | 管材 S 系列 SDR 系列和公称压力 | | | | | | |
|---|---|---|---|---|---|---|---|
| | S16 SDR33 PN0.63 | S12.5 SDR26 PN0.8 | S10 SDR21 PN1.0 | S8 SDR17 PN1.25 | S6.3 SDR13.6 PN1.6 | S5 SDR11 PN2.0 | S4 SDR9 PN2.5 |
| | 公称壁厚/mm | | | | | | |
| DN20 | | | | | | 2.0 | 2.3 |
| DN25 | | | | | 2.0 | 2.3 | 2.8 |
| DN32 | | | | 2.0 | 2.4 | 2.9 | 3.6 |
| DN40 | | | 2.0 | 2.4 | 3.0 | 3.7 | 4.5 |
| DN50 | | 2.0 | 2.4 | 3.0 | 3.7 | 4.6 | 5.6 |
| DN63 | 2.0 | 2.5 | 3.0 | 3.8 | 4.7 | 5.8 | 7.1 |
| DN75 | 2.3 | 2.9 | 3.6 | 4.5 | 5.6 | 6.9 | 8.4 |
| DN90 | 2.8 | 3.5 | 4.3 | 5.4 | 6.7 | 8.2 | 10.1 |

| 公称尺寸 | 管材 S 系列 SDR 系列和公称压力 | | | | | | |
|---|---|---|---|---|---|---|---|
| | S20 SDR41 PN0.63 | S16 SDR33 PN0.8 | S12.5 SDR26 PN1.0 | S10 SDR21 PN1.25 | S8 SDR17 PN1.6 | S6.3 SDR13.6 PN2.0 | S5 SDR11 PN2.5 |
| | 公称壁厚/mm | | | | | | |
| DN110 | 2.7 | 3.4 | 4.2 | 5.3 | 6.6 | 8.1 | 10.0 |
| DN125 | 3.1 | 3.9 | 4.8 | 6.0 | 7.4 | 9.2 | 11.4 |
| DN140 | 3.5 | 4.3 | 5.4 | 6.7 | 8.3 | 10.3 | 12.7 |
| DN160 | 4.0 | 4.9 | 6.2 | 7.7 | 9.5 | 11.8 | 14.6 |

**续表 1 – 32**

| 公称尺寸 | 管材 S 系列 SDR 系列和公称压力 | | | | | | |
|---|---|---|---|---|---|---|---|
| | S20<br>SDR41<br>PN0.63 | S16<br>SDR33<br>PN0.8 | S12.5<br>SDR26<br>PN1.0 | S10<br>SDR21<br>PN1.25 | S8<br>SDR17<br>PN1.6 | S6.3<br>SDR13.6<br>PN2.0 | S5<br>SDR11<br>PN2.5 |
| | 公称壁厚/mm | | | | | | |
| DN180 | 4.4 | 5.5 | 6.9 | 8.6 | 10.7 | 13.3 | 16.4 |
| DN200 | 4.9 | 6.2 | 7.7 | 9.6 | 11.9 | 14.7 | 18.2 |
| DN225 | 5.5 | 6.9 | 8.6 | 10.8 | 13.4 | 16.6 | |
| DN250 | 6.2 | 7.7 | 9.6 | 11.9 | 14.8 | 18.4 | |
| DN280 | 6.9 | 8.6 | 10.7 | 13.4 | 16.6 | 20.6 | |
| DN315 | 7.7 | 9.7 | 12.1 | 15.0 | 18.7 | 23.2 | |
| DN355 | 8.7 | 10.9 | 13.6 | 16.9 | 21.1 | 26.1 | |
| DN400 | 9.8 | 12.3 | 15.3 | 19.1 | 23.7 | 29.4 | |

当介质温度不同时，应按表 1 – 33 给出的不同温度对压力的折减系数 $f_t$ 修正工作压力，用折减系数乘以公称压力可得到最大允许工作压力。

表 1 – 33　温度对压力的折减系数

| 温度 $t$/℃ | 折减系数 $f_t$ |
|---|---|
| $0 < t \leqslant 25$ | 1 |
| $25 < t \leqslant 35$ | 0.8 |
| $35 < t \leqslant 45$ | 0.63 |

（2）给水硬聚氯乙烯管的加工连接

给水硬聚氯乙烯管连接宜采用承插式黏接连接和承插式橡胶密封圈柔性连接。

1）黏接连接

黏接连接是先将管道按安装尺寸切割，在插口连接端按要求加工出倒角，将承、插口的黏接面清洗干净，根据承口深度，在插口端标出插入深度标记。在承、插端连接面，均匀涂抹适量的胶黏剂，将插口端对正承口并用力推进承口内至标记处，将管道来回转动 1/4 圈，使胶黏剂均匀接触管壁。黏接完毕后，应避免受力和强行加载，静止固化 20 ~ 80 min。黏接连接管件见图 1 – 97。

2）柔性连接

承插式橡胶密封圈柔性连接是将承、插口的连接面清理干净，将橡胶圈安装在承口内的凹槽里。承插管不得扭曲，异型橡胶圈应根据使用说明安装正确。然后标记管端插入深度，在橡胶圈和插入端涂抹润滑剂,将插口端对正承口并用力(可借助专用工具)推进承口内至标记处。标记管端插入深度时必须留出温差产生的伸缩量,可按《建筑给水硬聚氯乙烯管管道工程技术规程》(CECS41—2004)标准执行。

（3）排水硬聚氯乙烯管及其连接

建筑排水用 PVC‐U 管,执行《建筑排水用硬聚氯乙烯(PVC‐U)管材》(GB/T 5836.1—2006)标准。适用于建筑内排水,在管材耐化学性和耐热条件下,也可用于工业排水。管道连接主要

图 1‐97　给水 PVC‐U 黏接用管件

采用胶黏剂连接和弹性橡胶密封圈连接,两种连接方式的承口的规格形状、尺寸不同。管材长度一般为 4000 mm 或 6000 mm,其长度不允许有偏差。管道规格见表 1‐34。

表 1‐34　部分管材平均外径、壁厚

| 公称尺寸 | 平均外径/mm | | 壁厚/mm | |
| --- | --- | --- | --- | --- |
| | 最小平均外径 | 最大平均外径 | 最小壁厚 | 最大壁厚 |
| DN50 | 50.0 | 50.2 | 2.0 | 2.4 |
| DN75 | 75.0 | 75.3 | 2.3 | 2.7 |
| DN90 | 90.0 | 90.3 | 3.0 | 3.5 |
| DN110 | 110.0 | 110.3 | 3.2 | 3.8 |
| DN125 | 125.0 | 125.3 | 3.2 | 3.8 |
| DN160 | 160.0 | 160.4 | 4.0 | 4.6 |
| DN200 | 200.0 | 200.5 | 4.9 | 5.6 |
| DN250 | 250.0 | 250.5 | 6.2 | 7.0 |

由于内壁光滑的 PVC‐U 管主要缺点之一是排水时产生的噪音比传统的铸铁管大,隔音效果差,因而声响相对较大。为了减小排水时的噪音,发展出了许多种不同结构的 PVC‐U 消音排水管,其中内螺旋管就是一种降噪效果比较好的 PVC‐U 管,见图 1‐98。

内螺旋 PVC‐U 管只适用于排水立管,与之配合的排水横管是不带内螺旋的,管道主要采用螺母挤压橡胶密封圈连接。其连接管件见图 1‐99。

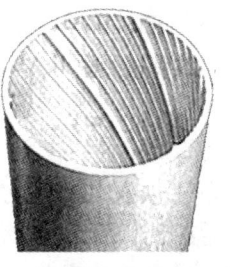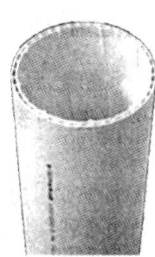

图 1‐98　螺旋消音 PVC‐U 管

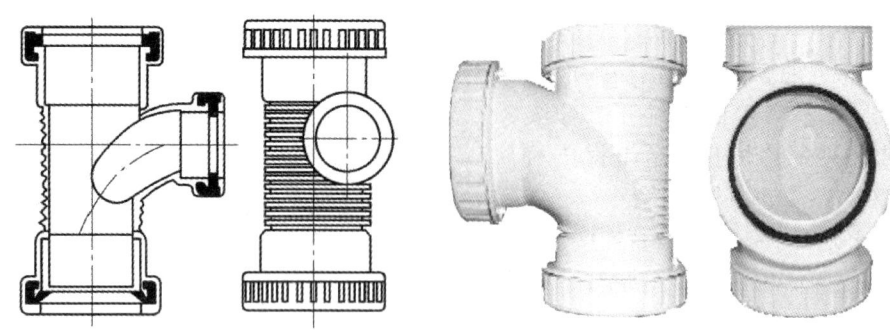

图1-99 螺母挤压橡胶密封圈连接管件

### 1.4.3.3 聚丙烯PP管及其连接

（1）聚丙烯PP管材

PP管可在很大的温度范围内承受高浓度的酸和碱的腐蚀；内壁均匀光滑，流动阻力小并且不结垢；具有优良的隔声性能，可显著减少由液体流动引起的振动和噪声；PP材料为不良热导体，可减少结露现象并减少热损失；管材无毒、卫生。

在聚丙烯中加入不同的添加剂以及采用不同的生产工艺，可生产多种不同特性的PP管。冷热给水中常见的PP管为：PP-R管（无规共聚聚丙烯）、PP-H管（均聚聚丙烯）、PP-B管（嵌段共聚聚丙烯）三种。PP-R管材见图1-100。

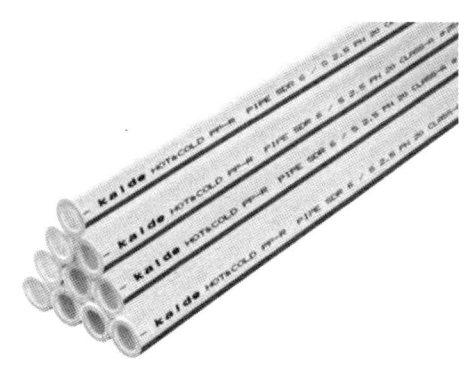

图1-100 PP-R管材

三种PP管材中，管材抗冲击性能PP-R管＞PP-B管＞PP-H管，管材热变形温度PP-H管＞PP-B管＞PP-R管，管材刚性PP-H管＞PP-B管＞PP-R管，管材常温爆破温度PP-H管＞PP-B管和PP-R管，管材耐化学腐蚀性PP-H管＞PP-B管和PP-R管。相对于其他PP管材，PP-R管材的突出优点是既改善了PP-H管的低温脆性，又在较高温度下（≤60℃）具有良好的耐长期水压能力，特别是用作热水管使用时，长期强度均较PP-H管和PP-B管好。

但是，聚丙烯在氧和紫外线的作用下易降解，在有铜存在时，这种降解速度会成百倍速度加快。因此，PP管材中加入了抗氧化剂、光稳定剂、铜类抑制剂等添加剂。尽管如此，安装中也应避免PP管直接暴露在阳光和紫外线下或与金属铜接触。

PP管的选用较复杂，须先根据使用条件选"应用等级"，每个级别均对应一个特定的应用范围及50年使用寿命。参见表1-35。

表 1-35　使用条件级别

| 应用等级 | 设计温度 $T_D$/℃ | 在设计温度下的使用时间/年 | 最大温度 $T_{max}$/℃ | 在最大温度下的使用时间/年 | 故障温度 $T_{mal}$/℃ | 在故障温度下的使用时间/h | 典型的应用范围 |
|---|---|---|---|---|---|---|---|
| 级别 1 | 60 | 49 | 80 | 1 | 95 | 100 | 供应热水（60℃） |
| 级别 2 | 70 | 49 | 80 | 1 | 95 | 100 | 供应热水（70℃） |
| 级别 4 | 20 | 2.5 | 70 | 2.5 | 100 | 100 | 地板采暖和低温散热器采暖 |
| | 40 | 20 | | | | | |
| | 60 | 25 | | | | | |
| 级别 5 | 20 | 14 | 90 | 1 | 100 | 100 | 高温散热器采暖 |
| | 60 | 25 | | | | | |
| | 80 | 10 | | | | | |

表中所列各使用条件级别的管道系统应同时满足 20℃、1 MPa 条件下输送冷水 50 年使用寿命的要求。

再根据选用的"应用等级"和"设计压力"选取管系列 S，参见表 1-36。

表 1-36　PP 管 S 的选择

| 管材 | 设计压力/MPa | 管系列 S | | | |
|---|---|---|---|---|---|
| | | 级别 1 | 级别 2 | 级别 4 | 级别 5 |
| PP-R | 0.4 | 5 | 5 | 5 | 4 |
| | 0.6 | 5 | 3.2 | 5 | 3.2 |
| | 0.8 | 3.2 | 2.5 | 4 | 2 |
| | 1.0 | 2.5 | 2 | 3.2 | — |
| PP-H | 0.4 | 5 | 5 | 5 | 4 |
| | 0.6 | 4 | 3.2 | 5 | 2.5 |
| | 0.8 | 3.2 | 2.5 | 4 | 2 |
| | 1.0 | 2.5 | 2 | 3.2 | — |
| PP-B | 0.4 | 4 | 2.5 | 4 | 2.5 |
| | 0.6 | 2.5 | 2 | 3.2 | 2 |
| | 0.8 | 2 | — | 2 | — |
| | 1.0 | — | — | 2 | — |

然后，根据所选的管系列 S 和水力计算确定的管内径按表 1-37 选取 PP 管规格。

表 1 – 37　部分管材的管系列及规格

| 公称尺寸 | 管系列 | | | | |
|---|---|---|---|---|---|
| | S5 | S4 | S3.2 | S2.5 | S2 |
| | 壁厚/mm | | | | |
| DN16 | | 2.0 | 2.2 | 2.7 | 3.3 |
| DN20 | 2.0 | 2.3 | 2.8 | 3.4 | 4.1 |
| DN25 | 2.3 | 2.8 | 3.3 | 4.2 | 5.1 |
| DN32 | 2.9 | 3.5 | 4.4 | 5.4 | 6.5 |
| DN40 | 3.7 | 4.5 | 5.5 | 6.7 | 8.1 |
| DN50 | 4.6 | 5.6 | 6.9 | 8.3 | 10.1 |
| DN63 | 5.8 | 7.1 | 8.6 | 10.5 | 12.7 |
| DN75 | 6.8 | 8.4 | 10.3 | 12.5 | 15.1 |
| DN90 | 8.2 | 10.1 | 12.3 | 15.0 | 18.1 |
| DN110 | 10.0 | 12.3 | 15.1 | 18.3 | 22.1 |
| DN125 | 11.4 | 14.0 | 17.1 | 20.8 | 25.1 |

PP 管公称尺寸与管道的平均最小外径在数值上基本相等。管道规格表达采用相应管系列 S 下的公称尺寸×壁厚表示。例如,管系列 S4、DN40、壁厚 4.5 mm 的管子,规格表示为:S4,DN40×4.5。对于设计压力不超过 1 MPa 的冷水管,可按 S5 系列选取管规格。

(2)PP 管的连接

PP 管的连接方式一般采用承插式热熔连接和电熔连接,目前使用最多的是承插式热熔连接。三种不同管材各自使用与之相应材料的 PP 管件,不允许不同材料的管件和管子相连接。选用管件时,管件壁厚应不小于相同管系列 S 的管材厚度。

热熔连接,管子与管件只能使用一次,因此要根据设计要求和施工现场的具体情况,准确下料。如果管道是埋地敷设,应注意使埋地部分的接口尽量少。

管道熔接前要认真清洁管道和接头表面,清除管材表面的油污、杂质及毛刺。并注意管材插入管件的长度要适宜,连接后的管道接头处应形成均匀的凸缘。不允许在管材和管件上直接套丝,与金属管道连接可采用法兰连接或使用螺纹管件。

热熔连接的关键技术是要掌握好热熔温度、热熔时间、热熔深度三个技术参数,可咨询生产厂商或查询相关技术资料获得。连接时,必须保证管子与管件同心,且严禁旋转管子或管件。

#### 1.4.3.4　聚丁烯(PB)管及其连接

PB 管是近几年发展起来的新型管材,因其优良的性能,将来有取代其他多种塑料管材的趋势。

PB 管材(聚丁烯)是一种高分子惰性聚合物。属于有机化工材料类的高科技产品,它具有很高的耐温性、持久性、化学稳定性和可塑性,无味、无毒、无嗅,温度适用范围在 – 30 ~

100℃，具有耐寒、耐热、耐压、不腐蚀、不结垢、寿命长(可达50～100年)，且能长期耐老化等特点，是目前世界上最尖端的化学材料之一。

PB管的选用方法与PP管相似，"使用条件级别"(PP管的应用级别)的选取与表1-35相同，再根据选用的"使用条件级别"和"设计压力"选取管系列S，PB管材按尺寸分为S3.2、S4、S5、S6.3、S8、S10六个系列，然后，根据所选的管系列S和水力计算确定的管内径选取PB管规格。

连接方式也采用承插式热熔连接和电熔连接。

### 1.4.4　复合材料管及其加工连接

复合管是一种常用的由两种或两种以上的材料复合组成的管材，目的是充分利用各材料优点，使管道具有良好的综合性能。常见的有铝塑复合管、钢丝网骨架塑料复合管等。

(1)铝塑复合管及其连接

1)铝塑复合管

铝塑复合管的基本构成应为五层，即由内而外依次为塑料、热熔胶、铝合金、热熔胶、塑料。目前，常用的铝塑复合管有三种，第一种是内外层均为聚乙烯(PAP管)，第二种是内层为交联聚乙烯，外层为聚乙烯，第三种是内外层均为交联聚乙烯(XPAP管)，中部层均为铝层。第二、第三种其塑料部分采用交联聚乙烯(PEX)，分子间结构更稳定，比第一种更牢固，更适用于建筑给水、供暖系统。管材参见图1-101。

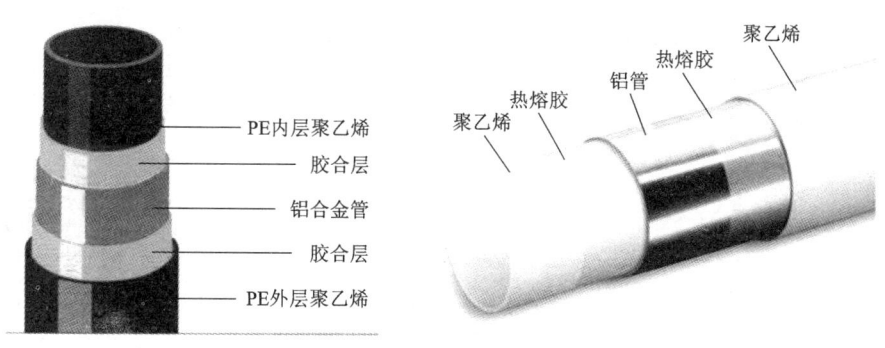

**图 1 - 101　铝塑复合管**

铝塑复合管中的铝管有搭接焊(特征代号：A)和对接焊两种。对接焊铝塑复合管(RPAP5)的铝层较厚，主要由金属铝层承担应力载荷，采用先进的激光对接焊接，铝管完全封闭，强度高，管道系统更安全。而搭接焊铝层较薄，塑料层承担了较大的应力载荷，因而金属的特性要比对接焊差。一般而言，对接焊铝塑复合管的适用温度和压力较搭接焊铝塑复合管要高。RPAP管长期使用温度可达95℃，允许工作压力为1.25 MPa。主要用于太阳能热水器、室内供暖管道等领域。

铝塑复合管可用于冷热水输配系统、采暖系统、建筑燃气系统，还可以用来输送工业特种流体等。搭接焊铝塑复合管适用范围按国标《铝塑复合压力管 第一部分：铝管搭接焊式铝塑管》(GB/T 18997.1—2003)执行。铝塑管适用范围参见表1-38；铝塑管规格参见表1-39。

表 1 – 38　铝塑管适用范围及分类

| 流体类型 | | 用途代号 | 铝塑管代号 | 长期工作温度 $T_0$/℃ | 允许工作压力 $p_0$/MPa |
|---|---|---|---|---|---|
| 水 | 冷水 | L | PAP | 40 | 1.25 |
| | 冷热水 | R | PAP | 60 | 1.00 |
| | | | | 75a | 0.82 |
| | | | | 82a | 0.69 |
| | | | XPAP | 75 | 1.00 |
| | | | | 82 | 0.86 |
| 燃气 | 天然气 | Q | PAP | 35 | 0.40 |
| | 液化石油气 | | | | 0.40 |
| | 人工煤气 | | | | 0.20 |
| 特种流体 | | T | | 40 | 0.50 |

注：1. 代号 PAP 管复合组分为：聚乙烯—铝合金—聚乙烯；

　　2. 代号 XPAP 管复合组分为：交联聚乙烯—铝合金—交联聚乙烯；

　　3. a 指复合管塑料采用的是中密度聚乙烯；

　　4. 输送特种流体时，流体不得与内层聚乙烯抗化学性能不一致。

表 1 – 39　铝塑管规格尺寸

| 公称尺寸 | 参考内径 /mm | 管壁厚度 最小值/mm | 公称尺寸 | 参考内径 /mm | 管壁厚度 最小值/mm |
|---|---|---|---|---|---|
| DN16 | 12.1 | 1.7 | DN40 | 31.6 | 3.9 |
| DN20 | 15.7 | 1.9 | DN50 | 40.5 | 4.4 |
| DN25 | 19.9 | 2.3 | DN60 | 50.5 | 5.8 |
| DN32 | 25.7 | 2.9 | DN75 | 59.3 | 7.3 |

　　铝塑复合管规格表达，应表示出管道的特性、适用范围和尺寸。因此，其规格表达中应包含铝塑管代号、外径尺寸、聚乙烯密度特征代号、铝管焊接特征代号、用途代号。其中聚乙烯特征代号为：高密度聚乙烯 – H，中密度聚乙烯 – M，乙烯与辛烯共聚物 – R。例如：内外层为高密度交联聚乙烯，铝管为搭接焊管，外径为 32 的用作冷热水输配的铝塑管，规格表达为：XPAP·32HA – R。不同适用范围的铝塑管采用何种特征的聚乙烯，应根据产品查询。

　　2) 铝塑复合管的连接

　　① 螺母卡套式连接。

　　铝塑复合管的连接均采用专用管件连接，管件材料多为黄铜材质，目前也有新型的塑料材质。为保证铝塑管与钢管相连接，管件还配备有内螺纹和外螺纹等多种规格。连接时，先将螺母套在管子上，再套上 C 型环，然后将管子插到管件的宝塔嘴上，管子要插到底，拧紧螺母即可。见图 1 – 102。

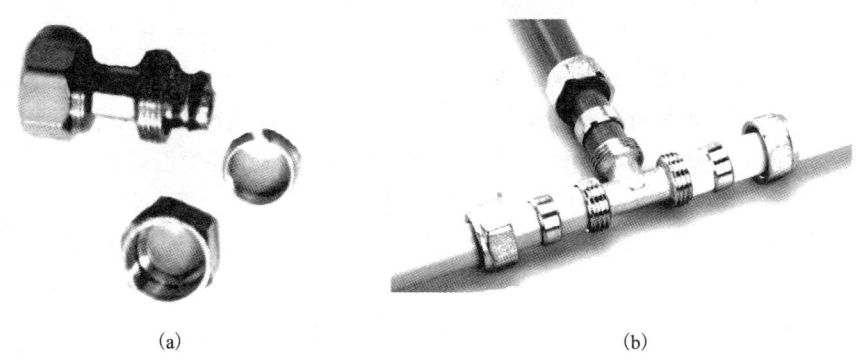

**图 1 – 102　螺母卡套式连接**

(a)螺母卡套式专用管件；(b)连接图

②钢套钳压式连接。

利用专用的钳压工具使不锈钢外套产生塑性变形，将管材与管件芯体压紧连接成一个整体。连接时，先将不锈钢外套套在管子上，然后将管子插到管件的管嘴上，管子要插到底，再使用钳压专用工具压紧外套，完成连接。见图 1 – 103。

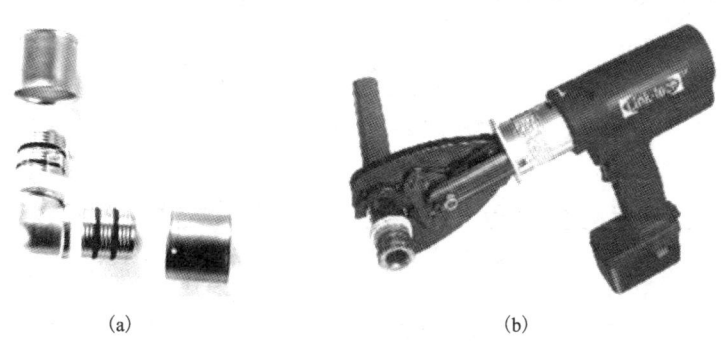

**图 1 – 103　钢套钳压式连接**

(a)钳压式管件；(b)连接过程

③双热熔连接。

RPAP 铝塑复合管常采用双热熔连接，管件采用管道专用料生产，与管材塑料层所用材料相同，管件熔接端口是双层环壁结构的承口，分别与管材内外层熔接，承口内置有衬套，熔接时，衬套对内层壁起支撑作用，从而将管材与管件良好熔合连接在一起。其连接牢固，不渗漏，无腐蚀，强度高，是铝塑复合管连接技术和方式的创新与突破。见图 1 – 104。

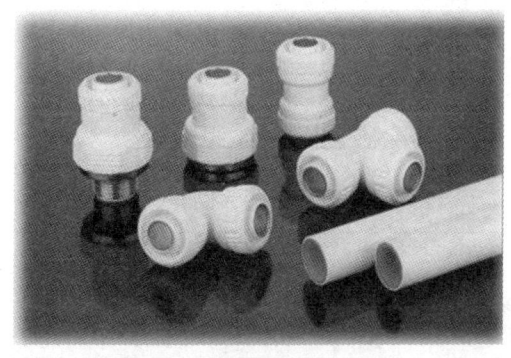

**图 1 – 104　RPAP5 双热熔管件**

（2）钢丝网骨架塑料复合管及其连接

1）钢丝网骨架塑料复合管

钢丝网骨架塑料复合管又称为 srtp 管。管道是用高强度钢丝网骨架和热塑性塑料聚乙烯为原材料，用钢丝缠绕网作为聚乙烯塑料管的骨架增强体，以高密度聚乙烯（HDPE）为基体，采用高性能的 HDPE 改性黏结树脂将钢丝骨架与内、外层高密度聚乙烯紧密地连接在一起，使之具有优良的复合效果。钢丝网骨架塑料复合管执行《钢丝网骨架塑料（聚乙烯）复合管材及管件》（CJ/T 189—2007）标准，适用于城镇供水、城镇燃气、建筑给水、室外消防给水以及特种流体输送。钢丝网骨架塑料复合管见图 1 - 105。管道规格见表 1 - 40、表 1 - 41。近几年，用钢板孔网替代钢丝网而发展起来的孔网钢板增强塑料复合管（图 1 - 105），也越来越多地被用于给水管道上。

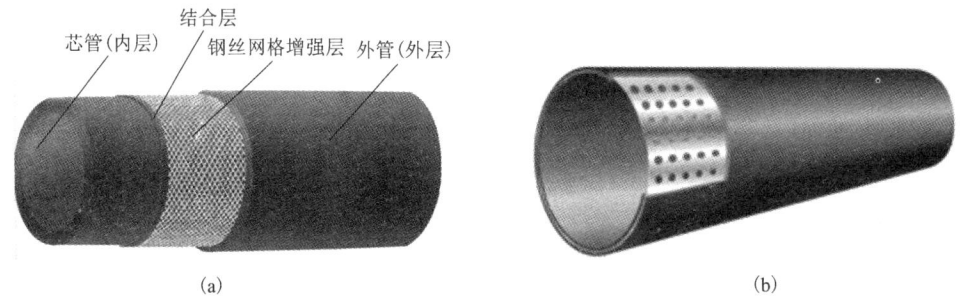

芯管（内层）　结合层　钢丝网格增强层　外管（外层）

(a)　　　　　　　　　(b)

图 1 - 105　钢骨架塑料（聚乙烯）复合管

（a）钢丝网骨架塑料复合管；（b）孔网钢板增强塑料复合管

表 1 - 40　给水、特种流体用钢丝网骨架塑料复合管规格

| 公称尺寸 | 公称压力/MPa | | | | | | |
|---|---|---|---|---|---|---|---|
| | 0.8 | 1.0 | 1.25 | 1.6 | 2.0 | 2.5 | 3.5 |
| | 公称壁厚/mm | | | | | | |
| DN50 | | | | 4.5 | 5.0 | 5.5 | 5.5 |
| DN63 | | | | 4.5 | 5.0 | 5.5 | 5.5 |
| DN75 | | | | 5.0 | 5.0 | 5.5 | 6.0 |
| DN90 | | | | 5.5 | 5.5 | 5.5 | 6.0 |
| DN110 | | 5.5 | 5.5 | 7.0 | 7.0 | 7.5 | 8.5 |
| DN140 | | 5.5 | 5.5 | 8.0 | 8.5 | 9.0 | 9.5 |
| DN160 | | 6.0 | 6.0 | 9.0 | 9.5 | 10.0 | 10.5 |
| DN200 | | 6.0 | 6.0 | 9.5 | 10.5 | 11.0 | 12.5 |
| DN225 | | 8.0 | 8.0 | 10.0 | 10.5 | 11.0 | |
| DN250 | 8.0 | 10.5 | 10.5 | 12.0 | 12.0 | 12.5 | |
| DN315 | 9.5 | 11.5 | 11.5 | 13.0 | 13.0 | | |
| DN355 | 10.0 | 12.0 | 12.0 | 14.0 | | | |
| DN400 | 10.5 | 12.5 | 12.5 | 15.0 | | | |

表 1 – 41　燃气用钢丝网骨架塑料复合管规格

| 公称尺寸 | 公称压力/MPa | | | | |
| --- | --- | --- | --- | --- | --- |
| | 0.4 | 0.6 | 0.8 | 1.0 | 1.25 |
| | 公称壁厚 $e_n$ | | | | |
| DN50 | | 4.5 | 5.0 | 5.5 | 5.5 |
| DN63 | | 4.5 | 5.0 | 5.5 | 5.5 |
| DN75 | | 5.0 | 5.0 | 5.5 | 6.0 |
| DN90 | | 5.5 | 5.5 | 5.5 | 6.0 |
| DN110 | 5.5 | 7.0 | 7.0 | 7.5 | 8.5 |
| DN140 | 5.5 | 8.0 | 8.5 | 9.0 | 9.5 |
| DN160 | 6.0 | 9.0 | 9.5 | 10.0 | 10.5 |
| DN200 | 6.0 | 9.5 | 10.5 | 11.0 | 12.5 |
| DN225 | 8.0 | 10.0 | 10.5 | 11.0 | |
| DN250 | 10.5 | 12.0 | 12.0 | 12.5 | |
| DN315 | 11.5 | 13.0 | 13.0 | | |
| DN355 | 12.0 | 14.0 | | | |
| DN400 | 12.5 | 15.0 | | | |

管材规格可简单表示为：用途代号—塑料代号(PE)×公称外径×公称壁厚—公称压力。用途代号 L 用于给水管，代号 Q 用于燃气管，代号 T 用于特种流体。给水、特种流体管工作温度不得超过 60℃；燃气管工作温度不得超过 40℃。

管道介质温度范围不同，管道耐压也不同，表 1 – 42 给出了温度压力修正关系。

表 1 – 42　温度压力修正系数值

| 温度 $t$/℃ | $0 \leqslant t \leqslant 20$ | $20 < t \leqslant 30$ | $30 < t \leqslant 40$ | $40 < t \leqslant 50$ | $50 < t \leqslant$ |
| --- | --- | --- | --- | --- | --- |
| 修正系数 | 1.0 | 0.95 | 0.90 | 0.86 | 0.81 |

用于给水、特种流体的管道，当介质温度在 $40 < t \leqslant 60$℃时，管道使用寿命应按温度折减系数进行修正，可按表 1 – 28 给出的修正系数 0.74 进行修正。

2）钢丝网骨架塑料复合管连接

钢丝网骨架塑料复合管连接常采用电熔连接、承插热熔连接、对接热熔连接和机械连接四种方式。

电热熔管件采用钢骨架塑料复合管件，钢骨架是薄钢板均匀冲孔后焊接成型的钢筒或以钢丝网为增强骨架与塑料复合而成的。承插热熔管件采用钢骨架塑料复合管件，其骨架结构与电熔管件相同。对接热熔连接是对管端头做了加厚处理，适合采用对接式热熔连接。机械连接主要采用松套法兰连接方式，先将松套法兰套到管子上，再在管端头电熔焊（或承插式热熔焊)上一个法兰内套,然后加上垫片进行紧固。

(2)钢带 PE 塑料复合管及其连接

1)钢带 PE 塑料复合管

钢带波纹管常用于室外的埋地排水、排污管。它是对钢带表面进行特殊预处理,以增强钢材的防腐蚀能力以及钢材和塑料的黏合力,提高剥离强度。在塑料原料充分熔融的状态下缠绕成形,增强了钢板与 PE 材料的黏合度,使管道的使用寿命和纯塑料管道一样,保证在 50 年以上。各层的复合是在塑料熔融状态下进行的,因此各层之间完全黏合,牢固度非常高。整体管道增强了耐压和抗冲击强度,又节约了塑料原料,见图 1 – 106。管道规格与 PE 双壁波纹管的相同。

图 1 – 106  钢带 PE 塑料复合管

2)钢带 PE 塑料复合管连接

钢带 PE 塑料复合管连接常采用热熔挤出焊接、电热熔带焊接、热收缩管(带)连接三种方式。其中热收缩管(带)连接方式与双壁波纹管的连接方式相同,这里不再赘述。

①热熔挤出焊接

热熔挤出焊接是采用专用热风挤出焊接工具,先将管材被连接两端加热,再用焊枪挤出熔融的聚乙烯料,然后把连接缝两端的聚乙烯材料熔融接成一体的连接方法。

挤出焊接主要是利用分子热运动的基本原理,通过挤出焊枪将 PE 焊条加热(使焊条从固态变成了黏流体)并挤出。同时焊枪上配置的热风枪加热被焊 PE 管的待焊面,经外力作用,接缝两端的 PE 材料相互黏合,使彼此间得到了很好的扩散并相互缠绕,将管材连接为一体,从而达到焊接的效果。

②电热熔带焊接

电热熔带焊接方法是利用镶嵌在连接处接触面的电热元件通电后产生高温使聚乙烯材料熔融再冷却的连接方法。电热熔带焊接是采用一条内壁镶嵌有电阻丝的聚乙烯电熔带,将其紧贴在被连接两端的外表面,再用耐热带紧固;同时在接口处管端内壁用可拆卸的工具支撑牢固后,再用电热熔焊机给电阻丝供电,电阻丝发热熔融膨胀形成压力,界面两边的聚乙烯互相扩散,关闭电源,待充分冷却固化后形成可靠连接。

# 1.5  板材及型钢及其加工

板材和型钢是设备安装工程中重要的基础材料,被广泛应用于风道及其配件的制作、各种管道支吊架和设备固定支架的制作与安装等领域,其用材量仅次于管材,本节只介绍一些常用的板材和型钢。

## 1.5.1  金属板材

在安装工程中,金属板材是一种用途较多的材料。如制作风管、风(气)柜、水箱及维护和保护结构等。常用的板材主要有:普通钢板(黑铁皮)、镀钢板(白铁皮)、复合钢板、不锈钢板、铝板等。

普通热轧薄钢板,具有良好的加工性能,结构强度较高,且价格便宜,应用广泛。常用厚度为 0.5 ~ 1.5 mm 的薄板制作风管及部件,用厚度 2 ~ 4 mm 的薄板制作空调机、水箱、气柜等。

普通空调系统,一般采用镀锌钢板和塑料复合钢板,镀锌钢板表面镀锌保护层起防锈作用,一般不再刷防锈漆。塑料复合钢板是在普通薄钢板表面喷涂一层 0.2 ~ 0.4 mm 厚的塑料,塑料具有较好的耐腐蚀性能。

不锈钢板具有良好的耐腐蚀性;铝板具有良好的延展性能,适宜咬口连接,耐腐蚀,还具有良好的传热性能,在摩擦时不易产生火花,因此常被用在洁净空调等防尘要求较高的系统中,或排放有腐蚀气体、有爆炸可能的通风系统中。

制作风管和风管部件用的薄板质量应满足如下要求:板面平整、光滑、无脱皮现象(普通薄钢板允许表面有紧密的氧化铁薄膜层),不得有裂缝、结疤及锈坑,厚薄均匀一致,边角规则呈矩形,有较好的延展性,适宜咬口加工。

金属薄板的规格通常是用短边、长边和厚度三个尺寸表示,例如 1000 mm × 2000 mm × 1.2 mm。通风工程中常用的薄钢板厚度是 0.5 ~ 4 mm,常用的规格是 750 mm × 1800 mm、900 mm × 1800 mm 和 1000 mm × 2000 mm,具体规格详见表 1 - 43。

表 1 - 43　热轧钢板尺寸

| 钢板厚度 /mm | 钢板宽度/mm | | | | | | | | | | | |
|---|---|---|---|---|---|---|---|---|---|---|---|---|
| | 500 | 600 | 710 | 750 | 800 | 850 | 900 | 950 | 1000 | 1100 | 1250 | 1400 |
| | 钢板长度/mm | | | | | | | | | | | |
| 0.35, 0.4<br>0.45, 0.5<br>0.55, 0.6<br>0.7, 0.75 | 1000 | 1200 | 1000 | 1000 | 1500 | 1700 | 1500 | 1500 | | | | |
| | 1500 | 1500 | 1420 | 1500 | 2000 | 2000 | 1800 | 1900 | 1500 | | | |
| | 2000 | 1800 | 2000 | 1800 | | | 2000 | 2000 | 2000 | | | |
| | | 2000 | | 2000 | | | | | | | | |
| 0.8, 0.9 | 1000 | 1200 | 1420 | 1500 | 1500 | 1500 | 1500 | 1500 | 1500 | | | |
| | | | | 1800 | 2000 | 1700 | 1800 | 1900 | 2000 | | | |
| | 1500 | 1420 | 2000 | 2000 | | 2000 | 2000 | 2000 | 2000 | | | |
| 1.0, 1.1<br>1.2, 1.25<br>1.4, 1.5<br>1.6, 1.8 | 1000 | 1200 | 1000 | 1500 | 1500 | 1500 | 1000 | 1500 | 1500 | | | |
| | 1500 | 1420 | 1420 | 1500 | 2000 | 1700 | 1500 | 1900 | 2000 | | | |
| | 2000 | 2000 | 2000 | 1800 | | 2000 | 1800 | 2000 | | | | |
| | | | | 2000 | | | 2000 | | | | | |

钢板厚度一般由设计给定,当设计图样未注明时,一般送、排风系统可参照表 1 - 44 选用,除尘系统参照表 1 - 45 选用。薄钢板的理论质量见表 1 - 46。

表1-44 一般送、排风系统风管用钢板最小厚度

| 矩形风管最长边或圆形风管直径/mm | 钢板宽度/mm | | |
|---|---|---|---|
| | 输送空气 | | 输送烟气 |
| | 风道无加强构件 | 风道有加强构件 | |
| 小于450 | 0.5 | 0.5 | 1.0 |
| 450~1000 | 0.8 | 0.6 | 1.5 |
| 1000~1500 | 1.0 | 0.8 | 2.0 |
| 大于1500 | 根据实际情况 | | |

表1-45 除尘系统风管用钢板最小厚度

| 风管直径/mm | 钢板厚度/mm | | | | | |
|---|---|---|---|---|---|---|
| | 一般磨料 | | 中硬度磨料 | | 高硬度磨料 | |
| | 直管 | 异形管 | 直管 | 异形管 | 直管 | 异形管 |
| 200以下 | 1.0 | 1.5 | 1.5 | 2.5 | 2.0 | 3.0 |
| 200~400 | 1.25 | 1.5 | 1.5 | 2.5 | 2.0 | 3.0 |
| 400~600 | 1.25 | 1.5 | 2.0 | 3.0 | 2.5 | 3.5 |
| 600以上 | 1.5 | 2.0 | 2.0 | 3.0 | 3.3 | 4.0 |

表1-46 钢板理论质量

| 钢板厚度/mm | 理论质量/(kg·m⁻²) | 钢板厚度/mm | 理论质量/(kg·m⁻²) | 钢板厚度/mm | 理论质量/(kg·m⁻²) |
|---|---|---|---|---|---|
| 0.10 | 0.785 | 0.75 | 5.888 | 2.0 | 15.70 |
| 0.20 | 1.57 | 0.80 | 6.28 | 2.5 | 19.63 |
| 0.30 | 2.355 | 0.90 | 7.065 | 3.0 | 23.55 |
| 0.35 | 2.748 | 1.00 | 7.85 | 3.5 | 27.48 |
| 0.40 | 3.14 | 1.10 | 8.635 | 4.0 | 31.4 |
| 0.45 | 3.533 | 1.20 | 9.42 | 4.5 | 35.33 |
| 0.50 | 3.925 | 1.25 | 9.813 | 5.0 | 39.25 |
| 0.55 | 4.318 | 1.40 | 10.99 | 5.5 | 43.18 |
| 0.60 | 4.71 | 1.50 | 11.78 | 6.0 | 47.10 |
| 0.70 | 5.495 | 1.80 | 14.13 | 7.0 | 54.95 |

## 1.5.2 非金属板

PP、PVC 等塑料风管是一种耐腐蚀通风管道,多用于电镀、化工、环保排送废水废气工

程专用管道,产品美观耐用,体质轻,安装方便,PP 管是用共聚级聚丙烯树脂,经挤出成型制得的塑料管材。比重轻,化学稳定性好,耐热,绝缘,机械强度高,无毒。

玻璃钢风管是一种由非金属复合材料制造的产品,主要是通过树脂和玻璃纤维以及添加优质的石英砂由机器控制缠绕而成,玻璃钢使用寿命长,安装方便可靠,有较强的抗燃抗腐蚀性能,材质本身硬度大但脆弱,被广泛应用于石油、化工、环保、排水、农业灌溉等行业中。

整体普通型玻镁风管的强度是由无机胶结材料质量和玻璃纤维布的性能、层数两者结合来决定的。因此,玻镁风管的壁厚应控制在合理的区间范围。玻镁风管壁厚和法兰规格、玻璃纤维布的层数应符合表 1 - 47、表 1 - 48 的规定。

表 1 - 47　玻镁风管壁厚及法兰规格(mm)

| 圆形风管直径 $D$ 或风管长边尺寸 $b$/mm | 风管厚度/mm | 法兰规格(宽×厚)/(mm×mm) | 法兰平面度/mm |
|---|---|---|---|
| $D(b) \leqslant 300$ | 2.5 ~ 3.5 | 40 × 10 | ≤2 |
| $300 < D(b) \leqslant 500$ | 3.5 ~ 4.5 | 45 × 12 | ≤2 |
| $500 < D(b) \leqslant 1000$ | 4.5 ~ 5.5 | 45 × 14 | ≤2 |
| $1000 < D(b) \leqslant 1500$ | 5.5 ~ 6.5 | 50 × 16 | ≤3 |
| $1500 < D(b) \leqslant 2000$ | 6.5 ~ 7.5 | 50 × 18 | ≤3 |
| $D(b) > 2000$ | 7.5 ~ 8.5 | 55 × 20 | ≤3 |

表 1 - 48　玻镁风管玻璃纤维布厚度(mm)与层数

| 圆形风管直径 $D$ 或风管长边尺寸 $b$/mm | 管体玻璃纤维布层数 | | 法兰玻璃纤维布层数 | |
|---|---|---|---|---|
| | C1 | C2 | C1 | C2 |
| $D(b) \leqslant 300$ | 5 | 4 | 9 | 7 |
| $300 < D(b) \leqslant 500$ | 7 | 5 | 11 | 8 |
| $500 < D(b) \leqslant 1000$ | 8 | 6 | 12 | 9 |
| $1000 < D(b) \leqslant 1500$ | 9 | 7 | 14 | 10 |
| $1500 < D(b) \leqslant 2000$ | 12 | 8 | 18 | 14 |
| $D(b) > 2000$ | 14 | 9 | 21 | 16 |

注:C1、C2 分别为玻璃纤维布的厚度 0.3 mm 和 0.4 mm。

还有特殊使用场合用风管,如矿用涂胶布风筒、矿用塑料通风管等。

## 1.5.3　型钢

在供暖通风与空调工程中,型钢主要用于设备框架、风管法兰盘、加固圈以及管路的支、吊、托架等。常用型钢种类有:扁钢、角钢、圆钢、槽钢和 H 形钢等。

扁钢及角钢主要用于制作风管法兰及加固圈。扁钢的规格是以"宽度×厚度"表示,如

20 mm×4 mm 扁钢；角钢分为等边角钢和非等边角钢，风管法兰及管路支架多采用等边角钢，它的规格是以"边宽×厚度"表示，如 40 mm×40 mm×4 mm 角钢。角钢及扁钢规格见表1-49 和表1-50。

槽钢主要用于箱体、柜体的结构及风机等设备的机座，槽钢的规格见表1-51。圆钢主要用于吊架拉杆、管道支架卡环以及散热器托钩，其规格见表1-52，H 形钢主要用于大型袋式除尘器的支架。其他型钢，本专业安装工程中应用不多。

表1-49 等边角钢规格和质量(摘自 GB/T 706—2008)

| 尺寸/mm | | 理论质量/(kg·m⁻²) | 尺寸/mm | | 理论质量/(kg·m⁻²) |
|---|---|---|---|---|---|
| 边宽 | 厚 | 理论质量/$(kg \cdot m^{-2})$ | 边宽 | 厚 | 理论质量/$(kg \cdot m^{-2})$ |
| 20 | 3 | 0.889 | 56 | 3 | 2.624 |
| | 4 | 1.145 | | 4 | 3.446 |
| 25 | 3 | 1.124 | | 5 | 4.251 |
| | 4 | 1.459 | | 6 | 6.568 |
| 30 | 3 | 1.373 | 63 | 4 | 3.907 |
| | 4 | 1.786 | | 5 | 4.822 |
| 36 | 3 | 1.656 | | 6 | 5.721 |
| | 4 | 2.163 | | 8 | 7.469 |
| | 5 | 2.654 | 70 | 4 | 4.372 |
| 40 | 3 | 1.852 | | 5 | 5.397 |
| | 4 | 2.422 | | 6 | 6.406 |
| | 5 | 2.976 | | 7 | 7.398 |
| 45 | 3 | 2.088 | | 8 | 8.373 |
| | 4 | 2.736 | 75 | 5 | 5.818 |
| | 5 | 3.369 | | 6 | 6.905 |
| | 6 | 3.985 | | 7 | 7.976 |
| 50 | 3 | 2.332 | | 8 | 9.030 |
| | 4 | 3.059 | | 10 | 11.809 |
| | 5 | 3.770 | 80 | 5 | 6.211 |
| | 6 | 4.465 | | 8 | 9.658 |

表 1-50　扁钢规格和质量

| 宽度/mm 厚度/mm | 理论质量/(kg·m⁻¹) | | | | | | | | | | | | | | | | |
|---|---|---|---|---|---|---|---|---|---|---|---|---|---|---|---|---|---|
| | 10 | 12 | 14 | 16 | 18 | 20 | 22 | 25 | 28 | 30 | 32 | 36 | 40 | 45 | 50 | 56 | 60 |
| 3 | 0.24 | 0.28 | 0.33 | 0.38 | 0.42 | 0.47 | 0.52 | 0.59 | 0.66 | 0.71 | 0.75 | 0.85 | 0.94 | 1.06 | 1.18 | 1.32 | 1.41 |
| 4 | 0.31 | 0.38 | 0.44 | 0.50 | 0.57 | 0.63 | 0.69 | 0.79 | 0.88 | 0.94 | 1.01 | 1.13 | 1.26 | 1.41 | 1.57 | 1.76 | 1.88 |
| 5 | 0.39 | 0.47 | 0.55 | 0.63 | 0.71 | 0.79 | 0.86 | 0.98 | 1.10 | 1.18 | 1.25 | 1.41 | 1.57 | 1.73 | 1.96 | 2.20 | 2.36 |
| 6 | 0.47 | 0.57 | 0.66 | 0.75 | 0.85 | 0.94 | 1.04 | 1.18 | 1.32 | 1.41 | 1.50 | 1.69 | 1.88 | 2.12 | 2.36 | 2.64 | 2.83 |
| 7 | 0.55 | 0.66 | 0.77 | 0.88 | 0.99 | 1.10 | 1.21 | 1.37 | 1.54 | 1.65 | 1.76 | 1.97 | 2.20 | 2.47 | 2.95 | 3.08 | 3.30 |
| 8 | 0.63 | 0.75 | 0.88 | 1.00 | 1.13 | 1.26 | 1.38 | 1.57 | 1.76 | 1.88 | 2.01 | 2.26 | 2.51 | 2.83 | 3.14 | 3.52 | 3.77 |
| 9 | — | — | — | 1.15 | 1.27 | 1.41 | 1.55 | 1.77 | 1.98 | 2.12 | 1.26 | 2.51 | 2.83 | 3.18 | 3.53 | 3.95 | 4.24 |
| 10 | — | — | — | 1.26 | 1.41 | 1.57 | 1.73 | 1.96 | 2.20 | 2.36 | 2.54 | 2.82 | 3.14 | 3.53 | 3.93 | 4.39 | 4.71 |

注：通常长度为 3~9 m

表 1-51　槽钢规格

| 型号 | 尺寸/mm | | | 理论质量/(kg·m⁻¹) |
|---|---|---|---|---|
| | 高 h | 宽 b | 厚 d | |
| 5 | 50 | 37 | 4.5 | 5.44 |
| 6.3 | 63 | 40 | 4.8 | 6.63 |
| 8 | 80 | 43 | 5 | 8.04 |
| 10 | 100 | 48 | 5.3 | 10 |
| 12.6 | 126 | 53 | 5.5 | 12.37 |
| 14a | 140 | 58 | 6 | 14.53 |
| 14b | 140 | 60 | 8 | 16.73 |
| 16a | 160 | 63 | 6.5 | 17.23 |
| 16b | 160 | 65 | 8.5 | 19.74 |
| 18a | 480 | 68 | 7 | 20.17 |
| 18b | 180 | 70 | 9 | 22.99 |
| 20a | 200 | 73 | 7 | 22.63 |
| 20b | 200 | 75 | 9 | 25.77 |

**表 1-52　圆筒质量**

| 直径/mm | 允许偏差/mm | 理论质量/(kg·m⁻¹) | 直径/mm | 允许偏差/mm | 理论质量/(kg·m⁻¹) |
|---|---|---|---|---|---|
| 5 | ±0.4 | 0.154 | 20 | ±0.4 | 2.47 |
| 6 | | 0.222 | 22 | | 2.98 |
| 8 | | 0.395 | 25 | ±0.5 | 3.85 |
| 10 | | 0.617 | 28 | | 4.83 |
| 12 | | 0.888 | 32 | | 6.31 |
| 14 | | 1.21 | 36 | | 7.99 |
| 16 | | 1.58 | 38 | ±0.6 | 8.90 |
| 18 | | 2.00 | 40 | | 9.87 |

注：1. 轧制的圆钢有盘条和直条两种，一般直径为 5~12 mm 的为盘条；圆钢直条长度：直径≤25 mm，长 4~10 mm，直径≥26 mm，长 3~9 mm。

### 1.5.4　板材及型钢的加工

#### 1.5.4.1　金属板材的剪切

金属板材的剪切应根据板材的厚度不同选择相应的工具，按板材上的划线剪切。

（1）剪切工具

剪切分为手工剪切和机械剪切

1）手工剪切

手工剪切常用的工具有直剪刀、弯剪刀、侧剪刀和手动滚轮剪刀等，可依板材厚度及剪切图形情况适当选用。剪切厚度在 1.2 mm 以下。

2）机械剪切

常用的剪切机械有：龙门剪板机、振动式曲线剪板机和双轮直线剪板机。

龙门剪板机：适用于板材的直线剪切，剪切宽度为 2000 mm，厚度为 4 mm。龙门剪板机由电动机通过带轮和齿轮减速，经离合器动作，由偏心连杆带动滑动刀架和固定在床身上的下刀片进行剪切。当剪切大批量规格相同的板材时，可不必划线，只要把床身后的可调挡板调至所需要的尺寸，使板材靠紧挡板就可进行剪切，如图 1-107 所示。

图 1-107　龙门剪板机

图 1-108　振动式曲线剪板机

振动式曲线剪板机：适用于剪切厚度为 2 mm 以内的曲线板材，该机能在板材中间直接剪切内圆(孔)。也能剪切直线，但效率较低。它由电动机通过带轮带动传动轴旋转，使传动轴端部的偏心轴及连杆带动滑块做上下往复运动，用固定在滑块上的上刀片和固定在床身上的下刀片进行剪切，该机刀片小，振动快，剪切曲线板材最为方便，如图 1-108 所示。

双轮直线剪板机：适用于剪切厚度在 2 mm 以内的板材，可做直线和曲线剪切。该剪板机使用范围较宽，操作也较灵活，人工操作时手和圆盘刀应该保持一定距离，防止发生安全事故。

(2)剪切

金属薄板的剪切就是按划线的形状进行裁剪下料。剪切前必须对所划出的剪切线进行仔细的复核，避免下料错误造成材料浪费。剪切时应该对准划线，做到剪切位置准确，切口整齐，即直线平直，曲线圆滑。

### 1.5.4.2　金属板材的折方和卷圆

折方：用于矩形风管和配件的直角成型。手工折方时，要先将厚度小于 1.0 mm 的钢板放在方垫铁上(或用槽钢、角钢)打成直角，然后用硬木方尺进行修整，打出棱角，使表面平整。机械折方，则使用扳边机压制折方。图 1-109 为手动扳边折方机。

卷圆：制作圆形风管和配件时需先将平板卷圆，然后再作闭合连接。手工卷圆一般只能卷厚度在 1.0 mm 以内的钢板。然后将打好咬口边的板材在圆垫铁或圆钢管上压弯曲，卷接成圆形，使咬口互相扣合，并把接缝打紧合实。最后再用硬木尺均匀敲打找正，使圆弧均匀成正圆。机械卷圆是利用卷圆机进行的。卷圆机适用于 2.0 mm 以内，板宽 2000 mm 以内的板材卷圆。图 1-110 为卷圆机。

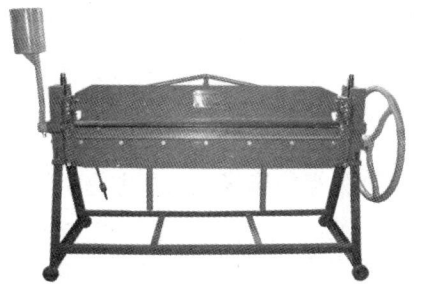

图 1-109　手动扳边折方机

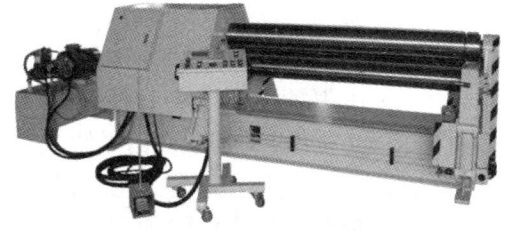

图 1-110　卷圆机

### 1.5.4.3　金属板材的焊接

当普通(镀锌)钢板厚度 $d > 1.2$ mm(或 1 mm)，不锈钢板厚度 $\delta > 0.7$ mm，铝板厚度 $d > 1.5$ mm 时，因板材较厚，机械强度高而难于加工，这时应当采用焊接的方法，以保证连接的严密性。常用的焊接方法有气焊(氧—乙炔焊)、电焊和接触焊；对镀锌钢板则用锡钎焊，这样可以加强咬口接缝的严密性。

常用的焊缝形式有对接缝、角缝、搭接缝、搭接角缝、扳边缝、扳边角缝等，如图 1-111

所示。板材的拼接缝、横向缝或纵向闭合缝可采用对接焊缝；矩形风管和配件的转角采用角焊缝；矩形风管和配件及较薄板材拼接时，采用搭接缝、扳边角缝和扳边焊缝。

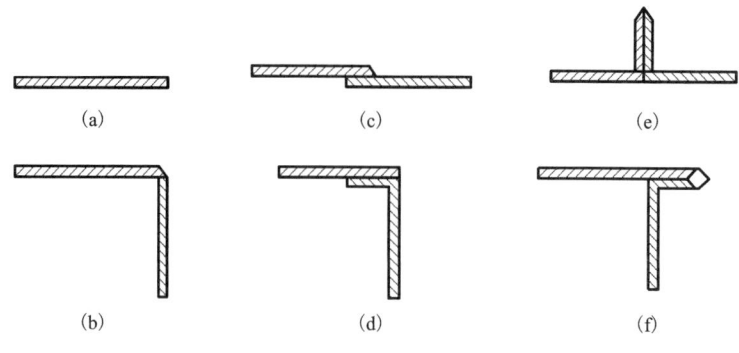

图 1-111　焊缝形式

(a)对接焊缝；(b)角焊缝；(c)搭接焊缝；(d)搭接角缝；(e)扳边焊缝；(f)扳边角焊缝

## 1.6　紧固件

紧固件，也称为标准件，是将两个或两个以上的零件(或构件)紧固连接成为一件整体时所采用的一类机械零件的总称。是作紧固连接用的一类机械零件，应用极为广泛。

紧固件的特点：品种规格繁多，性能用途各异，而且标准化、系列化、通用化的程度极高。因此，也有人把已有国家(行业)标准的一类紧固件称为标准紧固件，简称为标准件。

每个具体紧固件产品的规格、尺寸、公差、重量、性能、表面情况、标记方法，以及验收检查、标志和包装等项目的具体要求，是分别规定在几个国家(行业)标准中的，例如有英制、德制和美制。

紧固件通常包括以下 12 类零件：

①螺栓：由头部和螺杆(带有外螺纹的圆柱体)两部分组成的一类紧固件，需与螺母配合，用于紧固连接两个带有通孔的零件。这种连接形式称为螺栓连接。如把螺母从螺栓上旋下，可以使这两个零件分开，故螺栓连接属于可拆卸连接。

②螺柱：没有头部，且仅有两端均外带螺纹的一类紧固件。连接时，它的一端必须旋入带有内螺纹孔的零件中，另一端穿过带有通孔的零件中，然后旋上螺母，即可使这两个零件紧固连接成一件整体。这种连接形式称为螺柱连接，也属于可拆卸连接。主要用于被连接零件之一厚度较大、要求结构紧凑，或因拆卸频繁，不宜采用螺栓连接的场合。

③螺钉：也是由头部和螺杆两部分构成的一类紧固件。按用途可以分为三类：机器螺钉、紧定螺钉和特殊用途螺钉。机器螺钉主要用于一个紧定螺纹孔的零件与一个带有通孔的零件之间的紧固连接，不需要螺母配合(这种连接形式称为螺钉连接，也属于可拆卸连接；也可以与螺母配合，用于两个带有通孔的零件之间的紧固连接)。紧定螺钉主要用于固定两个零件之间的相对位置。特殊用途螺钉例如有吊环螺钉等则供吊装零件用。

④螺母：带有内螺纹孔，形状一般呈现为扁六角柱形，也有呈扁方柱形或扁圆柱形的，

配合螺栓、螺柱或机械螺丝，用于紧固连接两个零件，使之成为一件整体。

螺母也称螺帽，是一种内螺纹零件，与螺栓或螺杆拧在一起用来起紧固作用。螺母种类、式样繁多，常用的普通螺母外呈六角形，也称六角螺母，见图 1−112。根据材质不同，螺母分为碳钢、不锈钢、有色金属（如铜）、塑料等几大类型。其材质有碳钢、不锈钢、有色金属（如铜）、塑料等几大类型。规格型号用适用规范加螺纹大径表示，例如：螺纹规格 D = M12、性能级别为 5 级、不经表面处理、C 级的六角螺母，规格表示为：GB/T 41—2000，M12。

⑤自攻螺钉：与机器螺钉相似，但螺杆上的螺纹为专用的自攻螺钉用螺纹。用于紧固连接两个薄的金属构件，使之成为一件整体，构件上需要事先制出小孔，由于这种螺钉具有较高的硬度，可以直接旋入构件的孔中，使构件中形成相应的内螺纹。这种连接形式也属于可拆卸连接。

⑥木螺钉：也是与机器螺钉相似，但螺杆上的螺纹为专用的木螺钉用螺纹，可以直接旋入木质构件（或零件）中，用于把一个带通孔的金属（或非金属）零件与一个木质构件紧固连接在一起。这种连接也属于可拆卸连接。

⑦垫圈：形状呈扁圆环形的一类紧固件。置于螺栓、螺钉或螺母的支撑面与连接零件表面之间，起着增大被连接零件接触表面面积，降低单位面积压力和保护被连接零件表面不被损坏的作用；另一类弹性垫圈，还能起阻止螺母回松的作用。

垫片用于螺母坚固，与螺栓组合使用的垫片有弹簧垫圈和平垫圈，见图 1−113。弹簧垫圈放置在螺母与平垫圈之间，并不与被连接件相接触，其作用是利用自身材料的弹性特点防止螺母与螺栓松动或脱落。

平垫圈的位置在弹簧垫圈的下面，与被连接件相接触，它的作用为：一是增大与被连接件的接触面积，分散单位面积上的压力；二是防止被连接件损伤。选用时，对垫片的强度和厚度有一定的要求。

图 1−112　普通六角螺母

图 1−113　弹簧垫圈和平垫圈

⑧挡圈：装在机器、设备的轴槽或孔槽中，起着阻止轴上或孔上的零件左右移动的作用。

⑨销：主要供零件定位用，有的也可供零件连接、固定零件、传递动力或锁定其他紧固件之用。

⑩铆钉：由头部和钉杆两部分构成的一类紧固件，用于紧固连接两个带通孔的零件（或

构件），使之成为一件整体。这种连接形式称为铆钉连接，简称铆接。属于不可拆卸连接。因为要使连接在一起的两个零件分开，必须破坏零件上的铆钉。

⑪组合件和连接副：组合件是指组合供应的一类紧固件，如将某种机器螺钉（或螺栓、自供螺钉）与平垫圈（或弹簧垫圈、锁紧垫圈）组合供应；连接副是指将某种专用螺栓、螺母和垫圈组合供应的一类紧固件，如钢结构用高强度大六角头螺栓连接副。

⑫焊钉：由钢钉和钉头（或无钉头）构成的异类紧固件，用焊接方法把它固定连接在一个零件（或构件）上面，以便再与其他零件进行连接。

除此之外，随着技术的进步，市面上还出现了很多新型的组合紧固件。如花篮螺丝、射钉等。

## 1.7 阀门与仪表

### 1.7.1 常用阀门的种类及安装

#### 1.7.1.1 阀门的分类及表示方法

1. 阀门分类

阀门是用于控制各种管道及设备内流体（空气、煤气、水、蒸汽、油等）工况（启闭工况、调节流量工况、压力工况）的一种机械装置。它有截断、调节、稳压、泄压、溢流、防止倒流等功能。

阀门通常由阀体、阀瓣、阀杆、阀盖、手轮等部件组成。阀门名称一般是由其结构特点和使用功能来命名的。

按原理、作用、结构分类方法一般分为：闸阀、截止阀、蝶阀、球阀、旋塞阀、止回阀、节流阀、隔膜阀、调节阀、减压阀、安全阀、疏水阀等。阀门的其他分类见表1-53。

表1-53    阀门的其他分类

| 按公称压力分 | 按工作温度分 | 按驱动方式分 | 连接方式分 | 按阀体材料分 |
| --- | --- | --- | --- | --- |
| 真空阀门 | 超低温阀门 | 驱动阀门 | 螺纹阀门 | 金属阀门 |
| 低压阀门 | 低温阀门 | 自动阀门 | 法兰阀门 | 非金属阀门 |
| 中压阀门 | 常温阀门 | | 焊接阀门 | 衬里阀门 |
| 高压阀门 | 中温阀门 | | 卡箍阀门 | |
| 超高压阀门 | 高温阀门 | | 卡套阀门 | |
| | | | 对夹阀门 | |

2. 阀门型号表示方法

阀门型号由7部分组成，每部分含义如图1-114所示，具体对每个单元的补充见表1-54~表1-59。

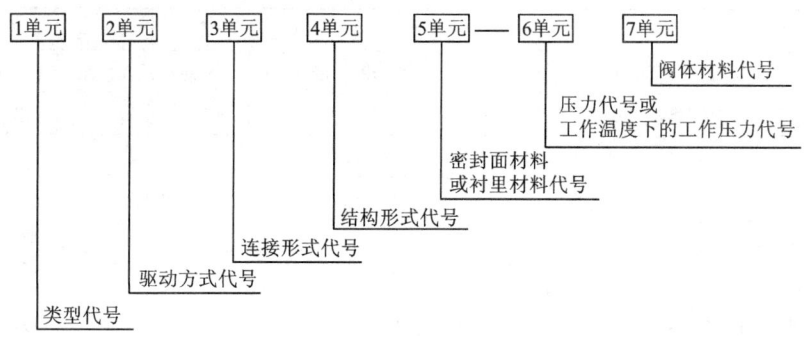

**图 1－114　阀门型号表示方法**

**表 1－54　阀门类型代号**

| 阀门类型 | 代号 | 阀门类型 | 代号 | 阀门类型 | 代号 | 阀门类型 | 代号 |
|---|---|---|---|---|---|---|---|
| 弹簧载荷安全阀 | A | 止回阀和底阀 | H | 球阀 | Q | 减压阀 | Y |
| 蝶阀 | D | 截止阀 | J | 蒸汽疏水阀 | S | 闸阀 | Z |
| 隔膜阀 | G | 节流阀 | L | 柱塞阀 | U | | |
| 杠杆式安全阀 | GA | 排污阀 | P | 旋塞阀 | X | | |

注：具有其他功能作用或带有其他特异结构的阀门表示代号，表中没给出。

**表 1－55　驱动方式代号**

| 驱动方式 | 代号 | 驱动方式 | 代号 |
|---|---|---|---|
| 电磁动 | 0 | 锥齿轮 | 5 |
| 电磁—液动 | 1 | 气动 | 6(6K, 6B) |
| 电—液动 | 2 | 液动 | 7(7K, 7B) |
| 蜗轮 | 3 | 气—液动 | 8 |
| 正齿轮 | 4 | 电动 | 9 |

注：代号 1、2、8 是用在阀门启闭时，需要两种动力源同时作用

注：1. 手轮、手柄和扳手驱动以及安全阀、减压阀、疏水阀省略本代号。

　　2. 气动或液动机构操作的阀门，常开式用 6K、7K 表示；常闭式用 6B、7B 表示。

　　3. 防爆电动装置的阀门用 9B 表示。

**表 1－56　连接形式代号**

| 连接形式 | 代号 | 连接形式 | 代号 | 连接形式 | 代号 | 连接形式 | 代号 |
|---|---|---|---|---|---|---|---|
| 内螺纹 | 1 | 法兰式 | 4 | 对夹 | 7 | 卡套 | 9 |
| 外螺纹 | 2 | 焊接式 | 6 | 卡箍 | 8 | | |

表1-57　结构形式代号

| 代号 | 1 | 2 | 3 | 4 | 5 | 6 | 7 | 8 | 9 | 10 |
|---|---|---|---|---|---|---|---|---|---|---|
| 操作方式 | 电磁阀 | 电磁-流动 | 电-液动 | 涡轮 | 正齿轮 | 锥齿轮 | 气动 | 液动 | 气-液动 | 电动 |
| 连接方式 | — | 内螺纹 | 外螺纹 | — | 法兰 | — | 焊接 | 对夹 | 卡箍 | 卡套 |
| 产品名称 | | 结构形式 | | | | | | | | |
| 闸阀　Z | | 明杆 | | | | | 暗杆 | | | — |
| | | 楔式 | | 平行式 | | | 楔式 | | 平行式 | |
| | 弹性闸阀 | 刚性 | | | | | 刚性 | | | |
| | | 单闸板 | 双闸板 | 单闸板 | 双闸板 | 单闸板 | 双闸板 | 单闸板 | 双闸板 | |
| 截止阀　J | — | 直通式 | Z形式 | 三通式 | 角式 | 直流式 | 平衡 | | — | — |
| 节流阀　L | | | | | | | 直通式 | 直角式 | | |
| 柱塞阀　U | | | | | | | | | | |
| 球阀　O | 半球直通 | 浮动式 | | | | | 固定式 | | | |
| | | 直通式 | 三通式 | 三通式 | | 四通式 | 直通式 | 三通式 | | |
| | | | | Y型 | T型 | | | | Y型 | T型 |
| 蝶阀　D | 非密封性三偏心 | 密封性 | | | | | 非密封性 | | | 连杆机构 |
| | | 中线式 | 单偏心 | 双偏心 | 连杆机构 | 三偏心 | 中线式 | 单偏心 | 双偏心 | |
| 隔膜阀　G | — | 屋脊式 | — | 截止式 | — | 直流式 | 直通式 | — | 角式Y型 | |
| 旋塞阀　X | — | 填料密封 | | | | | 油密封 | | | |
| | | — | 直通式 | T型三通式 | 四通式 | — | 直通式 | T型三通式 | | |
| 止回阀　H | — | 升降式 | | | | 旋启式 | | 回转蝶形 | 截止止回 | |
| | | 直通式 | 立式 | 角式 | 单瓣式 | 双瓣式 | 多瓣式 | | | |
| 安全阀　A | 弹簧封闭 | | | 弹簧不封闭 | 弹簧封闭 | | 弹簧不封闭 | | | 脉冲式 |
| | 带散热全启式 | 微启式 | 全启式 | 带扳手 | | 杠杆式 | 带控制全启式 | 带扳手 | | |
| | | | | 双联微启式 | 全启式 | | | 微启式 | 全启式 | |
| 减压阀　Y | — | 薄膜式 | 弹簧薄膜式 | 活塞式 | 波纹管式 | 杠杆式 | | | | |
| 疏水阀　S | — | 浮球式 | — | 浮桶式 | 膨胀式 | 中型浮子式 | 膜盒式 | 双金属片式 | 脉冲式 | 热动力式 |
| 排污阀　P | — | 液面连接排放 | | | | 液面间接排放 | | | | |
| | | 直通式 | 角式 | | | 直流式 | 直通式 | 角式 | 闸版型 | |

对法兰连接形式,下列结构形式在阀门命名时省略各自相应代号:

①闸阀(Z)的"明杆""弹性""刚性""单闸板"。

②截止阀(J)、节流阀(L)的"直通式"。

③球阀(Q)的"浮动球""固定球""直通式"。

④蝶阀(D)的"垂直板式"。

⑤隔膜阀(G)的"屋脊式"。

⑥旋塞阀(X)的"填料""直通式"。

⑦止回阀(H)的"直通式""单瓣式"。

⑧安全阀(A)的"不封闭式""阀座密封面材料"。

表 1-58　阀座密封面或衬里材料代号

| 阀座密封面或衬里材料 | 代号 | 阀座密封面或衬里材料 | 代号 | 阀座密封面或衬里材料 | 代号 | 阀座密封面或衬里材料 | 代号 |
|---|---|---|---|---|---|---|---|
| 铜合金 | T | 硬质合金 | Y | 衬铅 | Q | 塑料 | S |
| Cr13 不锈钢 | H | 橡胶 | X | 搪瓷 | C | 陶瓷 | G |
| 渗氮钢 | D | 尼龙塑料 | N | 衬胶 | J | 蒙乃尔合金 | M |
| 渗硼钢 | P | 氟塑料 | F | 巴氏(锡基轴承)合金 | B | 奥氏体不锈钢 | R |

注：1. 由阀体直接加工出的密封面,代号用 W 表示。

2. 当阀座和阀板密封面材料不同时,用低硬度材料代号表示(隔膜阀除外)。

压力代号：公称压力用压力数值(单位：MPa)的 10 倍表示(kg/cm²)。

表 1-59　阀体材料代号

| 阀体材料 | 代号 | 阀体材料 | 代号 | 阀体材料 | 代号 | 阀体材料 | 代号 |
|---|---|---|---|---|---|---|---|
| 灰铸铁 | Z | 铜及铜合金 | T | 钛及钛合金 | Ti | 铬镍系不锈钢 | P |
| 可锻铸铁 | K | 碳素钢 | C | 铬镍钼系不锈钢 | R | 铝合金 | L |
| 球墨铸铁 | Q | 铬钼系钢 | I | 铬钼钒钢 | V | 塑料 | S |

注：CF3、CF8、CF3M、CF8M 等材料牌号可直接标注在阀体上。例：CF3M 为铸造不锈钢。

注：对于 PN≤1.6 MPa 的灰铸铁阀(Z)阀体和 PN≥2.5 MPa 的碳素钢阀体,省略本单元。

举例：写出用于常温常压下的公称尺寸 100 mm 的"手动法兰连接暗杆楔式单闸板闸阀"的型号。

1 单元　闸阀—Z；2 单元　手动省略本代号；3 单元　法兰—4；

4 单元　暗杆楔式单闸板—5；5 单元　铜合金—T(也可选 W)；

6 单元　常温常压可选 1.0 MPa,PN10；

7 单元　阀体材料选灰铸铁,代号 Z。

因此,其型号为：Z45T-10Z。但是,按规则对于 PN≤1.6 MPa 的灰铸铁阀(Z)阀体,省略本单元。所以,阀门型号应为：Z45T-10。在实际工程中,还应表明阀门规格,即为：Z45T-10,DN100。最后,还要按阀门型号表核对是否有该产品。

### 1.7.1.2　常用阀门的功用

1. 闸阀

闸阀是利用升降闸板来控制阀门启闭的。由于流体通过闸阀时流向不变,所以闸阀的阻力损失较小。但闸阀的调节性能不好,不宜用作调节压力和流量使用。闸板和密封面易被冲刷和磨损的结构特点使得其密封性较差，不适合高压管路系统。闸阀适用于给水、空调采暖、煤气系统中起"常开"或"常闭"作用的地方，安装也无方向要求。闸阀结构见图1-115。

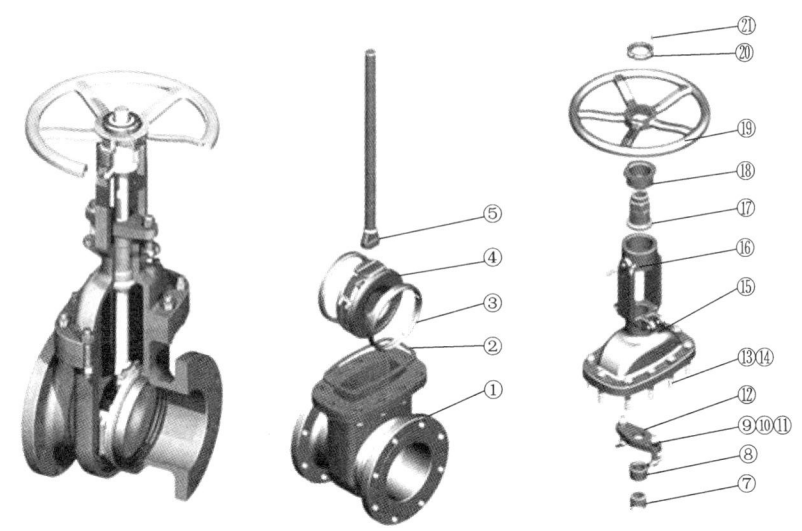

**图1-115    闸阀结构图**

1—阀体；2—垫片；3—阀座；4—闸板；5—阀杆；6—上密封座；7—填料；
8—填料压套；9—压盖螺钉；10—螺母；11—销；12—填料压板；13—螺柱；14—阀盖螺母；
15—阀盖；16—油杯；17—阀杆螺母；18—压盖螺母；19—手；20—锁紧螺母；21—螺钉

闸阀按连杆的构造形式可分为明杆和暗杆。

①明杆是指阀杆螺母在阀盖或支架上，启闭程度直观，阀杆宜润滑。

②暗杆是指阀杆螺母在阀体内，直接与介质接触，阀杆螺纹易受介质侵蚀。优点是启闭阀门时螺杆高度始终不变，节约安装空间。阀杆构造见图1-116和图1-117。

**图1-116    明杆闸阀**

**图1-117    暗杆闸阀**

闸阀按闸板的构造形式可分为平行式闸板和楔形闸板。

①平行式闸板是指两个密封面互相平行，通常采用双闸板结构。在双闸板之间一般有双面推力楔块或弹簧，有利于闸板的密封。见图 1-118 和图 1-119。

图 1-118　平行式双闸板

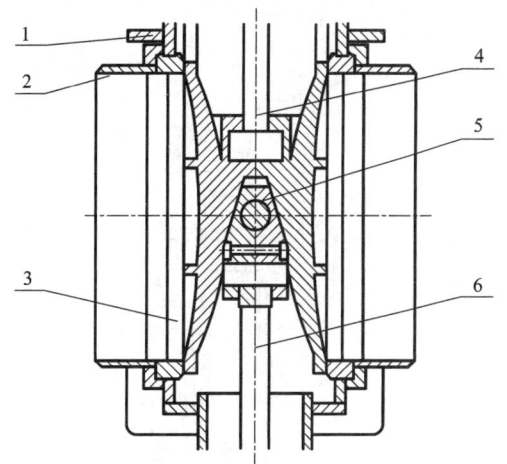

图 1-119　阀瓣结构图

1—阀体；2—阀座圈；3—闸板；

4—上阀杆；5—楔紧装置；6—下阀杆

②楔形闸阀是指两个密封面之间呈楔形，闸板自然也呈楔形。楔形闸板分为单闸板、双闸板、弹性闸板。

楔式单闸板对密封面加工精度要求较高，温度变化时"楔住"的可能性较大。如图 1-120 和图 1-121 所示。

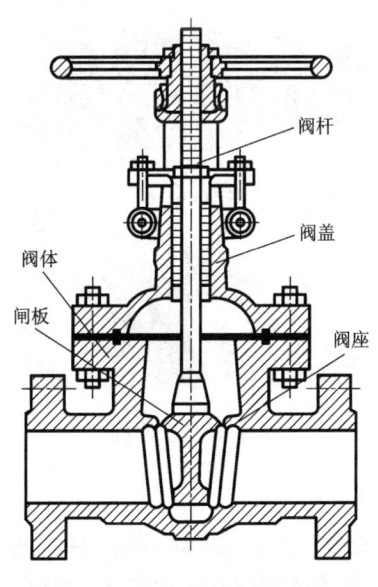

图 1-120　楔形单闸板

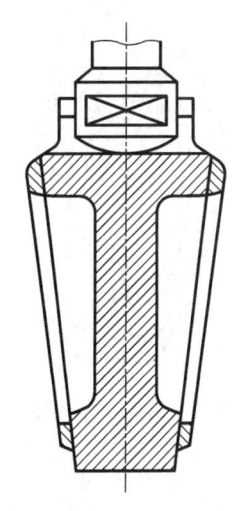

图 1-121　阀瓣结构图

楔式双闸板结构复杂，对密封面加工精度要求不高，不易发生"楔住"现象。见图 1-122 和图 1-123。

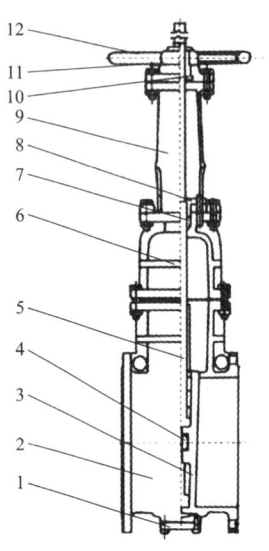

图 1 - 122    楔形双闸板

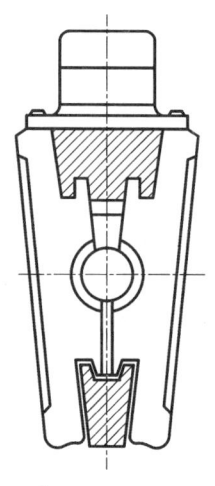

图 1 - 123    阀瓣结构

1—扫除盖；2—阀体；3—闸板；4—顶心；
5—阀杆；6—阀盖；7—填料；8—填料压盖；
9—支架；10—阀杆螺母；11—轴承压盖；12—手轮

楔式弹性闸板是指在闸板的周边有一道环形槽，使闸板具有适当的弹性。弹性变形可弥补由于密封面角度加工精度不高而产生的偏差。其阀瓣结构见图 1 - 124，实物图见图 1 - 125。

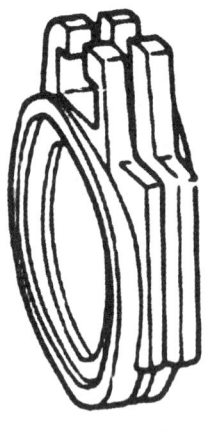

图 1 - 124    阀瓣结构

图 1 - 125    实物阀门

截止阀工作原理

2. 截止阀

截止阀是最常用的阀门之一，具有结构简单、制作维修方便、密封性好、可调节流量等优点，但也具有介质流动阻力大、安装有方向性要求等特点。截止阀有直流式、标准式和角式。主要用于各种参数的蒸汽系统、水系统、压缩空气系统以及氨、氮、油品和有腐蚀性介质的管路上。如果需要进行小范围内的调节，更为适用。截止阀结构如图 1 - 126 和图 1 - 127 所示。

根据截止阀的通道方向可分为直通式截止阀、直流式截止阀、角式截止阀和柱塞式截止阀。截止阀类型和结构参见下图 1 – 128。

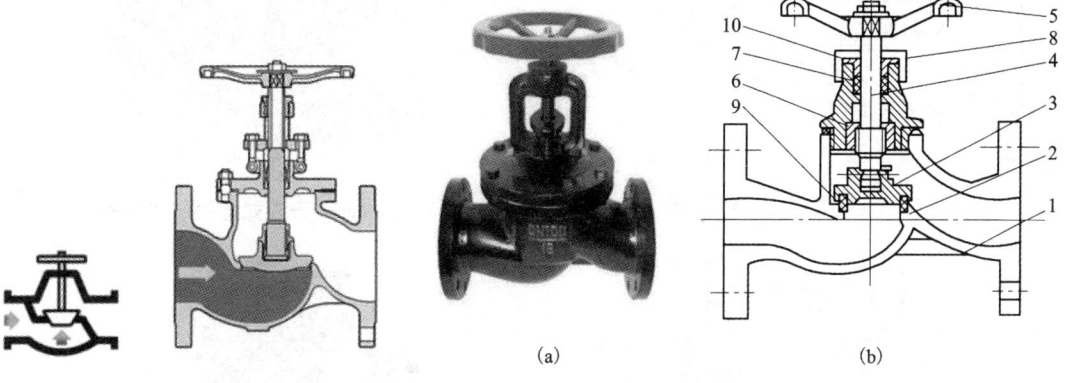

图 1 –126　截止阀结构原理图

图 1 –127　截止阀实物图

（a）实物图；（b）结构图

1—阀体；2—阀座；3—阀瓣；4—阀杆；5—手轮；6—阀盖；7—填料（盘根）；8—压盖；9—密封垫；10—填料压环（有时与压盖一体）

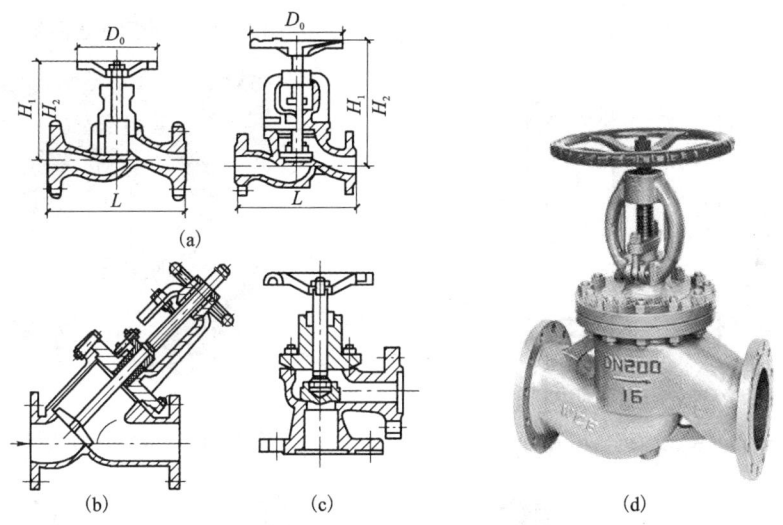

图 1 –128　截止阀类型和结构

$D_0$—手轮直径；$H_1$、$H_2$—分别表示阀门关闭和开启时，螺杆顶端与阀口中心距离

**3．止回阀**

止回阀也称单向阀、逆止阀。它的作用是自动防止介质倒流，常安装在只允许介质单向流动的地方，例如水泵出口等处。

旋启式止回阀工作原理

按结构分类，可分为升降式、旋启式、碟式、管道式和压紧式等。止回阀安装不仅有方向要求而且对管道位置（水平或垂直）也有要求。各类止回阀结构与实物见图 1 –129 ~ 图 1 –130。

**4．减压阀**

减压阀是靠阀孔（节流通道）的启闭对通过介质进行节流达到减压的。它依靠介质自身能量使阀后压力维持在要求的范围内，工作时无振动，完全关阀后不漏气。

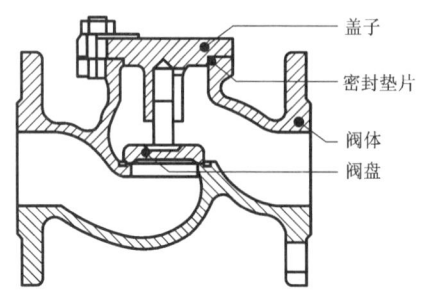

图 1 – 129　升降式止回阀原理图

图 1 – 130　升降式止回阀实物图

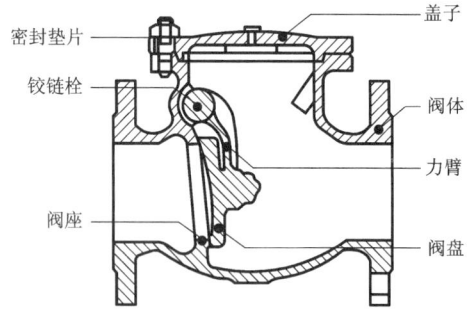

图 1 – 131　旋启式止回阀原理图

图 1 – 132　旋启式止回阀实物图

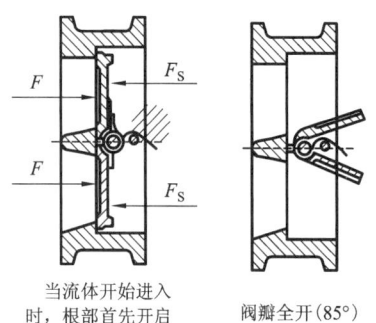

图 1 – 133　碟式止回阀动作原理图

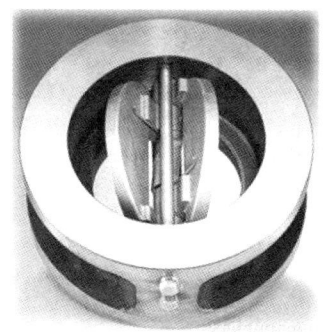

图 1 – 134　蝶式止回阀实物图

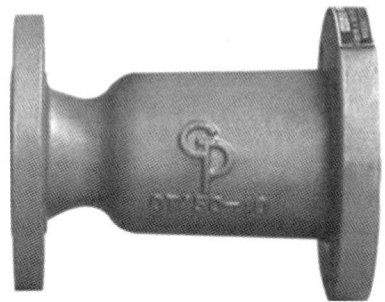

图 1 – 135　管道式止回阀实物图

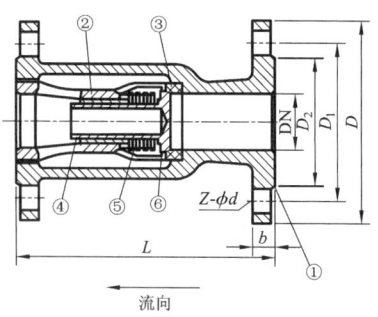

图 1 – 136　管道式止回阀原理图

①—阀体法兰；②—阀辬支撑；③—密封圈；
④—简形简辬；⑤—弹簧；⑥—阀座

减压阀按结构方式可分为波纹管式(直接作用式)减压阀、活塞式减压阀、薄膜式减压阀。

(1)薄膜式减压阀

薄膜式减压阀中,最常见的是弹簧薄膜式减压阀。结构原理见下图 1 – 137 和图 1 – 138,实物图见图 1 – 139。

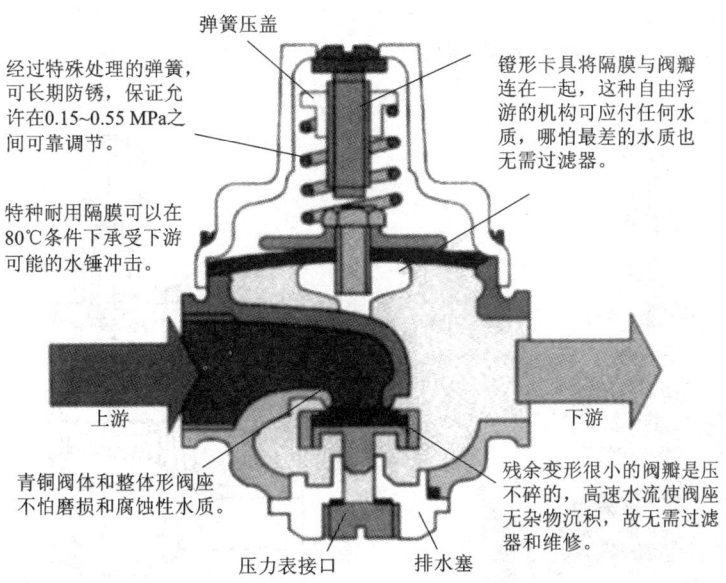

经过特殊处理的弹簧,可长期防锈,保证允许在0.15~0.55 MPa之间可靠调节。

弹簧压盖

镫形卡具将隔膜与阀瓣连在一起,这种自由浮游的机构可应付任何水质,哪怕最差的水质也无需过滤器。

特种耐用隔膜可以在80℃条件下承受下游可能的水锤冲击。

上游

下游

青铜阀体和整体形阀座不怕磨损和腐蚀性水质。

残余变形很小的阀瓣是压不碎的,高速水流使阀座无杂物沉积,故无需过滤器和维修。

压力表接口　　排水塞

图 1 – 137　直接作用弹簧薄膜减压阀结构原理图

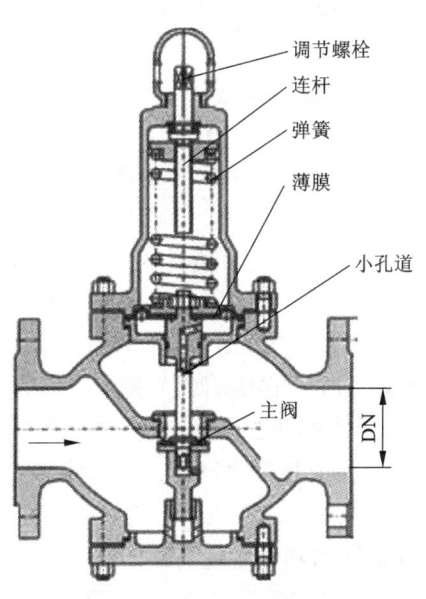

调节螺栓
连杆
弹簧
薄膜
小孔道
主阀
DN

图 1 – 138　弹簧薄膜减压阀结构原理图

图 1 – 139　弹簧薄膜减压阀实物

动作原理:调整调节螺栓压紧弹簧,推动薄膜向下移动,打开主阀,介质则通过主阀通道节流减压流入阀门后室,后室压力逐渐升高,后室介质通过小孔道进入薄膜下腔室,当阀后压力超过调定压力时，将薄膜向上推动，关小主阀。如此，后室压力又逐渐降低，在弹簧的作用下，薄膜又开始向下移动推动主阀开大。如此反复，达到平衡。

薄膜式减压阀的特点：结构复杂、灵敏度高、精确度高、调节范围较小，适用于介质压力和温度较低的场合。

（2）活塞式减压阀

典型的活塞式减压阀实物与结构原理见图1－140和图1－141。

图1－140　活塞式减压阀实物图

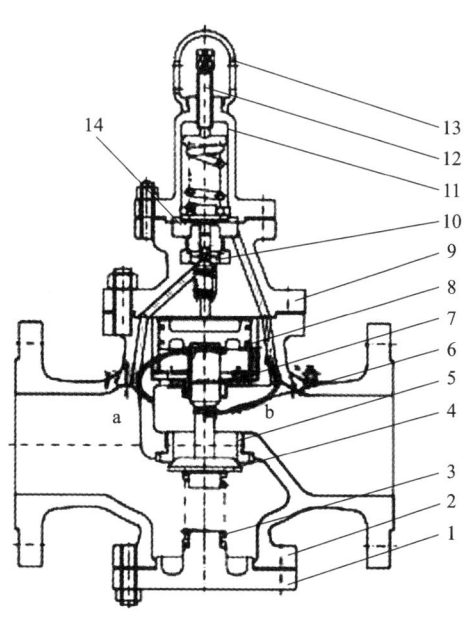

图1－141　活塞式减压阀结构原理图

3—顶紧弹簧；4—主阀瓣；5—主阀座；8—活塞；
10—副阀瓣；14—薄膜

动作原理：调整调节螺栓，压缩调节弹簧，使膜片14下移顶开副阀瓣10，介质由a孔通过副阀座再通过中间通道孔进入活塞8上方，活塞8在介质压力作用下，向下移动推动主阀瓣4离开主阀座5，打开主阀使介质流向阀门后室，后室介质压力逐渐升高，此时介质由b孔进入膜片14下方，当阀后压力超过调定压力时，推动膜片14上移压缩调节弹簧。副阀瓣10随之向关闭方向移动，使流入活塞8上方的介质减小，压力也随之下降，此时主阀瓣在顶紧弹簧3的推动下上移，使主阀瓣与主阀座的间隙减小，介质流量随之减少，使阀后压力随之下降。如此反复，达到平衡。

活塞式减压阀特点：主要用于气体介质，适用于介质压力和温度较高的场合。

（3）波纹管式减压阀

波纹管式减压阀实物与结构原理见图1－142和图1－143。

动作原理：调整调节螺栓，压缩调节弹簧使之向下推移波纹管，打开主阀，介质从主阀和阀体密封圈开启间隙进入阀门后室，后室介质通过压力通道进入波纹管的组合箱（波纹管下方腔室），波纹管和弹簧因受介质压力的挤压而压缩，在阀杆带动和顶紧弹簧的作用下，主阀开度减小，将阀前（前室）介质截止，则后室压力降低，在弹簧作用下，又推移主阀开大。如此反复，达到平衡。

图 1-142　波纹管式减压阀实物图

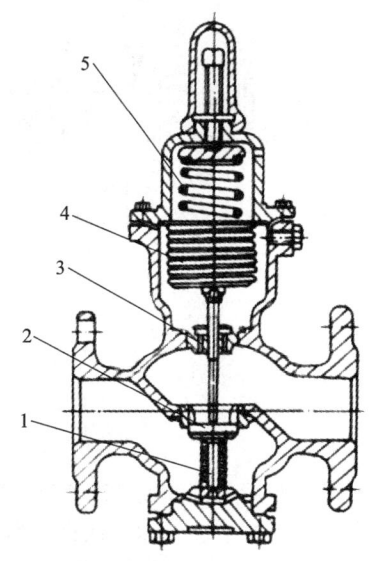

图 1-143　波纹管减压阀结构原理图

1—顶紧弹簧；2—阀瓣；3—压力通道；
4—波纹管；5—弹簧

波纹管减压阀特点：用于温度在 200℃ 以下的蒸汽、空气、水、无腐蚀性介质的管路上。

（4）减压阀选用与安装

减压阀的选用不能以管道的公称尺寸为依据，而应以介质特性、阀前后的压力降等参数进行复杂计算，确定阀孔（也叫喉部，即主阀部位）单位面积的理论流量（$kg/cm^2 \cdot h$），再进行其他相关计算才能选型。

减压阀的安装要与其他阀件配合联装，以便于检查和维修。并联联装样式参见下图 1-144，单个安装见图 1-145。

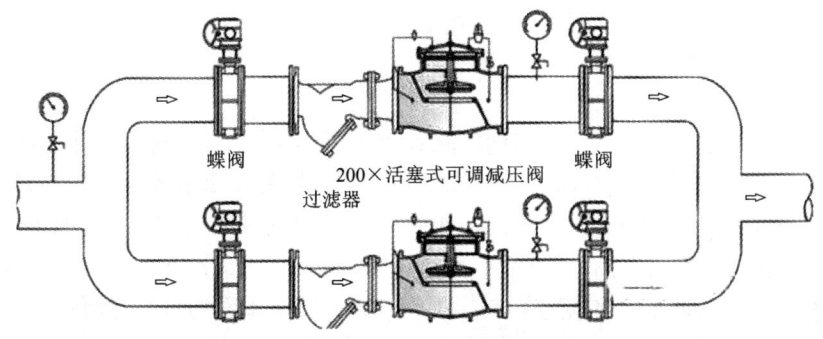

图 1-144　减压阀与其他阀件并联联装

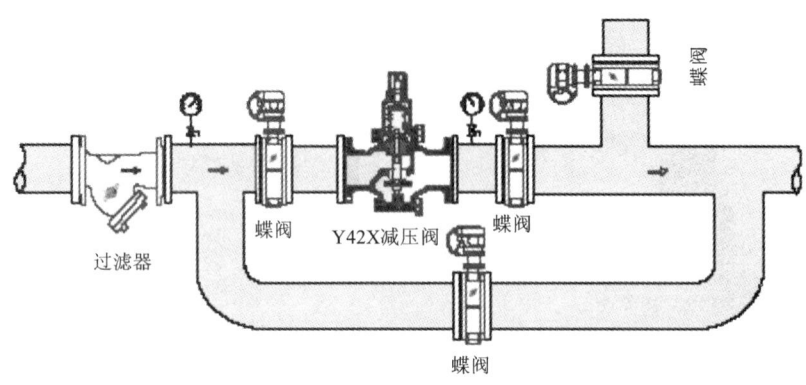

图1－145　减压阀单个安装

5.疏水阀

疏水阀的作用是疏水阻汽。在蒸汽供暖系统中,设置疏水阀可以自动而迅速有效地排除用气设备和管道中的凝结水,保证系统的正常运行。

疏水阀分为机械型疏水阀、热静力型疏水阀、热动力型疏水阀,各种疏水阀参见图1－146。

机械型疏水阀,例如图1－146中的i、f、d、c。此类疏水阀不受工作压力和温度变化的影响,有水即排,加热设备里不存水,能使加热设备达到最佳换热效率,是生产工艺加热设备最常用的疏水阀。

热静力型疏水阀,例如图1－146中的e、h。这类疏水阀是利用蒸汽和凝结水的温差引起感温元件的变形或膨胀来带动阀心启闭阀门的,其节能效果显著。是蒸汽管道、伴热管线、小型加热设备、采暖设备、温度要求不高的小型加热设备上最理想的疏水阀。

热动力型疏水阀,例如图1－146中的a、b、g。这类疏水阀根据相变原理,靠蒸汽和凝结水通过时的流速和体积变化的不同热力学原理,使阀片上下产生不同压差,驱动阀片开关阀门。因热动力式疏水阀的工作动力来源于蒸汽,所以蒸汽浪费比较大。但它结构简单、耐水击,工作有噪音,阀片动作频繁,使用寿命短。

生产中较常用的疏水阀一般有以下几种。

(1)热动力式疏水阀

工作原理见图1－147。

当装置启动时,管道出现冷却凝结水,凝结水靠工作压力推开阀片,迅速通过出口通道排放。当凝结水排放完毕,蒸汽随后通过入口通道进入阀片上部腔室,使得阀片上下压力相同,阀片靠自重下移至密封面而关闭阀门,此时由于阀片上部腔室受力面积较下部大,使阀片上下产生压差,阀片紧紧关闭。当阀片关闭后(此时,由于阀片是导热金属材料,阀片上部蒸汽不会很快冷却,在阀片上部依然存在压力),疏水阀汽室里面的蒸汽逐渐降温成凝结水,汽室里面的压力逐渐消失(这时,阀片上部蒸汽也逐渐冷却成凝结水,阀片靠自身重量关闭阀门)。当凝结水增满阀腔,又靠工作压力推开阀片,凝结水又继续排放,循环工作,间断排水。

(2)热静力式疏水阀

工作原理见图1－148。

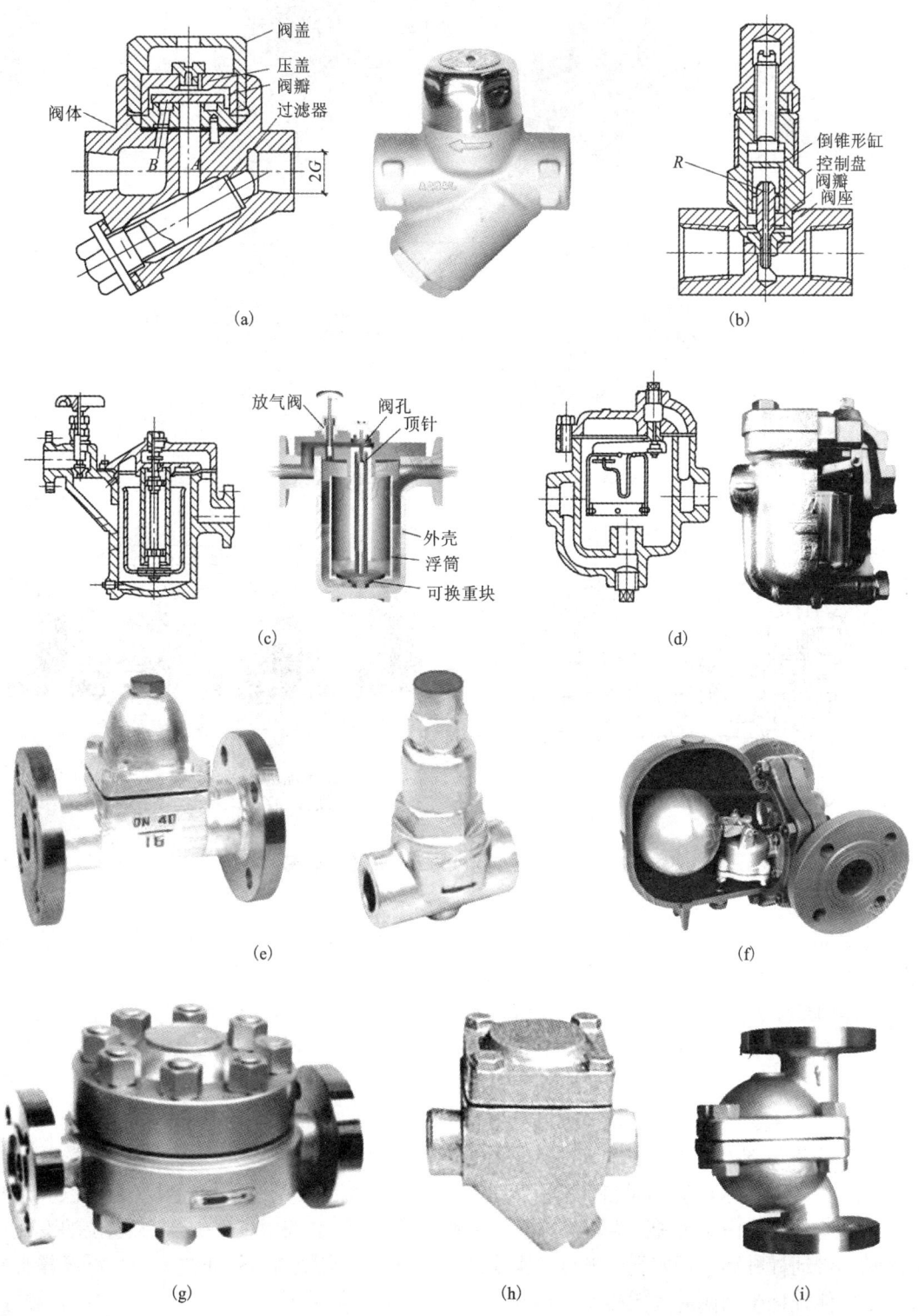

图 1-146　疏水阀

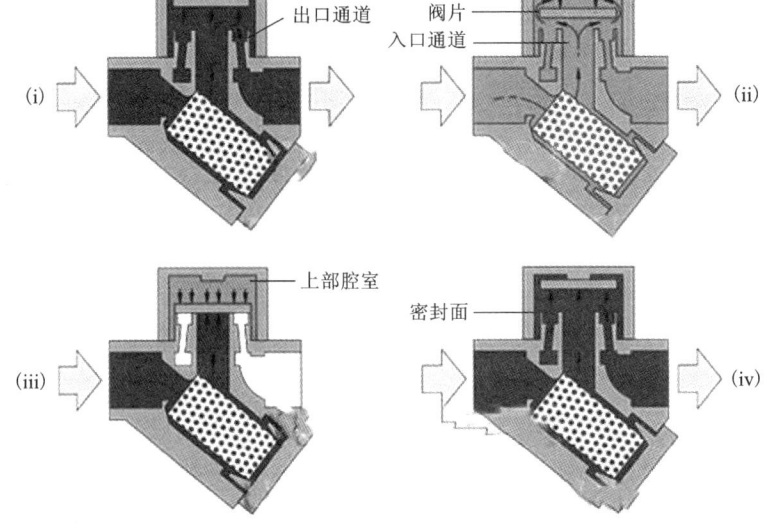

图 1 – 147　热动力式疏水阀工作原理图

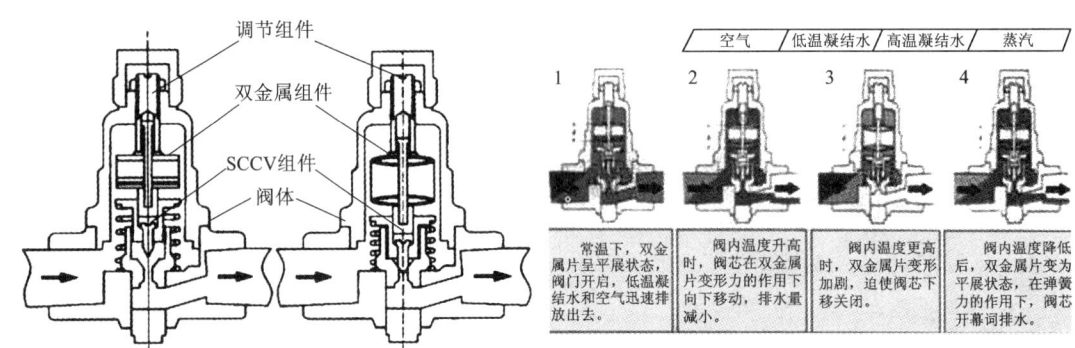

图 1 – 148　热静力式疏水阀工作原理图

双金属片式疏水阀的主要部件是双金属片感温元件，随蒸汽温度升降受热变形，推动阀芯开关阀门。当装置刚启动时，管道出现低温冷凝水，双金属片是平展的，阀芯在弹簧的弹力下，阀门处于开启位置，排除凝结水和空气。当后面凝结水温度渐渐升高，双金属片感温器元件开始弯曲变形，并把阀芯推向关闭位置。在凝结水达到饱和温度之前，疏水阀开始关闭。双金属片随蒸汽温度变化控制阀门开关，阻汽排水。

（3）杠杆浮球式疏水阀

工作原理见图 1 – 149。

杠杆浮球式疏水阀启动时自动排空气装置迅速排除系统中的不凝结气体，当蒸汽和热冷凝水进入后，阀腔内温度随之升高，排空气装置自动关闭，浮球根据冷凝结水水位的变化而作升降，带动杠杆调节阀座孔的开度，连续排放凝结水。当凝结水停止进入时，浮球靠自重下降，驱使杠杆带动阀芯关闭排水阀座孔。

杠杆浮球式疏水阀在高负荷和低负荷时都能工作自如，因此是带自动温度控制的设备疏水的最佳选择。自带自动排空气装置具有良好的排空气性能。

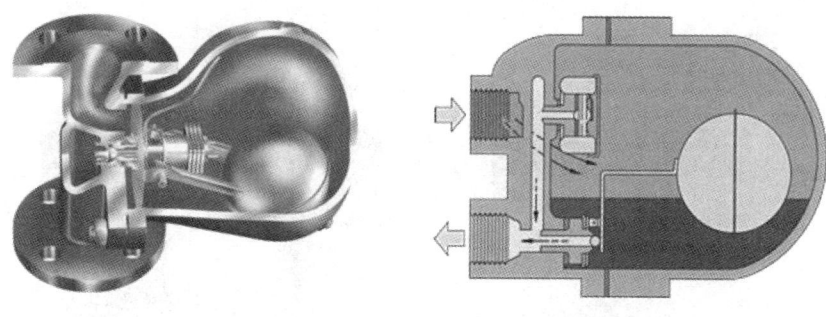

图 1 – 149　杠杆浮球式疏水阀工作原理图

（4）倒吊桶（钟）式疏水阀

工作原理见图 1 – 150。

1. 当设备刚启动时管道内出现空气和冷凝水，此时倒吊桶下沉，连杆带动阀芯打开阀口，空气和冷凝水迅速排出，实现快速气动。

2. 设备启动后，热凝水进入疏水阀，此时倒吊桶仍处于下沉位置，在工作压差下，热凝水迅速排出。

3. 当蒸汽进入倒吊桶内，倒吊桶产生向上浮力，连杆带动阀芯关闭阀口。

4. 倒吊桶顶部舍友一个排气孔，当一部分蒸汽从小孔排出，另一部分蒸汽变成凝结水以及凝焦水位升高时，倒吊桶末区浮力而下沉，连杆带动阀芯打开阀口，继续排放凝结水。

图 1 – 150　倒吊桶（钟）式疏水阀工作原理图

当装置刚启动时，管道内的空气和低温凝结水进入疏水阀内，倒吊桶靠自身重量下坠，倒吊桶连接杠杆带动阀芯开启阀门，空气和低温凝结水迅速排出。当蒸汽进入倒吊桶内时，倒吊桶的蒸汽产生向上浮力，倒吊桶上升连接杠杆带动阀芯关闭阀门。随着温度降低，蒸汽逐渐变成凝结水，倒吊桶失去浮力，靠自身重量向下沉，倒吊桶连接杠杆带动阀芯开启阀门。循环工作，间断排水。

倒吊桶式疏水阀能排空气，不怕水击，抗污性能好。但其连接件比较多，灵敏度不如自由浮球式疏水阀。因倒吊桶式疏水阀是靠蒸汽向上浮力关闭阀门的，工作压差小于 0.1 MPa 时，不适合选用。

（5）自由浮球式疏水阀

工作原理见图 1 – 151。

当开始工作时，开启设在阀盖上的手动放气阀，大量的冷空气或不凝结气体在蒸汽和凝结水推动下排出体外后，关闭放气阀。这时疏水阀处于关闭状态，随着时间的延续流入阀内

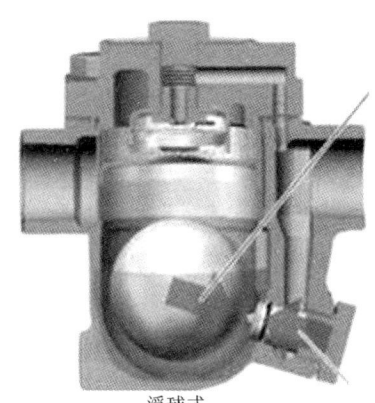

浮球式

图 1 - 151　自由浮球式疏水阀工作原理图

的凝结水逐渐增多,即体腔内液面升高到浮力大于球体自身重量及阀口面积作用力时,球体浮起打开阀口,大量的凝结水迅速排往阀后。

在排水过程中,液面逐渐下降,由于体腔内压力分布不均匀,阀口处压力最低,使漂浮在液面的浮球受到不平衡的力,推动浮球向阀口浮动,直至封闭阀口为止,此时体内底部支点顶住浮球,使浮球不能继续下降,排水停止。此时液面与阀口之间有一定距离,因此形成水封,阻止蒸汽逸漏。

(6)疏水阀选用与安装

疏水阀的选用不能以管道的公称尺寸为依据,而是要以阀前后的压力参数进行计算,确定疏水阀的选用流量(kg/h),再根据设计的最大凝结水量,确定疏水阀型号和数量。

疏水阀的安装要与其他阀件配合联装,便于检查和维修。联装样式参见图 1 - 152。

6. 安全阀

锅炉、压力容器和管道上常用安全阀控制工作压力,避免发生超压事故。安全阀按其结构分为弹簧式、杠杆重锤式和脉冲式三种。

(1)弹簧式安全阀

弹簧式安全阀指依靠弹簧的弹性压力而将阀的瓣膜或柱塞等密封件闭锁,一旦压力容器的压力异常后,产生的高压将克服安全阀的弹簧压力,使闭锁装置被顶开,形成一个泄压通道,将高压泄放掉。根据阀瓣开启高度不同又分为全起式和微起式两种。弹簧式安全阀具有结构简单、占地少、弹簧在高温下易蠕变的特点,适用于压力($P \leqslant 0.6$ MPa)和温度较低的系统。

弹簧式安全阀结构原理见图 1 - 153,衬氟弹簧安全阀见图 1 - 154。

工作原理:当安全阀阀瓣下的蒸汽压力超过弹簧的压紧力时,阀瓣被顶开。阀瓣顶开后,排出蒸汽,由于下调节环的反弹而作用在阀瓣夹持圈上,使阀门迅速打开。随着阀瓣的上移,蒸汽冲击在上调节环上,使排汽方向趋于垂直向下,排汽产生的反作用力推着阀瓣向上,并且在一定的压力范围内使阀瓣保持在足够的提升高度上,随着安全阀的打开,蒸汽不断排出,系统内的蒸汽压力逐步降低。此时,弹簧的作用力将克服作用于阀瓣上的蒸汽压力和排气的反作用力,从而关闭安全阀。

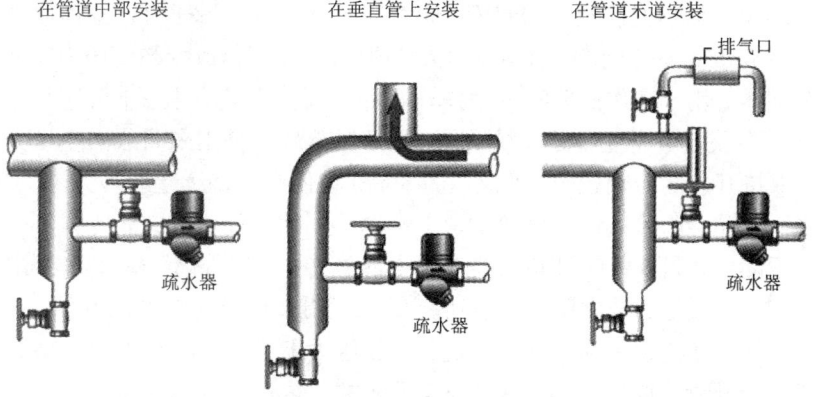

在管道中部安装　　　　在垂直管上安装　　　　在管道末道安装

排气口

疏水器　　　　疏水器　　　　疏水器

**图 1 – 152　疏水阀联装样式**

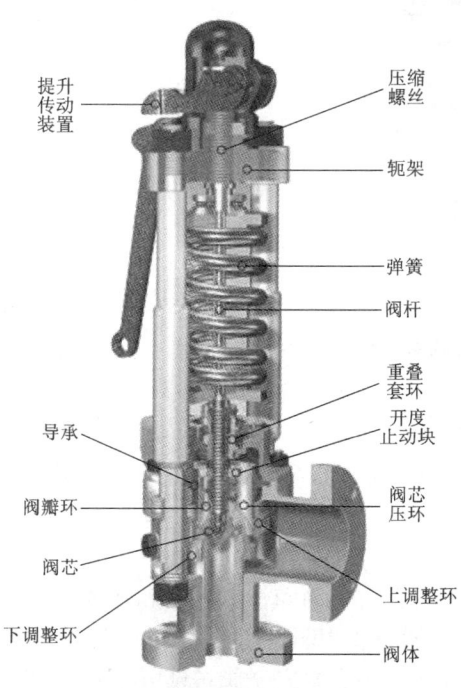

提升传动装置　　　压缩螺丝

轭架

弹簧

阀杆

重叠套环

开度止动块

导承

阀芯压环

阀瓣环

阀芯

上调整环

下调整环

阀体

**图 1 – 153　弹簧安全阀**

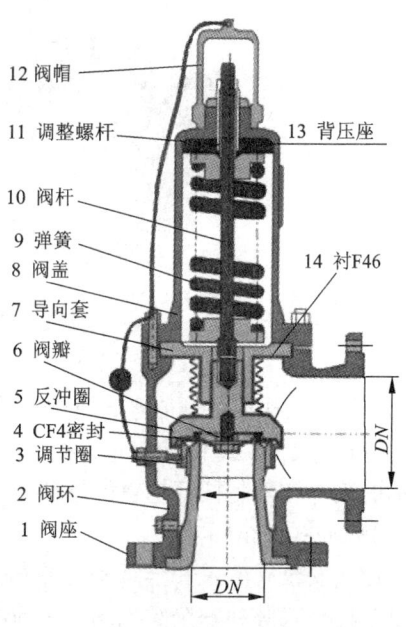

12 阀帽

11 调整螺杆　　　13 背压座

10 阀杆

9 弹簧

8 阀盖

7 导向套　　　14 衬F46

6 阀瓣

5 反冲圈

4 CF4密封

3 调节圈

2 阀环

1 阀座

DN

DN

**图 1 – 154　衬氟弹簧安全阀**

弹簧安全阀由阀瓣和阀座组成密封面,阀瓣与阀杆相连,阀杆的总位移量必须满足阀门从关闭到全开的要求。安全阀的整定压力主要是通过调整螺栓改变弹簧压力来调整的。阀门上部装有杠杆机构,用于动作试验时手动提升阀杆。阀体内装有上、下两个调节环,调节下部调节环可使阀门获得一个完整的起跳动作,上部调节环则是用来调节回座压力的。回座压力过低,阀门保持开启的时间较长;回座压力太高,将使阀门持续起跳和关闭,产生颤振,导致阀门损坏,而且还会降低阀门的排放量。上部调节环的最佳位置应能使阀门达到全行程。

调节上、下环:上调节环(导向套)逆时针方向旋转,位置升高,提高安全阀的回座压力,排放压力略有升高,反之,排放压力则有所降低。下调节环逆时针方向旋转,位置升高,排放压力降低,而回座压力也有所下降,反之,排放压力上升,而回座压力也略有增加。二者调节时可能会相互干扰,应反复调节,直到满足要求。

(2)杠杆式安全阀

利用重锤和杠杆来平衡作用在阀瓣上的力,通过调整重锤在杠杆上的位置或改变重锤的质量来调整校正安全阀的开启压力。

结构简单、调整容易且准确、所加载荷不会随阀瓣的升高而显著增大、动作与性能不受高温的影响,适用于高温场合下,特别是锅炉和高温容器上。

重锤杠杆式安全阀见图 1 – 155。

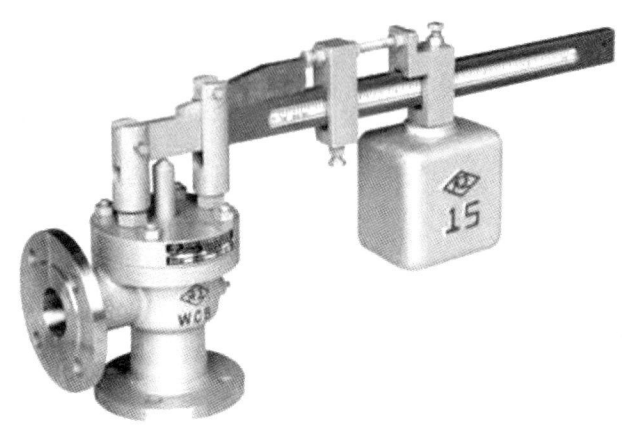

图 1 – 155  重锤杠杆式安全阀

工作原理:根据杠杆原理,使重锤通过杠杆的增大作用获得较大的作用力,并通过移动重锤的位置(或变换重锤的质量)来调整安全阀的开启压力。杠杆式安全阀要有防止重锤自行移动的装置和限制杠杆越轨的导架。

(3)脉冲式安全阀

脉冲式安全阀由主安全阀和脉冲安全阀组成,常见脉冲阀有重锤杠杆式和弹簧式两种。

重锤杠杆式脉冲安全阀见图 1 – 156,主安全阀结构及实物图见图 1 – 157 和图 1 – 158。

工作原理:用脉冲安全阀控制主安全阀,在正常情况下,主安全阀被活塞下部的高压蒸汽压紧,严密关闭。当压力达到安全阀起座规定值时,脉冲安全阀先打开,蒸汽引入主安全阀活塞上面,由于活塞受压面积大于阀瓣受压面积,可以同时克服蒸汽和弹簧的作用力,将主安全阀打开。压力降到一定数值时，脉冲安全阀关闭，活塞上的汽源中断，因此在蒸汽压力和弹簧力作用下主安全阀自动关闭。脉冲安全阀还分别带有开启或关闭用的电磁铁，使机械和电气动作互不干扰。

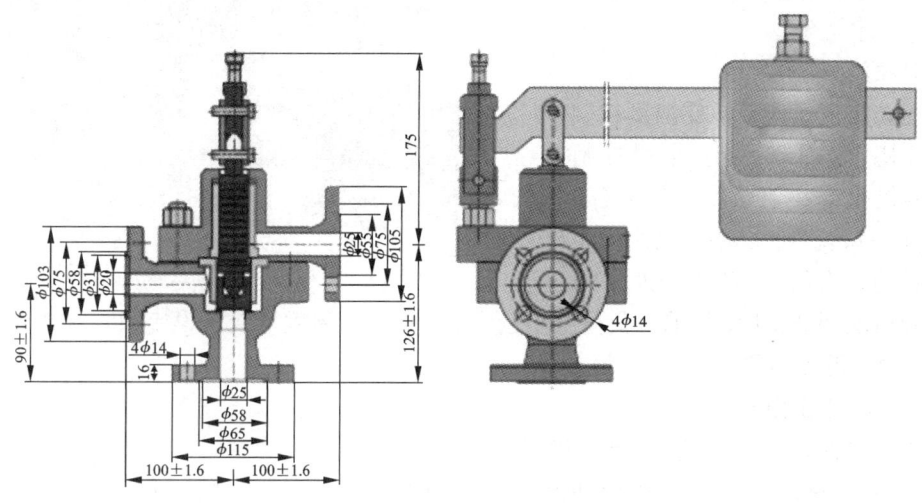

图 1－156　重锤杠杆式脉冲安全阀

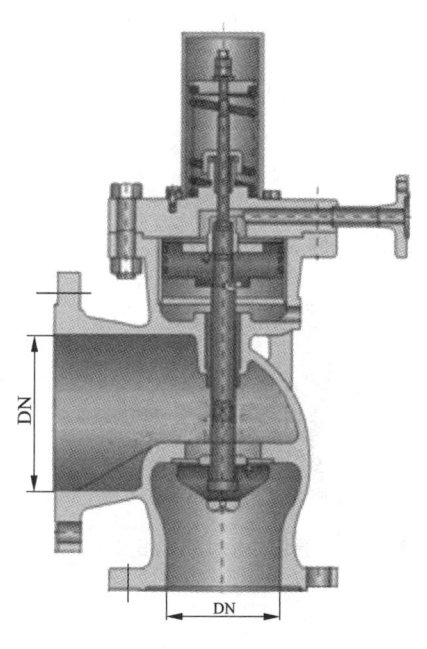

图 1－157　主安全阀结构原理

图 1－158　主安全阀实物图

脉冲式安全阀实物安装见图1-159。

（4）安全阀的选用与安装

安全阀的选用要根据介质特性、工作压力、入口处的介质流量计算确定阀瓣面积（$mm^2$），才能选型。

7．温控阀

温控阀是流量调节阀在温度控制领域的典型应用，其基本原理：通过控制换热器、空调机组或其他用热、冷设备、一次热（冷）媒入口流量，以达到控制设备出口温度的目的。当负荷产生变化时，通过改

图1-159 脉冲式安全阀实物安装图

变阀门开启度调节流量，以消除负荷波动造成的影响，使温度恢复至设定值。温控阀总体可分为：自力式温控阀和电动温控阀。

（1）自力式温控阀

自力式温控阀不需外界能源即可进行温度自动调节。它适用于以蒸汽、热水、热油等为介质的各种换热工况。广泛应用于供暖、空调、生活热水中的温度自动调节，以及特殊工况的温度自动调节，如化工、纺织、制药等生产工程。

自力式温控阀分为温包内置和外置两种，其结构原理及实物图见图1-160~图1-163，散热器直式恒温控制阀结构原理图及实物图分别见图1-164和图1-165。

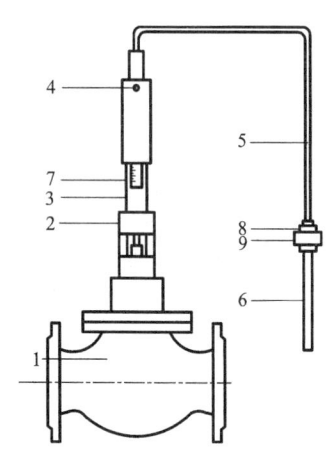

图1-160 温包外置式自力式温控阀结构原理图

1—阀体；2—支架；3—控制器；
4—温度设定板孔；5—导管；6—温度传感器；
7—温度指示牌；8—联塞；9—联母

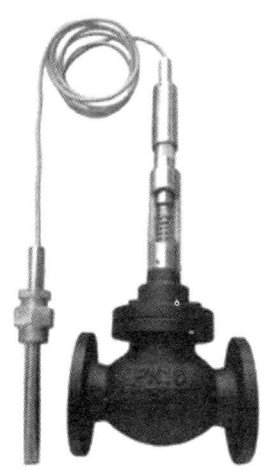

图1-161 温包外量式自力式温控阀实物图

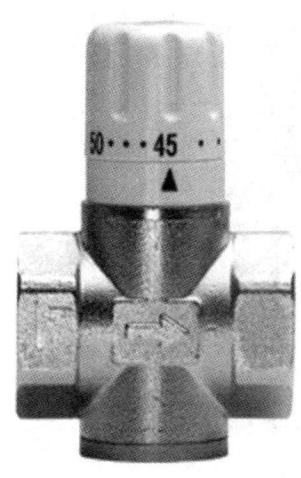

图 1－162 温包内置式自力式温控阀实物图

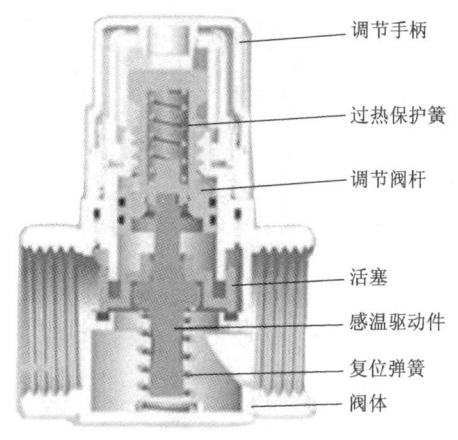

调节手柄

过热保护簧

调节阀杆

活塞

感温驱动件

复位弹簧

阀体

图 1－163 温包内置式自力式温控阀结构原理图

上图温度传感器感应的是水或蒸汽的温度。

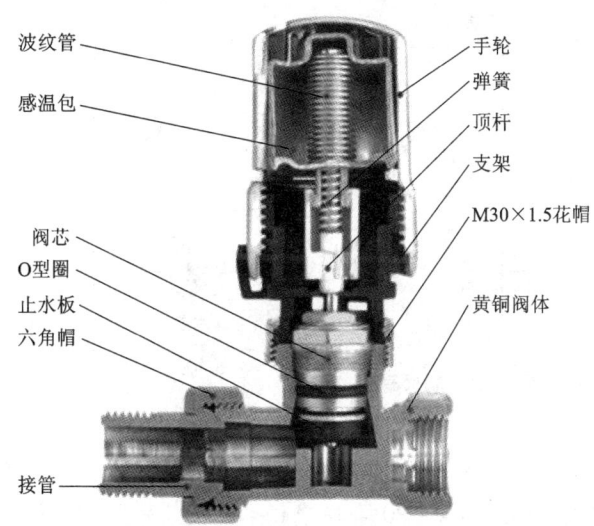

波纹管

感温包

阀芯

O型圈

止水板

六角帽

接管

手轮

弹簧

顶杆

支架

M30×1.5花帽

黄铜阀体

图 1－164 散热器直式恒温控制阀结构原理图

图 1－165 散热器直式恒温控制阀实物图

图 1－164 感温包感应的是室内空气温度。

自力式调节阀是利用液体受热膨胀及液体不可压缩的原理实现自动调节的。温度传感器内的液体膨胀是均匀的，其控制作用为比例调节。被控介质温度变化时，传感器内的感温液体体积随之膨胀或收缩。被控介质温度高于设定值时，感温液体膨胀，推动阀芯向下关闭阀门，减少热媒的流量；被控介质的温度低于设定值时，感温液体收缩，复位弹簧推动阀芯开启，增加热媒的流量。

（2）电动温控阀

电动温控阀实物图及控制原理见图 1－166 和图 1－167。

图 1-166    电动温控阀实物图

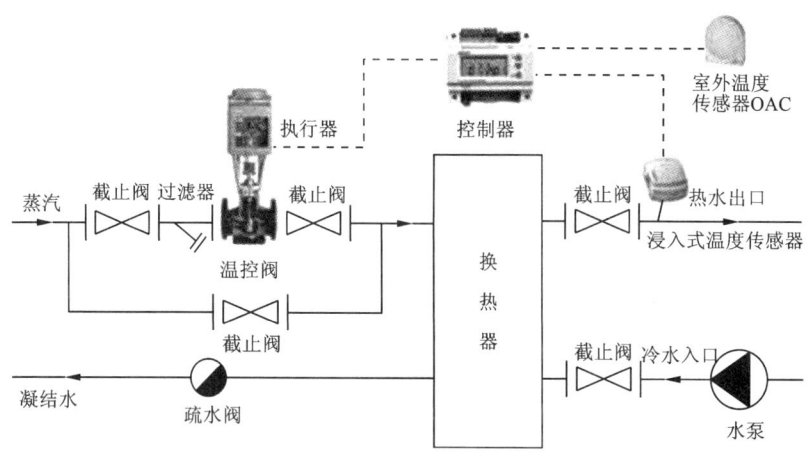

图 1-167    电动温控阀控制原理图

热媒介质流过阀门,经过换热器把被加热介质升温。温度传感器随着被加热介质的温度变化,将信号送至控制器,与设定温度比较运算后将 4~20 毫安或 0~10 伏信号送至执行器控制阀门的开度,使热媒介质流量发生变化。温度的细微变化将使传感器做出响应,改变热媒介质流量,精确控制被加热介质的温度。

8.平衡调节阀

平衡调节阀是一种具有特殊功能的阀门,除具有调节阀功能外,还能实现流量定量,可以有效地解决供热(空调)系统中存在的温室冷热不均问题。

平衡阀可分为三种类型:静态平衡阀、动态流量平衡阀、动态压差平衡阀。

(1)静态平衡阀

结构原理与实物见图 1-168 和图 1-169。

静态平衡阀也称平衡阀、手动平衡阀、数字锁定平衡阀、双位调节阀等,它是通过改变阀芯与阀座的间隙(开度),来改变流经阀门的流动阻力以达到调节流量的目的的,其作用对象是系统的阻力，消除系统中阻力不平衡的现象，从而能够将新的水量按照设计计算的比例平衡分配，各支路同时按比例增减。静态平衡阀在系统中可以在总管、立管、水平支管以及末端等场合使用，效果等同于同程管。

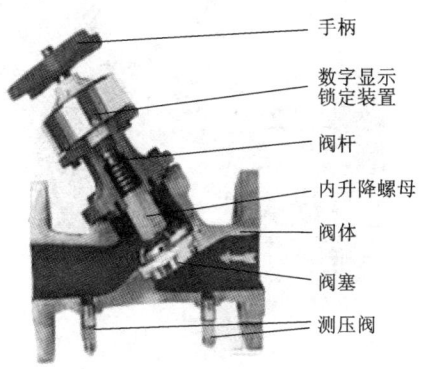

图 1-168　静态平衡阀结构原理图

图 1-169　静态平衡阀实物图

（2）动态流量平衡阀

结构原理与实物见图 1-170 和图 1-171。

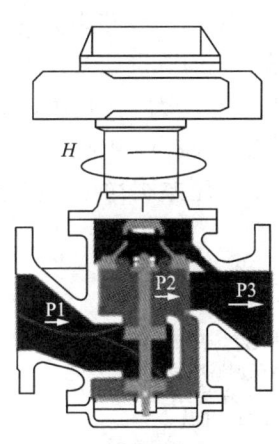

图 1-170　动态流量平衡阀结构原理图

图 1-171　动态流量平衡阀实物图

　　动态流量平衡阀亦称限流阀、定流量阀、自动平衡阀等，它是根据系统工况（压差）变动而自动变化阻力系数的，在一定的压差范围内，可以有效地控制通过的流量保持一个常值，即当阀门前后的压差增大时，通过阀门自动关小的动作能够保持流量不增大，反之，当压差减小时，阀门自动开大，流量仍保持恒定。但是，当压差小于或大于阀门的正常工作范围时，它由于不能提供额外的压力，此时阀门打到全开或全关位置流量仍然比设定值低或高，不能控制。

　　（3）动态压差平衡阀

　　结构原理与实物见图 1-172 和图 1-173。

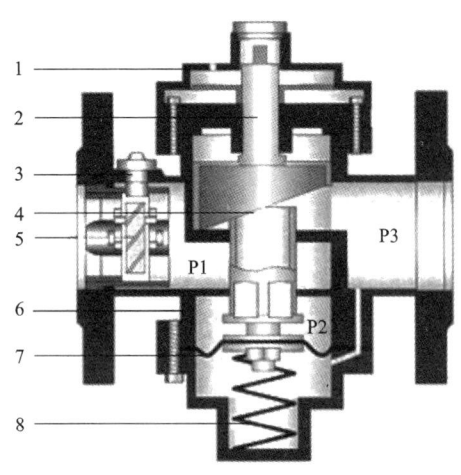

图 1 – 172 动态压差平衡阀结构原理图

1—刻度盘；2—手动阀瓣；3—传感器；4—自动阀瓣；
5—流量机芯；6—阀体；7—膜片；8—弹簧

图 1 – 173 动态压差平衡阀实物图

动态压差平衡阀，亦称自力式压差控制阀、差压控制器、稳压变量同步器、压差平衡阀等，它是用压差作用来调节阀门的开度，利用阀芯的压降变化来弥补管路阻力的变化，从而使其在工况变化时能保持压差基本不变，消除外网压力波动引起的流量偏差。压差控制阀安装示意图见图 1 – 174。若供水压力 $P_1$ 增大，则供水压差 $P_1 - P_3$ 增大，感压膜带动阀芯下移关小阀口，使 $P_2$ 增大，从而维持 $P_1 - P_2$ 的恒定；若供水压力 $P_1$ 减小，则感压膜带动阀芯上移，$P_2$ 减小，使 $P_1 - P_2$ 恒定不变。无论管路中压力怎样变化，压差阀均可维持施加于被控对象的压差和流量恒定。

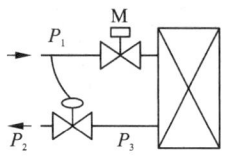

注：回水安装 $\Delta P = P_1 - P_2$　$\Delta P' = P_2 - P_3$
适用于热力站一次侧(或空调器)安装
电动调节阀，装自力式压差控制阀，形
成恒定的压差避免并联站相互干扰。

图 1 – 174 压差控制阀安装示意图

### 1.7.1.3 阀门安装

（1）阀门检查

安装前应对照图样检查阀门的规格、型号是否与设计要求一致；检查阀门外观是否有伤损、裂纹、砂眼等缺陷或其他质量问题；检查阀杆与阀芯的连接是否灵活可调，阀杆有无弯曲、锈蚀，阀盖和阀体的结合是否良好，阀杆和填料（盘根）压盖配合处的螺纹是否存在缺陷；检查法兰垫片、螺纹填料、螺栓配件等是否齐全，有无缺陷，阀芯与阀座的结合有无缺陷等。

（2）阀门的强度试验、严密性试验、气密性试验

阀门试验应按相关要求的抽检数量、试验介质、试验压力、试验时间、检验方法进行。

1）阀门的强度试验

阀门强度试验是指对阀门材料或结构承受压力而不发生破坏的能力所进行的试验。力学上，材料在外力作用下抵抗破坏（永久变形或断裂）的能力称为强度。强度是机械零部件首先应满足的基本要求。

阀门强度试验按设计要求或相关规范执行。不同规范规定有所不同，应根据工程项目所涉及的内容，按国家或行业所要求采用的规范执行。阀门强度试验工作台见图 1 – 175。

**图 1 – 175　阀门强度试验工作台**

2）阀门严密性实验

阀门严密性试验是指检验阀门构件（部件）结合处或阀体是否严密所进行的试验。严密性试验操作过程与强度试验过程基本相同，只是试验参数与检查方法有区别。

3）阀门气密性试验

对于易燃易爆及有毒气体管道用阀门，有时按要求还要进行气密性试验。气密性试验的

工作台与强度试验的类似,所不同的是阀门要在关闭状态下进行试验,操作程序与检验方法也有其特殊要求。试验介质采用空气或氮气,试验压力和试验时间按相关规范执行;每个阀门分别从两端进行试验;通常用肥皂水或其他能发泡的液体涂抹构件结合处及阀体表面进行检验。

气密性试验专用装置见图1-176。

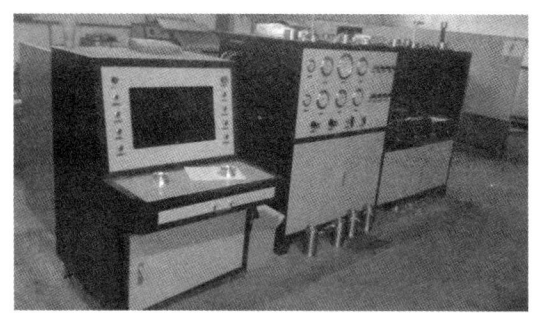

图1-176　气密性试验专用装置图

## 1.7.2　常用仪表的安装

设备安装工程中的仪表主要有压力测量仪表、温度测量仪表、流量测量仪表、热量测量仪表等。仪器仪表的安装可参见相关国标标准图集。

### 1.7.2.1　压力测量仪表

压力表是用来测量介质压力的仪表。它通过表内的敏感元件(波登管、膜盒、波纹管)的弹性形变,再由表内机芯的转换机构将压力形变传导至指针,引起指针转动来显示压力。

1.弹簧管压力表的使用和安装

弹簧管压力表的延伸产品有弹簧管耐震压力表、弹簧管膜盒压力表、弹簧管隔膜压力表、不锈钢弹簧管压力表、弹簧管电接点压力表等。以下重点介绍弹簧管压力表。弹簧管压力表的结构原理及实物见图1-177~图1-180。

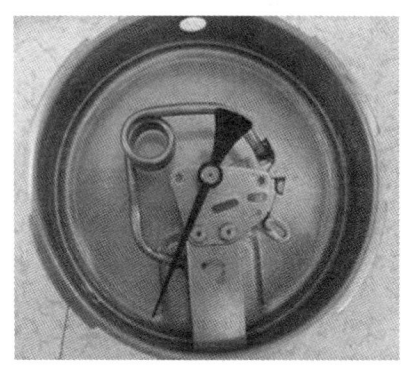

图1-177　弹簧管压力表的内部拆卸图

图1-178　弹簧管压力表实物图

(1)弹簧管压力表的使用

弹簧管压力表属于就地指示型压力表,就地显示压力的大小,不带远程传送显示和调节功能。弹簧管压力表适用于测量无爆炸,不结晶,不凝固,对铜和铜合金无腐蚀作用的液体、气体或蒸汽的压力。

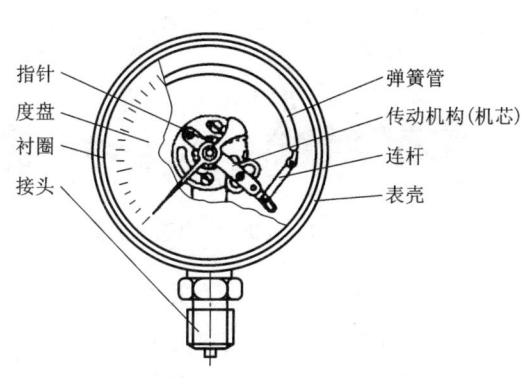

图 1 – 179　弹簧管压力表结构图

图 1 – 180　弹簧管结构图

（2）弹簧管压力表的安装

安装前，弹簧管压力表应经过校对，且铅封完好无损，方可允许安装；安装位置应便于观察、维护，并力求避免振动和高温的影响；压力表不得安装在管道大小头、弯头、三通分支处，以免流速不稳产生过大的测量误差；压力表与管道或设备连接处的内壁应保持平齐，以保证能准确地测量静压力；测量蒸汽或其他介质压力波动剧烈时，应在压力表前安装 U 形管、盘管或缓冲罐，如图 1 – 181（b）、图 1 – 181（c）、图 1 – 181（e）所示，以起缓冲作用。

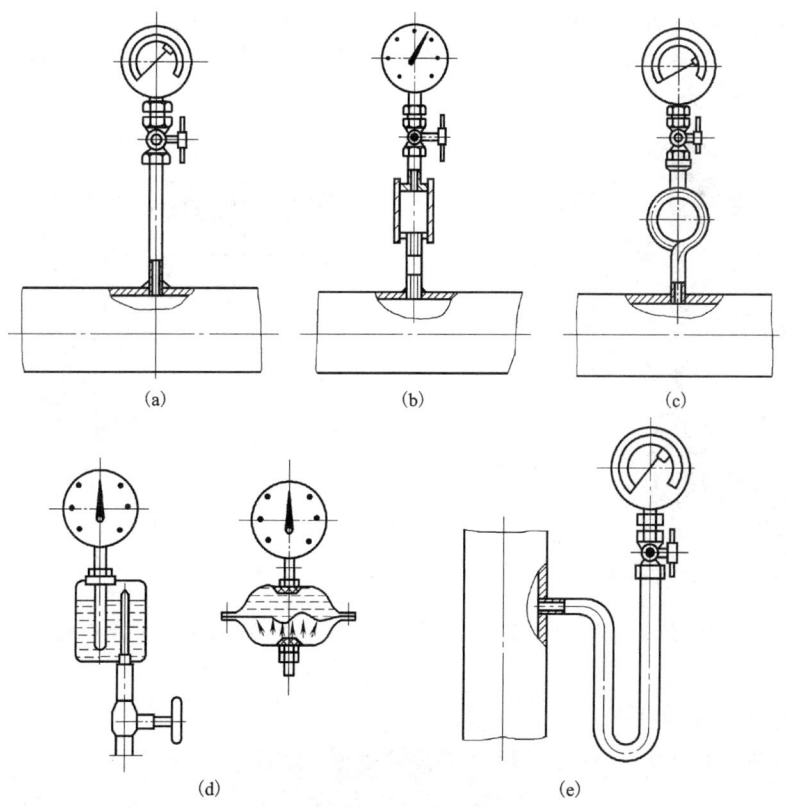

图 1 – 181　弹簧管压力表的安装

从取压口到压力表之间还应装设切断阀,切断阀应尽量靠近取压口,以备检修压力表时使用;引压导管不宜过长,以减少压力指示的迟缓;当测量有腐蚀性的介质时,应加装充有中性介质的隔离罐或带隔离膜的隔离罐,如图 1 – 181(d)所示。实际安装时,应针对被测介质的不同

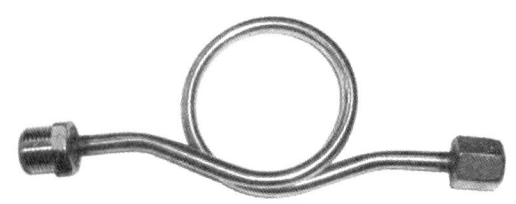

图 1 – 182 　压力表缓冲管

性质,如高温、低温、腐蚀性、脏污、结晶、沉淀、黏稠等采取相应的保护措施;在管道上开孔安装取压管,须在试压和吹洗前进行;在高压管道上安装压力表时,应采用特制管件,在管道安装的同时进行装配。设备上一般不得随意开孔,不得已时,应在设计单位和建设单位同意并签字后才能开孔。

压力表缓冲管实物见图 1 –182。

### 1.7.2.2 　温度测量仪表

温度测量仪表是测量物体冷热程度的仪表。根据测温方式不同,温度测量仪表分为接触式和非接触式两大类。以下重点介绍玻璃温度计和热电偶温度计。

玻璃温度计按温度是否可控又分为普通套管式玻璃温度计和电接点玻璃温度计,分别见图 1 –183 和图 1 –184。

1. 玻璃温度计的使用和安装

(1)玻璃温度计的结构

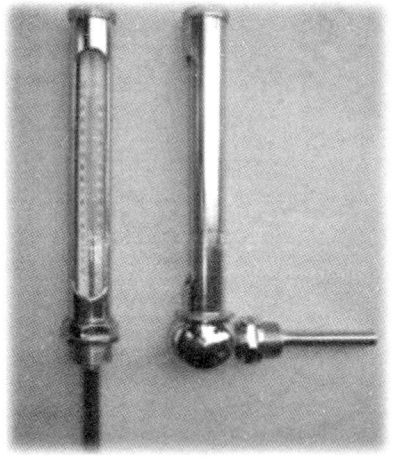

图 1 –183 　普通套管式玻璃温度计

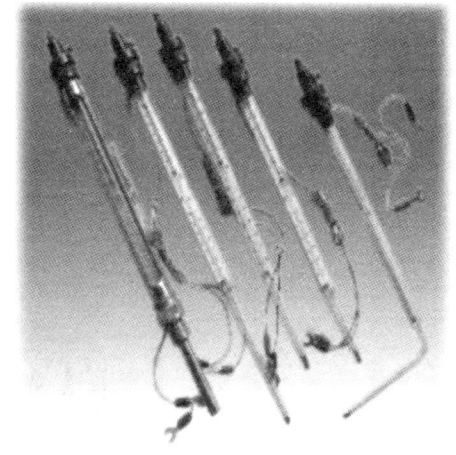

图 1 –184 　电接点玻璃温度计

(2)玻璃温度计的使用

套管式玻璃温度计由玻璃内表和金属套管组成,适用于测量机械、管道和部分容器的温度。

电接点玻璃温度计是利用水银柱的升降与毛细管中金属丝的接触与否,使外接电路接通

或断开,从而达到控制温度目的的玻璃温度计。

(3)玻璃温度计安装

玻璃管温度计安装方法如下:温度计的感温面应与被测表面紧密接触,牢固固定,玻璃温度计应安装在便于检修、观察、不受机械损坏、能代表被测介质温度,且不受外界温度影响的位置;在直径 50 mm 以下的管道安装玻璃温度计时,安装处的管径须扩大,并加一段变径过渡管;在管径小于 200 mm 的水平管道或上升流速的垂直管上安装时,允许迎着介质流束方向成 45°安装;安装在塔、槽、箱壁上应采用直角形温度计;在多粉尘的工艺管道上安装应采取防止磨损的保护措施。玻璃管温度计安装方法见图 1 - 185。

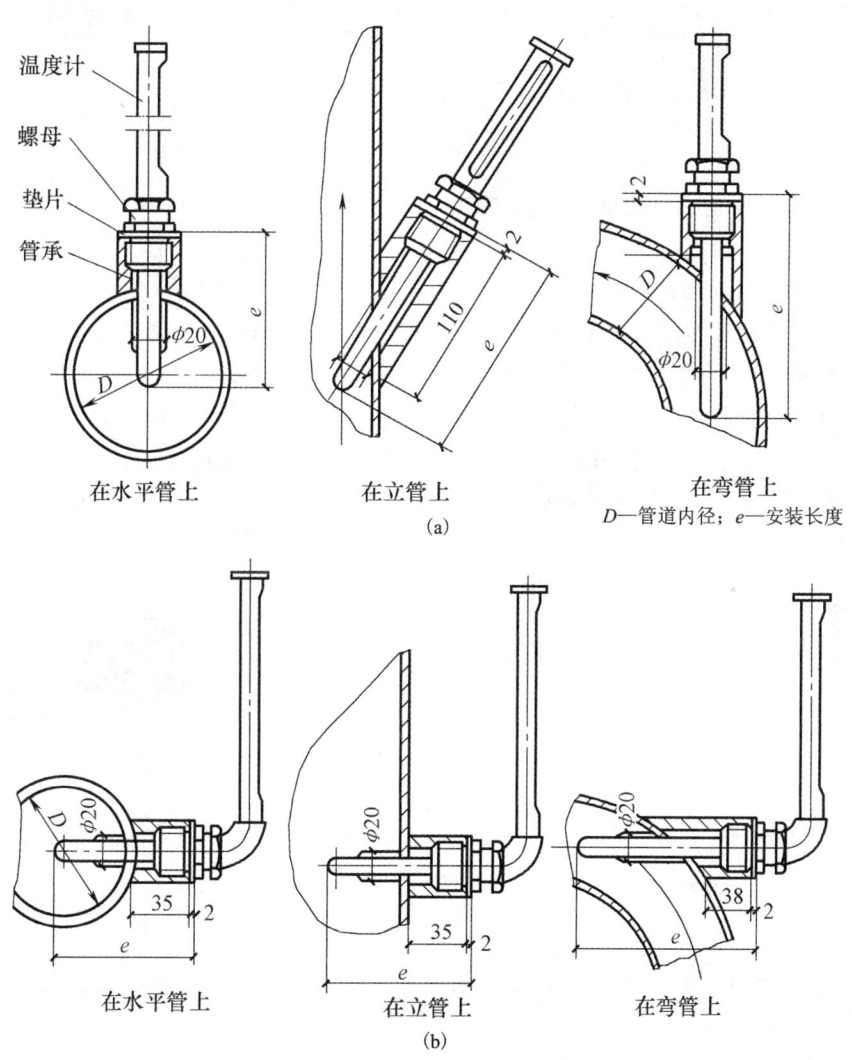

图 1 - 185 玻璃管温度计安装方法

2.热电阻和热电偶温度计的使用和安装

(1)热电阻和热电偶温度计的结构

1)热电阻测温原理及材料

热电阻测温是基于金属导体的电阻值随温度的增加而增加这一特性来进行温度测量的。热电阻大都由纯金属材料制成,目前应用最多的是铂和铜,此外,现在已开始采用镍、锰和铑等材料制造热电阻。热电阻测量精度较高。热电阻二线制接法原理图及实物图见图1-186和图1-187。

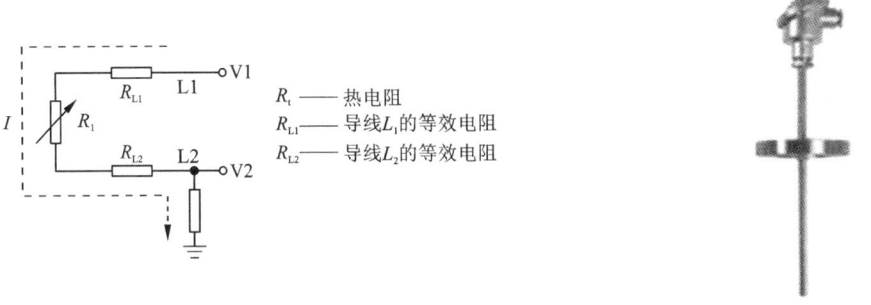

<table>
<tr><td>图1-186　热电阻二线制接法原理图</td><td>图1-187　热电阻实物图</td></tr>
</table>

2)热电偶测温原理及材料

热电偶是基于两种不同成分的导体(称为热电偶丝材或热电极)两端接合成回路的,当接合点的温度不同时,在回路中就会产生电动势,这种现象称为热电效应,而这种电动势称为热电势。热电偶就是利用这种原理进行温度测量的,其中,直接用作测量介质温度的一端叫作工作端(也称为测量端),另一端叫作冷端(也称为补偿端);冷端与显示仪表或配套仪表连接,显示仪表会指出热电偶所产生的热电势。热电偶温度计系统原理图及实物图见图1-188和图1-189。

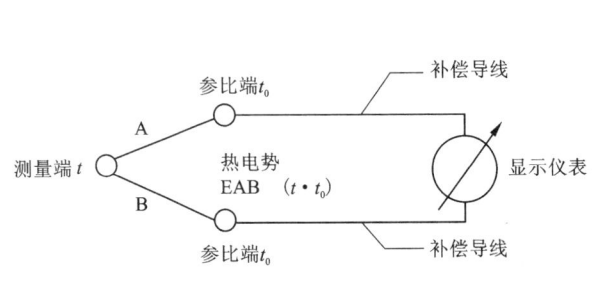

图1-188　热电偶温度计系统原理图　　　　图1-189　铠装热电偶实物图

(2)热电阻和热电偶温度计的使用

对于500℃以下的中、低温测量,热电偶的热电势较低,对电位差计的放大器和抗干扰措施要求较高。在中、低温范围内,由于冷端温度的变化引起的相对误差显得很突出,且不宜得到全补偿,所以在中、低温区应用热电阻温度计较为适宜,测量精度也较高,尤其是铂热电阻。

（3）热电阻和热电偶温度计的安装

热电偶和热电阻温度计安装要求如下：热电偶（阻）应安装在易受被测介质强烈冲击的地方，不得安装在有振动的管道和设备上，安装时不得敲打，以免损坏内部瓷臂与电阻丝。安装在垂直弯管处，热电偶（阻）应迎着流束方向安装；安装在上升流束的垂直管道上，应把热电偶（阻）迎着流动方向向上倾斜成45°安装。热电偶（阻）的长度由工作端在介质中的插入深度决定，通常为350～200 mm，目前最常用的长度为350 mm，当热电偶（阻）插入深度大于1000 mm 且被测体温度高于700℃时，应采取防弯曲措施。热电偶（阻）在公称尺寸小于80 mm 的管道上安装时，应使用扩大管。热电偶（阻）安装方法见图1-190。

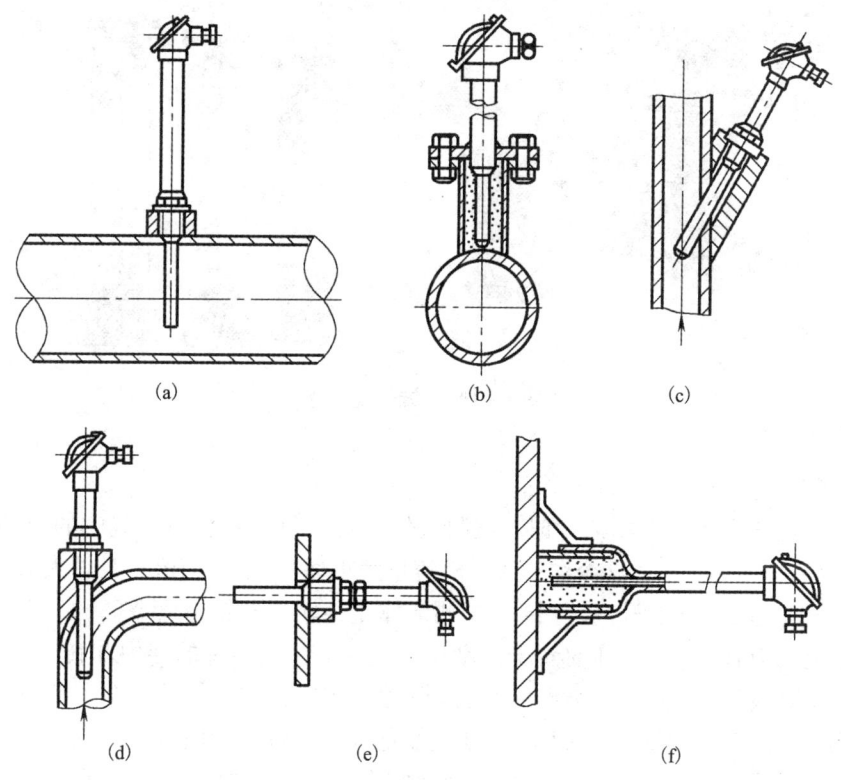

（a）　　　　　　（b）　　　　　　（c）

（d）　　　　　　（e）　　　　　　（f）

图 1-190　热电偶（阻）安装方法

### 1.7.2.3　流量测量仪表

用来测量流体流量的仪表，称为流量测量仪表。流量测量仪表有两种作用：一是构成对流量的自动调节或控制；二是对通过的流体物质进行准确的计量。

流量计的种类繁多，有电磁流量计、孔板（压差）流量计、涡街流量计、涡轮流量计、质量流量计、气体流量计、转子流量汁、弯管流量计和超声波流量计等。除超声波流量计外，其余流量计均须安装在管路中。近年来，随着节能要求的提高，越来越多的冷热源、采暖空调系统都在水、汽管路中使用流量计，使流量计应用领域越来越广。以下重点介绍转子流量计、孔板流量计、超声波流量计。

1. 转子流量计

（1）转子流量计结构原理

转子流量计由两个部件组成，一件是从下向上逐渐扩大的锥形管；另一件是置于锥形管中且可以沿管的中心线上下自由移动的转子。转子在流速和浮力作用下上下运动，与浮子重量平衡后，通过磁耦合传到与刻度盘指示流量。一般分为玻璃和金属转子流量计。金属转子流量计是工业上最常用的，对于小管径腐蚀性介质通常用玻璃材质，由于玻璃材质的本身易碎性，关键的控制点也有用全钛材料等贵重金属为材质的转子流量计。转子流量计实物见图1 - 191。

图1 - 191　转子流量计

（2）转子流量计工作原理

当转子流量计测量流体的流量时，被测流体从锥形管下端流入，流体的流动冲击着转子，并对它产生一个作用力（这个力的大小随流量大小而变化）；当流量足够大时，所产生的作用力将转子托起，并使之升高。同时，被测流体流经转子与锥形管壁间的环形断面，这时作用在转子上的力有三个：流体对转子的动压力、转子在流体中的浮力和转子自身的重力。流量计垂直安装时，转子重心会与锥形管轴相重合，作用在转子上的三个力都沿平行于管轴的方向作用。当这三个力达到平衡时，转子就平稳地浮在锥形管内某一位置上。对于给定的转子流量计，转子大小和形状已经确定，因此它在流体中的浮力和自身重力都是已知的常量，唯有流体对浮子的动压力是随来流流速的大小而变化的。因此当来流流速变大或变小时，转子将做向上或向下的移动，相应位置的流动截面积也将发生变化，直到流速变成平衡时对应的速度，转子才在新的位置上稳定。对于一台给定的转子流量计，转子在锥形管中的位置与流体流经锥管的流量的大小成一一对应关系。

（3）转子流量计安装要求

转子流量计的安装要求：

①实际的系统工作压力不得超过流量计的工作压力。

②应保证测量部分的材料、内部材料和浮子材质与测量介质相容。

③环境温度和过程温度不得超过流量计规定的最大使用温度。

④转子流量计必须垂直地安装在管道上，并且介质流向必须由下向上。

⑤流量计法兰的额定尺寸必须与管道法兰相同。

⑥为避免管道引起的变形，配合的法兰必须在自由状态对中，以消除应力。

⑦为避免管道振动和最大限度地减小流量计的轴向负载，管道应有牢固的支架支撑。

⑧截流阀和控制流量都必须在流量计的下游。

⑧支管段要求在上游侧 $5\phi$，下游侧 $3\phi$（$\phi$ 是管道的外径）。

2.孔板流量计

（1）孔板流量计结构原理

孔板流量计又称为差压式流量计，是由一次检测件（节流件）和二次装置（差压变送器和流量显示仪）组成的，广泛应用于气体、蒸汽和液体的流量测量。具有结构简单、维修方便、性能稳定、使用可靠等特点。单孔孔板流量计见图 1－192 和图 1－193，多孔孔板见图 1－194。

图 1－192　单孔孔板流量计

图 1－193　单孔孔板流量计

图 1－194　多孔孔板

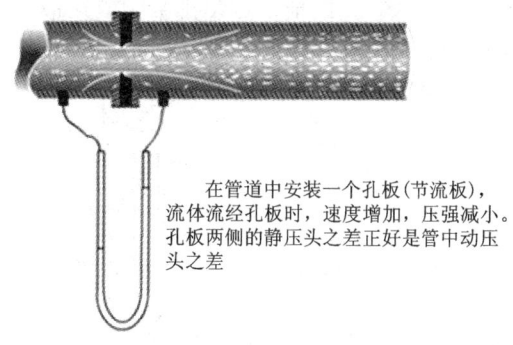

在管道中安装一个孔板（节流板），流体流经孔板时，速度增加，压强减小。孔板两侧的静压头之差正好是管中动压头之差

图 1－195　孔板流量计工作原理

（2）孔板流量计工作原理

充满管道的流体流经管道内的节流装置，在节流件附近造成局部收缩，流速增加，在其上、下游两侧产生静压力差。在已知有关参数的条件下，根据流动连续性原理和伯努利方程可以推导出压差与流量之间的关系而求得流量。其工作原理见图 1－195。

（3）孔板流量计安装要求

1）基本要求

①孔板流量计安装前应仔细核对标准孔板的编号、位号、规格是否与管道情况、流量范围等参数相符。在取压口附近标有"近标"的一端应与流体上游管段连接，标有" – "的一端应与流体下游管段连接。

②对于新设管路系统，必须先经扫线再安装标准孔板，以防管内杂物堵塞或损伤标准孔板。

③标准孔板的中心线应当与管道中心线同轴。

2）孔板流量计安装对管道的要求

①孔板流量计安装时应配有一段测量管，至少保持前 $10\phi$、后 $5\phi$ 的等径直管段，以提高测量精度。

②在孔板流量计前后若需安装阀门，最好选闸阀且在运行中全开；调节阀则应在下游 $5\phi$ 之后的管路中。

③引压管路的内径与管路长度和介质脏污程度有关，通常在 45 m 以内用内径为 8 ~ 12 mm 的管子。

④测量液体流量时引压管水平段应在同一水平面内。若是在垂直管道上安装节流件，引压短管之间相距一定的距离（垂线方向），这对差压变送器的零点有影响，应通过"零点迁移"来校正。

⑤引压管路应有牢固的支架托承，两根取压管路应尽可能互相靠近并远离热源或震动源，测量水蒸气流量时，应用保温材料一同包扎，必要时（如气温0℃以下）加伴热管防止结冰。在测量脏污流体流量时，应附设隔离器或沉降器。

⑥引压管路内必须始终保持单相流体状态。被测流体是气体时，引压管路（包括差压计的压力腔）内全部是气相；被测流体是液体时，引压管路内全部是液相，绝对不能有气泡。为此应在引压管路的最低点装排水阀或在最高点装排气阀，在新装或检修差压变送器时应特别注意。引压管路排水阀、排气阀的安装见图 1 - 196。

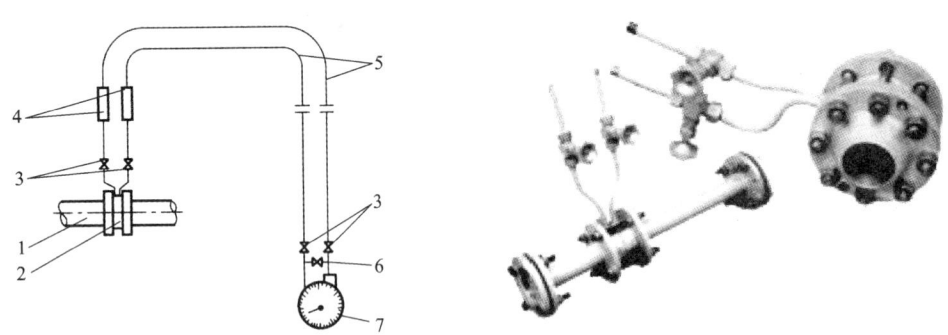

图 1 - 196　引压管路排水阀、排气阀的安装图

1—管道；2—节流孔板；3—切断阀；4—隔离管；5—引压管；6—平衡阀；7—差压计

3.超声波流量计

（1）超声波流量计结构原理

超声波流量计是通过检测流体流动对超声束（或超声脉冲）的作用以测量流量的仪表。

外夹式或者管段式超声波流量仪表是以"速度差法"为原理，测量圆管内液体流量的仪表。它采用了先进的多脉冲技术、信号数字化处理技术及纠错技术，使流量仪表更能适应工业现场的环境，计量更方便、经济、准确。超声波流量计实物见图 1 -197。

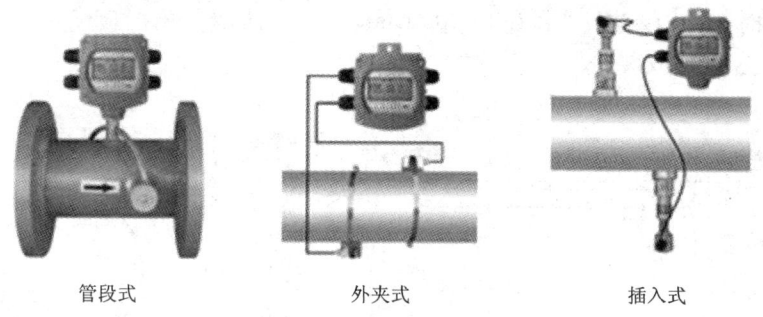

管段式　　　　　　　外夹式　　　　　　　插入式

**图 1 -197　超声波流量计**

（2）超声波流量计工作原理

超声波流量计采用时差式测量原理：一个探头发射信号穿过管壁、介质、另一侧管壁后，经过路程 $l_1$，被另一个探头接收到；同时，第二个探头同样发射信号，经过路程 $l_2$ 被第一个探头接收到。由于受到介质流速 $v$ 的影响，二者存在时间差 $\Delta t$，根据推算可以得出流速 $v$ 和时间差 $\Delta t$ 之间的换算关系，进而可以得到流量值 $Q$。

超声波流量计因仪表流通通道未设置任何阻碍件，均属无阻碍流量计，是适于解决流量测量困难问题的一类流量计，特别在大口径流量测量方面有较突出的优点，它是发展迅速的一类流量计之一。超声波流量计原理见图 1 -198，其使用方法见图 1 -199。

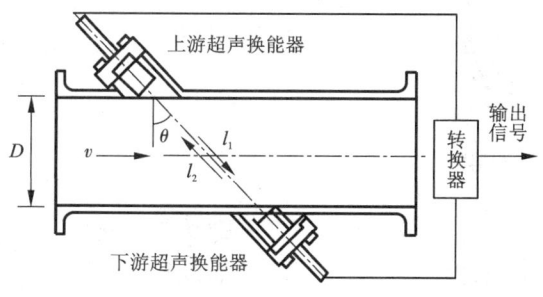

**图 1 -198　超声波流量计原理图**

$D$—管内径；$\theta$—探头安装角度

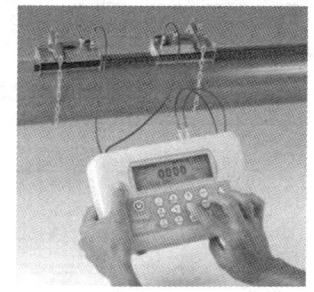

**图 1 -199　超声波流量计使用方法**

（3）超声波流量计安装要求

在安装探头之前，选择出管材致密部分进行探头安装，须把管外欲安装探头的区域清理干净，除去一切锈迹油漆，最好用角磨机打光，再用干净抹布蘸丙酮或酒精擦去油污和灰尘，然后在探头的中心部分和管壁上涂上足够的耦合剂。

超声波流量计安装要求探头过程中，千万注意在探头和管壁之间不能有空气泡及沙砾。在水平管段上，要把探头安装在管道截面的水平轴上，以防管内上部可能存在气泡。如果受安装地点空间的影响而不能水平对称安装探头，则可在保证管内上部分无气泡的条件下，垂直或有倾角地安装探头。

探头安装方式共有四种。这四种方式分别是 v 法(如图 1 – 200)、z 法(如图 1 – 201)、n 法和 w 法(如图 1 – 202)。一般在小管径时(DN15 ~ 200 mm)可先选用 v 法；v 法测不到信号或信号质量差时则选用 z 法，管径在 DN200 mm 以上或测量铸铁管时应优先选用 z 法。目前，最常见的是 v 法、z 法安装。

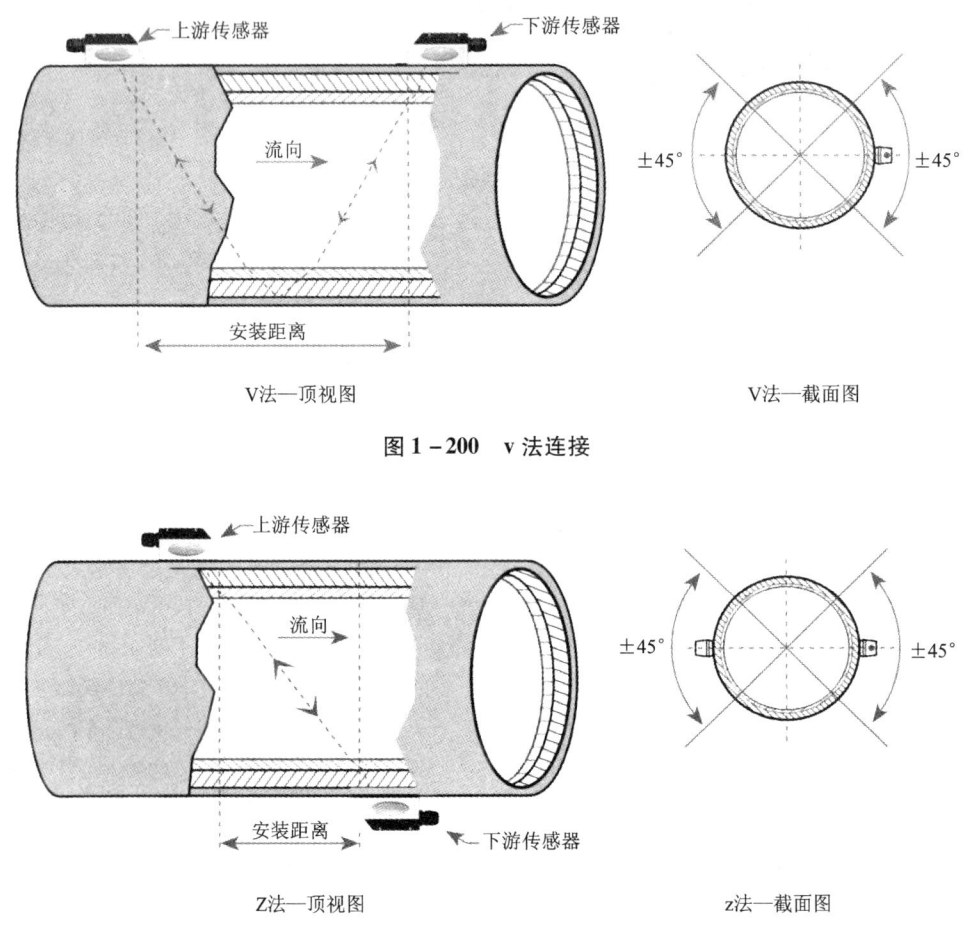

V法—顶视图                          V法—截面图

**图 1 – 200    v 法连接**

Z法—顶视图                          z法—截面图

**图 1 – 201    z 法连接**

当管道很粗或由于液体中存在悬浮物、管内壁结垢太厚或衬里太厚，造成 v 法安装信号弱，机器不能正常工作时，要选用 z 法安装。原因是：使用 z 法时，超声波是在管道中直接传输，没有折射(称为单声程)，信号衰耗小。z 法可测管径范围为 100 ~ 6000 mm。实际安装流量计时，建议 200 mm 以上的管道都要选用 z 法(这样测得的信号最大)。

安装时，超声波束在管道中折射两次，穿过流体三次(三个声程)，适于测量小管径管道。n 法通过延长超声波传输距离，提高测量精度(不常用方法)。

同 n 法一样，w 法也通过延长超声波传输距离的办法来提高小管测量精度，适于测量50 mm 以下的小管。使用 w 法时，超声波束在管内折射三次，穿过流体四次(四个声程)。

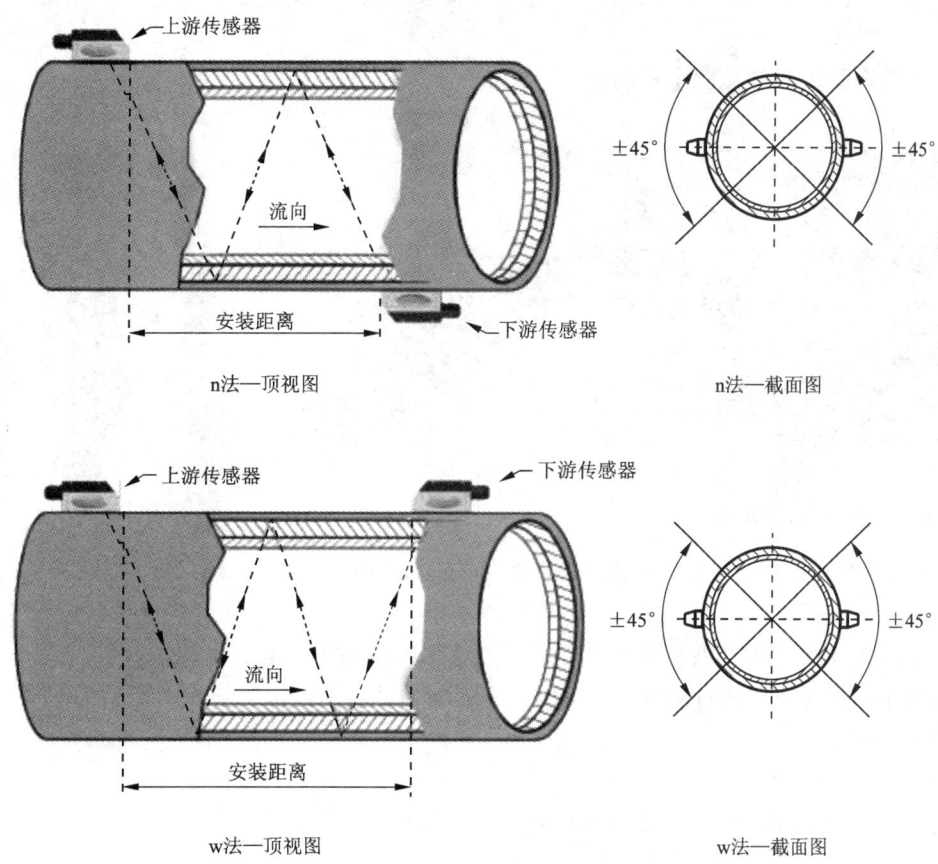

图 1 - 202　n 法连接和 w 法连接

### 1.7.2.4　液位测量仪表

液位测量仪表是显示和控制液体液面高度的仪表,有玻璃液位计、浮标液位计、磁性翻球式液位计和磁性浮子式(磁翻板式)液位计等。

1.玻璃液位计

常用的玻璃液位计有玻璃管液位计和玻璃板液位计。

(1)玻璃管液位计

1)普通玻璃管液位计

玻璃管液位计是一种直读式液位测量仪表,适用于工业生产过程中一般贮液设备中的液体位置的现场检测,其结构简单,测量准确,是传统的现场液位测量工具。

仪表在上下阀都装有 M27 × 1.5 或 ZG3/4″的螺纹接头,通过法兰与容器连接构成连通器。玻璃管液位计有带刻度和不带刻度两种。

2)双色石英玻璃管液位计

双色石英管液位计是通过自然光在液体中产生透、折射的光学原理,并借助滤色红绿玻璃,使液相显示绿色,气相显示红色而制成的。具有指示精度高、显示清晰、密封性能好、耐高温、耐高压、使用寿命长、重量轻、安装维护简便等特点，广泛应用于石化、电力、锅炉安装等行业。

不同玻璃管液位计见图1-203~图1-205。

  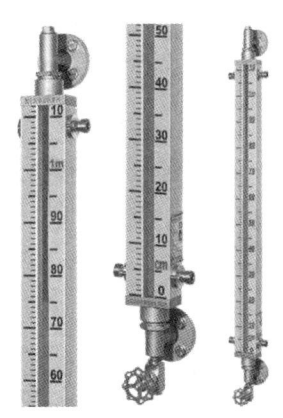

图1-203　不带刻度普通玻管液位计　　图1-204　带刻度普通玻管液位计　　图1-205　双色石英管液位计

仪表在上下阀内都装有钢球，当玻璃管因意外事故被破坏时，钢球在容器内的压力作用下阻塞通道，这样容器便自动密封，可以防止容器内的液体继续外流。

（2）玻璃板液位计

1）普通玻璃板液位计

玻璃板液位计是在厚实的钢化玻璃板上开一细槽（也有平光玻璃板），下端用金属管与容器被测液体相连，上端用金属管与容器液面上空间相连。

玻璃板液位计能耐较高的压力（可达4.0 MPa），能测多种介质的液位（如水、弱碱、氨液、各种油品、丙酮、苯、异丙醇等），如果要测量较大量程的液位，如3~4 m时，可以把好几段玻璃板连接起来，组成既有较大量程，又耐较高压力的玻璃板液位计。玻璃板液位计实物见图1-206和图1-207。

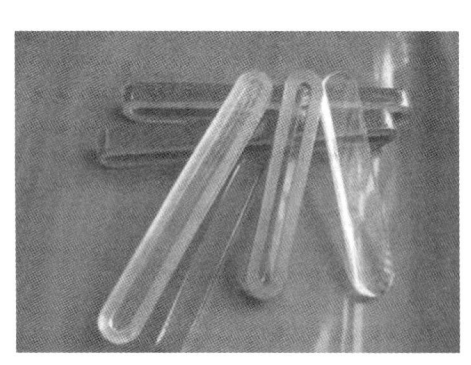 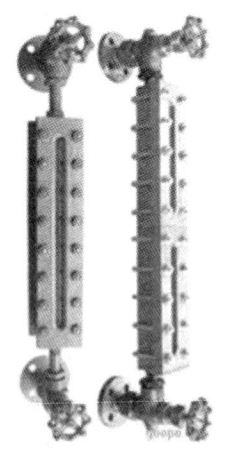

图1-206　玻璃板　　　　　　　　　　图1-207　玻板液位计

2)双色玻璃板液位计

双色玻璃板液位计是利用光线在不同介质中具有不同的折射和反射性,借助滤色片,使这种特性呈现两种颜色原理制成的,其实物见图 1 - 208。

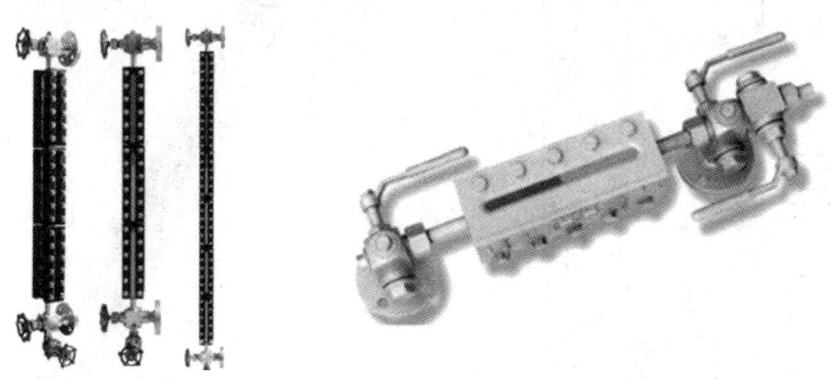

图 1 - 208　双色玻板液位计

(3)玻璃液位计安装

①在安装时,为了确保自动密封的作用,容器内的液体必须要有一定压力,至少要大于 0.2 MPa,在打开上下阀门时,阀杆退出转数不能少于四圈,因为,钢球封门时不至于碰到阀杆的顶端,以免遭到破坏。

②在运输以及开箱搬运过程中,一定要注意不能碰到比较硬的东西,以免玻璃板破碎。

③同样要注意规格型号,不能安装规格不合适的液位计,有些介质对液位器是有限制的,比如一些对玻璃板或者钢板有腐蚀作用的介质就不能使用。

④由于黏稠介质和有深色的介质会污染玻璃及影响读数,所以玻璃液位计不适用于黏稠及有深色的介质的液位测量。

2.磁性浮子式液位计

(1)磁性浮子式液位计结构原理

液位计根据浮力原理和磁性耦合作用研制而成。当被测容器中的液位升降时,液位计本体管中的磁性浮子也随之升降,浮子内的永久磁钢通过磁耦合传递到磁翻柱指示器,驱动红、白翻柱翻转 180°,当液位上升时翻柱由白色转变为红色,当液位下降时翻柱由红色转变为白色,指示器的红白交界处为容器内部液位的实际高度,从而实现液位清晰的指示。磁浮液位计结构及实物见图 1 - 209 和图 1 - 210。

(2)磁性浮子式液位计应用

磁浮液位计有顶装和侧装两大类,每大类里各含基本型、远传型、报警型三小类,其中基本型中包含普通型及自主发光型两种,自主发光型为 LED 光源显示,与同类液位计相比具有色泽鲜艳、显示清晰、观察角度大、夜间观测更醒目等优点。远传型是在基本型磁浮液位计上配以磁耦合检测装置而制成的,使磁浮液位计具备液位远传报警功能。报警型是在基本型磁浮液位计上配以磁感应开关而制成的,以实现高低位报警功能。现普遍应用于火力发电厂除氧器、凝汽器、高低加热器、疏水箱、油箱、酸碱储存装置的液位测量等,具有结构简单、维修方便、观测直管等特点。

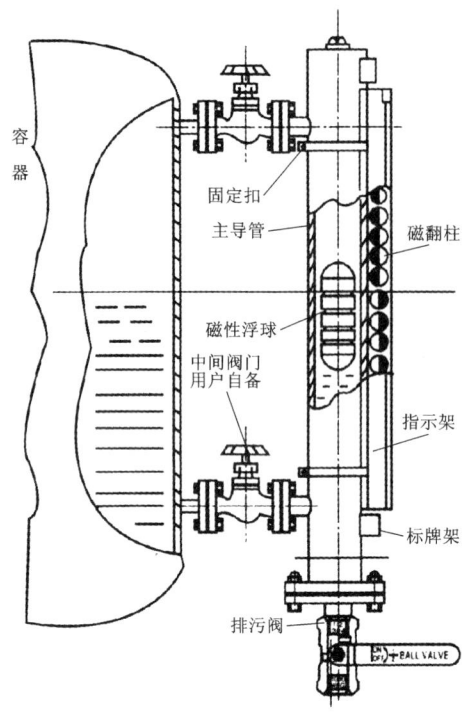

图 1 - 209    磁浮液位计结构

图 1 - 210    基本型磁浮液位计

（3）磁性浮子式液位计安装

①开箱检查仪表的型号是否与选购的型号一致，法兰尺寸及中心距是否与现场尺寸一致。液位计上、下法兰的中心距为测量范围。

②仪表必须垂直安装，以保证磁性浮子在主导管内上下运动自如，垂直度应小于3°。

③安装前必须清洁管道，确保管道清洁无杂物堵塞。

④液位计筒体周围不容许有导磁体靠近，否则会直接影响液位计的正常工作。

⑤液位计出厂时一般不保温，但可根据用户需求代为保温。如用户自行采用伴热管路时，管路必须选用非导磁材料（铜、铝、塑料等）。

⑥浮子一般放置在液位计腔体一侧。为防止运输途中磁性浮子在主导管内高速滑动而被撞击，液位计出厂前，通常会用卡丝将磁性浮子固定在下引液管处，用户在安装使用前应先抽去卡丝方能安装。

⑦安装前先用浮子沿翻板自上向下导引一次，确保此时翻板上的翻柱全部翻为白色。

⑧液位计安装完毕后，需用磁钢进行校正，对磁翻柱导引一次，使零位以下显示红色，零位以上显示白色。

⑨检查安装完毕后，打开液位计根部法兰，将浮子插入仪表腔体中，浮子以标有箭头方向为上部（或以有磁钢的一端为上部）。液位计筒体内不应有固体杂质和磁杂质进入，以免对浮子造成卡阻及减弱浮力。

⑩液位计投入运行时，应先打开上引液管阀门，然后慢慢开启下引液管阀门，让液体介质平稳地直入主导管，避免液体介质带着浮子急速上升，造成磁翻柱翻转失灵或翻乱（若遇此现象，可用磁钢重新校正）。

⑪当该液位计用在较高的压力容器上时，不得突然注入压力，而需要慢慢地注入主压力，以防浮子突然受压而损坏。

⑫红白磁柱安装时全部校对为白色。

⑬红绿磁柱安装时全部校对为红色。

### 1.7.2.5　热量计量仪表

**1. 热量表**

热量表是计算热量的仪表，由计算器、流量计、温度传感器三部分构成。热量表的工作原理：将一对温度传感器分别安装在通过载热流体的送、回管道上，流量计安装在流体入口或回流管上（流量计安装的位置不同，最终的测量结果也不同），流量计发出与流量成正比的脉冲信号，一对温度传感器给出表示温度高低的模拟信号，而积算仪采集来自流量和温度传感器的信号，利用积算公式算出热交换系统获得的热量。

按照热表流计结构和原理的不同，可分为机械式（其中包括涡轮式、孔板式、涡街式）、电磁式、超声波式三类：

（1）机械式热量表

机械表分为单流束和多流束两种，单流束表的性能是水在表内从一个方向单股推动叶轮转动。不足之处是表的磨损大、使用年限短。多流束表的性能是水在表内从多个方向推动叶轮转动。该表相对磨损小，使用年限长。叶轮分为两种形式：螺翼式和旋翼式。一般小口径DN15～DN40户用表使用旋翼式。

图 1 - 211　机械式热量表

大口径的工艺表 DN50～DN300 使用螺翼式。机械表的质量保证期一般是 2～4 年。机械式液量表见图 1 - 211。

（2）电磁式热量表

电磁式热量表，即采用电磁式流量计的热量表的统称。由于成本极高、需要外加电源等原因，很少被采用。电磁式热量表见图 1 - 212。

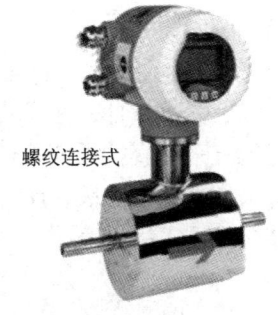

螺纹连接式

图 1 - 212　电磁式热量表

（3）超声波式热量表

超声波式热量表，即采用超声波式流量计的热量表的统称。它是利用超声波在流动的流体中传播时，顺水流传播速度与逆水流传播速度差计算流体的流速，从而计算出流体流量的。超声波热量表实物及测量原理见图1－213和图1－214。

图1－213  超声波热量表＋ic卡智能水表

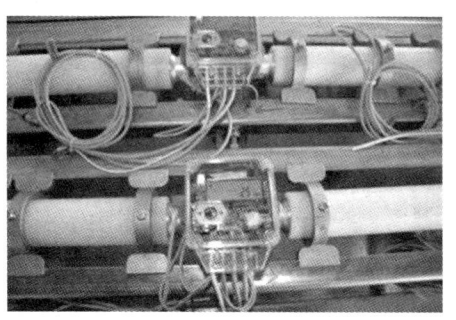

图1－214  超声波热量表原理图

根据热量表总体结构与设计原理的不同，热量表可分为以下三类：

（1）整体式热量表

整体式热量表指热量表的三个组成部分中（积算器、流量计、温度传感器），有两个以上的部分在理论上（而不是在形式上）是不可分割地结合在一起的。比如，机械式热量表当中的积算器和流量计是不能任意互换的，检定时也只能对其进行整体检测。

（2）组合式热量表

组成热量表的三个部分可以分离，并在同型号的产品中互相替换，检定时可以对各部件进行分体检测。

（3）紧凑式热量表

在形式检定或出厂标定过程中可以看作组合式热量表，但在标定完成后，其组成部分必须按整体式热量表来处理。

2. 热量表的安装

热量表是集中供暖、分户计量的核心设备，由流量传感器、配对温度传感器和积分仪三部分组成。按其流量传感器的工作原理，又分为机械式、电磁式和超声波式。户用热表的安装应满足以下要求：

①户用热表应按用户流量选用，额定流量不超过设计流量的1.5倍。

②宜采用机械式旋翼流量计，也可采用超声波流量计。

③其温度传感器宜采用直接插入管道的短探头，或设专用可插入探头的铜球阀。

④户用热表应采用一体化热表，且内置电池寿命不应低于5年。

热量表的安装参见图1－215。

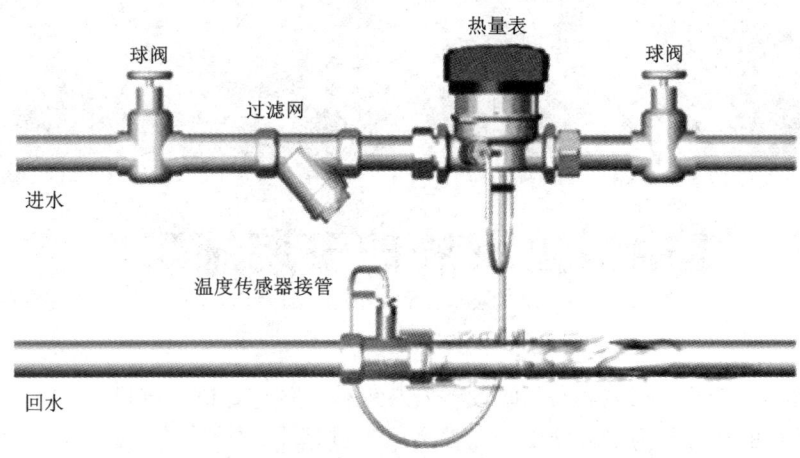

图 1 – 215　热量表的安装方法

## 复习思考题

1. 公称压力、试验压力和工作压力的含义是什么? 它们之间有什么关系?

2. 管材、管子配件及常用材料的通用标准包括哪些内容?

3. 金属管道的连接方式有哪些? 各种方法的适用条件是什么?

4. 钢管的切断方法有哪些? 各适用于什么条件?

5. 钢管对焊连接时, 在什么情况下要做坡口? 为什么要做坡口?

6. 钢管的焊接质量如何检查?

7. 钢管弯曲过程中的受力与变形情况如何? 冷弯过程中如何减小断面变形?

8. 弯管加工的质量要求有哪些?

9. 螺纹连接时为什么要用填料? 常用填料有哪些? 分别适用于哪种管道的螺纹连接?

10. 钢管焊接的技术要求有哪些? 焊接质量的检验方法有哪些?

11. 常用塑料管有哪些? 各有何特点?

12. 非金属管道的连接方式有哪些? 各种方法的适用条件是什么?

13. 塑料管的连接方法有哪些?

14. 空调送风、排风、排烟、除尘风管使用的材料分别有哪些? 各种风管的板材厚度有什么要求?

15. 简述型钢的类型。

16. 常用阀门有哪些? 阀门安装时应注意哪些问题?

17. 常用仪表有哪些? 仪表安装时应注意哪些问题?

18. 管道工程中长丝连接和短丝连接有哪些区别? 分别适用于哪些场合?

# 第2章 集中供热系统的安装施工

按照图样设计要求，将供热及采暖设备安装就位，并与管道系统进行连接，形成完整的供热、采暖系统的过程称为安装施工。在整个施工过程中，均应按照设计图样、施工质量验收规范和技术规程的要求作业。供热采暖系统通常按照《建筑给排水及采暖工程施工质量验收标准》(GB 50242—2002)进行工程质量验收，城市管网和大型小区热力外线可参照《城镇供热管网工程施工及验收规范》(CJJ28—2014)进行工程质量验收。

在施工前，施工单位应组织各专业施工技术人员进行图样会审，对设计图样上的不明确之处、存在的问题等进行充分讨论；并邀请设计单位进行必要的技术交底、现场答疑、方案确认和办理相关的技术洽商手续。通过技术沟通，使施工单位对工程中可能出现的问题做到心中有数，同时，根据已经确定的设计方案，进行材料统计和施工组织设计。

## 2.1 室内采暖系统的安装

热水供热管网输配系统型式

供暖的目的是在冬季使室内保持一定的温度，为人们提供舒适的生活环境。安装供暖系统时除了要实现设计意图外，还要便于运行管理及维修，在保证施工质量的同时节约原材料和人工费用，做到文明安全施工。

室内供热采暖系统分为热水系统和蒸汽系统，又可分为采暖系统和生活热水系统。其安装要求不同，但施工过程大同小异。现场安装有顺序安装法和平行安装法。顺序安装法是在主体结构完工后，内部基本装修开始前进行设备及管道的安装工作，这种方法可以将安装工程全面铺开，专业施工速度较快，但需要在前期土建施工中进行设备专业的预留预埋工作。平行安装法则是安装工作和土建工程齐头并进，省掉了预留预埋的工作过程，但须与土建专业交叉作业，工种和人员调配复来，管理较为复杂，所以多采用顺序施工法。

供热采暖系统安装内容主要包括管道、散热设备(用水设备)和附属器具的安装。

图2-1为传统采暖方式的系统示意图，图2-2为低压蒸汽采暖系统示意图。图中标明了系统形式、管道走向、管径、固定支架和补偿器位置、控制点标高、坡向、立管与散热器的连接形式、旁通管的安装、管道避让情况、使用管件部件情况和数量。参照采暖设计平面图，还能了解到更多的信息。但图样中还有很多问题并没有交代清楚，其中包括设备施工安装标准图集给出的通用做法以及施工人员结合标准图集和现场具体情况采用的具体安装方法等。

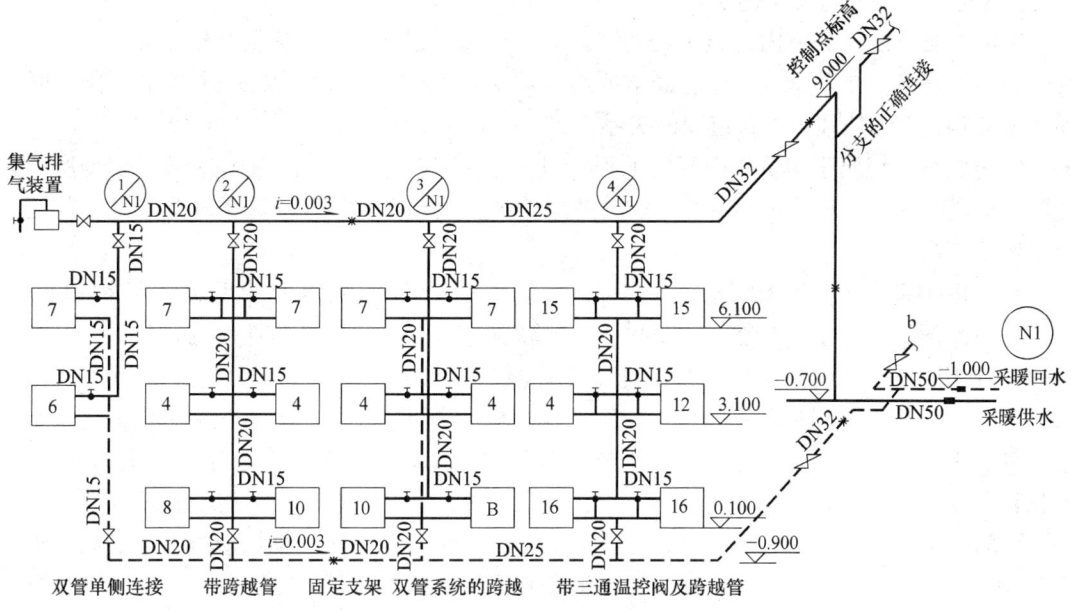

图 2-1　热水采暖系统示意图

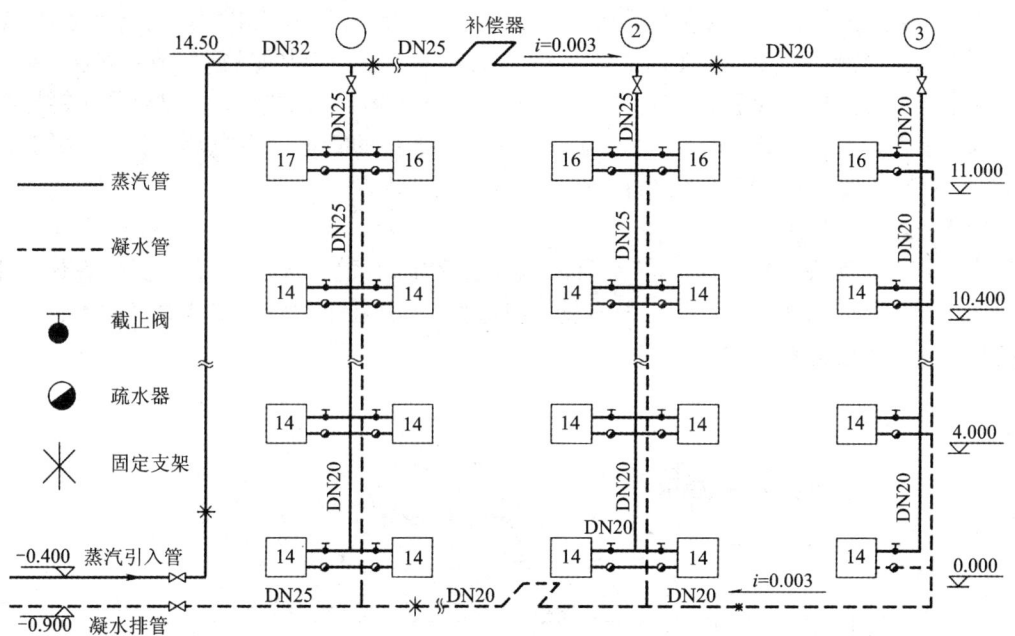

图 2-2　低压蒸汽采暖系统示意图

## 2.1.1　室内采暖管道安装

室内供暖系统的安装与室外供热管道的安装相比具有不同的特点。室内供暖系统既是整个建筑物不可分割的一个组成部分，又是一个独立的单项工程，因此，它往往既要与土建工程密切配合,又要平行交叉施工。

室内供暖系统仅是室内管道工程的一部分。在民用建筑中它经常要与给水排水管道、燃气管道一同安装;在工业建筑中它经常要与各种工艺管道、动力管道等一同安装。施工时必须统筹兼顾,正确处理各种管道间的关系。

室内供暖系统属于建筑物内部的工程项目,它安装在人们生活、工作、学习的场所。因此施工时既要保证其工作的可靠性,还要考虑美观。这方面比室外供热系统及热源内部的管道安装要求高。

室内供暖系统按设计图纸施工。提高施工质量的关键是做好技术管理及按程序办事,施工前应熟悉图纸,做好图纸会审。编制施工预算、施工用机具及易损耗品的供应计划;提出正式工程用的材料、设备计划。对工程中工作量大、困难大的关键部分的施工做到心中有数。大型工程一定要编制严密的施工组织设计。根据预算的工日和现有施工力量制定施工作业计划。工人进入现场之前施工管理人员应落实材料计划,检查所供材料、零部件、设备的合格证及质量。如为代用品须征得设计人员同意并办好技术签证。小型工程所需材料、设备、零部件应一次供应到现场;大型工程允许根据工程进度分期分批供应到现场,但不得耽误工期。施工场地及水源、电源等临时设施需满足施工要求。

室内采暖系统的施工方法有两种,一种是先安装散热器,再安装干管、配立管和支管;另一种是先安装干管、配立管,再安装散热器、配支管。无论采用何种方法,都必须首先选择基准(基准点或基准面),才能使管道定位、标高、路由、下料长度和管件配备等落到实处。然后再按照图样测绘的加工草图以及管道上的编号、标记,将预制好的干、立、支管、Ⅱ型补偿器等半成品加工件及管子组合件,按环路分别运至安装区域或位置上。安装前还要与墙上或地沟壁上的记号一一核对,施工时,应在每一施工部位的管道安装中及安装后,用支架将其固定,以确保安装的准确性和进行连续施工作业的要求。

1.热力入口的做法

热力入口的做法可参见图2-3~图2-6。热水供暖系统入口装置若无具体设计,可按图2-3安装,如果安装热量表,一般多装在回水管上,并在供水管上安装温度测点,带热计量的热力入口做法见图2-4。

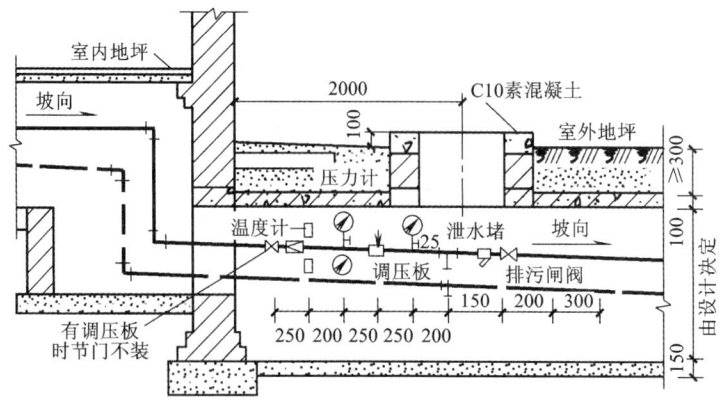

图2-3　热水供暖系统入口

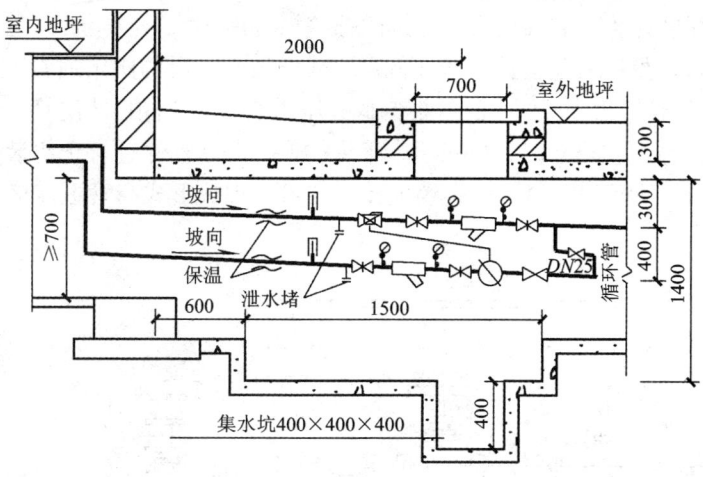

图 2-4　带热计量的热水供暖系统入口

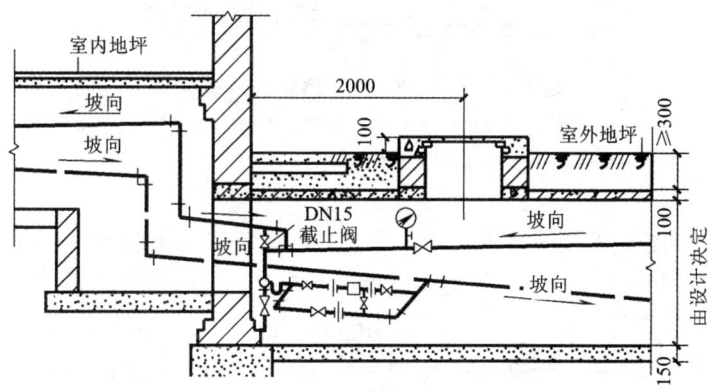

图 2-5　低压蒸汽采暖系统入口装置

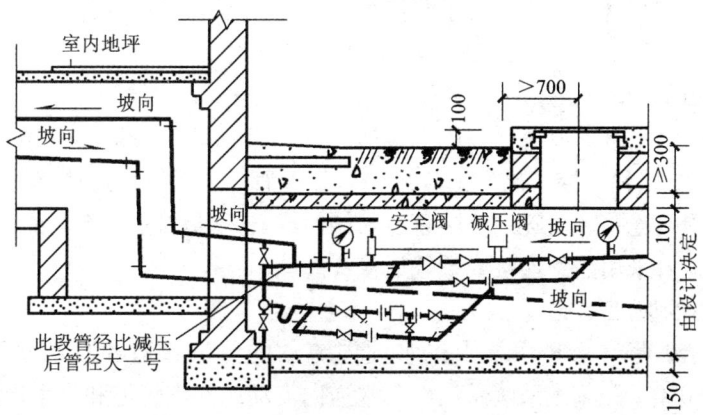

图 2-6　高压蒸汽系统减压后入口做法

蒸汽系统安装时，须注意蒸汽总管、凝结水总管的安装坡度及坡向。疏水器应预先组装好，再整体与蒸汽总管及凝结水总管上焊接的螺纹短管连接。

蒸汽系统的入口处有时还会涉及减压问题，减压阀组装后的阀组通常称为减压器，其构成见图 2-7。减压器包括减压阀、前后控制阀、压力表、安全阀、冲洗管及冲洗阀、旁通管及旁通阀等。减压器螺纹连接时，用三通、弯头、活接头等管件进行预组装，组装后减压器两侧应带有活接头，便于和管道进行螺纹连接。亦可用焊接形式与管道连接。

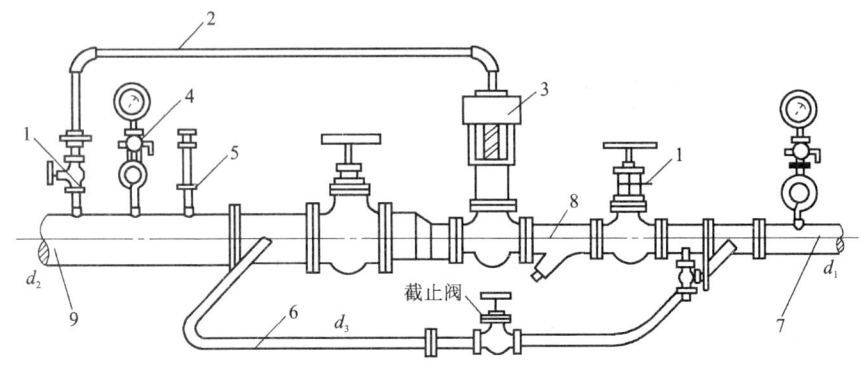

图 2-7 减压器安装

1—截止阀；2—DN15 压气管；3—减压阀；4—压力表；5—安全阀；
6—旁通管；7—高压蒸汽管；8—过滤器；9—低压蒸汽管

减压阀具有方向性，安装时不得装反，且应垂直安装在水平管道上，减压器各部件应与所连接的管道处于同一中心线上。带均压管的减压器，均压管应连于低压管一侧，旁通管的管径应比减压阀公称直径小 1~2 号。减压阀出口管径应比进口管径大 2~3 号。减压器两侧应分别安装高、低压压力表。公称直径为 50 mm 及以下的减压阀，配弹簧安全阀；公称直径为 70 mm 及以上的减压阀，配拉杆式安全阀；所有安全阀的公称直径均应比减压阀公称直径小 2 号。减压器沿地敷设时，离地面 1.2 m；平台敷设时，离操作平台 1.2 m。蒸汽系统的减压器前设疏水器。波纹管式减压器用于蒸汽系统时，波纹管朝下安装。

2. 采暖管道的连接方式、变径做法和下料长度的确定

(1) 采暖管道的连接方式

低压蒸汽和热水采暖管道通常采用焊接钢管，DN 不大于 32 mm 时，通常采用螺纹连接；DN 大于 32 mm 时，采用焊接。热水供暖用整体保温管，采用焊接连接，蒸汽采暖系统中的无缝钢管均采用焊接连接。采暖系统中管道与阀门或其他部件的连接处可采用法兰连接，经常需要拆卸的部位可采用法兰连接或设置活接头。

(2) 采暖管道的坡度和坡向

热水采暖管道、蒸汽采暖系统中汽水同向流动的蒸汽管道和凝结水管道，坡度均为0.003，不应小于 0.002。蒸汽采暖系统中汽水逆向流动的蒸汽管道和汽水逆向流动的热水采暖管道，坡度不应小于 0.005。散热器支管的坡度应为 1%。

管道坡向应有利于排气和泄水，因此，热水干管的坡度方向与热水流动方向相同，蒸汽干管的坡度方向与凝水流动方向相反，连接散热器的支管应保持坡度，坡向参见图 2-8 和图 2-9。

（3）管道变径与分支的做法

为保证采暖系统的排气、泄水的畅通，在水平干管变径时，通常采用偏心变径；热水采暖系统要保证排气通畅，一般应采用上平；蒸汽采暖系统要保证泄水通畅，一般应采用下平；立管多采用同心变径。变径一般设置在三通后 200～300 mm 处，不得任意延长变径位置。采暖干管变径位置做法参见图 2-10 和图 2-11。还应注意管道的两个相邻焊缝间距不得小于管子外径，且不宜小于 180～200 mm，不得在管道弯曲部分和焊缝处焊接分支。吊支架也不能设在焊缝处。

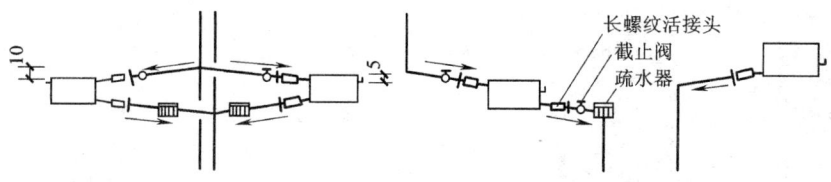

图 2-8　不同的蒸汽采暖形式散热器支管的安装坡向

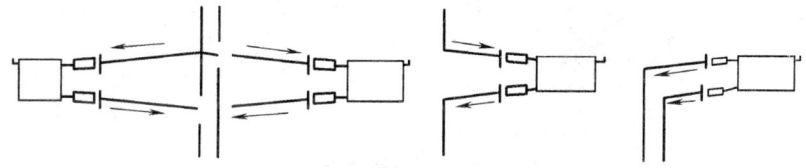

图 2-9　不同的热水采暖形式散热器支管的安装坡向

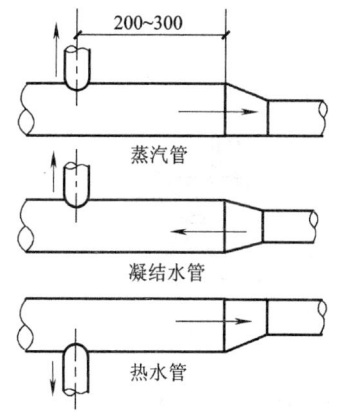
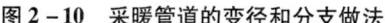

图 2-10　采暖管道的变径和分支做法

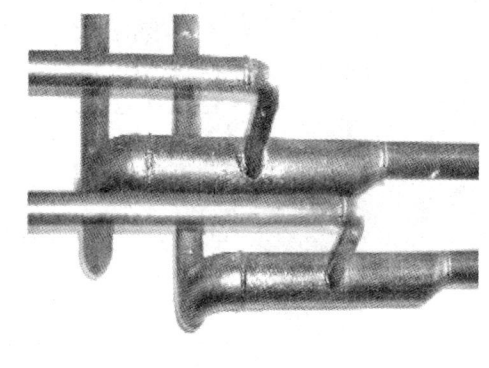

图 2-11　采暖管道的变径和分支做法图片

（4）管道的下料长度

室内供热采暖系统的施工方法又分为现场测线法和预制化施工两种，无论哪种方法都需要进行测线，前者是现场测线，后者是图上测线。只有通过测线，才能掌握管道的确切长度，并为准确下料做好准备。测量管道尺寸时，通常会涉及长度概念，各种长度之间的关系参见图 2-12。

①建筑长度指管道系统中两个管件或设备中心之间的轴心尺寸、距离。

②安装长度指管件或设备之间管子的有效长度，安装长度等于建筑长度减去管件或接头装配后占去的长度。

③加工长度指管子所需的实际下料尺寸。

管道的下料方法分为计算下料法和比量下料法，参见图 2-13 和图 3-14。

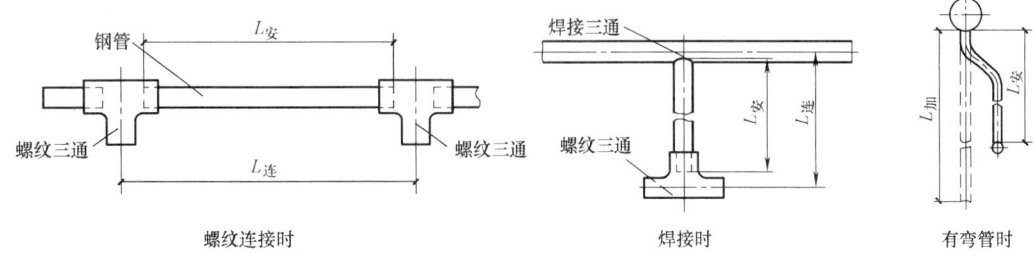

**图 2-12　建筑长度与安装长度的关系**

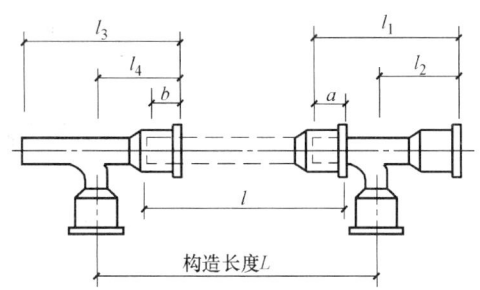

**图 2-13　铸铁管计算下料**

$l$—下料长度；$l_1$、$l_3$—材料长度；$l_2$、$l_4$—材料结构尺寸；$a$、$b$—材料安装尺寸

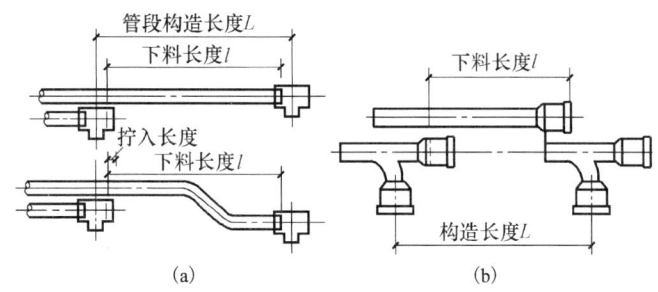

**图 2-14　比量法下料**

（a）钢管螺纹连接比量下料；（b）铸铁管比量下料

**3. 供热采暖管道的安装**

**（1）供热采暖干管的安装**

采暖干管包括主立管和水平干管，一般按照下列程序进行：管道定位、画线→安装支架→管道就位→接口连接→开立管连接孔、焊接→水压试验、验收。生活热水干管包括供水干管和循环水干管，一般按照下列程序进行：管道定位、画线→安装支架→管道就位→连接用水器具→水压试验、验收。

供热采暖供水干管、回水干管、蒸汽干管、凝结水干管、热水干管、循环水干管等，多数敷设于地沟、管廊、设备层或屋顶内，暗装管道一般都应进行保温，而明装于采暖房间内的采暖管道则可不保温。

供热管道穿越楼板和隔墙时，应设置套管。套管由铁皮或钢管制成，通常比穿越管大

1~2 号，安装时须先将预制好的套管穿上，管道安装完成后，将套管浇铸在预留在楼板上的安装孔内，套管下部与楼板平齐，普通房间套管下部高出地面 20 mm，厨房、卫生间等有可能积水的地方套管高出地面 50 mm，穿越管隔墙的套管两端与墙面平齐，管道穿越有煤气或存在其他危险的房间时，套管与管道之间应用填料填实。穿越建筑物基础或地下建筑物时，宜采用防水套管。

按照设计以及坡度绘出管道安装中心线，其也是支架安装的基准线。管道距墙面净距及预留孔洞尺见表 2-1。

表 2-1　管道距墙面净距及预留孔洞尺寸/mm

| 管道名称及规格 | | 明管留洞尺寸 (长×宽)/mm×mm | 暗管墙槽尺寸 (宽×深)/mm×mm | 管外壁与墙面 最小净距/mm |
|---|---|---|---|---|
| 供暖采暖立管 | DN≤25 | 100×100 | 130×130 | 25~30 |
| | DN=32~50 | 150×150 | 150×130 | 35~50 |
| | DN=70~100 | 200×200 | 200×200 | 55 |
| | DN=125~150 | 300×300 | — | 60 |
| 两根立管 | DN≤32 | 150×100 | 200×130 | |
| 散热器支管 | DN≤32 | 100×100 | 60×60 | 15~25 |
| | DN=32~40 | 150×130 | 150×100 | 30~40 |
| 供热主干管 | DN≤80 | 300×250 | | |
| | DN=100~150 | 350×300 | | |

供热采暖干管上的支托、吊架，可根据不同的建筑物、不同的敷设位置和敷设管道的数量确定，具体可分为悬臂托架、三角托架、吊架和管卡等。托、吊架多数是在现场制作的，如图 2-15 所示。

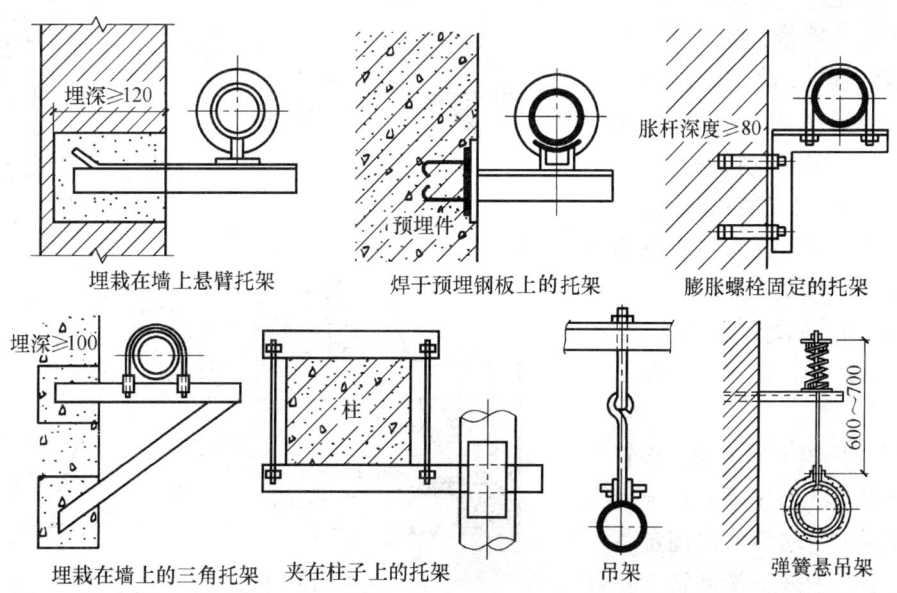

埋栽在墙上悬臂托架　　焊于预埋钢板上的托架　　膨胀螺栓固定的托架

埋栽在墙上的三角托架　　夹在柱子上的托架　　吊架　　弹簧悬吊架

图 2-15　室内供暖系统几种支架

管道支、吊架在建筑结构上的固定方法，可根据具体情况分别采用在建筑结构上预埋金属焊件、打洞栽埋固定件，最后焊接固定的方法，也可采用膨胀螺栓或射钉枪在建筑结构上固定的方法。由于采用打膨胀螺栓的方法可以提高安装速度、降低安装成本，在多数建筑中得到了广泛的应用。膨胀螺栓由金属材料、塑料或复合材料制成，分为胀管型、锥塞型、胀塞型等。如图2－16、图2－17、图2－18所示为胀管型膨胀螺栓、锥塞型膨胀螺栓、锥塞带内螺纹和调间距膨胀螺栓，它们适用于实心砖、实木及钢筋混凝土等建筑结构形式。结构形式不同、承重量不同，其固定支架的胀管膨胀螺栓型号也有所不同。

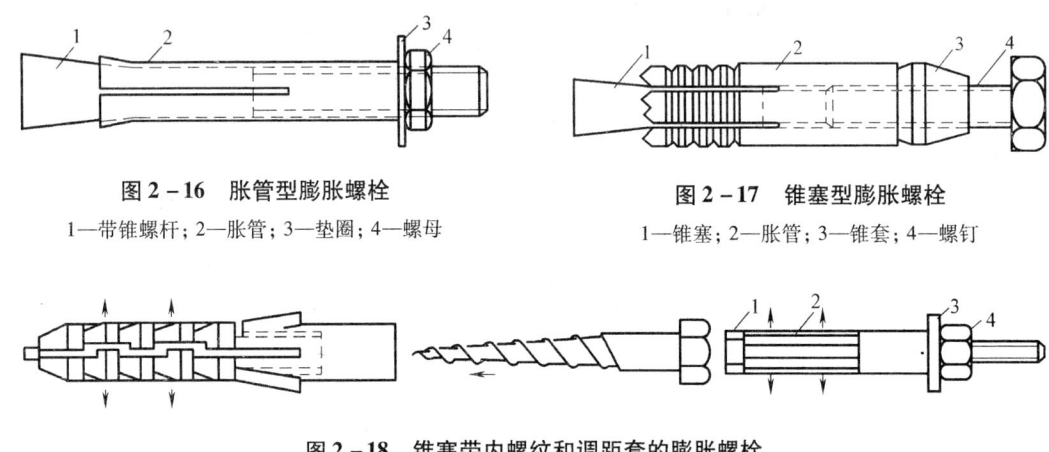

图2－16　胀管型膨胀螺栓
1—带锥螺杆；2—胀管；3—垫圈；4—螺母

图2－17　锥塞型膨胀螺栓
1—锥塞；2—胀管；3—锥套；4—螺钉

图2－18　锥塞带内螺纹和调距套的膨胀螺栓
1—螺杆；2—聚氯乙烯膨胀管；3—垫圈；4—螺母

由于射钉枪不用钻孔，可加快工程进度，对于承重量不太大的支吊架固定，可借助于射钉枪中弹药爆炸的能量，将钢钉直接射入建筑结构中，将支架直接固定或留出金属焊接点。如图2－19所示为射钉和射钉枪。

干管悬吊式安装：安装前，将地沟、地下室、技术层或顶棚内的吊卡穿于型钢上，在管道上套上吊卡，上下对齐，再穿上螺栓，带紧螺母，将管子初步固定。

干管在托架上的安装：将管子搁置于托架上，先用U形卡固定第一节管道，然后依次固定各节管道。固定托架、滑动管卡一般做法见图2－20和图2－21。

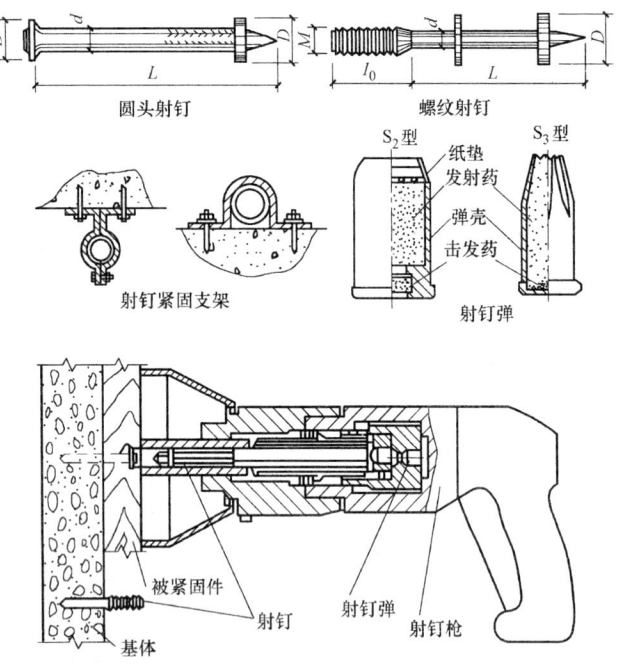

图2－19　射钉与射钉枪

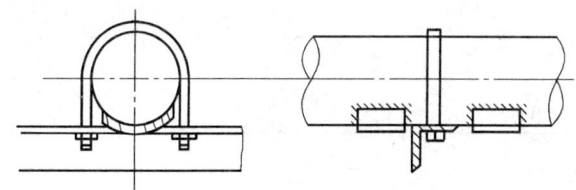

图 2 - 20　固定托架一般做法

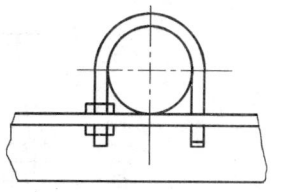

图 2 - 21　滑动管卡一般做法

供热采暖管道承托于支架上，支架应稳固可靠。预埋支架时要考虑管道按设计要求的敷设坡度，可先确定干管两端的标高，中间支架的标高可由在两点之间拉直线的办法确定。支架的最大间距见表 2 - 2 和表 2 - 3，间距过大会使管道产生过大的弯曲变形而使管内流体不能正常流动。

表 2 - 2　钢管管道支架最大间距

| 管子公称尺寸 | | 15 | 20 | 25 | 32 | 40 | 50 | 70 | 80 | 100 | 125 | 150 | 200 | 250 | 300 |
|---|---|---|---|---|---|---|---|---|---|---|---|---|---|---|---|
| 支架最大间距 /mm | 保温管 | 1.5 | 2 | 2 | 2.5 | 3 | 3.5 | 4 | 4 | 4.5 | 5 | 6 | 7 | 8 | 8.5 |
| | 非保温管 | 2.5 | 3 | 3.5 | 4 | 4.5 | 5 | 6 | 6 | 6.5 | 7 | 8 | 9.5 | 11 | 12 |

表 2 - 3　塑料管及复合管管道支架的最大间距

| 管径/mm | | 12 | 14 | 16 | 18 | 20 | 25 | 32 | 40 | 50 | 63 | 75 | 90 | 110 |
|---|---|---|---|---|---|---|---|---|---|---|---|---|---|---|
| 最大间距 /mm | 立管 | 0.5 | 0.6 | 0.7 | 0.8 | 0.9 | 1.0 | 1.1 | 1.3 | 1.6 | 1.8 | 2.0 | 2.2 | 2.4 |
| | 水平管 冷水管 | 0.4 | 0.4 | 0.5 | 0.5 | 0.6 | 0.7 | 0.8 | 0.9 | 1.0 | 1.1 | 1.2 | 1.35 | 1.55 |
| | 水平管 热水管 | 0.2 | 0.2 | 0.25 | 0.3 | 0.3 | 0.35 | 0.4 | 0.5 | 0.6 | 0.7 | 0.8 | | |

根据管道支架的作用、特点，可将支架分为活动支架和固定支架。固定支架本身必须能承受较大的力，并能限制管道位移，使钢管的直线部分分段膨胀。固定支架必须按设计规定的位置安放，紧固后室内供暖系统才能投入运行。活动支架不应妨碍管道由于热胀冷缩而引起的移动。每两个固定支架间有一个解决管道热胀冷缩的补偿器，固定支架之间设若干个活动支架。

支吊架安装时须按热位移相反方向偏移 1/2 的热伸缩量，严禁在距离支、吊架 50 mm 以内开立管连接孔、焊接。如图 2 - 22 和图 2 - 23 所示分别是吊件及高支座的倾斜安装和焊口与支架点的位置关系。

干管与水平分支干管的连接方式，见图 2 - 24；主管与分支干管的连接方式，见图 2 - 25。

供热采暖的管道安装通常从热力入口或分支点开始。若为螺纹连接，则在螺纹头处抹上铅油按顺时针方向缠好麻丝，在末端将管子找平后，在接口处将第一节管子对准螺纹相对固定，慢慢转动入口，直至手转不动时，再用管钳咬住管件，用另一管钳上管，上管松紧以外露 2 ~ 3 个螺纹为准，最后将螺纹处鼓出的麻丝用锯条、钢丝刷等清理干净。对于地下室、地沟、顶棚内、技术层中和楼板下的水平干管多采用焊接。安装顺序同螺纹连接，从第一节管子开始，将管子扶正找平，使甩口方向一致，对准管口，穿直后气焊点住。再按工艺标准焊接。点焊时，$\phi50$ m 以下的管道点焊三点，$\phi70$ mm 及以上的管道点焊四点。

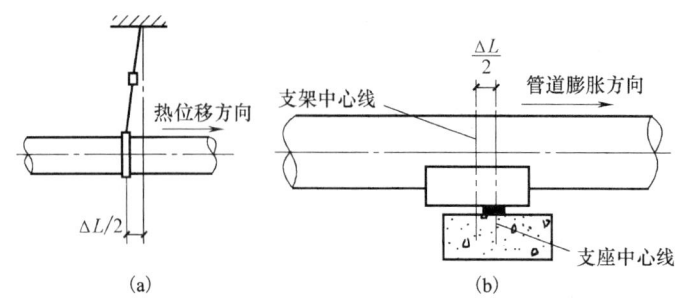

**图 2-22 吊架及高支座的倾斜安装**

(a)吊架的倾斜安装；(b)高支座在混凝土滑托上的安装倾斜安装

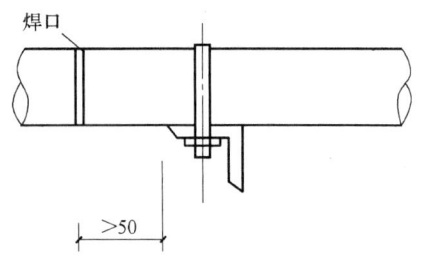

**图 2-23 管道上焊口距支架点的位置**

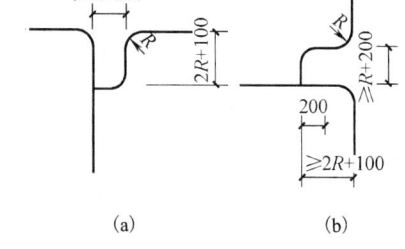

**图 2-24 干管与水平分支管的连接方式**

(a)水平连接；(b)垂直连接

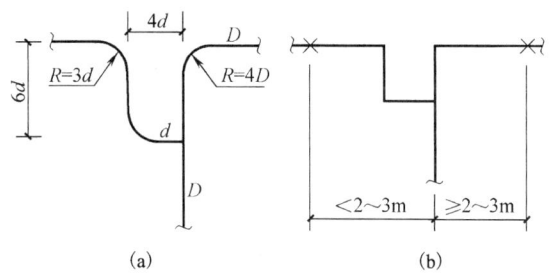

**图 2-25 主管与分支干管的连接方式**

(a)主立管羊角弯；(b)主立管羊角弯支架位置

$D$—干管直径；$d$—支管直径；$R$—弯管半径

(2)立管的安装

采暖立管安装前应对预留孔洞的位置和尺寸进行检查，并在建筑结构上标出立管的中心线，按照立管中心线在干管上开孔焊制三通管接口，但焊渣不能留在管道中，并根据建筑物层高和立管的根数，在相应的位置上埋好立管管卡，待埋藏管卡的水泥砂浆达到要求的强度后，才可以进行立管的固定和支管段的安装工作。

生活热水立管和循环管多走于管道竖井中，其固定支架的位置应提前做好，并注意循环管的连接位置，管道固定后，还应进行保温。

安装立管时，不管设计图样中表达是否清楚，都应该采用正确的连接方式。为保证安装和维修方便，两管中心间距必须得到保证，管径不大于 32 mm 的不保温的采暖双立管管道中心距为 80 mm, 允许偏差为 5 mm, 还要保证管道的垂直度。供水或供气管(热水供水管)一般置于面向的右侧。立管上的卡子根据供暖系统的形式分为单立管卡子和双立管卡子,分别用于单管系统和双管系统。当采暖房间层高不大于 5 m 时,立管上每层安装一个管卡,管卡安装高度距地面 1.5~1.8 m, 当层高大于 5 m 时,每层不得少于两个管卡,两个以上管卡应匀称安装,同一房间的管卡应安装在同一高度上。立管上应安装可拆卸件,热媒低于 100℃,可采用活接头或长螺纹,热媒若为 110~130℃ 的高温水时,管道的可拆卸件应使用法兰,垫料应使用耐热橡胶板。

管道的平面位置与散热器的连接关系参见图 2-26, 暗装的采暖及热水管道应做保温层和保护层,暗装的剔槽的尺寸见图 2-27。表 2-4 表示采暖管道距墙间距和留洞尺寸。立管安装应从底层到顶层逐层安装,安装时首先确定安装位置,然后画好立管垂直中心线,确定立管卡安装位置,安好各层立管卡。

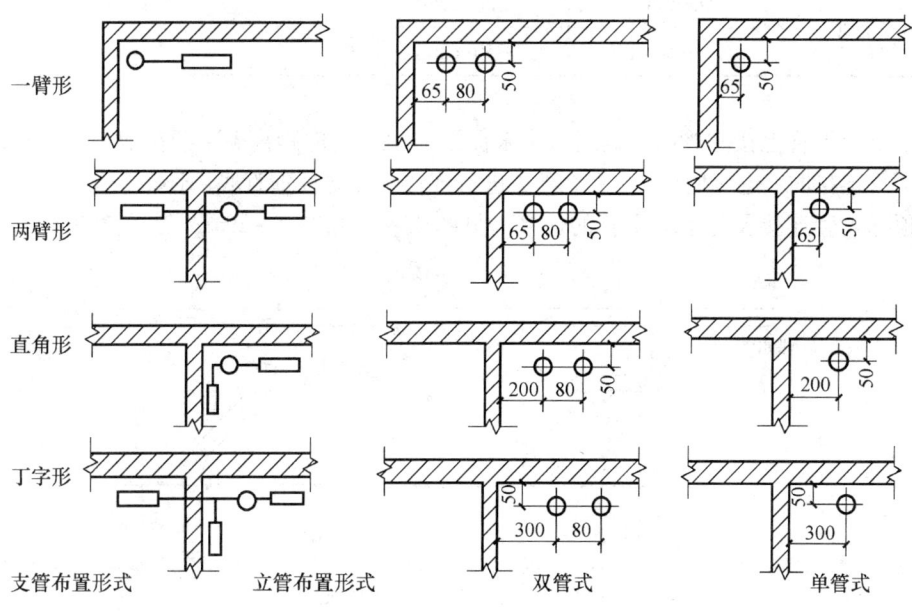

支管布置形式　　　立管布置形式　　　双管式　　　单管式

**图 2-26　暖气立管安装位置**

立管管径不大,多采用螺纹连接,方法同干管安装。立管逐层安装时,一定要先穿入套管,并将其固定好。再用立管卡将管子固定于立管中心线上,安装时应确保其垂直度满足工程质量验收标准。

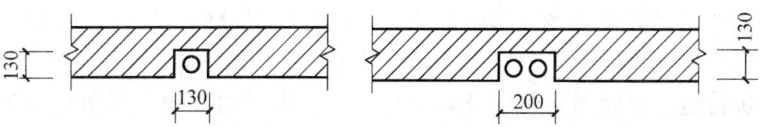

**图 2-27　暖气立管剔槽暗装**

表 2 - 4　管道距墙面净距及预留孔洞尺寸/mm

| 管道名称及规格 | | 明管留洞尺寸<br>（长×宽）/mm×mm | 暗管墙槽尺寸<br>（宽×深）/mm×mm | 管外壁与墙面<br>最小净距/mm |
|---|---|---|---|---|
| 供热立管 | DN≤25 | 100×100 | 130×130 | 25~30 |
| | DN=32~50 | 150×150 | 150×130 | 35~50 |
| | DN=70~100 | 200×200 | 200×200 | 55 |
| | DN=125~150 | 300×300 | — | 60 |
| 两根立管 | DN≤32 | | 150×100 | 200×130 |
| 散热器支管 | DN≤32 | 100×100 | 60×60 | 15~25 |
| | DN=32~40 | 150×130 | 150×100 | 30~40 |
| 供热主干管 | DN≤80 | 300×250 | | |
| | DN=100~150 | 350×300 | | |

从架空的干管上接立管时，应用弯头来保证与后墙的净距离，立管在地沟中（或地面上）与回水干管连接时，也应使用2~3个弯头进行连接，且立管垂直底部还应装泄水装置。采暖立管与顶部干管连接及与下端干管的连接参见图2-28和图2-29。

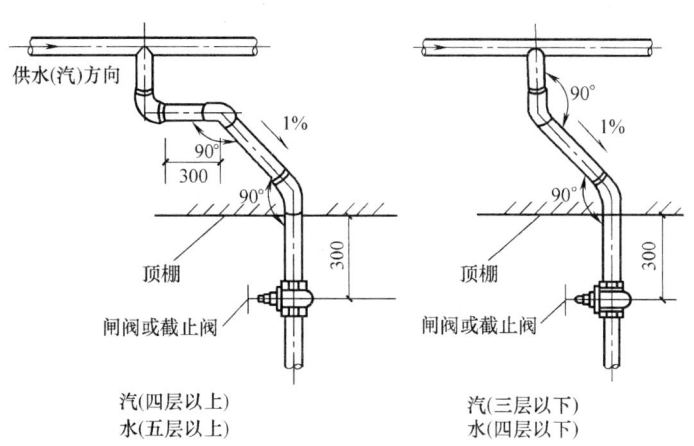

图 2 - 28　采暖立管与顶部干管的连接

对于双管系统或跨越管系统，有时会发生管道的交叉，这时需要采取避让原则。管道避让通常采用的方法是立管抱弯越过散热器支管，且弯曲部分侧向室内。抱弯设在立管上，便于先安装立管再安装支管的施工程序，且有利于排除系统内的空气。有时管道交叉还需要采用来回弯来躲避管道。立管与干管以及立管跨越支管所用的弯管示意图见图2-30。弯管的尺寸参数见表2-5。

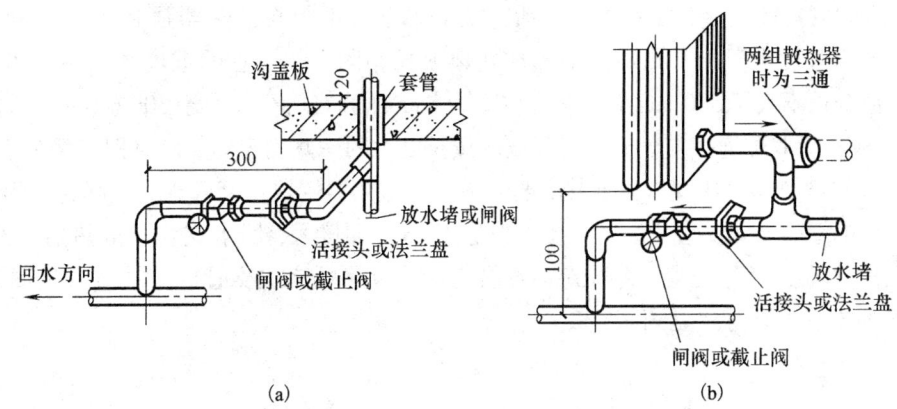

**图 2 - 29　采暖立管与下端干管的连接**
(a)地沟内立、干管的连接；(b)明装(推地)干管与立管的连接

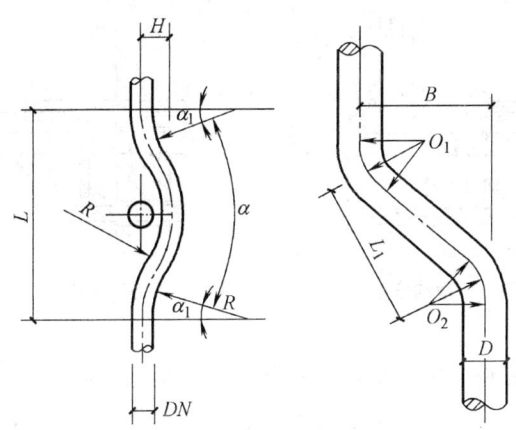

**图 2 - 30　抱弯与来回弯**

**表 2 - 5　弯管参数尺寸**

| DN | $\alpha/(°)$ | $\alpha_1/(°)$ | $R$/mm | $L$/mm | $H$/mm | DN | $\alpha/(°)$ | $\alpha_1/(°)$ | $R$/mm | $L$/mm | $H$/mm |
|----|--------------|----------------|--------|--------|--------|----|--------------|----------------|--------|--------|--------|
| 15 | 94° | 47° | 50 | 146 | 32 | 25 | 72° | 36° | 85 | 198 | 38 |
| 20 | 82° | 41° | 65 | 170 | 35 | 32 | 72° | 36° | 405 | 244 | 42 |

(3)支管的安装

随着需求量的增加和生产的发展，散热器的种类越来越多。目前国内常用散热器可分为光管散热器、铸铁散热器(包括 M - 132、四柱、大 60、小 60、圆翼型等)和钢制、铝制散热器(包括钢串片、板式、扁管式、柱式等)以及辐射板散热器。室内供暖系统所用散热器的种类由设计者确定，当所需散热器购买不到时，可与设计人员商洽更换其他类型散热器，但需注意使散热器满足热工性能、安装尺寸及承压能力等方面的要求。

支管包括采暖散热器支管和生活热水支管。散热器支管的安装应在散热器安装合格后进行，连接应为可拆卸连接，如长螺纹、活接头等。支管不得与散热器强制连接，以免漏水。当散热器支管长度大于 1.5 m 时，中部加托架或托钩固定。支管的坡度须满足技术规范要求，当支管全长不大于 500 mm 时，支管坡降为 5 mm，当支管全长大于 500 mm 时，坡降为 10 mm，当一根立管双侧连接支管时，支管坡度按长度大的一侧确定。蒸汽管路支管应有 1% 的坡度。半暗装散热器采用直管段连接，明装或暗装散热器用煨弯管或弯头配制的弯管连接。

例如，单管顺流式支管安装时，支管从散热器上部接入，回水支管从散热器下部接出，可在底层散热器支管上装阀门，调节立管热流量。单管顺流式支管的安装方式见图 2-31。带跨越管的支管安装方式见图 2-32。

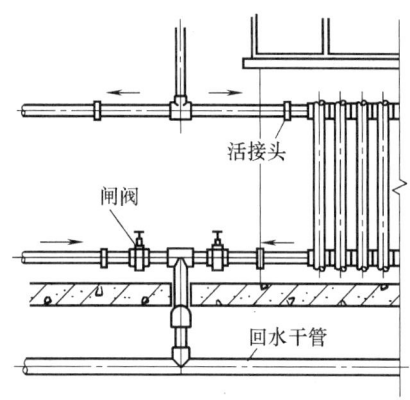

图 2-31 单管顺流式支管的安装

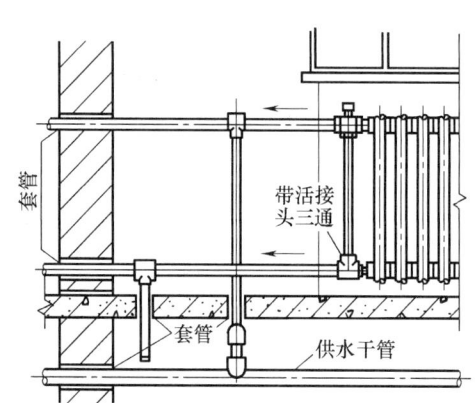

图 2-32 带跨越管的支管安装

水平串联式支管安装时，供热管从散热器下部接入，回水管从下部接出后，成为下一个散热器的供水管。水平串联管支管不受坡度限制，但不得倒坡。若串联组数较多，则须改变中部管道的连接方式。蒸汽采暖散热器支管安装时，供汽支管上装阀门，回水支管上装疏水器，连接形式见图 2-33。

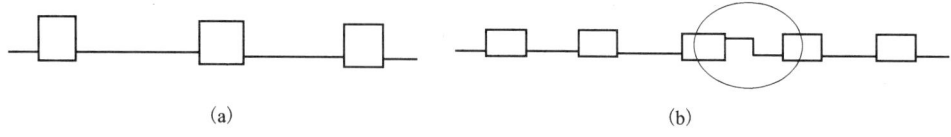

图 2-33 水平串联式支管的安装

(a)一般形式；(b)中部伸缩补偿式安装

生活热水支管，多数采用塑料管，安装时应根据不同的支座间距固定好管道，还应注意开关阀门对管道固定的影响，防止管道下垂和脱开。

立管、支管上有阀门的地方通常配以可拆装的管件，如活接头或长螺杆，以便修换阀门。

在立、支管上安装阀门有时会因管道距墙近，阀杆旋转不开，此时可在管道安装时先卸下阀盖，待管子及阀体就位后再将阀盖拧上，不能过紧也不能过松。支管上无阀门时，散热器与支管的连接也要有可拆装的管件,其阀门和可拆装管件都应靠近散热器,其中阀门放在靠立管的一侧,可拆装管件放在靠散热器的一侧,以便在关闭阀门的情况下拆装散热器。常使用的活接头,子口一头应安装在来水方向,见图 2 – 34。也可采用长螺杆和螺母配合,长螺杆一头为短的锥形螺纹,另一头为长的圆柱形螺纹,可全部拧入散热器的内外螺纹孔内,当管长合适时用螺母压紧填料圈,将长螺杆紧固至不泄漏即可,见图 2 – 35。

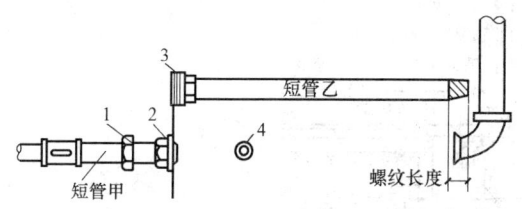

**图 2 – 34　散热器支管上用活接头连接图示**

1—套母;2—公口;3—母口;4—垫片

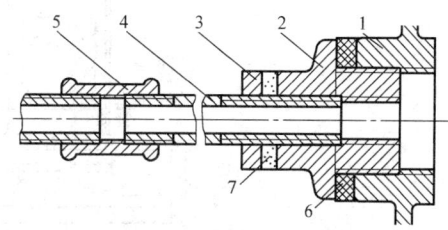

**图 2 – 35　散热器支管上用长螺杆连接图示**

1—散热器螺纹孔;2—散热器内外螺纹;3—螺母;4—长螺杆;
5—管箍;6—散热器垫圈;7—填料

(4)特殊部位的管道安装

当供热采暖干管需要经过门时,应按图 2 – 36、图 2 – 37 所示安装,并注意坡向及连接方式。回水干管过门节点应严格按标准图进行,否则将会出现局部存气,造成立管、散热器不热,如图 2 – 38 所示。

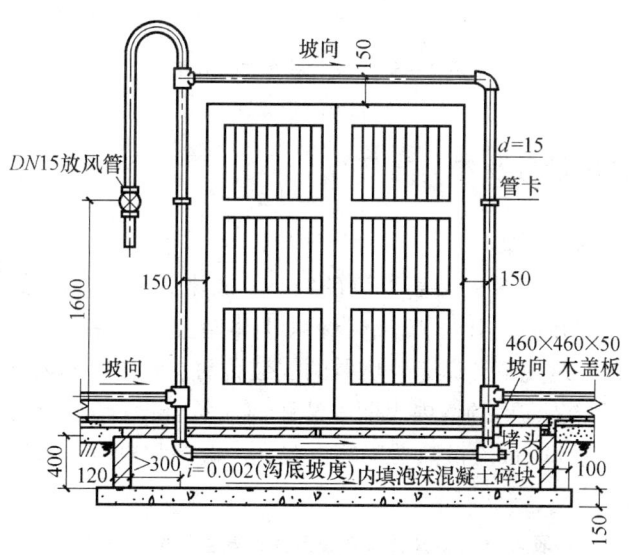

**图 2 – 36　蒸汽干管过门安装**

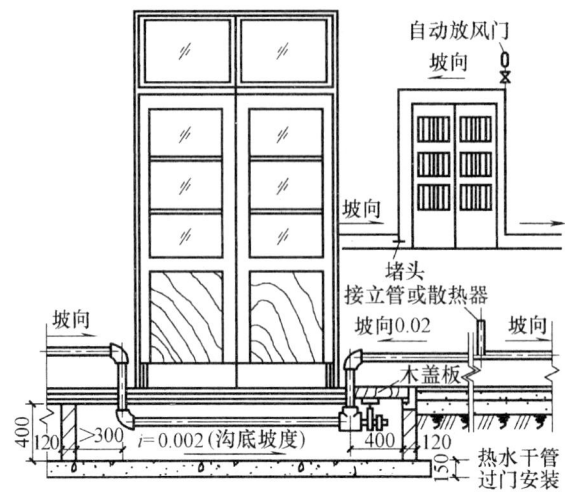

**图 2 - 37　热水干管过门安装**

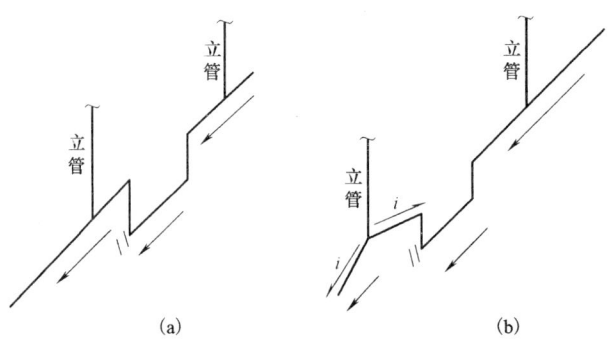

**图 2 - 38　回水干管过门节点**

(a)正确；(b)错误

## 2.1.2　室内采暖设备及器具的安装

散热器安装

1. 散热器安装

散热器一般多安装于外墙的窗下，散热器组的中心线要与外窗中心重合。散热器的安装形式有明装、暗装和半明半暗三种。

根据安装规范，确定散热器的安装位置，画出托钩和卡子的安装位置。散热器背面与装饰后的墙内表面安装距离应符合设计或产品说明书要求，如设计未注明，为 30 mm。散热器安装位置允许偏差和检验方法见表 2 - 6。

**表 2 - 6　散热器安装位置允许偏差和检验方法**

| 项次 | 项目 | 允许偏差/mm | 检验方法 |
|---|---|---|---|
| 1 | 散热器背面与墙内表面距离 | 30 | 尺量 |
| 2 | 与窗中心线或设计定位之间的尺寸 | 20 | |
| 3 | 散热器垂直高度 | 3 | 吊线和尺量 |

使用电动工具打孔时,应使孔洞里大外小。托钩埋深应不大于 120 m,固定卡埋深应大于 80 mm。栽钩子(固定卡)时,应先检查其规格尺寸,符合要求后,安装在墙上,其数量参见表 2 - 7,柱式散热器托钩的布置见图 2 - 39,散热器托钩形状及安装示意图参见图 2 - 40,散热器卡子见图 2 - 41,柱式散热器卡子安装和托钩安装见图 2 - 42,铜铝散热器的安装见图 2 - 43。

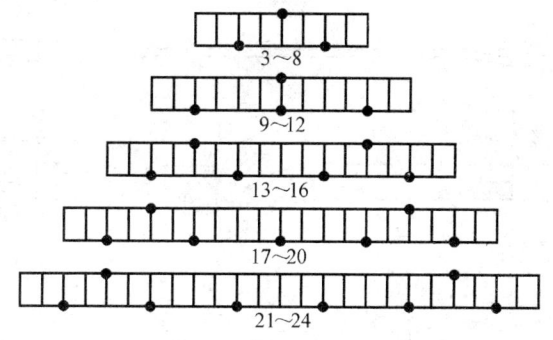

图 2 - 39　柱式散热器托钩的布置示意图

表 2 - 7　散热器支、托架数量表

| 项次 | 散热器型号 | 安装方式 | 每组片数 | 上部托钩或卡架数 | 下部托钩或卡架数 | 总计 |
|---|---|---|---|---|---|---|
| 1 | 长翼型 | 挂装 | 2 ~ 4 | 1 | 2 | 3 |
| | | | 5 | 2 | 2 | 4 |
| | | | 6 | 2 | 3 | 5 |
| | | | 7 | 2 | 4 | 6 |
| 2 | 柱型<br>柱翼型 | 挂装 | 3 ~ 8 | 1 | 2 | 3 |
| | | | 9 ~ 12 | 1 | 3 | 4 |
| | | | 13 ~ 16 | 2 | 4 | 6 |
| | | | 17 ~ 20 | 2 | 5 | 7 |
| | | | 21 ~ 25 | 2 | 6 | 8 |
| 3 | 柱型<br>柱翼型 | 带足落地 | 3 ~ 8 | 1 | | 1 |
| | | | 8 ~ 12 | 1 | | 1 |
| | | | 13 ~ 16 | 2 | | 2 |
| | | | 17 ~ 20 | 2 | | 2 |
| | | | 21 ~ 25 | 2 | | 2 |

安装散热器时,将丝堵和补心加散热器胶垫拧紧到散热器上,待钩子(固定卡)周围的填充达到强度后,即可进行安装。翼型散热器安装时,应将掉翼面朝墙安装;挂式安装时,须将散热器拾起,将补心正螺纹的一侧朝向立管方向,慢慢落在托钩上,挂稳、找正,带腿或底架的散热器就位,在找正、平直后,上紧固定卡螺母。带足散热器安装时若不平,可用锉刀磨平找正,必要时用垫铁找平,严禁用木块、砖石垫高。安装串片式散热器时,应保持肋片完好。松动片数不允许超过总片数的 2%。受损助片应面向下或面向墙安装。所有散热器挂装之前均应逐个进行水压试验,每组散热器留出两个接头,下部接头与手压泵或其他加压机械连接,上部接头装排气阀,其余的用丝堵堵住。

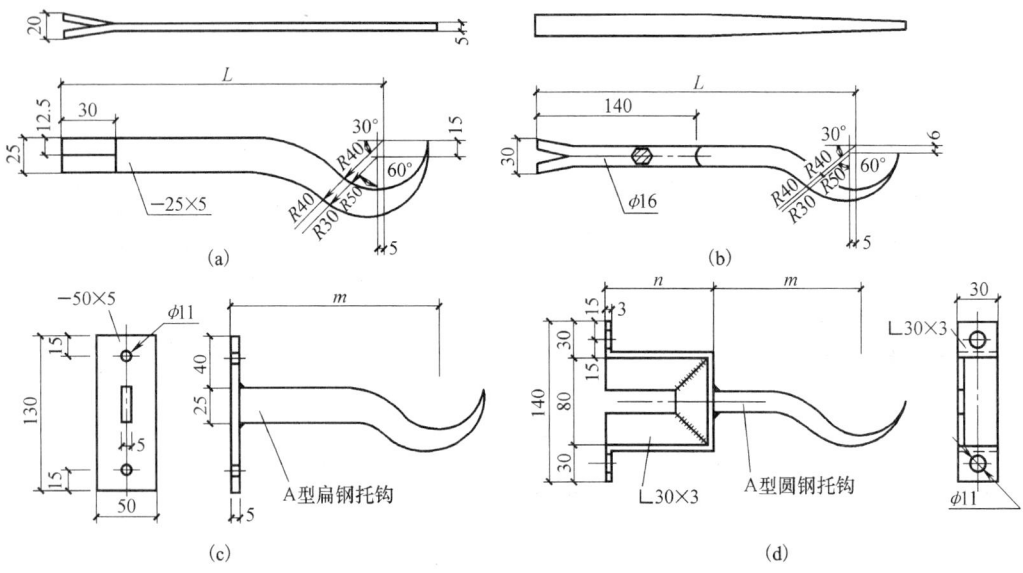

**图 2-40 散热器托钩形状及安装示意图**

(a)A 型扁钢托钩；(b)A 型圆钢托钩；(c)B 型扁钢托钩；(d)B 型圆钢托钩

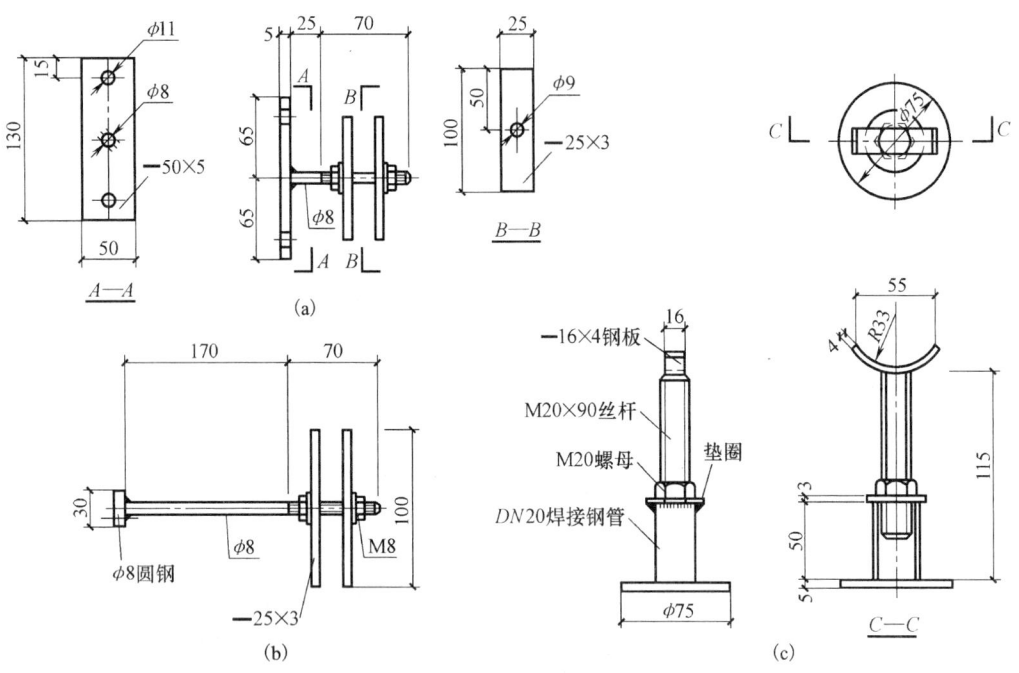

**图 2-41 散热器卡子**

(a)D 型卡子；(b)E 型卡子；(c)F 型卡子

同一楼层的散热器安装高度应一致。当散热器底部有管道通过时，其底与地面净距不得小于 250 mm，一般情况下，散热器底距地面净距不得小于 150 mm。

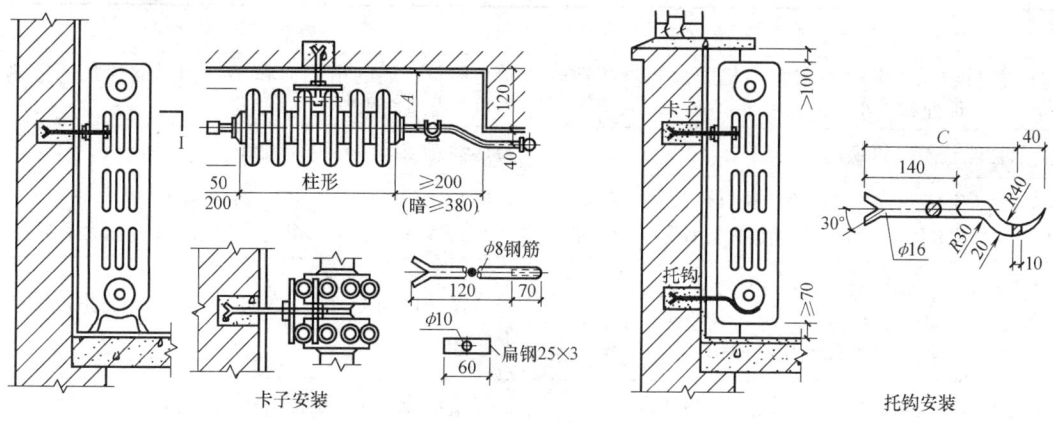

图 2-42　柱式散热器卡子安装和托钩安装

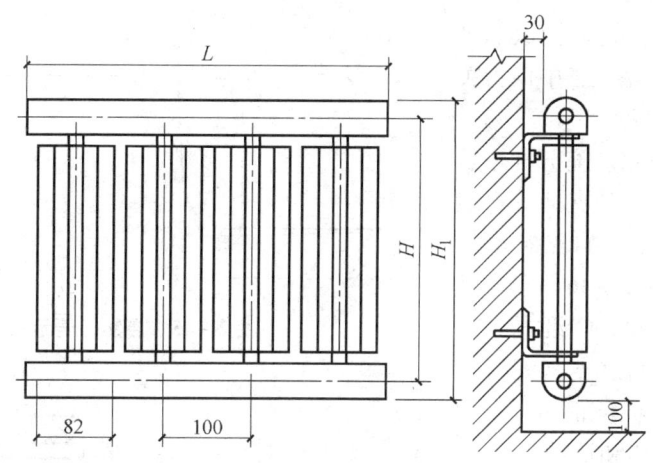

图 2-43　铜铝复合散热器的安装

散热器一般都是垂直安装，翼型散热器应水平安装，串片式散热器应尽可能平放，减少竖放。

钢制散热器与铸铁散热器的对比参见表 2-8。散热器安装完毕，将弯头、三通、活接头、管箍、阀门等管件连接到采暖系统中。注意，有些阀门有方向性要求，安装时不能装反。图 2-44 为截止阀的安装示意图。

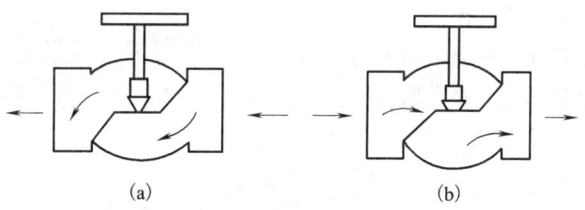

图 2-44　截止阀安装示意图

（a）正确；（b）错误

表 2 - 8　钢制散热器与铸铁散热器的对比

| 钢制散热器 | 铸铁散热器 |
| --- | --- |
| 单位质量金属的散热面积大→相同散热量的散热器轻,占地面积较小 | 单位质量金属的散热面积小→相同散热量的散热器重,占地面积较大 |
| 蓄热性能较差→热稳定性差 | 蓄热性能较好→热稳定性好 |
| 强度高,承压能力高($PN$ 为 0.6～0.8 MPa,串片式:$PN$ 不大于 1.0～1.2 MPa)→使用范围受压力限制小 | 强度低,承压能力低($PN$ 不大于 0.4 MPa,稀土灰口铸铁:$PN$ 不大于 0.8 MPa)→使用范围受压力限制大 |
| 易受腐蚀→使用寿命短,水质要除氧,系统非工作时要满水养护,热媒为蒸汽时不宜使用,不宜在湿式房间和有腐蚀性气体的房间使用 | 耐腐蚀→使用寿命长,水质要求不高,使用范围限制较小 |
| 制造工艺较复杂(冲压、焊接)→价格较高 | 制造工艺较简单(铸造)→价格较低 |
| 美观,规格多→选择余地大,布置灵活 | 不美观,规格较少→选择余地小,不宜布置 |

室外供热管网设备和附属器具安装

**2. 附件的安装**

(1)供暖管道的补偿问题是施工中值得关注的问题

管道应充分利用管道转弯、分支处等自然补偿的部位进行补偿,自然补偿示意图见图 2 - 45、图 2 - 46。当自然补偿不能满足要求时,应设置补偿器,补偿器必须与固定支座配合使用。由于补偿器的种类很多,不同的补偿器与固定支架和活动(滑动)支架的组合位置也不同,施工中应引起重视。

小管径管道多采用方形伸缩器,在安装前可按规定做好预拉伸,按照安装位置摆好伸缩器,在其中间加支架,用水平尺按管道坡向逐点找坡,将伸缩器两端接口对正找平后焊接。

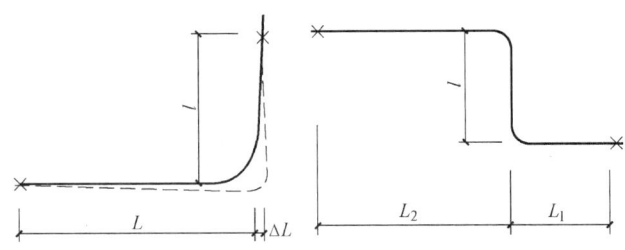

图 2 - 45　自然补偿示意图

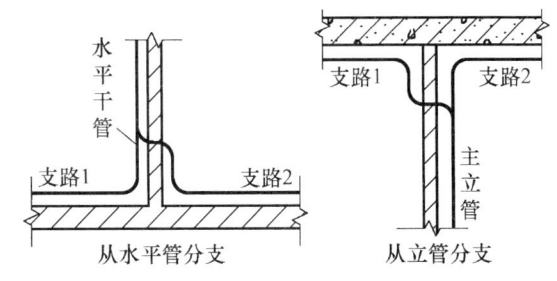

图 2 - 46　分支的自然补偿

调整完管道,焊牢固定卡后,再除去伸缩器临时支撑。用钢管做临时支撑,用点焊固定。图 2 - 47 所示为方形补偿器的预拉。更详细的补偿器安装内容将在室外热力管道部分进行详细介绍。

(2)集气、排气装置的安装

为了使室内供暖系统运行正常,调节修理方便,还必须设置些附属容具,如集气罐、排气阀、膨胀水箱、阀门、除污器和疏水器等。施工时应注意体积较大的箱罐、设备,并预留安装孔洞,如其尺寸大于外门的尺寸,则要在建筑结构封闭之前运置于室内。安装位置要便于修理及更换。

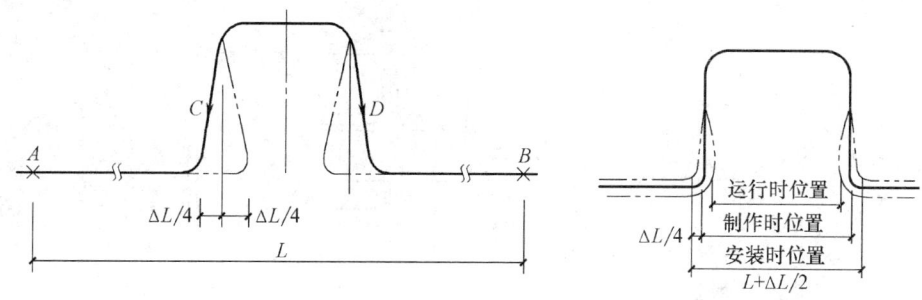

**图 2 - 47　方形补偿器的预拉**

A、B—固定支架位置；C、D—受力方向；L—补偿管道长度；ΔL—补偿量

集气、排气装置一般指集气罐和排气阀，常被设置在热水系统管道的最高处，上供式系统可放在供水干管末端或连在倒数第一、第二根立管接干管处；下供式系统往往与空气管相接，双管系统的每根立管上宜设置集气、排气装置。集气罐分为立式和卧式两种，一般用厚 4～5 mm 的钢板卷成或用 φ100～φ250 m 的钢管焊成，集气罐的直径应比连接处的于管直径大一倍以上，以便于气体析出并聚集于罐顶。为了增大贮气量，进、出水管宜接近罐底，并在罐上部设 15 mm 的放气管，放气管末端有放气阀门，并通到有排水设施的地方。也可以在集气罐的顶部设置自动排气阀，省去手动放气的麻烦。也有集气、排气的组合阀罐体产品。自动排气阀安装时，应采用立式安装，并在自动排气阀与管路接点之间装个阀门。集气罐和自动排气阀的结构形式见图 2 - 48 和图 2 - 49。

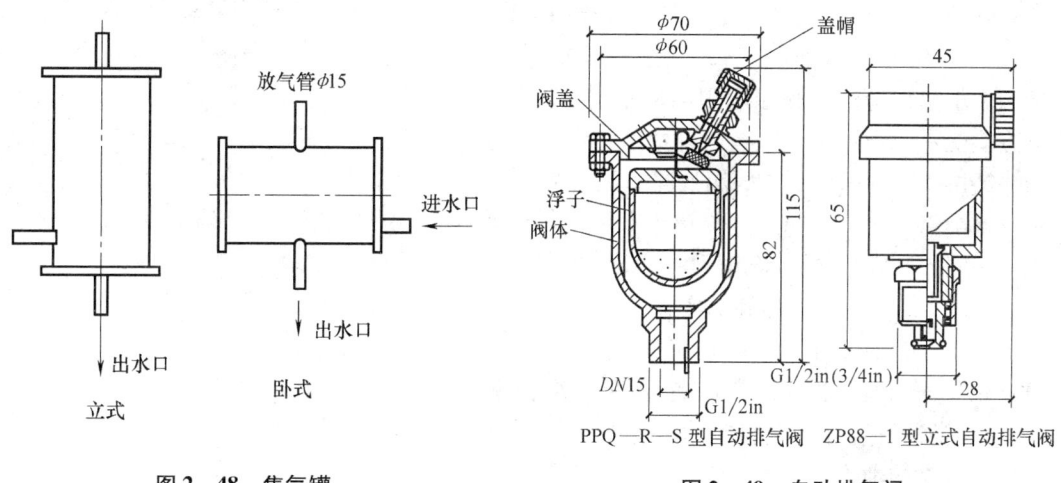

**图 2 - 48　集气罐**

PPQ—R—S 型自动排气阀　ZP88—1 型立式自动排气阀

**图 2 - 49　自动排气阀**

（3）除污器的安装

为了防止供暖管路中的污物堵塞管路和设备，常在热源循环水泵处和用户引入口处设置除污器，对于安装热表的用户，常在热表的入口前设置除污器。除污器可购买成品，也可根据标准图自制，安装时应注意方向。Y 形除污器有多种规格，从 DN15 至 DN450，均可直接安装在管道上，其结构见图 2 - 50。立式除污器的体积较大，大型除污器多采用落地安装，上部设有排气阀，下部设置排污丝堵或阀门，多配有排污阀，应定期清理除污器内部的污物。立式除污器多用在热源处、大型建筑供热管入口处等，其结构见图 2 - 51。

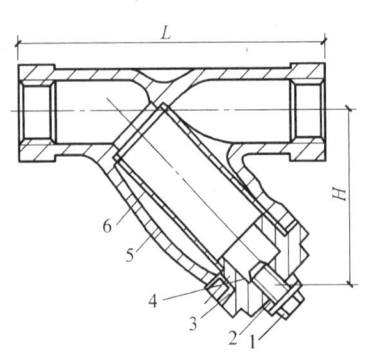

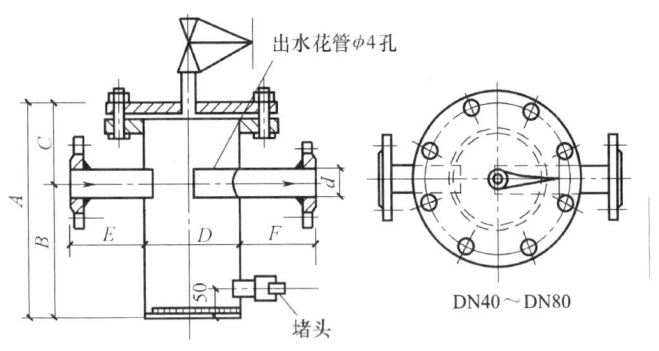

图 2 – 50　Y 型除污器

1—螺栓；2、3—垫片；4—封盖；
5—阀体；6—过滤网

图 2 – 51　立式除污器

（4）膨胀水箱安装

有些小型的采暖系统，需要进行系统定压，通常采用高位水箱定压，膨胀水箱一般放在小区最高的建筑屋顶上。热水供暖系统中的膨胀水箱具有接受膨胀水量、稳定压力以及对自然循环系统排除空气的作用。其形状分为方形和圆形（新出版的标准图形只有圆形），用厚约 3 mm 的钢板制作（图 2 – 52）。圆形比方形节省钢材，容易制作，材料受力分布均匀。水箱顶部的入孔盖应用螺栓紧固，并在水箱下方垫枕木或角钢架。水箱内外涂红丹漆或其他防锈漆，并应进行满水试漏，箱底至少要比室内供暖系统最高点高出 0.3 m。高位膨胀水箱常与生活给水箱一同安装在屋顶的水箱间内。当安装在非采暖房间内时，应注意保温措施的实施。

膨胀水箱上有 5 根管，即膨胀管、循环管、溢流管、信号管和排水管，其位置参见标准图集 2 – 52。膨胀管一般连接到循环水泵前的回水总管靠近循环水泵的地方，而不能连接到某一支路回水干管上。循环管的作用是使水箱内的水不冻结，因此，当水箱所处环境温度在 0℃ 以上时，可不设循环管。有循环管时，应将循环管连接在距膨胀管 1.5～3.0 m 的地方，其安装方法见图 2 – 53。溢流管的作用是当系统内水充满后溢流之用，其末端宜接到楼房或锅炉房排水设备上，或便于观察的地方，且不允许直接与下水道相接。信号管又称检查管，是供管理人员检查系统内部水是否充满用的，信号管末端接到锅炉房内排水设备上方，末端装有阀门。多数情况下，膨胀水箱距

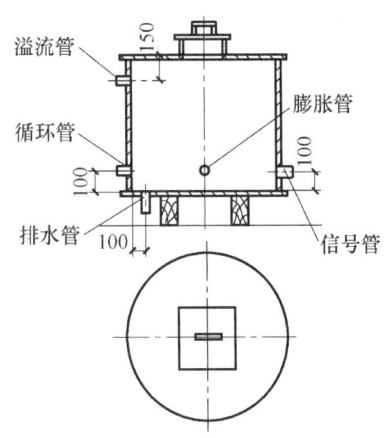

图 2 – 52　膨胀水箱

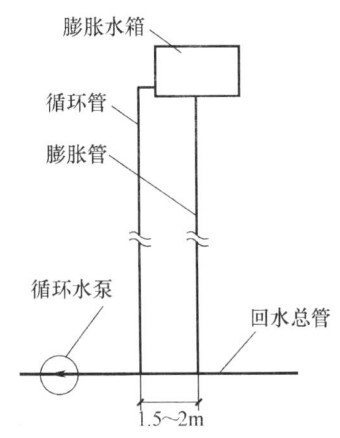

图 2 – 53　膨胀水箱胀管与循环管的安装

热源较远,除膨胀管和循环管外,其他水箱上的管线引至位置均应视现场情况确定。

为了保证系统安全运行,膨胀管、循环管、溢流管上都不允许设置阀门。

(5)热表及温控阀的安装

按照国家有关建筑节能的要求以及新的设计规范,供热系统应安装热计量表,散热器应安装温控阀和旁通管。热计量表又分为建筑总热表和分户热表,分别安装在用户入口和各户的热力引入口,为此,国家发行了相关的做法图集,供参照执行。

供热采暖还有许多方式,例如辐射板采暖、热风采暖和地板采暖等形式,在这里仅作简单介绍。

辐射供暖的散热设备是辐射板。辐射散热面可以和建筑结构做成一体,也可做成块状辐射板,悬挂在墙壁上、柱间或吊装在天棚下,从而可以提高地面的有效利用率。

辐射板安装形式一般分为三种:①水平安装,辐射板水平安装在供暖区城上部,使热量向下方辐射;水平安装时辐射板应有不小于 0.005 的坡度,坡向回水管。②倾斜安装,辐射板安装在建筑物的侧面、边跨和跨间,并使其向下倾斜。③垂直安装,单面板可以垂直安装在墙上;双面板可以垂直安装在两个柱子之间,向两面散热。

辐射板的安装高度与能有效利用的散热量之间有密切的关系,详见表 2-9。

表 2-9 辐射板的最低安装高度/m

| 热媒平均温度 /℃ | 水平安装 | | 倾斜安装与垂直面所成角度 | | | 垂直安装 (板中心) |
|---|---|---|---|---|---|---|
| | 多管 | 单管 | 60° | 45° | 30° | |
| 115 | 3.2 | 2.8 | 2.8 | 2.6 | 2.5 | 2.3 |
| 125 | 3.4 | 3.0 | 3.0 | 2.8 | 2.6 | 2.5 |
| 140 | 3.7 | 3.1 | 3.1 | 3.0 | 2.8 | 2.6 |
| 150 | 4.1 | 3.2 | 3.2 | 3.1 | 2.9 | 2.7 |
| 160 | 4.5 | 3.3 | 3.3 | 3.2 | 3.0 | 2.8 |
| 170 | 4.8 | 3.4 | 3.4 | 3.3 | 3.0 | 2.8 |

注:1. 本表适合于工作地点固定,站立操作人员的供暖;对于坐着或流动人员的供暖,应将表中数字降低 0.3 m;

2. 在车间外墙的边缘地带,安装高度可适当降低。

如图 2-54 所示,辐射板的安装可采用现场安装和预制装配两种方法。块状辐射板的支管与干管连接时应有两个 90°弯管,采用蒸汽热媒时,不需要每块板设一个疏水器。可在并联的几块板后设置一个疏水器,每块辐射板的支管上也可不装设阀门。

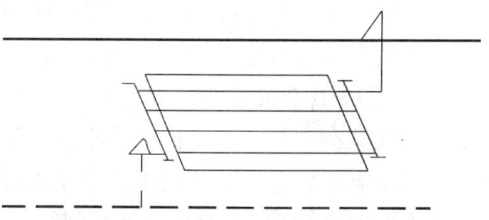

图 2-54 辐射板支管与干管连接

热风采暖可用蒸汽或热水来加热空气。由空气加热器、通风机和电动机组合而成的暖风机组,广泛地应用于工业厂房中。对房间较大,对噪声无严格要求,产生灰尘或有害气体量少,允许采用再循环空气的车间,采用散热器供暖难以布置,适宜用热风供暖。

### 2.1.3　室内采暖系统的试压、清洗与试运行

**1. 试压**

室内供暖系统安装完毕后，正式运行前必须进行试压，一般采用水压试验，在室外气温过低时，也可采用气压试验。室内供暖系统试压可以分段进行，也可以整个系统一起进行。试压的目的是检查管路的机械强度与严密性。采暖系统应在安装完毕，管道涂油、保温之前进行，以便进行外观检查和修补。试验压力应符合设计要求。设计未注明要求时（如果系统无特殊要求，也应采取同样的试压标准），系统采用的蒸汽压力不大于 0.7 MPa 或温度不超过 130℃ 热水的室内采暖系统安装工程，其试压标准应满足《建筑给水排水及采暖工程施工质量验收规范》（GB 5042—2002）的有关规定：蒸汽、热水采暖系统，应以系统顶点工作压力加 0.1 MPa 做水压试验，同时在系统顶点的试验压力不小于 0.3 MPa；高温热水采暖系统，试验压力应为系统顶点工作压力加 0.4 MPa；使用塑料管及复合管的热水采暖系统，应以系统顶点工作压力加 0.2 MPa 做水压试验，同时在系统顶点的试验压力不小于 0.4 MPa。

试压采用手压泵或电泵。关闭入口总阀门和所有排水阀，打开管路上的其他阀门（包括排气阀）。一般从回水干管注入自来水，反复充水、排气，检查无泄漏处之后，关闭排气阀及注入自来水的阀门，再使压力逐渐上升。随后进行细致的外观检查，如有漏水处应标好记号，修理后重新加压，直到合格为止。试压时应邀请建设单位参加，并在试压记录上签字。敷设在室内地沟内及暗装的管道和设备属于隐蔽工程，试压时须格外认真，未经试压，不得进行隐蔽。根据工程需要，试压也可单独进行。管道试压时要注意安全，加压要缓慢，事后必须将系统内的水排净。

合格标准：使用铜管及复合管的采暖系统应在试验压力下 10 min 内压力降不大于 0.02 MPa，降至工作压力后检查，不渗、不漏；使用塑料管的采暖系统应在试验压力下 1 h 内压力降不大于 0.05 MPa，然后降压至工作压力的 1.15 倍，稳压 2 h，压力降不大于 0.03 MPa，同时各连接处不渗、不漏。

**2. 水冲洗**

系统试压合格后，应对系统进行冲洗并清扫过滤器及除污器。清洗前应将管路上的流量孔板、滤网、温度计、止回阀等部件拆下，清洗后再装上。热水供暖系统用清水冲洗，如系统较大，管路较长，可分段冲洗。清洗到排水处水色透明为止。蒸汽供暖系统可用蒸汽吹洗，从总汽阀开始分段进行，一般设一个排汽口，排气管接到室外安全处。吹洗过程中要打开疏水器前的冲洗管或旁通路阀门，不得使含污的凝结水通过疏水器排出。

室内供暖系统的试运行一般在清洗后进行。如在冬季投入运行，运行前必须做好准备工作，水源、电源要保证正常供给，修理、排水等工具要齐备，事前要确定方案，统一指挥，明确分工。当气温在零下 3℃ 以下通暖时，门窗洞口必须尽可能保持严密，可采取一些临时性的措施将门窗洞口堵上。还要设法提高水温或降低水的冰点，最好有临时取暖措施使室温维持在 5℃ 以上，以防有系统内水结冰胀裂管道和散热设备的情况发生。

供暖时锅炉房内、用户入口处应设专人负责，室内系统可分环、分片包干，供暖未进入正常状况不得擅离岗位，应不断巡视，发现情况及时报告并迅速抢修。

单独的热水锅炉房供暖系统供暖时，应先向锅炉充水，然后点火升温。待水泵、风机运转正常，锅炉中水温升到 40~50℃ 后方可对外供热。如室外管路较长，又带有数个用户时，

应先供室外管网，后供室内系统，如室外管路较短，也可逐个直接供给各室内用户。先供室外管网对应先关闭各热用户入口处供回水干管上阀门。开启旁通阀使室外管网中的水循环，运转时要不断向系统补水并设法排气，经检查，室外管网无渗漏、不热等现象后方可向室内系统供热。如发现故障应立即排除，以防止室内温度过低，外部管路的水从用户入口关闭不严的阀门流入室内冻坏管道和设备。与室外集中供热网相连的用户，冬季通暖时事先要求供热站配合，一般室内热水供暖系统应关闭入口进水管总阀门，打开最高处放气门（单独锅炉房供暖系统还要打开膨胀水箱信号管上阀门），从回水总管充水，当放气门见水后可将充水用的进水处阀门关小，注意反复排气、补水，使系统中真正充满水后再打开进水总管上阀门。系统较大时，应分环供热，先远环路后近环路。如有不正常现象需抢修时，应尽量关闭离发生故障处最近的供回水管上的阀门，减少影响范围和放水量，修好后应立即打开所有关闭的阀门。

当使用正式供暖工程作为冬季施工临时供暖时，由于各种原因会引起的管道变形，应在冬季施工停止使用后，予以调整和修理。如属于低温水或低压蒸汽系统，切忌临时通入高温水或高压蒸汽，以免使管道产生过大的变形和破坏，造成损失。

当供热采暖系统各部分温度不均匀时，应进行初调节。初调节时一般都是先调节各用户和大环路间的流量分配，然后调整室内系统各立管以及立管上下各散热器间的流量分配。异程式系统通常要关小离主立管较近的立管阀门开启度，同程式系统应适当关小离主立管最远以及最近的立管上阀门的开启度，并逐一进行试调节。双管系统往往要关小上层散热器支管阀门开启度，增大下层阀门的开度。对于水力计算平衡率较高的一些室内采暖系统，可以不进行初调节。

蒸汽供暖系统也应进行初调节，使各散热器放热均衡，回水通畅，一般也是依靠开、关阀门来进行的。

室内供暖系统应按分项、分部或单位工程验收。单位工程验收时应有施工、设计、建设单位参加并做好验收记录。单位工程的竣工验收应在分项、分部工程验收的基础上进行。各分项、分部工程的施工安装均应符合设计要求及采暖施工和验收规范中的规定。设计变更要有凭据，各项试验要有记录，质量是否合格要有检查。交工验收时，由施工单位提供下列技术文件：全套施工图、竣工图及设计变更文件；设备、制品和主要材料的合格证或试验记录；隐蔽工程验收记录和中间试验记录；设备试运转记录；水压试验记录；通水冲洗记录；质量检查评定记录；工程质量事故处理记录。

质量合格，文件齐备，试运转正常的系统，才能办理竣工验收手续。上述资料应并存档，为今后的设计提供参考，为运行管理和维修提供依据。

## 2.2　室外供热管道与设备安装

室外供热管网是由供热管道、支座、补偿器、阀门、排水、排气等装备组成的。室外供热管道的施工中，要按设计和规范的要求，安装好固定支座、活动支座和补偿器。

### 2.2.1　室外供热管道的架空敷设安装

室外架空管道常用于地下水位高、土质差、地下管道繁多、管道过河、过铁路情况、工矿企业的厂区以及对环境要求不严格的地方，当地下有多种管道纵横交错时，为减少管道交叉打架,也常采用架空敷设的方法。

架空敷设管道,其优点在于它可以省去大量土方工程量,降低了工程造价,不受地下水的影响,施工中的管道交叉问题较易解决。其缺点是:对热力管道其热损失较大;管道的保温层因经常受风沙雨雪的侵蚀,需要经常维护或更换,使用年限较短;对于施工来说,管道的起重吊装和高空作业,也带来不少麻烦;在某些情况下,也影响交通及建筑的美观。但对于架空敷设管道,其优点还是主要的,尤其是对于厂区燃气管道,大多采用架空敷设,这样即使燃气有些渗漏也不致发生危险,且由于燃气管道的管径都较大,架空敷设比较合理。

架空敷设可采用单柱式支架、带拉索支架、栈架或沿桥梁等结构敷设,也可沿建筑物的墙壁或屋顶敷设。单支柱式支架可以是钢结构的,也可以是钢筋混凝土或木结构的。通常分为高架敷设(距地4~6 m)、中架敷设(距地2~4 m)和低架敷设(距地0.5~1 m),可参见图2-55。架空敷设的特点是直观、检修方便、工程造价相对较低,但对热力管道则其热损失较大;受风沙雨雪的侵蚀,保温材料需要经常维护或更换,对于现场施工来说,管道的起重吊装和高空作业,也给施工带来了不少麻烦。对于架空敷设管道,尤其是对于厂区热力、燃气等管道,大多采用架空敷设,这样即使渗漏也不致发生危险。

在安装架空管道之前要先把支架安装好,支架的加工制作及吊装就位工作,一般都是由土建部门来完成的。支架的加工及安装质量直接影响管道施工质量和进度,因此在安装管道以前必须先对支架的稳固性、中心线和标高进行严格的检查,用经纬仪测定各支架的位置及标高,检验是否符合设计图样的要求。各支架的中心线应为一直线,不允许出现"之"字形曲线,一般管道是有坡度的,故应检查各支架的标高,不允许由于支架标高的错误而造成管道的反向坡度。

在安装架空管道时,为了工作的方便和安全,必须在支架的两侧架设脚手架。脚手架的高度以操作时方便为准,一般脚手架平台的高度比管道中心标高低1 m为宜,其宽度约为1 m左右,以便工人通行操作和堆放一定数量的保温材料,根据管径及管数,设置单侧或双侧脚手架,如图2-56所示。

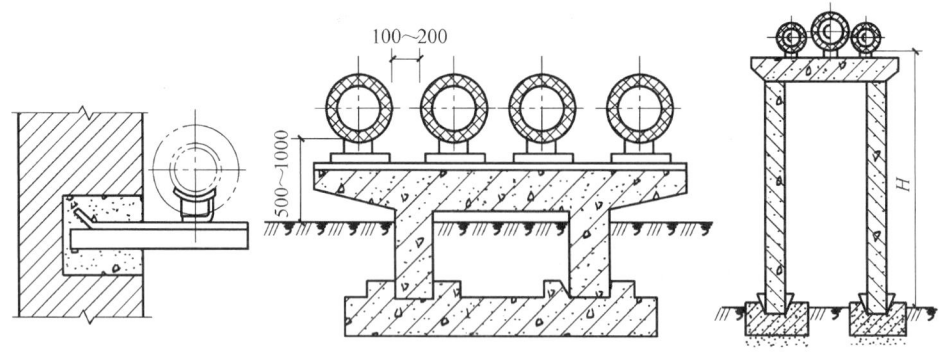

图2-55 墙上敷设、低支架敷设和中高支架敷设

架空管道的吊装,一般都是采用起重机械,如汽车式起重机、履带式起重机,或用桅杆及卷扬机等。在吊装管道时,应严格遵守操作规程,注意安全施工。在吊装前,管道应在地面上进行校直、打坡口、除锈、刷漆等工作,以便架设工作顺利进行。同时,如阀门、三通、

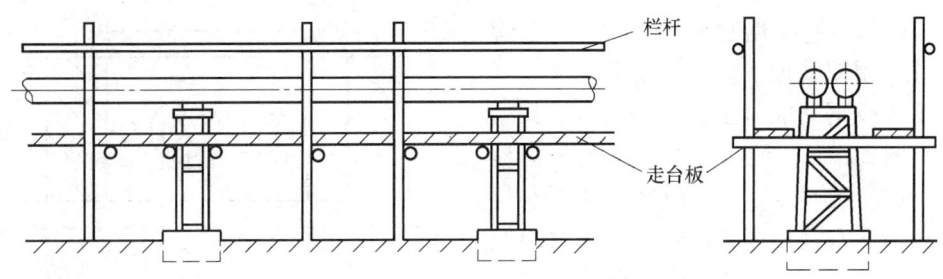

图2-56 架空支架及安装脚手架

补偿器等部件,应尽量在加工厂预先加工好,并经试压合格后方可使用。

### 2.2.2 室外供热管道的地下敷设安装

多数情况下,热力管道都是采用地下敷设方式。

1. 地沟敷设

(1)通行地沟

通行地沟是用砖或混凝土砌筑的地沟,上面覆盖有钢筋混凝土预制板,或整体浇灌的沟盖。在地沟内除管道所占的地方外,还有足够的空间可供检修人员通行,其结构如图2-57所示。可通行地沟一般用在管子数较多,或管径大的主要干线上(如热电站或区域锅炉房的出口干线上)。在可通行地沟中,每隔200~800 m都建造有检查井及梯子,并于地沟中装有36 V电压的照明灯。在地沟中,修有排水槽,沟底坡度不小于0.002。为保证在地沟中工作时空气温度不超过40℃,一般设有自然通风塔及机械排风机,以便在需要下地沟检修时,开动风机进行换气。

(2)半通行地沟

半通行地沟用于管道数目不多,同时又不能挖开路面进行热力管道的检查或维修的情况下。半通行地沟可用砖或钢筋混凝土预制块砌成,其高度为1.3~1.5 m,管子沿沟底或沟壁铺设,结构形式见图2-58。

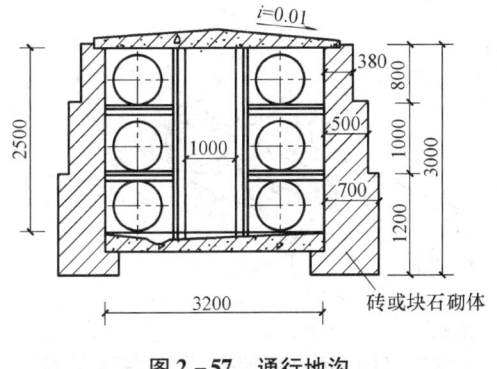

图2-57 通行地沟

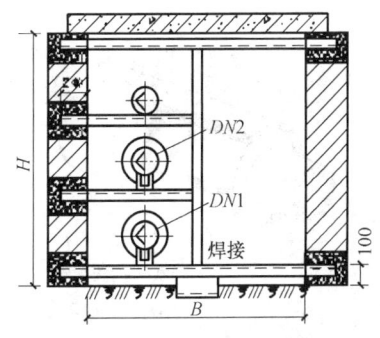

图2-58 半通行地沟

(3)不可通行地沟

不可通行地沟的敷设方式较为普遍,其形式也较多,有矩形地沟、半圆形地沟等。不可通行地沟的尺寸，根据管径尺寸确定，若管径较大可采用双孔地沟，其中设有隔墙。其结构可用砖或钢筋混凝土预制块砌筑，其结构形式见图 2-59。地沟的基础结构根据地下水及土质情况确定，一般应修在地下水位以上。如地下水位较高，则应设有排水沟及排水设备，以专门排除地下水。因热力管道不怕冻，一般可把管道敷设在冰冻线以上。地沟越浅，其造价就越低。地沟敷设的常用尺寸见表 2-10。

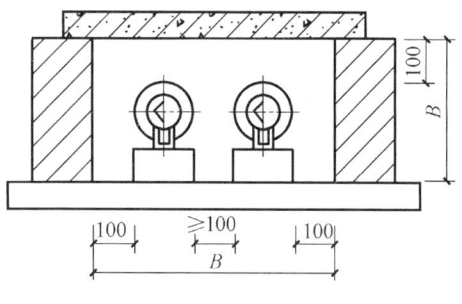

图 2-59 不可通行地沟

表 2-10 地沟敷设有关尺寸

| 地沟类型 | 有关尺寸 | | | | | |
|---|---|---|---|---|---|---|
| | 管沟净高/m | 人行通道宽/m | 管道保温表面与沟墙净距/m | 管道保温表面与沟顶净距/m | 管道保温表面与沟底净距/m | 管道保温表面间净距/m |
| 通行地沟 | ≥1.8 | ≥0.6 | ≥0.2 | ≥0.2 | ≥0.2 | ≥0.2 |
| 半通行地沟 | ≥1.2 | ≥0.5 | ≥0.2 | ≥0.2 | ≥0.2 | ≥0.2 |
| 不可通行地沟 | | | ≥0.1 | ≥0.05 | ≥0.15 | ≥0.2 |

注：1. 本表摘自《城市热力网设计规范》(CJJ34—2010)年版。

2. 考虑在沟内更换制管，人行通道宽度还应不小于管子外径加0.1 m。

地沟敷设可采用普通管材，安装、试压后再进行防腐保温处理。

2. 无沟直埋敷设

(1)直埋管

无地沟直埋目前采用最多的是将供热管道、保温层和保护外壳三者紧密黏结在一起，形成整体式的预制保温管结构形式，因此也称为直埋保温管。其结构形式分为两类，一类是根据国外经验研制的保温结构为"氰聚塑"的预制保温管；一类是引进国外生产线生产的"管中管"的预制保温管。整体预制保温管结构见图 2-60 和图 2-61。

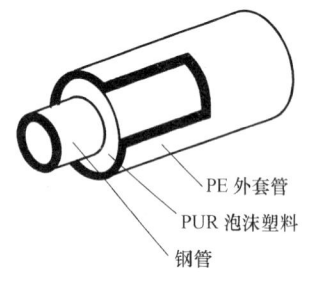

PE 外套管
PUR 泡沫塑料
钢管

图 2-60 整体预制保温管结构

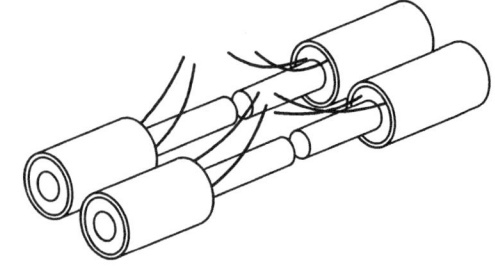

图 2-61 精导线的整体预制保温普结构

保温管管材一般选用无缝钢管，大口径可用螺旋焊接钢管，管道规格为 DN25～DN800。过去在管壁上涂抹氰凝作为防腐层，氰凝是一种高效防腐防水材料，具有较强的附着力和渗透力,微毒,现已较少使用。现场在接口处作业时,通常采用防锈漆作为局部防腐。

直埋管道的保温层,常采用由多元醇和异氢酸盐两种液体混合发泡固化形成的硬质聚氨酯泡沫塑料作为保温材料。硬质聚氨酯泡沫塑料的密度小,热导率低,保温性能好,吸水性小,并具有足够的机械强度,但耐热温度不高。根据国内标准要求:其密度为 $60 \sim 80 \text{ kg/m}^3$,热导率 $\lambda \leqslant 0.027 \text{ W/(m·℃)}$,抗压强度 $p \geqslant 200 \text{ kPa}$,吸水性 $g \leqslant 0.3 \text{ kg/m}^3$,耐热温度不超过 120℃。

保护外壳根据加工条件、加工工艺的不同而不同,多采用玻璃钢或高密度聚乙烯硬质塑料作为保护材料。现场加工多采用浸树脂玻璃纤维布缠绕保护层形成玻璃钢保护层的方法,预制管一般采用"步法"缠绕方式或采用高密度聚乙烯硬质塑料套管(又称黄夹克)方式,两种保护层都具有较高的力学性能,耐磨损、抗冲击性能较好,化学稳定性好,具有良好的耐腐蚀性和抗老化性能,还可以焊接,便于施工。高密度聚乙烯外壳的密度 $\rho \geqslant 940 \text{ kg/m}^3$,拉伸强度 $\geqslant 20 \text{ MPa}$,断裂伸长率 $\geqslant 350\%$。

保温管中的导线又称信号线、报警线,国外引进的直埋保温预制管结构均设有导线,国内则根据用户要求而定。报警线用于检测管道泄漏,共两根,一根是裸铜线,另一根是镀锌铜线。报警线和报警显示器相连接,当城市热力管网中某段直埋管发生泄漏时,会立即在报警显示器上显示出发生故障的地点。对于城市重要的热力网工程应设有报警线,对一些小型热力网工程,限于投资可不设报警系统,可采用超声波检漏仪等设备进行检漏。

保温管的规格见表 2 − 11 和表 2 − 12。

表 2 −11　预制保温管技术规格/mm

| 钢管外径 | 保温厚度 | 塑料外壳厚 | 玻璃钢外护管 | |
|---|---|---|---|---|
| | | | 厚度 | 布层数 |
| 76 | 30 | 2 | 0.8 ~ 1.0 | 2 |
| 76 | 40 | 2 | 0.8 ~ 1.0 | 2 |
| 89 | 30 | 2 | 1.0 | 2 |
| 89 | 40 | 2 | 1.0 | 2 |
| 108 | 30 | 2 | 1.0 | 2 |
| 108 | 40 | 2 | 1.6 | 2 |
| 114 | 40 | 3 | 1.5 | 3 |
| 133 | 30 | 3 | 1.5 | 3 |
| 133 | 40 | 3 | 1.5 | 3 |
| 159 | 30 | 3 | 1.5 | 3 |
| 159 | 40 | 3 | 1.5 | 3 |
| 219 | 30 | 3 | 1.5 | 3 |
| 219 | 40 | 3 | 2.0 | 3 |
| 273 | 40 | 4 | 2.0 | 4 |
| 326 | 40 | 4 | 2.5 | 4 |
| 426 | 50 | 5 | 3.0 | 5 |
| 529 | 55 | 6 | | 6 |

表 2－12　直埋保温管规格/mm

| 钢管外径 | 氰聚塑 | | 管中管 | | 一步法 | | 热缠绕 | |
|---|---|---|---|---|---|---|---|---|
| | 保温层厚度 | 保护层厚度 | 保温层厚度 | 保护层厚度 | 保温层厚度 | 保护层厚度 | 保温层厚度 | 保护层厚度 |
| 26.8 | 36.5 | 1 | — | — | — | — | — | — |
| 33.5 | 34 | 1 | — | — | — | — | — | — |
| 38 | 31 | 1 | — | — | — | — | — | — |
| 42.5 | 31.8 | 1 | — | — | — | — | — | — |
| 48 | 29 | 1 | 30 | 1.5 | 30 | 1.2 | 30 | 0.8 |
| 57 | 30 | 1 | 30 | 1.5 | 30 | 1.2 | 30 | 0.8 |
| 60 | — | — | 30 | 1.5 | 30 | 1.2 | 30 | 0.8 |
| 73 | 31.5 | 1 | 30 | 1.5 | 30 | 1.2 | 30 | 1 |
| 76 | — | 1.2 | 30 | 1.5 | 30 | 1.2 | 30 | 1 |
| 89 | 30 | — | 30 | 1.5 | 30 | 1.2 | 30 | 1 |
| 108 | 31 | 1.2 | 30 | 1.5 | 30 | 1.2 | 30 | 1.5 |
| 114 | — | — | 30 | 1.5 | 30 | 1.2 | 30 | 1.5 |
| 133 | 30 | 1.5 | 30 | 2 | 30 | 1.2 | 30 | 1.5 |
| 140 | — | — | 30 | 2 | 30 | 1.2 | 30 | 1.5 |
| 159 | 30 | 1.5 | 30 | 2 | 30 | 1.5 | 30 | 2 |
| 165 | — | — | 30 | 2 | 30 | 1.5 | 30 | 2 |
| 219 | 30 | 1.5 | 30 | 3 | 30 | 2 | 30 | 2.5 |
| 245 | — | — | 30 | 3 | 30 | 2 | 30 | 2.5 |
| 273 | 30 | 1.5 | 30 | 3 | 30 | 2.5 | 30 | 2.5 |
| 325 | 30 | 1.5 | 30 | 3 | — | — | 30 | 3 |
| 377 | 30 | 1.5 | — | — | — | — | 30 | 3 |
| 426 | — | — | — | — | — | — | 35 | 3 |
| 480 | — | — | — | — | — | — | 35 | 3 |
| 529 | — | — | — | — | — | — | 35 | 3 |
| 630 | — | — | — | — | — | — | 35 | 3 |
| 720 | — | — | — | — | — | — | 35 | 3 |
| 1020 | — | — | — | — | — | — | 60 | 4 |
| 1400 | — | — | — | — | — | — | 60 | 4 |

　　"管中管"的保护层是高密度聚乙烯管。高密度聚乙烯具有较高的力学性能，耐磨损、抗冲击性能较好，化学稳定性好，具有良好的耐腐蚀性和抗老化性能；它可以焊接，便于施

工。保温材料同样是聚氨酯硬泡沫塑料,耐温在 120℃以下。

预制直埋管分为单一型(图 2 - 62)和复合型(图 2 - 63),单一型适用于温度为 - 50 ~ 150℃的供热、制冷管道,复合型管(中间有两种保温材料复合而成)适用于温度在 310℃以下的高温供热管道。

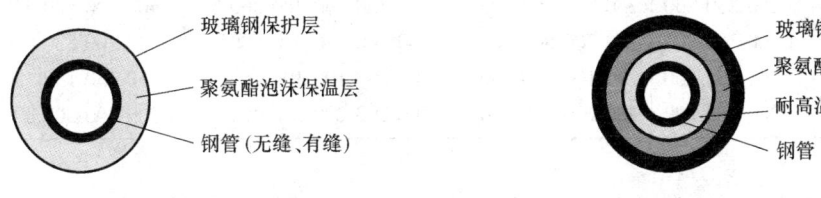

图 2 - 62　单一型保温管　　　　　　　图 2 - 63　复合型保温管

(2)直埋管的安装

无沟直埋管道是热力管道的外层保温层直接与土壤相接触,其结构有(如图 2 - 64 所示的)泡灌结合沫混凝土浇灌式及装配与浇灌结合等保温形式,以及(如图 2 - 65 所示的)常规埋地形式。

直埋管道的速算开挖沟槽尺寸,可按下列原则确定:管子与管子之间净距 200 ~ 250 mm,管子与沟壁之间净距 200 ~ 250 mm,管底与沟底之间净距 200 mm,管顶与地面之间净距 600 mm。无地沟直埋管道敷设沟槽尺寸参见表 2 - 13。

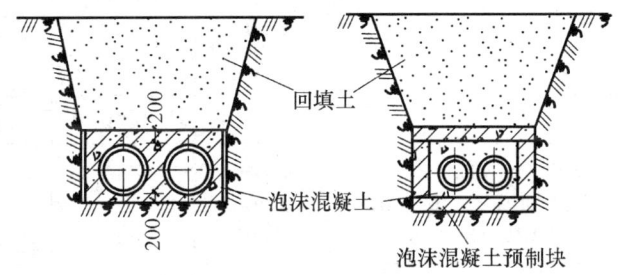

图 2 - 64　无地沟敷设管道

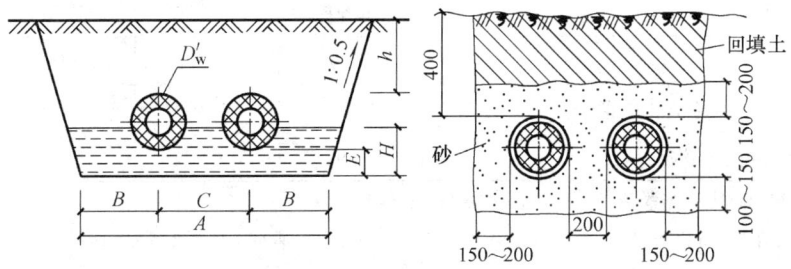

图 2 - 65　埋地管道沟槽尺寸

图中保温管底部为砂垫层,砂的最大粒度不大于 2.0 mm。上面用砂质黏土分层夯实。
保温管套顶至地面的深度 h 一般为 800 ~ 1200 mm,接向用户的支管覆土深度≥400 mm

表 2 - 13  无地沟直埋管道敷设沟槽尺寸

| 公称尺寸/mm | | 25 32 40 | 50 65 80 100 | 125 150 200 250 300 | 350 400 450 500 600 |
|---|---|---|---|---|---|
| 保温管外径/mm | | 96 110 110 | 140 140 160 200 | 225 250 315 365 420 | 500 550 630 655 760 |
| 沟槽尺寸 /mm | A | 800 800 800 | 800 800 800 1000 | 1000 1000 1240 1240 1320 | 1500 1500 1870 1870 2000 |
| | B | 250 250 800 | 250 250 250 300 | 300 300 360 360 360 | 400 400 520 520 550 |
| | C | 300 300 300 | 300 300 300 400 | 400 400 520 520 600 | 700 700 830 830 900 |
| | E | 100 100 100 | 100 100 100 100 | 100 100 100 100 150 | 150 150 150 150 150 |
| | H | 200 200 200 | 200 200 200 200 | 200 200 200 200 300 | 300 300 300 300 300 |

目前,直埋敷设已成为热水供热管网的主要敷设方式。由于无沟敷设不需砌筑管沟,土方量及土建工程量就会相应减少;管道可以在工厂预制,其质量可以保证且现场安装工作量减少,施工进度快,可以节省供热管网的投资费用。无沟敷设管道断面面积小,易于与其他地下管道和设施进行协调。在老城区、街道窄小的地方、地下管线密集的地段采用直理敷设优势更为明显。供热管道与各种管线的最小净距见表 2 - 14。

表 2 - 14  供热管道与其他地下管线之间的最小距离/m

| | 管道名称 | 热网地沟 | | 无沟敷设热力管 | |
|---|---|---|---|---|---|
| | | 水平净距 | 交叉净距 | 水平净距 | 交叉净距 |
| 1 | 给水管:干管 | 2.00 | 0.10 | 2.50 | 0.10 |
| | 支管 | 1.50 | 0.10 | 1.50 | 0.10 |
| 2 | 排水管 | 2.00 | 0.15 | 1.5 ~ 2.0 | 0.15 |
| 3 | 雨水管 | 1.50 | 0.10 | 1.50 | 0.10 |
| 4 | 煤气管,煤气压力:$p \leqslant 0.15$ MPa | 1.00 | 0.15 | | |
| | 0.15MPa $< p \leqslant 0.3$ MPa | 1.50 | 0.15 | | |
| | 0.3 MPa $< p \leqslant 0.8$ MPa | 2.00 | 0.15 | | |
| 5 | 压缩空气或二氧化碳管 | 1.00 | 0.15 | 1.00 | 0.15 |
| 6 | 天然气管,天然气压力:$p \leqslant 0.4$ MPa | 2.00 | 0.15 | | |
| 7 | 乙炔管、氧气管 | 1.50 | 0.25 | 1.50 | 0.25 |
| 8 | 石油管 | 2.00 | 0.10 | 2.00 | 0.10 |
| 9 | 电力或电信电缆(铠装或管子) | 2.00 | 0.50 | 2.00 | 0.50 |
| 10 | 排水暗渠,雨水长沟 | 1.50 | 0.50 | 1.50 | 0.50 |

注:1. 表中所列为净距,指沟壁面、管壁面电缆最外一根线间。

2. 表中所列数值为 1 m 而相邻两管线间埋设标高差大于 0.5 m,以及表列数值为 1.5 m,而相邻两管线间埋设标高差大于 1.0 m 时,则表列数值应适当增加。

3. 当压缩空气管道平行敷设在热力管沟基础之上时,其净距可缩减至 0.15 m。

4. 热力管道电缆间,不能保持 2.0 m 净距时,应采取隔热措施,以防电缆过热。

直埋管道施工安装时,应在管道沟槽底部预先铺设 100~150 mm 厚的 1~8 mm 粗砂砾并夯实,管道四周应填充砂砾,填到为 100~200 mm 高后,再回填原土并夯实。

管道直埋敷设按补偿类型可分为有补偿直埋和无补偿直埋。

无补偿直埋敷设的供热管网在设计时不需要设置专用补偿器,应充分利用自然补偿条件,并进行一次性补偿。敷设时,在尚未回填土的敞开沟槽内对所敷设的管子进行加热,加热至预定温度时,保持管道伸长状况,然后进行回填。预热温度通常比最高运行温度低 30~50℃。无补偿直埋敷设的投资较少,但这种方式需要预制管道,相应开槽时间较长,在城市街道施工时,往往会影响交通,从而使其应用受到了限制。

有补偿直埋敷设的供热管网在设计时就设置补偿器,并在管网上的适当位置设置固定支座(架)和与之配套的滑动(导向)支座。采用有补偿直埋敷设方式,也应充分利用管道 L 形敷设段和 Z 形敷设段的自然补偿作用,再根据现场空间、管径、输送热媒等情况,确定采用何种补偿器为直管段补偿。敷设安装时,应保证管线在设计时计算出的热位移量在运行时能够实现,并严格按设计给出的预拉值进行预拉。所设置的补偿器一般设在局部井和局部地沟内,参见图 2-66。直埋型专用补偿器可直接埋在地下,参见图 2-67。

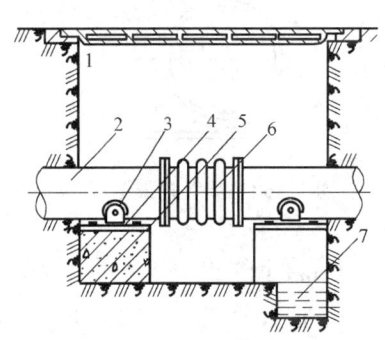

图 2-66　非直埋型波纹管
补偿器的安装示意图

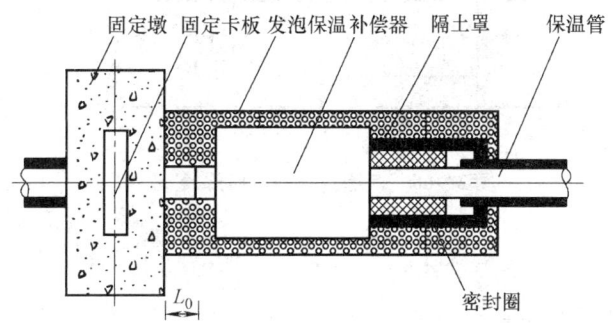

图 2-67　直埋型波纹管补偿器的安装示意图

有补偿直埋敷设可以在管道安装完毕、水压试验合格及接头处理结束后回填管沟。

3. 沟槽的挖掘及其检查

埋地敷设应挖掘沟槽,其形式及尺寸是根据地沟处的地形、土质、管数、管径及埋设深度设计的。沟槽可以用人工或挖土机械进行挖掘。

挖沟时应注意沟槽的中心线标高及断面形状是否符合设计要求,尤其是沟底不得超过设计标高规定的深度。沟底标高应用水平仪测定。

根据土壤性质来确定沟槽的边坡。如土质较差应设支撑,雨季施工时更应注意,以免引起塌方。在挖掘中如发现土质不同,应及时进行研究,采取必要的措施,以免影响工程质量及工期。沟槽挖完后,经检查合格,就可砌筑地沟。如系无沟敷设,即可进行管道的安装。

4. 下管安装

当地沟经检查合格后,就可以进行砌管沟(管沟敷设)或清理整平作业(直埋敷设),然后开始下管安装了。在安装管道前要先用经纬仪测定管道的安装中心线及标高,根据管道的标高先安装好管道的支架垫块,然后再安装管道。对于用砖或钢筋混凝土块砌筑的地沟,一般都是在管道安装完毕后再盖地沟盖板和回填土的。所以对于这种地沟可以采用整体下管，即把整段的管子用几台吊车同时起吊，然后慢慢把管段放入地沟支座上。各台吊车在起吊和下管时要力求同步，有统一指挥，以确保安全和施工质量。也可以用移动式龙门钢架，路架于地沟两侧的轨道上。钢架的横梁上设有可左右及上下活动的轨道吊车。几台吊车同时把管道吊起，抽掉架设在地沟上的枕木，就可慢慢同时下管。对所选用的吊车的承重量，应按其所吊管段重量的 2~3 倍选用，并严格检查吊车各零件及钢索有无损坏，以确保安全操作。

5. 管道的焊接

当管道运入现场后，就可沿地沟边铺放，把管子架在预先找平的枕木上。如为不可通行的矩形地沟，则可直接把枕木横架在地沟墙上，把管子架在枕木上进行锉口、除锈、对口和焊接。管道在对口时，要求两管的中心线是在同一轴线上，两端接头齐整，间隙一致，两管的口径应相吻合。如两管对接口有不吻合的地方，其差值应小于 3 mm。对于有缝钢管的焊接，要求把其水平焊缝错开，并使水平焊缝在同面，以便试水时检查，如图 2-68 所示。为便于焊接时转动管子，可把管子放在带有两小滚轮的托架上，如图 2-69 所示。

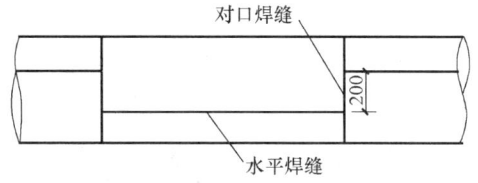

图 2-68　有缝钢管的对口焊接

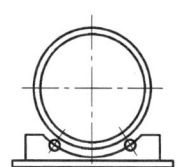

图 2-69　焊管托架图

在沟顶焊接管子，其长度根据施工条件而定，一般在 $d < 30$ mm 时，其管段长度为 60~100 m；$d = 350 \sim 50$ mm 时，其长度为 40~60 m，然后整体下管，把管段安装在地沟支架上，在沟里进行对口焊接。这时由于管段不能转动，管口下部须仰焊，因此在焊口周围应有足够空间，以便于焊工操作。

在冬季施工时，由于气温较低，冷空气对焊缝的收缩应力有较大影响。因此应采取必要的措施，如采用熔剂层下的自动熔焊法，这种焊接会产生大量的熔渣覆盖于焊缝处，以减小其冷却速度；或搭设可移动保温棚，把焊口处罩上，焊工在棚内作业；也可采用石棉板做的卡箍夹住焊缝，以免焊接处的高温迅速冷却。

### 2.2.3　管道的支架与支座

管道安装工程中，支座(架)是不可缺少的构件，它对管道起着承重、导向及固定的作用，固定支座能起到分配管道因温度变化而引起的伸缩量，分段控制管道热伸缩的作用。活动支座能起到限制管道上下移动防止弯曲，以保证管道的水平与坡度的作用，并能让管道在长度方向自由伸缩。直埋管道与沟埋管道支座(架)的做法可能会有所不同。管道工程支座(架)按其作用可分为固定支座(架)、活动支座(架)及弹簧支、吊架。

1. 活动支座

活动支座是直接承受管道的重量，并使管道能自由伸缩移动。活动支座有滑动支座、滚动支座及悬吊支座，用得最多的是滑动支座。

（1）滑动支座

滑动支座有低位和高位两种。滑动支座如图 2-70 和图 2-71 所示。低位滑动支座焊在管道下面，可在混凝土底座上前后滑动；在支座周围的管道不能保温，以使支座能自由滑动。高位滑动支座的结构与之类似，只不过其支座较高，保温层可以把支座包起来，其支座下部可在底座上滑动。

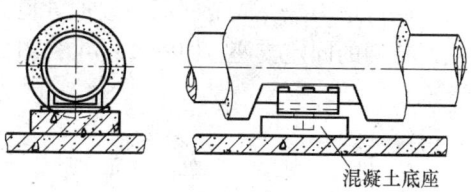

图 2-70　低位滑动支座

低位滑动支座用在可通行地沟，高位滑动支座用在不可通行地沟及半通行地沟。

（2）滚动支座

高位滚动支座如图 2-72 所示，管道支座架在底座的圆轴上，因其滚动可以减少承重底座的轴向推力。这种支座常用在架空敷设的塔架上。

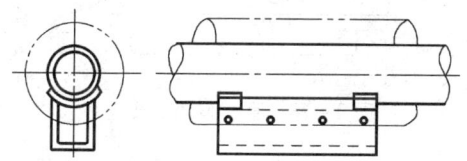

图 2-71　高位滑动支座

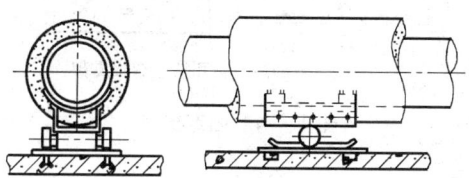

图 2-72　高位滚动支座

（3）悬吊支座

在架空敷设管道中或悬臂托架上常用悬吊支座。在靠近补偿器的几个吊架上要采用弹簧支座。

安装管道支座时，应正确找出管道中心线及标高，使管子的重量均匀地分配在各个支座上，避免集中在某几个支座上，以免焊缝受力不均而产生裂纹。同时，根据均匀载荷多跨梁的弯曲应力图可知，管道的焊缝不应在应力最集中的支座上，如图 2-73 所示，而应在 1/5 跨距的 $a$、$b$、$c$ 各点上。

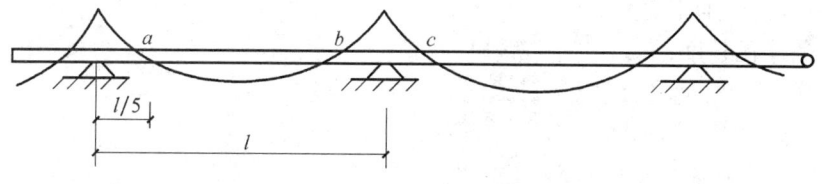

图 2-73　焊缝的最佳位置

2. 固定支座

固定支座的作用是对管道进行合理的分段划分，利用自然补偿和补偿器，将管道的伸缩量吸收，从而减少管道的应力，确保运行安全。为了保证补偿器正常工作，在补偿器的两端管道上，除大量采用滑动支座和导向支座外，还必须安装有固定支座，把管道固定在地沟承重结构上。

在可通行地沟中，常用型钢支架把管道固定住，不通行地沟及无沟敷设管道常用混凝土结构或钢结构的固定支座，如图2-74和图2-75所示。

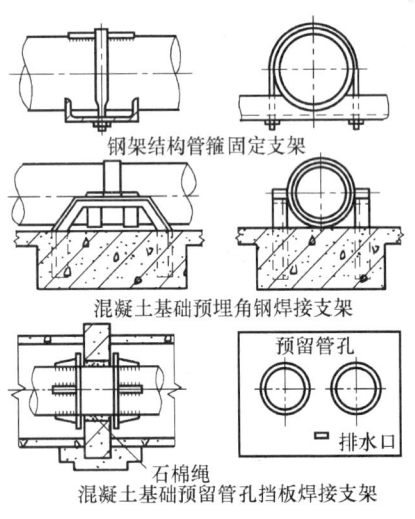

钢架结构管箍固定支架

混凝土基础预埋角钢焊接支架

预留管孔

排水口

石棉绳
混凝土基础预留管孔挡板焊接支架

图2-74　固定支座

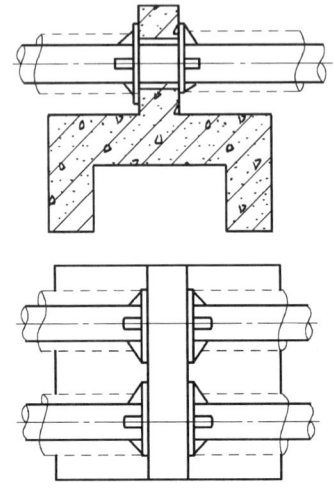

图2-75　直埋型固定支座

固定支座承受着很大的轴向作用力、活动支座摩擦反作用力、补偿器反力及管道内部压力的反作用力。因此，固定支座结构应经设计计算确定，其计算方法可参见有关供热设计手册。在安装补偿器时，应对补偿器进行预拉伸(或预紧)后再把管道焊接在固定支座上。

### 2.2.4　供热管道补偿器的安装

由于输送介质温度的高低或周围环境的影响，管道在安装与运行时温度相差很大，其必将引起管道长度和直径相应的(膨胀或缩小)变化，因此必须在管路上充分利用自然补偿或设置补偿器来吸收管道的伸缩，这种吸收管道因温度变化而产生的伸缩变形的装置就叫作补偿器。

钢管因温度变化的伸长值，可以用下式计算：

$$\Delta L = 0.012(t - t_a)L \tag{1}$$

式中：$\Delta L$——管子的伸长值，mm；

　　　$L$——管子的长度，m；

　　　$t$——管子受热的温度，℃；

　　　$t_a$——安装时管子的温度，℃。

1. 补偿器的种类

管道工程中常用的补偿器有自然补偿器和人工补偿器两种。自然补偿器又分为L形和Z形，管道的补偿器形式常用的有方形补偿器、波形补偿器、填料套筒式补偿器、球形补偿器等。图2-76~图2-81为各种补偿器的结构形式和尺寸。

管道补偿的方法是将需要进行补偿的直管道分成若干具有一定长度的管段，每段管道的两端均设置固定支座(架)，中间可设有活动支座(架)，在管段的中间设有方形补偿器，或在靠近固定支座(架)的地方，设有套筒补偿器或波纹管补偿器，使该段管道的变形得以伸缩，以保证管网的安全运行。

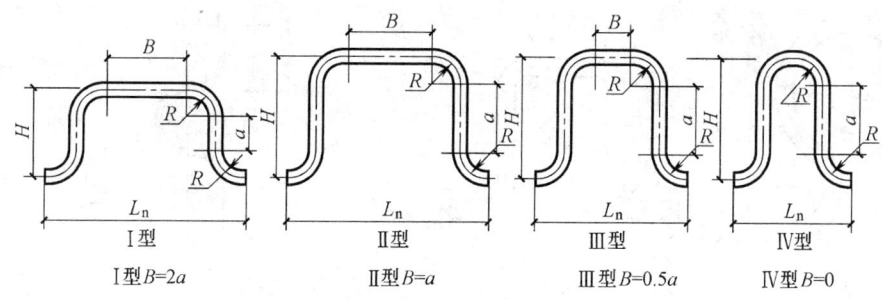

**图 2-76　四种方形补偿器**

*H*—垂直臂长；*B*—水平臂长；*R*—弯管半径

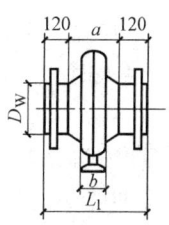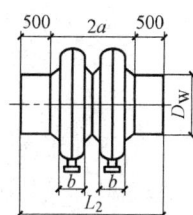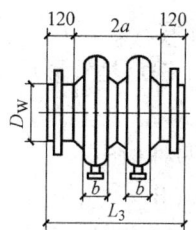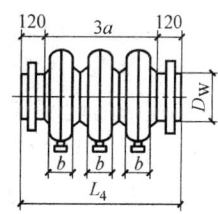

**图 2-77　波形补偿器的四种形式**

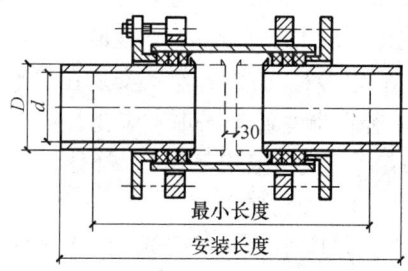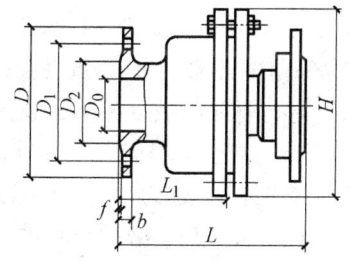

**图 2-78　双向套筒补偿器**　　　　　　　**图 2-79　球形补偿器**

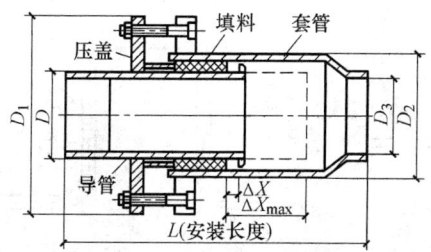

**图 2-80　单向套筒补偿器**

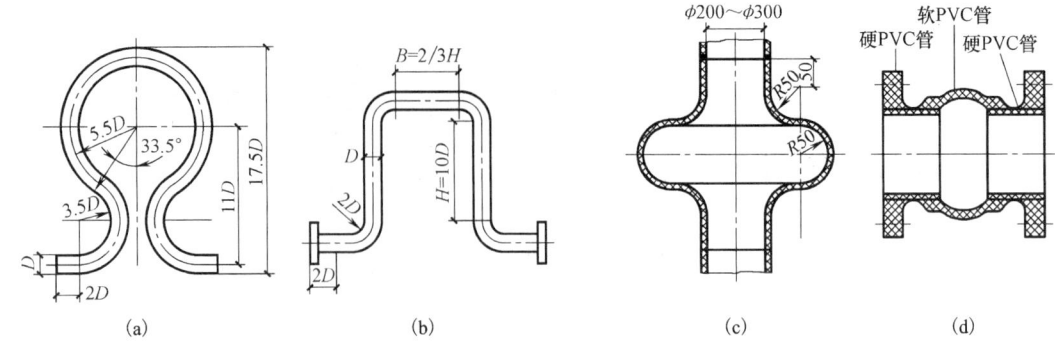

**图 2 - 81　塑料管补偿器**

(a)Ω 形补偿器；(b)方形补偿器；(c)波形补偿器；(d)软聚氯乙烯套管式补偿器

**2. 方形补偿器的安装**

方形补偿器的优点是制作简单，安装方便，热补偿量大，可用于各种压力和温度条件之下，且运行可靠，一般不需维修，缺点是外形尺寸大，安装占用面积较多，管径大时费工料较多，受热变形后两端管子容易弯曲。

方形补偿器的常见型号有四种(图 2 - 76)：根据几何外形分为 Ⅰ—标准式( B = 2a)，Ⅱ—等边式( B = a)、Ⅲ—长臂式( B = 0.5a)、Ⅳ—小顶式( B = 0)，其中以 Ⅱ、Ⅲ 型最为常用。

管径较小时，宜用整根管子煨制而成，管径较大时，可以用两根或三根管子焊制拼接而成，其水平臂(顶部)受弯变形较大，故中间处不得有焊接口，而两根垂直臂的中部弯曲应力很小，因此，补偿器上的焊接口应尽量放在垂直臂的中部。方形补偿器组对时，应在平地上拼接，垂直臂长度偏差不应大于 ± 10 mm，平面歪扭偏差不应大于 3 mm/m，且最大不得大于 10 mm，弯头角度必须是 90°，否则会在安装和运行时造成困难。方形补偿器安装在水平管路时，其水平臂与管路的坡度相同，垂直臂应保持水平。补偿器垂直安装时，应在补偿器的最高点装排气阀(输送的液体)，并在补偿器的最低点装疏水装置(输送气体)。补偿器两侧的第一个活动支架宜设置在距补偿器弯头的弯曲起点 0.5 ~ 1 m 处。

方形补偿器安装时，必须对其进行预拉伸，其允许偏差应小于 ± 10 mm。由于预冷减少了补偿器工作时的变形量，也就减少了补偿器变形时所产生的应力。方形补偿器的工作状态和焊点的位置要求分别见图 2 - 82 和图 2 - 83。

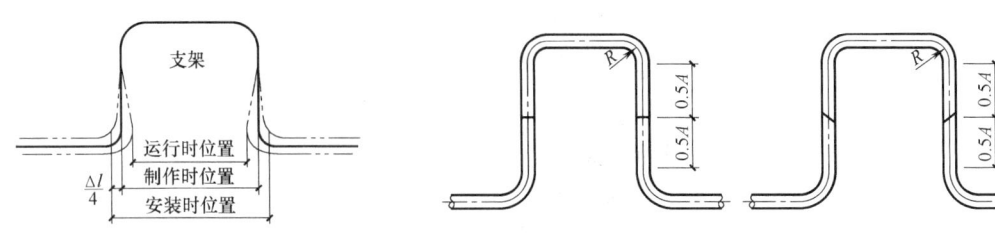

**图 2 - 82　方形补偿器的三个状态**　　　**图 2 - 83　方形补偿器的焊点位置**

方形补偿器的补偿能力△见表 2 - 15。表中所列的最大伸缩能力△是指补偿器在安装时已预先撑开或预先拉拢等，否则伸缩能力只有 △ 的一半，故当补偿器安装到管路之前，应将两臂预撑或预拉（即安装状态），以充分利用其补偿能力。

表 2 - 15　方形补偿器的尺寸及其伸缩量（R = 4D）/mm

| 伸缩量 △ | 补偿器形式 | 50 | 80 | 100 | 125 | 150 | 200 | 250 |
|---|---|---|---|---|---|---|---|---|
| 100 | Ⅰ | 1100 | 1270 | 1400 | 1590 | 1730 | 2050 | — |
|  | Ⅱ | 1250 | 1400 | 1350 | 1670 | 1830 | 2100 | 2300 |
|  | Ⅲ | 1400 | 1500 | 1600 | 1750 | 1830 | 2100 | |
|  | Ⅳ | 1650 | 1650 | 1730 | 1840 | 1980 | 2190 | |
| 150 | Ⅰ | 1310 | 1570 | 1730 | 1920 | 2120 | 2500 | — |
|  | Ⅱ | 1550 | 1760 | 1920 | 2100 | 2280 | 2630 | 2800 |
|  | Ⅲ | 1830 | 1900 | 2050 | 2230 | 2400 | 2700 | 2900 |
|  | Ⅳ | 2170 | 2200 | 2260 | 2400 | 2570 | 2800 | 3100 |
| 200 | Ⅰ | 1510 | 1830 | 2000 | 2240 | 2470 | 2840 | — |
|  | Ⅱ | 1810 | 2070 | 2250 | 2500 | 2700 | 3080 | 3200 |
|  | Ⅲ | 2100 | 2300 | 2450 | 2670 | 2850 | 3200 | 3400 |
|  | Ⅳ | 2720 | 2670 | 2780 | 2950 | 3100 | 3400 | 3700 |
| 250 | Ⅰ | 1710 | 2050 | 2230 | 2520 | 2780 | 3160 | — |
|  | Ⅱ | 2040 | 2340 | 2560 | 2800 | 3050 | 3500 | 3800 |
|  | Ⅲ | 2730 | 2600 | 2800 | 3050 | 3300 | 3700 | 3800 |
|  | Ⅳ | — | 3100 | 3230 | 3450 | 3640 | 4000 | 4200 |
| 300 | Ⅰ | — | 2260 | 2440 | 2750 | 3070 | 3460 | |
|  | Ⅱ | — | 2260 | 2850 | 3120 | 3400 | 3880 | 4200 |
|  | Ⅲ | 2650 | 2900 | 3130 | 3430 | 3700 | 4150 | 4200 |
|  | Ⅳ | — | 3500 | 3680 | 3940 | 4140 | 4600 | — |
| 350 | Ⅰ | — | 2450 | 2650 | 2050 | 3320 | 3760 | |
|  | Ⅱ | — | 2450 | 3120 | 3430 | 3730 | 4270 | |
|  | Ⅲ | — | 3200 | 3460 | 3800 | 4070 | 4600 | |
|  | Ⅳ | — | 3900 | 4130 | 4350 | 4640 | | |

补偿器的安装应当在两个固定支架之间的管道安装完毕后进行，冷拉焊口应选在距补偿器弯曲起点 2 ~ 2.5 m 处。冷拉的方法有三种，第一种是将拉管器或螺栓安装在两个待焊的接口上，然后收紧拉管器螺栓，使补偿器两臂逐渐拉开，直至同管子接口对齐，并在接口处点焊之后再拆卸拉管器进行施焊；第二种是用千斤顶将补偿器的两长臂撑开来，撑开后可采

用槽钢或角钢临时把补偿器两臂点焊撑牢，待补偿器与管路焊接后，再割去临时支架；第三种是用倒链拉紧，使得管子和补偿器接口对齐后再施焊，补偿器的拉伸及拉伸工具见图 2 - 84 和图 2 - 85，方形补偿器的实际安装以及与固定支座、滑动（导向）支座的关系见图 2 - 86。

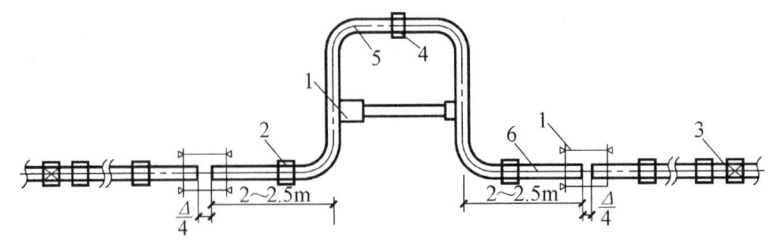

图 2 - 84 补偿器冷拉示意图

1—拉管器或千斤顶；2—活动管托；3—固定支架；4—活动管托或弹簧吊架；

5—方形补偿器；6—加长直管段

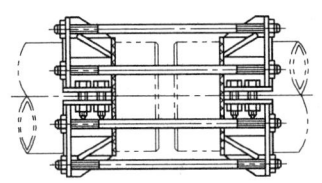

图 2 - 85 补偿器冷拉工具

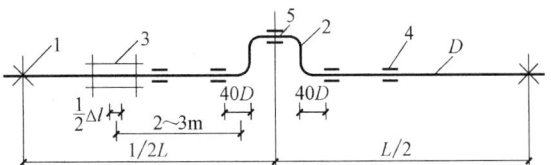

图 2 - 86 方形补偿器安装示意图

1—固定支座；2—方形补偿器；3—最后一个焊口相面 L/2

### 3. 波形补偿器的安装

波形补偿器是靠波形管壁的弹性变形来吸收管子的热胀或冷缩达到补偿目的的，一般用于工作压力在 0.1 ~ 0.3 MPa，最大不超过 0.5 MPa 的管路中。它的优点是结构紧凑、几乎不占空间地位，只发生轴向变形，缺点是制造比较困难，耐压低。每个波的补偿量只有 5 ~ 20 mm 左右，且补偿器所受的应力是两头大、中间小，中部随时有向侧面偏离轴心变形的倾向，因此，波形补偿器的波一般为 4 个左右，最多不超过 6 个。误差标准为：公称直径大于 1000 mm 时，补偿器管口的周长允许偏差为 ±6 mm，小于或等于 1000 mm 时为 ±4 mm，波峰直径偏差 ±5 mm。补偿器与固定支座、导向支座的安装见图 2 - 87。

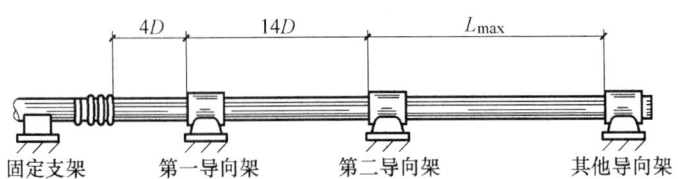

图 2 - 87 波纹管补偿器安装示意图

波形补偿器可由单波或多波组成，但波节较多时，边缘波节的变形大于中间波节，会造成波节受力不均匀，因此波节不宜过多，燃气管道上用的一般为二波不带拉杆。

波纹管是用薄壁不锈钢板通过液压或辊压而制成波纹形状，然后与端管、内套管及法兰组对焊接而成的补偿器。波纹的形状有 U 形和 Ω 形两种。供热管道上用的波纹管补偿器均应带拉杆，防止因多波节产生弯曲变形。

波形补偿器(或波纹管)都采用法兰连接，为避免补偿时产生的震动使螺栓松动，螺栓两端可加弹簧垫圈。波形补偿器一般为水平安装，其轴线应与管道轴线重合。可以单个安装，也可以两个以上串联组合安装。单独安装(不紧连阀门)时，应在补偿器两端设导向支座，使补偿器在运行时仅沿轴向运动，而不会径向移动。安装在地下时应砌筑井室加以保护，如图 2 –88 所示。

波形补偿器按波节结构可分为带套筒和不带套筒两种形式，安装时应注意方向性，内套管有焊缝的一端在水平管路上应迎着介质流向安装，在垂直管路上应置于上部，水平安装时如管道内有凝结水，应在每个端节下方安装放水阀，见图 2 –89。

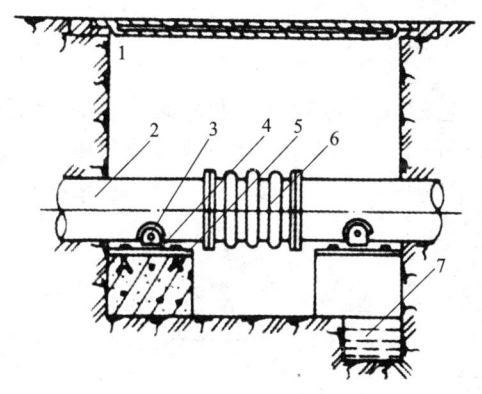

图 2 –88　地下管道波纹管安装示意图

1—闸井盖；2—地下管道；3—滑轮组(120°)；
4—预埋钢板；5—钢筋混凝土基础；6—波纹管；7—集水坑

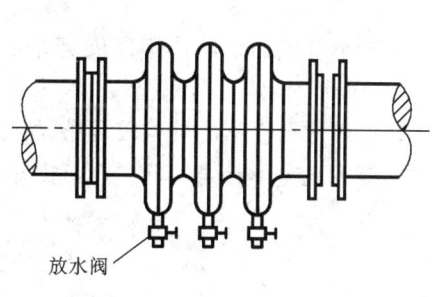

放水阀

图 2 –89　补偿器放水阀

波形补偿器的预拉，应在平地上进行，作用力应分 2~3 次逐渐增加，尽量保证波节的圆周面受力均匀，拉伸或压缩量的偏差小于设计补偿量的 10%。吊装时，不能将绳索绑扎在波节上，也不能将支撑件焊接在波节上，应严格按照管道中心线安装，不得偏线，以免受压时损坏。宜设置临时支架，待管道安装固定后再予以拆除。

在管路做水压试验时，不允许超过规定的试验压力，以防止补偿器过分拉长而失去弹性，试压时最好将波形补偿器夹牢，不使其有拉长的自由。

4. 填料式补偿器的安装

填料式补偿器又称套筒式补偿器，构造形式有法兰式、焊接式和螺纹式。插管与套管间是填料，填料压盖将其压紧在压紧环与支持环之间，与支撑环起防止插管脱出套管的作用。多用于管径≤300 mm、温度不高、伸缩量较大而又受地位限制不可能安装其他形式的补偿器的情况下。其优点是占地面积小，流体阻力小，伸缩量大，单向的伸缩可达 200 mm，双向的伸缩可达 400 mm，缺点是轴向推力大，填料密封性不可靠，故只适用于直线管路上。安装前，应拆开检查内部零件填料是否完整齐全符合要求。安装时，填料式补偿器应按管道中心线安装，不得偏斜，在靠近补偿器的两侧，至少应当各有一个导向支架，使管道运行时不至偏离中心线,以保证能自由伸缩。其安装方式同波纹管补偿器,安装示意图见图 2 – 87。安装套管补偿器时,为了防止安装后,在低温时管子收缩而使管芯脱落或盘根损坏,应先把管芯插入套管一段长度,其插入量按下式计算:

$$\Delta_1 = \Delta_{\max} \frac{t_a - t_H}{t_T - t_H} \tag{2}$$

式中:$\Delta_1$——管芯插入量,mm;

$\Delta_{\max}$——管段最大伸长值,mm;

$t_a$——安装时管子的温度,℃;

$t_H$——室外空气最低温度,℃;

$t_T$——室外空气最高温度,℃。

补偿器的加工原材料应相当于管子的钢号,里面的压紧环和支承环则需根据介质而定。填料通常采用的是浸油的方形石棉绳或石墨粉(俗称石棉盘根、黑铅粉)。加装填料时应逐圈加装、逐圈压紧,各圈接口应互相错开。

5.球形补偿器

球形补偿器是近几年发展起来的新产品,它的优点是能够吸收管道产生的伸缩(热位移)、振动、扭曲等全部位移,因为它是以球体的圆心为回转中心的,能够做 360°任意方向的回转。球形补偿器的结构较复杂,制造成本比方形补偿器高,而且需要维修,承受压力和温度的能力比方形补偿器低,其安装见图 2 – 90。

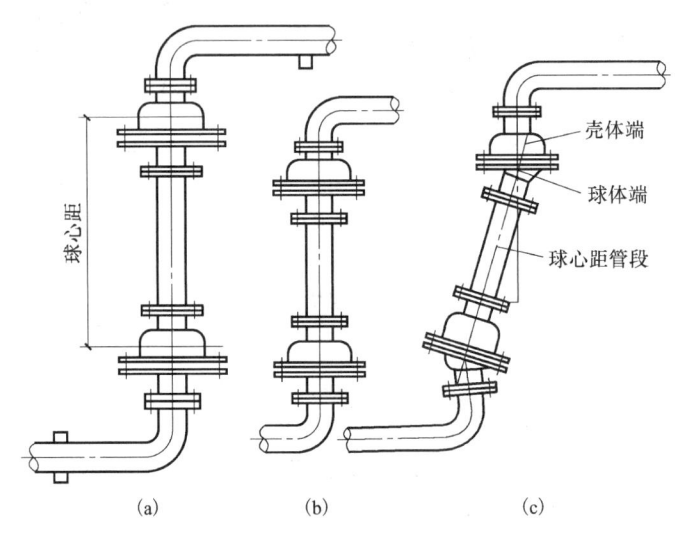

图 2 – 90  球形补偿器的安装
(a)球心距安装长度;(b)球形补偿器安装方法;(c)球形补偿器与球距管段的组合

球形补偿器的安装要注意阅读生产厂家的说明书,一般垂直安装在热力管道上,也可以水平安装,但须至少由两只球形补偿器组成一组,一般组合成 Ⅱ 形和 Γ 形管线。安装时,两固定端间的管线中心线应与球形补偿器的中心重合,在管段上适当配置导向滑动支架。安装时,要特别注意核对补偿器壳体上的标志是否符合设计要求。球形补偿器应安装在检修方便的位置。当安装在垂直管道中时,必须露出一部分球体,朝下安装,这样可以防止积存污物,保证安全运行。安装完毕后，应进行通气和通水试验，检查补偿器及各连接部分有无渗漏，球形接头是否回转灵活无卡混现象。在此基础上做强度试验和系统试压，再检查各处有无渗漏，如球形补偿器本身接头有渗漏现象，则只需稍微拧紧固定压盖上的六角调节螺母即可。一般拧 1/6 圈左右。

### 2.2.5　室外供热管道的检修平台与检查室

地下管道安装敷设时，设有套筒补偿器、阀门、放水阀、排气阀和除污装置等管道附件处以及管道分之处，应设置检查井或检查室，架空管道一般应设置检修平台。

中、高支架敷设的管道，在安装阀门、放水、放气、除污装置的地方应设操作平台。操作平台的尺寸应保证维修人员操作方便，平台周围应设防护栏杆。检查室或操作平台的位置及数量应与管道平面定线和设计一起考虑。在保证安全运行和检修方便的前提下，尽可能减少其数目。

热力管道的分支连接多为挑接，安装时应注意高点排气、低点泄水，在管网敷设过程中，还应注意管道由于挑接而发生的标高变化。管道挑接见图 2 - 91。

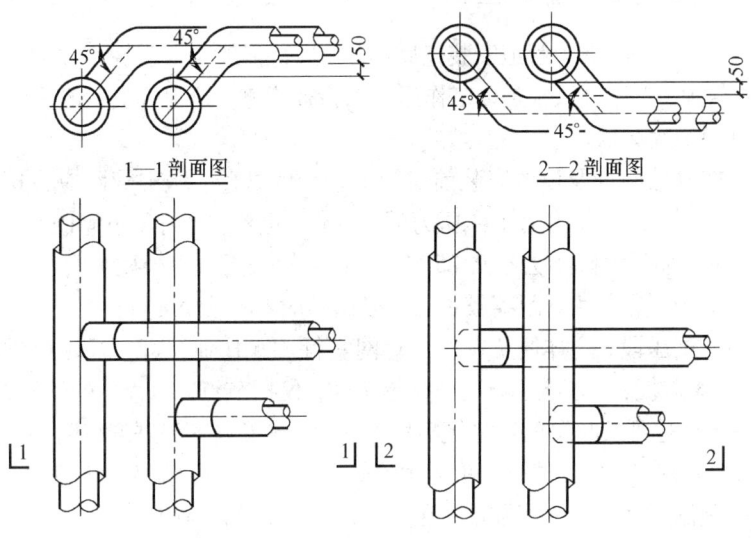

**图 2 - 91　热力管道的挑接**

检查室的净空尺寸要尽可能紧凑，但也必须考虑维护检修的便利。净空度不得小于 1.8 m，人行通道宽道不小于 0.6 m，干管保温结构表面与检查室地面距离不小于 0.6 m。检查室顶部应设入口及入口扶梯，入口人孔直径不小于 0.7 m。为了检修时的安全和通风换气，入孔数量不得少于两个，并须对角布置。当热水管网检查室只有放气门或其净空面积小于 0.4 m² 时，可只设一个人孔。检查室还用来汇集和排除渗入地沟或由管道放出的水，为此，检查室地面应低于地沟底，且其值不小于 0.3 m，同时，检查室内至少应设置一个集水坑，并应置于人孔下方，以便使用便携泵将积水抽出。如图 2 - 92 所示为一个检查室的布置图。

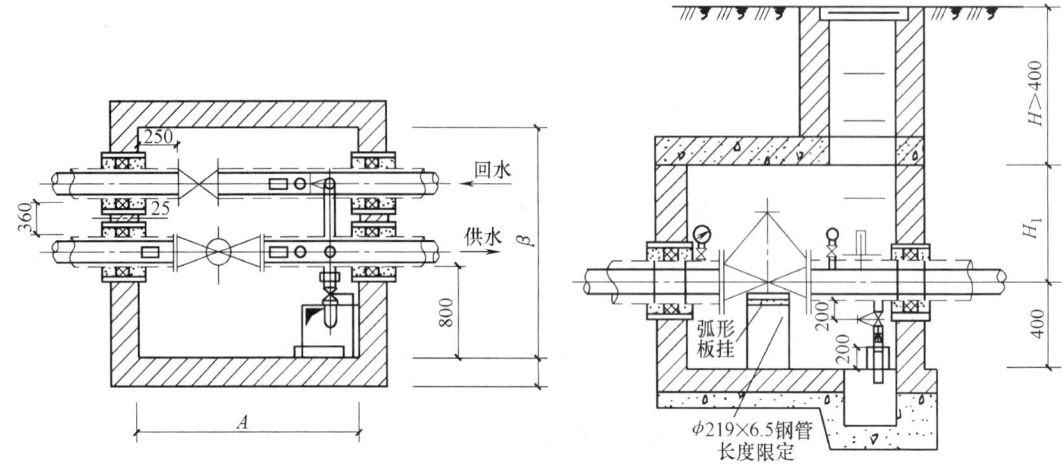

图 2 - 92　热力检查室布置图

## 2.2.6　供热管道的试压与验收

与供暖系统管道一样，热力管道安装完后，必须进行强度与严密性的试验。强度试验是以试验压力来检查管道，严密性试验是以工作压力来检查管道。热力管道一般采用水压试验。

**1. 热力管道的强度试验**

强度试验是在管路附件及设备安装前对管道进行的试验，城市管网应在接口防腐、保温及设备安装前进行，其试验压力为工作压力的 1.5 倍，但不得小于 0.6 MPa，压力升至试验压力后，观测 10 min，如压力降不大于 0.05 MPa，且经检查无漏水处则为合格。

由于热力管道的直径较大，距离较长，一般试验时都是分段进行的，如两节点或两检查井之间的管段为一试压段，这样便于在整个管网实行流水作业。即一段水压试验合格后就可进行涂油、保温、盖盖板、回填土、场地平整等工作，仅把节点、检查井的管子接口留出即可。分段试压的另一优点是可及时发现问题并及时解决，不致影响工程进度。因一般室外地下工程都是夏季施工，雨天较多，分段试压，可及时完成有关工序，不因雨天而延误整个工期。

管网上用的预制三通、弯头等零件，在加工厂用 2 倍的工作压力试验，闸阀在安装前用 1.5 倍的工作压力试验。

**2. 热力管道的严密性试验**

热力管道和热力站的严密性试验一般伴随强度试验进行，强度试验合格后将水压降至工作压力，城市热网的一、二次管网应为设计压力的 1.25 倍，且不小于 0.60 MPa，检查各节点或检查井各接口焊缝是否严密，如不漏水则认为合格。

当室外温度在 5℃ 以下进行试压时，应采取防冻措施或先把水加热到 40～50℃，然后灌入管道内试压，且其管段最长不宜超过 200 m，试压后应立刻将水排出，并检查有无存水地方，以免把管子冻裂。

对于架空敷设热力管道的试压，其手压泵及压力表如在地面上，则其试验压力应加上管道标高至压力表的水静压力。当试验过程中发现渗漏时，严禁带压处理。消除缺陷后，重新进行试压。

3.热力管道的冲洗、调试与验收

管路使用前应进行清洗，以去除杂物，管路清洗可在试压合格后进行。清洗前应将管路上的流量孔板、滤网、温度计、止回阀等部件拆下，清洗后再装上。热水供暖系统用清水冲洗，如系统较大，管路较长，可分段冲洗。清洗到排水处水色透明为止。蒸汽供暖系统可用蒸汽吹洗，从总汽阀开始分段进行，一般设一个排汽口，排气管接到室外安全处。吹洗过程中要打开疏水器前的冲洗管或旁通路阀门，不得使含污的凝结水通过疏水器排出。

室内供暖系统的试运转应在试压合格并经过清洗后进行。如在冬季投入运行，运行前必须做好一切准备工作。水源、电源要保证正常供给，修理、排水等工具要齐备，事前要确定方案，统一指挥，明确分工。尽量不要在室外气温接近供暖计算温度的日子进行试运转，当必须在此情况下通暖时，准备工作更要充分一些。气温在零下3℃以下通暖时，门窗洞口必须尽可能严密，可采取一些临时性的措施将门窗洞口堵上；要设法提高水温或降低水的冰点；室内最好有临时取暖措施，使室温维持在5℃以上，以防发生系统内水结冰胀裂管道和散热设备的现象。

蒸汽供暖系统也要进行初调节，使各散热器放热均衡，回水通畅，一般都是依靠开、关有关阀门来进行。

室内供暖系统应按分项、分部或单位工程验收。单位工程验收时应有施工、设计、建设单位参加并做好验收记录。单位工程的竣工验收应在分项、分部工程验收的基础上进行。各分项、分部工程的施工安装均应符合设计要求及采暖施工及验收规范中的规定。设计变更要有凭据，各项试验应有记录，质量是否合格要有检查。交工验收时，由施工单位提供下列技术文件：

①全套施工图、竣工图及设计变更文件。

②设备、制品和主要材料的合格证或试验记录。

③隐蔽工程验收记录和中间试验记录。

④设备试运转记录。

⑤水压试验记录。

⑥通水冲洗记录。

⑦质量检查评定记录。

⑧工程质量事故处理记录。

质量合格，文件齐备，试运转正常的系统，才能办理竣工验收手续。上述资料应一并存档，为今后的设计提供参考，为运行管理和维修提供依据。

## 复习思考题

1.室内供暖管道安装的技术要求和干管、立管的安装要求有哪些？

2.室内供暖系统如何进行试压及冲洗？

3.管道的补偿有哪些形式？

4.室外供热管道的地下敷设方式有哪些？

# 第3章  热源设备（锅炉）的安装施工

锅炉是利用燃料等燃烧释放的热能或工业生产中的余热，将工质加热成某一温度和压力的蒸汽或热水的设备，产生蒸汽的锅炉也称为蒸汽发生器。工业锅炉是指以煤、油、气为燃料，以水为介质的固定式钢制锅炉，包括额定蒸汽压力为 0.04～3.8 MPa 且额定蒸发量大于或等于 1 t/h 的蒸汽锅炉和额定出水压力大于 0.1 MPa 且额定热功率大于或等于 $0.7 \times 10^6$ W 的热水锅炉。它主要用于轻工、纺织、机械、建筑等行业生产供汽或采暖热源，也可做小型火力发电厂发电用热源。

锅炉设备安装是保证锅炉安全、经济运行的重要基础工作之一。我国锅炉安装技术在 20 世纪 50～80 年代一直沿用苏联的锅炉安装方法，而 90 年代初引进锅炉机组的同时也引进了欧美、日本等国的安装方法。因此，我国锅炉的安装技术是集各国施工经验，结合过去施工经验，独立创建的一套施工方法。

由于锅炉的制造特点等原因，锅炉的安装必须严格遵守相关技术标准，确保锅炉的安装质量。安装额定工作压力不大于 1.25 MPa、热水温度不超过 130℃ 的整装蒸汽和热水锅炉，应按《建筑给水排水及采暖工程施工质量验收规范》（GB 50242—2002）施工；锅炉额定工作压力小于等于 3.82 MPa，现场组装的固定式蒸汽锅炉和固定式承压热水锅炉的安装，应按《锅炉安装工程施工及验收规范》（GB 50273—2009）施工。

锅炉是特种设备，因此，锅炉安装单位必须持有国家特种设备安全监督管理部门颁发的与锅炉安装级别相符合的锅炉安装许可证。为了保证按程序、有计划地进行安装工作，施工单位需事先制定详细的施工组织设计。本章主要介绍整体锅炉的安装。

## 3.1  锅炉安装用起吊机具

工业锅炉大件多，形状复杂，质量大，一般散装锅炉都装在 4 m 以上的运转层上，炉顶标高可达 20 m 以上，整装锅炉质量可达几十吨甚至上百吨。通常工业锅炉不配备桥式吊车，而安装工作是在厂房封顶后进行的，有些现代吊装设备施展不开。因此，由于工业锅炉的容量、设备结构、工程量等关系，快装锅炉一般采用整体安装。

在锅炉安装中，起重搬运的工作量一般占整个安装工作的 1/4 左右。做好起重搬运工作是高速、优质安装的关键。参加锅炉安装的技术人员与工人应因地制宜地选用起吊工具及起吊方法。

## 3.1.1 常用起重及吊运机具

### 1.绳及索具

绳及索具主要用于吊运较轻部件、传递所需简单工具、变换起重用力方向、拉拽部分部件就位、找平找正辅助用力点、减轻施工人员劳动强度等。如吊运受热面管、阀门与钢架横梁；传递焊具、扳手；对起重机械所吊部件不能按要求到位，借绳索进行方向调整；部分钢柱有少量倾斜，用绳索找正方向等。安装用的绳索与索具主要有：各种规格的麻绳、浸油麻绳、多股软钢丝绳、滑车及滑车组、吊钩等。

### 2.起重设备与机具

起重设备与机具主要用于起重与吊运锅筒、钢架、联箱、炉排梁、炉排轴、墙板、减速器、省煤器、空气预热器、蒸汽过热器、鼓引风机、二次风机、钢板排烟风道等。选用起重设备与吊运机具型号、规格与起重能力，应根据锅炉部件的最大质量、形状、体积与施工起重条件而定。起重设备与机具主要有：桅杆(抱杆)、吊链、手动齿轮卷扬机、搅磨、电动葫芦、各种结构的千斤顶、动臂杆、汽车吊、悬臂吊及其相应配合使用的人字支架、道木、滚杠、撬杠等。

## 3.1.2 设备的装卸与搬运

施工现场常用的搬运和装卸基本方法有滚杠搬运法、卷移法和滑移法 3 种。

### 1.滚杠搬运法

滚杠搬运法是短距离搬运较重设备常用的施工方法。它是将设备放在旱船(排子)上，旱船下垫入滚杠，滚杠下搭设走道，通过牵引设备使设备滚动前移。在快装锅炉的搬运和就位中，常使用此法。比如快装锅炉的水平运输可以在路面上垫上厚度大约为 25 mm 的道木及滚杠，

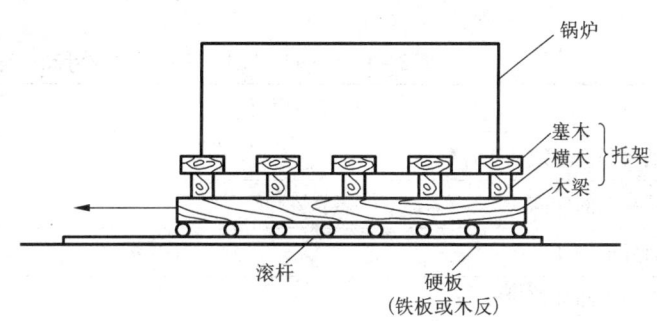

**图 3 − 1 滚杠搬运法**

用绞磨拖运或用撬棍靠人力向前撬动，使锅炉随着滚杠在道木上滚动，木板和滚杠交替使用，直至拖入锅炉房(图 3 − 1)。

### 2.卷移法

卷移法其实也属于滚移法的一种，它是利用绳索拉(溜放)卷，使圆筒状重物做升、降移动。

### 3.滑移法

滑移法和滚杠搬运法相比，只是在上下走道之间不垫滚杠，而靠牵引力克服设备滑动摩擦阻力来搬运设备。施工现场的设备卸车常用此法。为使设备易于滑动，最好使用钢排子或钢木排子托放重物，用钢轨做下走道。

## 3.2 锅炉基础验收、划线、处理

### 3.2.1 锅炉基础验收

锅炉基础是用来支撑锅炉质量,并吸收其振动的构筑物。它主要包括:锅炉本体基础,泵基础,风机基础,各种罐类、容器、交换器基础,以及传动、破碎等设备基础。锅炉安装前由建设单位、土建单位和安装单位三方共同组成验收组,对锅炉基础进行验收,以保证安装质量,缩短安装工期。锅炉基础验收应根据图纸和国家标准《混凝土结构工程施工质量验收规范》(GB 50204—2015)的规定进行。

锅炉基础的验收主要是为检查基础的施工质量,校核基础的位置尺寸、标高,检查外观质量及强度等。锅炉基础验收要填写验收记录。

1. 锅炉基础位置尺寸、标高的要求

对锅炉基础的位置、几何尺寸测量检查的主要项目有:基础的坐标位置;不同平面的标高;平面外形尺寸;凸台上平面外形尺寸和凹穴尺寸;平面的水平度;基础的铅垂度;预埋地脚螺栓的标高和中心距;预埋地脚螺栓孔的中心位置、深度和孔壁铅垂度;预埋活动地脚螺栓锚板的标高、中心位置、带槽锚板和带螺纹锚板的水平度等。

锅炉设备安装前应按照规范允许偏差对设备基础的位置和几何尺寸进行复检验收。锅炉及其辅助设备基础的尺寸和位置的允许偏差应符合表3 - 1的要求。

表3 - 1　锅炉及其辅助设备基础尺寸和位置允许偏差

| 复检项目 | | 允许偏差/mm |
|---|---|---|
| 纵轴线和横轴线的坐标位置 | | ±20 |
| 不同平面的标高 | | −20 |
| 平面外形尺寸 | | ±20 |
| 凸台上平面外形尺寸 | | −20 |
| 凹穴尺寸 | | +20 |
| 平面的水平度(包括地坪上需安装设备的部分) | 每米 | 5 |
| | 全长 | 10 |
| 垂直度 | 每米 | 5 |
| | 全长 | 10 |
| 预埋地脚螺栓 | 标高(顶端) | +20 |
| | 中心距(在根部和顶部测量) | ±2 |
| 预埋地脚螺栓孔 | 中心位置 | ±10 |
| | 深度 | +20 |
| | 孔壁铅垂度每米 | 10 |

续表 3 - 1

| 复检项目 | | 允许偏差/mm |
|---|---|---|
| 预埋活动地脚螺栓锚板 | 标高 | +20 |
| | 中心位置 | +5 |
| | 水平度(带槽的锚板)每米 | 5 |
| | 水平度(带螺纹孔的锚板)每米 | 2 |

2. 锅炉基础外表面质量要求

锅炉基础外表面应无裂纹、空洞、掉角、露筋,在用锤子敲打时,应无破碎等现象发生。同时锅炉基础表面和地脚螺栓预留孔中的油污、碎石、泥土、积水等均应清除干净。

对于一次性预埋的地脚螺栓,地脚螺栓的位置正确,露出基础的长度符合要求,螺纹情况良好,螺母和垫圈配套。

如果是预留地脚螺栓,则应按设计图检查预留孔的位置及深度,且孔内应无露筋、凹凸等缺陷,地脚螺栓孔应垂直。

放置垫铁的基础表面应平整,中心标板和标高基准点埋设、纵横中心线和标高的标记以及基准点的编号等均应正确。

基础浇筑时承重面上要留出 40~60 mm 的垫铁高度(即比设计标高低 40~60 mm),待二次灌浆后使之达到设计标高。

3. 对锅炉基础混凝土强度的验收要求

基础验收时,基础施工单位应提供设备基础质量合格证明书,验收时主要检查其混凝土配合比、混凝土养护及混凝土强度是否符合设计要求,如果对锅炉基础的强度有怀疑,可请有检测资质的工程检测单位采用回弹法或钻芯法等对基础的强度进行复测。

### 3.2.2　基础划线

外观检查验收合格,土建单位向安装单位移交锅炉纵横中心线及标高线的基准点后,即可进行安装前的基础划线工作。锅炉本体基础的划线工作是决定锅炉本体与锅炉房建筑物及其相邻设备相对位置的重要工作。

所谓划线,就是在锅炉混凝土基础上用墨线弹画出锅炉的纵、横基准线,在建筑物四周墙上画出锅炉安装的标高基准线。锅炉的纵向基准线就是锅炉纵向中心线;锅炉的横向基准线即垂直于锅炉纵向基准线的一条直线。标高基准线是在锅炉本体基础周围的锅炉房墙或房柱上,由标高基准点引出的若干标高标记。

基础划线的流程包括:①确定锅炉的纵、横基准线;②确定锅炉辅助基准线和各钢柱中心位置;③在各立柱安装位置上,画出立柱底板的轮廓线;④确定锅炉标高基准线。

### 3.2.3　基础的处理

为使立柱就位方便,在基础的钢筋上,按立柱底板的实际外形尺寸和中心线,焊上立柱限位角钢。另外,为保证二次浇灌的质量,基础平面上应凿出麻面。在基础划线、处理之后,应如实记录验收情况。

## 3.3　整体式锅炉的安装

整装锅炉主要包括立式整体锅炉和卧式快装锅炉。它们由于具有占地面积小，投资少、结构紧凑，安装、使用、维修方便等优点，既适用于采暖、生活用热供应，又适用于负荷较小的企业生产供汽，因而得到了较为广泛的使用。搞好整体锅炉安装，保证其安装质量是关系到锅炉的安全经济运行和生命财产安全的大事。

### 3.3.1　立式整体锅炉的安装

一般立式锅炉的质量在 3 t 以下，较大些的立式锅炉质量为 6～8 t。立式锅炉结构紧凑，占地面积小，安装简便、快速，很少或甚至不用炉墙，但是高度较高。立式锅炉一般采用自然通风，不用送风机和引风机或仅用送风机。

1. 基础施工验收及放线

立式锅炉一般由制造厂装配成整体出厂。安装前应进行锅炉的检查与验收、基础的施工验收及放线。

立式锅炉一般装在混凝土浇制的圆环形开口的混凝土基础上。基础应高出锅炉房地坪 10～20 mm，基础中心设置灰坑，清灰口应朝向操作一侧。采用机械鼓风的立式炉在基础侧面留有鼓风口。由于立式锅炉一般采用钢烟囱，并且烟囱坐落在锅炉上，烟囱受到风的侧压力较大，所以锅炉应用螺栓固定于基础上，以防止锅炉倾翻。

基础的施工质量及尺寸位置要符合图样要求并符合有关规定，基础验收时应重点检查混凝土的强度、预留螺栓孔的位置尺寸及预留孔深度。不符合要求应进行处理、修整。

基础放线时要按图样设计要求和锅炉房的轴线弹出锅炉的纵、横基准线。对于单台安装的立式锅炉可按基础实际中心线进行放线。

2. 立式锅炉的安装

立式锅炉的安装要达到设备技术文件的要求，并应遵守和符合《锅炉安全技术监察规程》（TSG G0001—2012）的规定。

（1）锅炉搬运

立式锅炉的锅炉房一般不大，施工现场通常道路狭窄，不便于机械化运输，常采用滚杠滚运的方法进行搬运。由于立式锅炉质量较小，一般采用木排滚运，滚杠常用厚壁无缝钢管或硬质圆木。搬运时可将立式锅炉直立在本排上，并用钢丝绳牢固固定，防止运输过程中锅炉倾倒造成事故。

（2）安装就位

直立搬运的锅炉可用木板及道木在地面与基础上平面间搭设倾坡，将锅炉管口方位调整好后直接将锅炉滚运到基础上。然后用齿条千斤顶抬起锅炉，将滚杠和木排抽出，用撬拨方法使锅炉的纵横中心线与基础上放出的基准线重合。对于横置搬运的立式锅炉，可设立独木桅杆或人字桅杆进行吊装就位。吊装时吊点应尽量高一些，以便使锅炉翻向直立状态顺利就位。锅炉上下端要拴上牵引绳调整方位。

（3）锅炉找正

锅炉就位后应按图样的要求找正。锅炉坐标位置用撬棍和千斤顶进行校正，标高和垂直度则用平垫铁来调整。

(4)锅炉附件安装

立式锅炉采用手烧式固定炉排，分为蜂窝形和条形两种。通常分为 2~3 片铸造，现场拼装于炉条支撑圈上。组装时注意分清上、下面，不要装反，各片间隙要均匀，装设要牢靠。人孔及手孔盖紧固前，需对锅炉内部进行彻底检查与清扫，当炉内确无其他杂物时方能将孔盖封闭。然后检查人孔及手孔密封面的实际状态，对于凹陷、纵向刻痕，应用刮刀及砂纸处理合格。然后按照密封环的尺寸制备石棉橡胶板或石棉盘根垫，使用石棉橡胶板为垫片时，应涂抹机油、黑铅粉。最后将人孔、手孔螺栓紧固。

(5)烟囱的安装

立式锅炉的烟囱均为铁烟囱，装于冲天管或前烟箱上部，用角钢法兰连接，不单独另设烟囱基础。烟囱的高度一般为 10~15 m，它的结构一般以 3~5 m 为一节。安装方法包括整体吊装和分节吊装两种。在一般立式锅炉铁烟囱安装时，因铁烟囱总重为 500~800 kg，采用整体吊装完全没有问题。而采用分节吊装时，搭脚手架和设置空中作业防护措施既增加了安装工时，又使安装工作复杂化。因此，立式锅炉的铁烟囱均采用整体吊装一次就位的安装方法。为了保证铁烟囱在锅炉运行中不致产生歪斜，同时尽量减少连接冲天管法兰螺栓的应力，应在距铁烟囱顶部、烟囱全高的 1/4~1/3 处，连接三条拉线与地桩相连。拉线之间夹角应互为 120°，拉线与烟囱纵向中心夹角应保持 45°(如图 3-2 所示)。

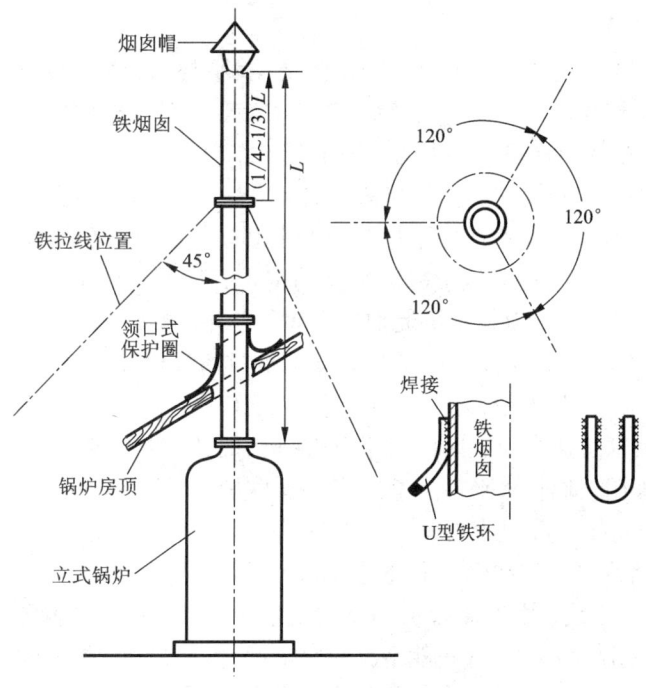

**图 3-2　铁烟囱拉线配置图**

L—烟囱的总高度。(1/4~1/3)L—铁烟囱的长度，位置如图

### 3.3.2 卧式快装锅炉的安装

卧式锅炉一般属于大水容量的锅炉,锅炉本体的质量很大。因此,这类锅炉安装工作的搬运、就位等占了较大比重,这是与安装其他类型锅炉的主要不同点。

1. 安装前的准备工作

(1)锅炉设备的清点与验收

锅炉整体运到后,应按制造厂的出厂清单进行清点、检查,清查锅炉整体和其他附件在运输途中是否有损坏、变形、缺少等情况。快装锅炉是在制造厂内制造装配完后出厂的,耐火砖及保温层也都是砌筑、填充完毕的,因而质量及体积较大。装卸及运输中难免振动,因而常出现掉砖、拱塌的现象,因此在检查时应特别注意。如果出现这种情况,在试运行前必须认真修复。

(2)快速锅炉的搬运

快装锅炉由于质量较大,现场搬运一般采用滚杠搬运的方法。快装锅炉具有条形的钢制炉脚,滚运时不必加设排子。先用齿条千斤顶将炉体顶起(用千斤顶在锅炉底座两侧的铁板下缓缓顶升,切勿在其他位置顶升),直接塞入滚杠及道木,然后即可用钢丝绳拉动,这时应注意安放钢丝绳的位置,不可损坏锅炉整体的任何部分。由于快装锅炉外形尺寸较大,因此在锅炉房砌墙时应按锅炉外形尺寸留出预留孔口。锅炉基础高于地坪时,可用木板、道木搭设斜面,将锅炉牵引到基础上就位。

2. 快装锅炉的安装

一般快装锅炉安装的主要内容包括:运装就位、找平找正、省煤器安装、风机安装、连接烟风道、铁烟囱安装以及蒸汽、给水、排污管道的安装、保温、漆色等内容。

(1)锅炉的找平是快装锅炉安装中的一项重要工作

锅炉的纵向找平取决于锅炉的排污结构。快装锅炉一般是通过运行中定期排污而将炉水中的沉渣、污垢排出的。快装锅炉纵向找平的原则就是排污口应位于锅筒及联箱的最低点。

由于锅筒及联箱的排污管都位于锅炉后端的锅炉,找平时要求锅炉纵向有一定的倾斜度,使前端高于后端25 mm,以便于沉淀物向后部积存并从排污口排出。

对于采用了分部排污结构的锅炉,它的侧集箱的排污管道位于集箱的中部偏前。这种锅炉如仍按前端高于后端的找平法,会造成沉淀物积留于后部无法排除。在炉水氯根控制不当的情况下,会造成后部迅速腐蚀。因此对于分部排污的快装炉,应保持锅筒及联箱的水平。纵向水平测定,可采用玻璃管水平仪测量集箱中心的方法来进行。

锅炉的横向水平应以锅筒为依据来找。当锅筒内最上一排烟管布置在同一水平线时,可打开锅筒上的人孔将水平仪放在烟管上部进行测定。另一种方法是打开前烟箱,在平封头上找出原制造的水平中心线,用玻璃管水平仪测定水平线的两端点,其不水平度全长应小于2 mm。找平时采用钢制平垫铁,找正找平符合要求后将垫铁与锅炉底座焊接在一起。

(2)炉排变速箱安装

变速箱应先按炉排链轮轴调整高度,然后将联轴器连接好。连接下箱壳和活动托板上的4只螺栓不要拧紧,以便在拉紧或放松炉排时,靠4只螺栓在椭圆孔上的位移来使调速箱轴与链轮轴保持平行。调速箱轴与链轮轴保持水平和平行后,再将地脚螺栓浇牢于基础中。最后连通电源,进行冷态试运转。

（3）省煤器的安装

安装前，应检查省煤器管周围嵌填的石棉绳是否严密牢固；外壳板是否平整，有无碰撞损坏；省煤器肋片管有无损坏，肋片破损数是否超过总肋片数的10%；连接弯头的螺栓有无松动等。锅炉整体安装完毕后，应按照图样要求，将后烟箱装配于锅炉整体后方。将省煤器与后烟箱连接，装配时接口应严密不漏烟，省煤器的排烟管应与除尘器的入口相连接。按照图样要求将省煤器支架固定牢靠。

（4）送(鼓)风机的安装

应先将送风机底座安装于锅炉本体左侧，再安装送风机及进风管。连接部分要牢固严密，调风门要启闭灵活。可靠定位后，再连通电源试运转。送风机试运转开始时，应检查电动机转向是否正确，有无摩擦振动现象，电动机和轴承温度温升一般应不高于40℃。

（5）除尘器和引风机的安装

除尘器应牢固地支撑在基础上，将除尘器的入口端与省煤器的排烟管相连接，并将除尘器的另一端与引风机入口相连接。法兰连接时要防止漏烟。

引风机安装前，应检查底座的地脚螺栓是否浇牢在基础内。引风机安装妥当后，应用手转动靠背轮(联轴器)，检查有无卡住。引风机的轴上一般都装有风叶轮，以加强引风机轴承的散热。风叶轮的螺丝应当拧紧，防止松动。为了保证引风机轴承在高温下的润滑，安装时，轴承座内应加以润滑油，以后每月加1次。引风机进行冷态试运转的时间不得超过5 min，并且应关小烟气调节门(因为冷态运转时，电动机负荷会增加几倍，有可能烧坏电动机)。冷态试运转开始时，还要检查电动机转向是否正确，有无摩擦振动现象，电动机温度是否正常。

（6）烟囱的安装

卧式快装锅炉一般配有3节烟囱，全长共9 m。一般上节为圆筒形，长3 m；中节为圆筒形，长5 m；下节为上圆下方，长1 m。钢制烟囱较高时，质量很大。大多数钢烟囱安装在锅炉房顶的标高上，或者安装在地平面的基础上。很明显，在较高的标高上安装烟囱，施工将比较复杂。一般情况下，钢制烟囱的安装步骤包括：①检查钢制烟囱的基础质量；②检查钢烟囱的制造质量；③装配各节钢烟囱；④钢烟囱起吊就位并找正；⑤将避雷针与地线接妥。

（7）螺旋出渣机的安装

将漏灰接口先装到炉排底板下部，再装锥形渣斗，并以此定位。起吊螺旋出渣机的筒体，将它与锥形渣斗连接好。在长方形法兰的接口处，必须衬垫整块橡胶板。安装托架或吊耳以及轴承底座。在安装轴承底座时，可以通过增多或减少筒体底部凹凸法兰连接处的衬填物，或调节地脚螺栓的位置，使螺旋轴旋转最轻。螺旋出渣机安装妥当后，应接通电源，进行冷态试运转2 h，并检查螺旋轴旋转方向是否正确，压紧弹簧是否跳动，有无渗水和异常声音等。

## 3.4 锅炉安全附件的安装

锅炉与各系统设备上的仪表和阀件，是确保锅炉安全和经济运行中不可缺少的重要组成部件。操作人员完全借助于这些设备上的仪表与阀件来及时掌握和了解系统的运行状况，以便及时做出锅炉调整和各系统运行参数的正确判断，保证锅炉的安全正常运行。下面主要介绍压力表、水位计、安全阀等锅炉三大安全附件的安装。

1. 压力表

锅炉上的压力表是用来测量和指示锅炉汽水系统的工作压力的,一定要保持灵敏、准确、可靠,以确保锅炉安全运行。锅炉常用弹簧式压力表。安装弹簧式压力表时应注意以下几点:
①新装的压力表必须经过计量部门检验合格。铅封不允许损坏,不允许超过校验使用周期。②压力表要装在与锅筒蒸汽空间直接相通的地方,同时要考虑便于观察、冲洗,要有足够的照明,并要避免由于压力表受到振动和高温而造成破坏。③当锅炉工作压力小于 2.5 MPa 表压时,压力表精确度不应低于 1.5 级,压力表盘直径不得小于 100 mm,表盘刻度的极限值应大于或等于工作压力的 1.5 倍,刻度盘上应画红线指出工作压力。④压力表要独立装置,不应和其他管道相连。⑤压力表下要装有存水弯管,以积存冷凝水,避免蒸汽直接接触弹簧弯管而使弹簧弯管过热。⑥压力表和存水弯管之间要装旋塞或三通旋塞,以便吹洗、校验压力表。

2. 水位计

锅炉水位的高低是直接影响锅炉安全运行的重要因素,因此,锅炉必须安装两个彼此独立的水位计,以正确地指示锅炉水位的高低。

水位计有多种形式。中低压工业锅炉常用平板玻璃水位计和低位水位计,小型锅炉常用玻璃管式水位计。水位计上装有三个管路旋塞阀,即蒸汽通路阀、水通路阀和放水冲洗阀。

安装水位计时应注意下列几点:
①水位计要装在便于观察、吹洗的地方,并且要有足够的照明。装设低位水位计应符合以下要求:表体应垂直;连通管路的布置应能使该管路中的空气排尽;整个管路应密封良好,汽连通管不应保温。②水连通管和汽连通管要尽量水平布置,以防止形成假水位,水连通管和汽连通管的内径不得小于 18 mm。连通管的长度要小于 500 mm,以保证水位计灵敏准确。③水位计上、下接头的中心线应对准在一条直线上。④两端有裂纹的玻璃管不能用。⑤在放水旋塞下应装有接地面的放水管,并要引到安全地点。⑥旋塞的内径以及玻璃管的内径都不得小于 8 mm。⑦水位计的汽、水连接管上应避免装设阀门,更不得装设球形阀。如装有阀门,在运行时应将阀门全开,并予以铅封。

3. 安全阀

锅炉内部的压力达到安全阀开启压力时,安全阀会自动打开,放出锅筒中的一部分蒸汽,使压力下降,避免因超压而造成事故。中、低压锅炉常用的安全阀有弹簧式和杠杆式两种。

蒸发量大于 0.5 t/h 的锅炉,至少要设置两个安全阀,其开启压力不同,分为低限开启压力和高限开启压力,其值见表 3-2。锅炉上必须有一个安全阀按表中较低的始启压力进行整定。

表 3-2   安全阀的开启压力调整表

| 工作设备 | 安全阀的始启压力/MPa |
|---|---|
| 蒸汽锅炉(额定蒸汽压力小于 1.27 MPa) | 工作压力 + 0.02 |
| | 工作压力 + 0.04 |
| 热水锅炉 | 1.12 倍工作压力,但不少于工作压力 + 0.07 |
| | 1.14 倍工作压力,但不少于工作压力 + 0.10 |
| 省煤器 | 1.1 倍工作压力 |

安装安全阀时要注意以下几点：①安全阀应垂直安装，并尽可能独立地装在锅炉最高处，阀座要与地面平行。安全阀与锅炉连接之间的短管上不得装有任何蒸汽管或阀门，以免影响排汽压力。②弹簧式安全阀要有提升手柄和防止随便拧动调整螺丝的顶盖。③杠杆式安全阀要有防止重锤自行移动的定位螺丝和防止杠杆越出的导架。④安全阀的阀座内径应大于25 mm。⑤几个安全阀共同装设在一根与锅筒相连的短管上时，短管通路面积应大于所有安全阀面积总和的 1.25 倍。⑥安全阀应装设排气管，为防止烫伤人，排气管应尽量直通室外，若在室内则要高于操作人员 2 m 以上。同时排气管和底部应装有接到安全地点的泄水管，在排气管和泄水管上都不允许装置阀门。

此外，各类阀门在安装前，应检查清洗干净，检查阀瓣及密封面的严密情况。阀杆及其啮合的齿座要无损坏，动作灵活。阀门在安装前应逐个用清水进行严密性试验，严密性试验的压力为工作压力的 1.25 倍。

## 3.5　锅炉整体水压试验

锅炉的汽、水压力系统及其附属装置安装完毕后，应进行水压试验。锅炉的主汽阀、出水阀、排污阀和给水截止阀应与锅炉本体一起完成水压试验。安全阀应单独进行试验。

1. 锅炉水压试验前的检查

锅炉水压试验前应做检查，且应符合下列要求：①锅筒、集箱等受压元部件内部和表面应清理干净。②水冷壁、对流管及其他管子应畅通。③受热面管上的附件应焊接完成。④试压系统的压力表不应小于 2 只。额定工作压力大于或等于 2.5 MPa 的锅炉，压力表的精度等级不应低于 1.6 级。额定工作压力小于 2.5 MPa 的锅炉，压力表的精度等级不应低于 2.5 级。压力表应经过校验并合格，其表盘量程应为试验压力的 1.5 ~ 3 倍。⑤应在系统的最低处装设排水管道和在系统的最高处装设空阀。

2. 水压试验步骤

对操作人员进行技术、质量和安全交底，明确责任。对操作人员进行分配定岗、包干负责。水压试验的环境温度不应低于 5℃，当环境温度低于 5℃时，应有防冻措施。水压试验用水温度应始终高于环境温度，防止锅炉表面结露，但温度也不宜过高，防止引起汽化和过大的温差压力，一般为 20 ~ 70℃。

锅炉进行水压试验的步骤包括：

①锅炉及其系统注满水，使空气排尽后关闭排气阀。

②水压缓慢地升高、加压。当水压上升到工作压力时立即停止升压。稳定工作压力值，检查有无异常现象和渗漏情况，一切正常后再升压至试验压力。

③当初步检查无漏水现象时，以不大于 0.30 MPa/min 的升压速度均匀缓慢升压。当升到 0.3 ~ 0.4 MPa 时应进行一次检查，必要时可拧紧人孔、手孔和法兰等的螺栓。当水压升至额定工作压力时，暂停升压，检查各部分，应无漏水或变形等异常现象。然后关闭就地水位计，继续升至试验压力，并保持 5 min，其间压力下降不应超过 0.05 MPa。最后回降到额定工作压力进行检查，检查期间压力应保持不变。

锅炉的水压试验应符合表 3 - 3 的规定。

表 3 – 3　水压试验压力

| 名称 | 锅筒工作压力 $P$/MPa | 试验压力/MPa |
|---|---|---|
| 锅炉本体及过热器 | $P < 0.59$ | $1.5P$ 但不小于 0.2 |
| | $0.59 \leq P \leq 1.18$ | $P + 0.3$ |
| | $P > 1.18$ | $1.25P$ |
| 可分式省煤器 | $P$ | $1.25P + 0.5$ |
| 非承压锅炉 | 大气压力 | 0.2 |

④锅炉水压试验不合格时,应返修。返修后应重做水压试验。

⑤锅炉水压试验后,应及时将锅炉内的水全部放尽。立式过热器内的水不能放尽时,应在冰冻期采取防冻措施。

⑥每次压力试验应有记录,压力试验合格后应办理签证手续。

⑦水压试验后可利用炉内水的压力(但不得低于50%工作压力)冲洗取样管、排污管、疏水管和仪表管路等附件。

3. 有机热载体炉的水压试验

有机热载体炉在本体安装完成后,应以额定工作压力的 1.5 倍进行液压试验,采用有机热载体为试验介质时,液压试验前应当先进行气密性试验。当采用水为试验介质时,水压试验完成后应当将设备中的水排净,并且使用压缩空气将内部吹干。有机热载体炉气相炉气密性试验,应符合下列要求:①气密性试验时,安全附件应安装齐全。②气密性试验的环境温度不应低于5℃,当环境温度低于5℃时,应有防冻措施。③气密性试验的气体,应采用干燥、洁净的空气、氮气或其他惰性气体,试验气体的温度不得低于5℃。④气密性试验应在液压试验合格后进行,试验压力应为工作压力或系统循环压力,试验时压力应缓慢上升,当压力升至试验压力的50%时应进行检查,确认无异常或泄露后,再继续按试验压力的10%逐级升压,每级应稳压3 min。达到规定的试验压力应稳压10 min,并应采用发泡剂检查所有焊缝和法兰连接处、人孔、手孔、检查孔等部位,应无泄漏现象。

4. 水压试验的合格标准

①水压试验时,受压元件金属壁和焊缝上应无水珠和水雾。②当降压至工作压力之后胀口处不应滴水珠。③水压试验后,没有发现残余变形。

检查中若无破裂、变形及漏水现象,则认为水压试验合格,应办理签证手续,业主代表、监理代表、特种设备安全检验检测单位代表以及安装单位都应在签证上签字。

水压试验不合格,应进行返修。如果水压试验距锅炉烘、煮炉超过 30 d,受热面系统内部应进行防腐保养。

5. 安全措施

①水压试验过程中,检查时,严禁在压力超过 0.4 MPa 紧固法兰螺栓。②水压试验时应设立特别标志,避免在人群嘈杂的情况下发生危险。③有压力时,人不得站在接口处或法兰和阀门的正前面。④用手锤检查焊口时,只准在焊口附近轻轻敲,严禁用手锤直接敲击焊缝,以防止出现意外,危害操作人员的安全。

# 3.6 烘炉、煮炉、试运行及竣工验收

## 3.6.1 烘炉

根据实验结果,锅炉砌体施工结束后,每立方砌体内含有 50~140 kg 的水分。砌体内的这些水分需要在锅炉投用前排除。烘炉的目的是使砌体内储存的水分缓慢蒸发,是锅炉正式投入运行前必要的前期准备工作之一。

烘炉方式主要包括蒸汽烘炉、热风烘炉和火焰烘炉三种方法。当新装或移装锅炉的炉墙砌体砌筑结束后,本锅炉房内同时还有正在运行的锅炉时,可利用运行锅炉所产生的蒸汽热量,烘烤新装或移装锅炉的炉墙砌体,这种烘烤方法称为蒸汽烘炉。该烘烤方法的优点主要是加热均匀,温度易于掌握。特别是对于冬季刚刚施工完毕的炉墙,采用蒸汽烘炉可起缓慢解冻的作用。其缺点是烘炉时间长,且不易达到理想的干燥效果。一般在蒸汽烘炉末期还要辅以火焰烘炉予以补救。蒸汽烘炉适用于在炉墙砌筑工程刚刚结束,急于将锅炉投入运行时采用。

热风烘炉是指当有热风源或可由附近有空气预热器的运行锅炉得到具有一定温度的热风时,可将热风从锅炉炉排下吹入锅炉,使热风经炉排、炉膛(水冷壁)、排管、尾部受热面烟道,即沿燃烧烟气流程,直抵烟囱,排入大气。这种烘炉方法的缺点是普通工业锅炉房或一般企业难以提供大量热风的风源,从而达不到预期的烘炉效果。因此,在工业锅炉的烘炉中采用该方法的实际工程不多。

火焰烘炉是中小型工业锅炉较常采用的一种烘炉方法。它的程序为:烘炉初期一般用木柴烘烤。主要原因是木柴本身发热量较低,火势较弱,容易控制温度的升高。此时应将烟道闸板开度放小,对于烟道阻力较大的机械引风的锅炉应将引风机引风挡板开到最低档,用以控制通风量,从而达到微弱燃烧的目的。烘炉中期可在仍以燃烧木柴为主的前提下,适当少加一些煤炭,用以扩大火势,提高烟气温度。烘炉末期则可以燃煤为主,用控制通风量的方法控制烟气温度。控制烘炉烟温升高的速度,可使烘炉进程缓慢进行,以防止急火和烟温升高过快,出现炉墙开裂、变形等现象。

无论采用哪种烘炉方法,其目的均为使炉墙砌体干燥,能经受住锅炉正常运行的考验,不使炉墙损坏。检验是否达到烘炉目的的方法包括灰浆水分测定法和炉墙温度测定法。灰浆水分的测定可在炉膛两侧中部、炉排以上 1.5 m 炉墙处和蒸汽过热器(如无蒸汽过热器,可在相当位置)两侧墙中部,取耐火墙、青红砖的丁字交叉缝处的灰浆(各约 50 g)作为检测含水量的样本。如果样本含水量小于 2.5% 则认为烘炉合格。炉墙温度测定法可在炉膛两侧墙中部、炉排以上 1.5 m 的青红砖墙外表面向内深入 100 mm 处,测量该处的炉墙温度,若已达到 50℃,可继续烘炉 48 h,则认为烘炉合格;或在蒸汽过热器(或相当位置)两侧墙耐火砖与隔热层接合处,测量炉墙的温度已达 100℃,并可继续烘炉 48 h,则认为烘炉合格。

## 3.6.2 煮炉

1. 煮炉的目的

煮炉的目的是通过加入化学药剂除去锅炉受热面内侧的铁锈、油脂、污垢或水垢,防止

受热面腐蚀或在使用中产生过热，防止锅内水或蒸汽品质恶化。

2.煮炉常用的药剂及配制

煮炉所用的化学药剂主要有氢氧化钠（NaOH）和磷酸三钠（$Na_3PO_4 \cdot 12H_2O$），加药量参照表 3-4 选用。

表 3-4　煮炉时锅水的加药配方　　　　　　　　　　　　单位：kg/t 锅水

| 药品名称 | 铁锈较少 | 铁锈、油污较多 | 有铁锈和水垢的旧炉 |
|---|---|---|---|
| 氢氧化钠（NaOH） | 2~3 | 4~5 | 5~6 |
| 磷酸三钠（$Na_3PO_4 \cdot 12H_2O$） | 2~3 | 3~4 | 5~6 |

3.煮炉的操作方法和注意事项

①煮炉最好在烘炉的后期，在炉墙灰浆含水率达 10% 以下时，与烘炉同时进行。②将两种药剂用水溶解后，与锅炉给水同时缓慢送入锅炉，至水位表中低水位，不要将溶液一次投入锅炉，否则将使溶液在炉水中局部集中，降低煮炉效果。煮炉期间，应定期从锅筒和水冷壁下集箱取水样，进行水质分析，当炉水碱度低于 45 mol/L 时，应补充加药。③升温至放空阀或安全阀冒出蒸汽时，即开始升压，同时冲洗水位表和压力表存水弯管。④煮炉时间宜为 48~72 h。煮炉的最后 24 h 宜使压力保持在额定工作压力的 75%；当在较低压力下煮炉时，应适当延长煮炉时间。⑤待炉水冷却到低于 70℃ 时即可排出，再用清水将锅炉内部清洗干净。⑥在煮炉过程中，应随时检查锅炉各部分是否渗漏，受热后是否能自由膨胀。煮炉后，应对锅筒、集箱和所有炉管进行全面检查，如不够清洁，需做第二次煮炉。⑦受热面内水垢清除后，应先涂锅炉漆，再将锅筒内的汽水分离器、给水分配槽、表面排污管等装置全部装好，即可封闭人孔、检查孔和手孔，然后为点火做好准备。

4.煮炉的合格标准

锅炉经煮炉后，应符合下列要求：①锅筒和集箱内应无油垢；②擦去锅筒和集箱内壁的附着物后金属表面应无锈斑；③移装锅炉的残余水垢基本上得到清除。如尚未达到上述标准，应加大用药量重新煮炉。

### 3.6.3　锅炉试运行

新装的锅炉在烘煮炉合格后，现场组装的锅炉应带负荷正常连续试运行 48 h；整体出厂的锅炉应带负荷连续试运行 4~24 h，并做好试运行记录。试运行是对锅炉和辅机的制造、施工质量和整机性能进行一次全面的考核，为锅炉的正式运行做好调试和准备。

1.试运行应具备的条件

①除应具备烘炉时的条件外，锅炉的燃料运输（上煤、制粉等）、除灰除渣、供水、供电等均应满足锅炉满负荷连续运行的要求。②对于单体试车、烘炉、煮炉过程中发现的附机、附件的问题及故障全部进行排除、修复或更换，设备处于备用状态。③满负荷运行应由取得司炉工合格证的人员分班进行，开车前要熟悉各系统的流程，建设单位应派有经验的司炉人员参加操作。各岗位操作人员要分工明确，责任分明，各司其职。

2.试运行的步骤及要求

①准备工作就绪后,各岗位人员要严格按操作规程操作。新锅炉生火时间不得少于4~6 h;短期停运锅炉不得少于2~4 h。②锅炉的燃烧工况趋于稳定后,可逐渐升压和增加负荷。限制起动时的升压速度一般控制在0.59~0.78 MPa/h。③锅炉开始升压至0.05~0.1 MPa时应进行波动水位计的冲洗工作,每班不得少于一次。随着压力升高及时消除人孔、手孔、阀门等处的渗漏缺陷。注意锅筒、联箱及管道的热膨胀和支承情况。④锅炉在启动过程中由于锅水的蒸发,需要给锅炉进行补水。大流量给水会使锅炉给水管和汽包连接处。补水时应小量地连续给水,以确保安全运行。⑤当空气预热器出口烟温超过120℃时应送入冷空气。⑥按锅炉机组设计参数调整输煤、炉排(喷粉、喷油)、鼓引风、除渣设备的工况,并调控自动控制、讯号系统及仪表工作状态,使之符合设计要求。⑦试运行中应加强锅炉各部位的巡视,注意负荷下炉墙状况。按操作规程及时给水、排污及吹灰,认真做好试运行记录。⑧试运行中应进行安全阀的调整定压工作。

### 3.6.4　竣工验收

锅炉机组经运行试验后,工作参数、汽水品质、燃烧工况、辅机及上煤除渣系统参数、炉墙等均达到设计要求后,甲乙双方应办理移交验收手续,交建设单位进行管理和运行。

锅炉试运行时,建设单位和安装单位应报告当地劳动部门锅炉监察人员,以便派人共同参加验收。验收时应进行下列几方面的检查:①检查安装单位提供的锅炉、锅炉房附属设备及管道的施工安装记录,质量检验记录材质证明及仪器、仪表、电气的调整记录。②检查锅炉、附属设备及管道安装是否符合设计要求,热力设备和管道保温及刷油是否合格。③检查锅炉及压力容器安全附件安装是否合理、正确,性能是否可靠;压力容器有无合格证明。④锅炉房电气设备安装是否正确,安全可靠;自动控制、讯号系统及仪表是否调试合格,灵敏可靠。⑤检查锅炉各伸缩部位及热力管道膨胀器的安装质量和锅筒膨胀指示器安装是否正确。⑥检查上煤、燃烧、除渣系统的运行情况;炉墙砌筑质量;试运行中有无漏烟、跑风、开裂等现象;检查消烟除尘设备的效果。⑦检查水处理、给水设备安装质量,查看给水、锅水的水质是否符合国家规定的标准。⑧检查烘炉、煮炉、安全阀调整记录,了解锅炉试运行时各项参数能否达到设计要求。⑨检查与锅炉安全运行有关的各项规定(如照明、安全疏散、通道、消防及防爆等)的落实和执行情况。

总体验收合格后由安装单位按照各地锅炉监察部门和质量检查部门的要求整理竣工技术文件,并交由建设单位保管。

## 复习思考题

1.常用起重及吊运机具在锅炉安装中的用途是什么?

2.对锅炉基础进行验收的主要内容和目的是什么?

3.什么是锅炉的安全附件?

4.锅炉整体水压试验包括锅炉哪些零部件一起完成水压试验?

# 第4章　通风空调系统安装施工

通风空调安装工程是建筑工程中一个重要的分部工程，其质量不仅取决于设计水平和设备的性能，而且取决于安装质量。它关系到工程项目生产效益和经济效益的发挥。通风空调安装过程应严格按照《通风与空调工程施工质量验收规范》(GB 50243—2016)和《通风管道技术规程》(JGJ/T 141—2017)的相关要求进行施工和验收。

通风空调工程安装分为施工准备阶段、施工阶段、竣工验收阶段和服务阶段。其中施工技术准备包括了熟悉图纸内容、对到货设备和加工的成品进行检查、对现场安装条件(如场地是否清理干净，预留孔洞、支架、设备基础的位置、方向及尺寸是否正确)的检查及对施工现场测绘和安装简图的绘制。各阶段包括的主要施工内容如图4-1所示。

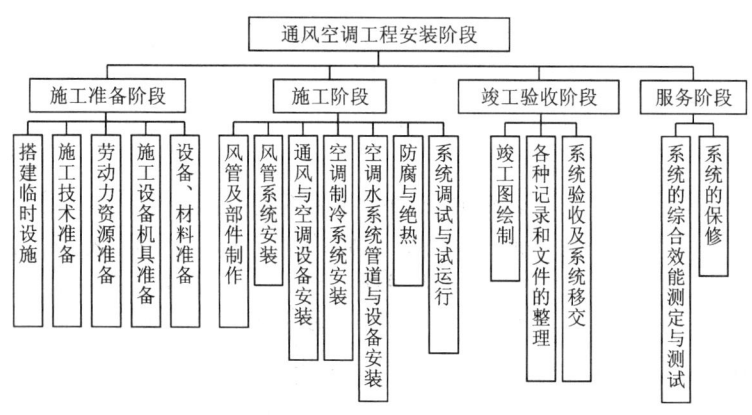

图4-1　通风空调工程安装阶段的主要施工内容

## 4.1　风管及配件(箱体)的加工制作

通风管道施工技术规程

风管系统的类型可分为以下几种：

按照风管系统的工作压力，风管可分为高压系统、中压系统和低压系统三个类别，不同类型风管制作和安装时的密封要求见表4-1。

按照风管系统的连接形式，风管可分为法兰连接风管和无法兰连接风管。

按照风管系统的性能，风管可分为通风与空调系统风管、除尘系统风管和净化空调系统风管三类。不同类别的风管，加工质量有其特殊要求。如除尘系统风管管内流速高，磨损大，要求风管的管壁厚、系统的严密性能高。为降低系统的阻力损失，要求其弯曲的弯曲半径应大于或等于 3D，不得采用大于 60°角度等。

表 4 – 1　风管系统类别的划分表

| 系统类别 | 系统工作压力 $P$/MPa | 密封要求 |
|---|---|---|
| 低压系统 | $P \leqslant 500$ | 接缝和接管连接严密 |
| 中压系统 | $500 < P \leqslant 1500$ | 接缝和接管连接处增加密封措施 |
| 高压系统 | $P > 1500$ | 所有拼接缝和接管连接处，均应采用密封措施 |

在制作风管之前，首先应确认制作风管的材料、规格、性能及成品外观质量等项内容是否符合设计要求和现行国家、行业产品的规定，检查材料出厂的合格证明书或质量鉴定文件。当设计未作规定时，应执行《通风与空调工程施工质量验收规范》（GB 50243—2016）的规定。材料进场应按国家现行有关标准进行验收。风管的制作和安装应按照设计图纸、合同和相关技术标准的规定执行，变更必须有设计的变更通知书或技术核定签证。目前，我国通风管道加工有手工制作和机械化生产两种工艺并存，与落后的手工制作工艺相比，机械化生产的风管具有速度快、效率高、质量好、外表美观等优点，在施工现场技术条件许可的情况下，风管及部件的制作应优先选用节能、高效、机械化加工的制作工艺。

### 4.1.1　风管及配件加工尺寸的确定

制作风管的材料分为金属和非金属两种。目前，工程中常用的金属风管材料有钢板（包括钢板、镀锌钢板和涂塑钢板）、不锈钢板和铝板。国内目前使用较普遍的非金属风管有：无机玻璃钢风管、复合风管、硬聚氯乙烯风管、索斯风管（纤维织物风管）等。其中复合风管包括酚醛复合板风管、聚氨酯复合板风管和玻璃纤维复合风管。

风管截面有圆形、扁圆形和矩形。同样断面面积下，圆形风管周长最短，阻力最小，最为经济，但制作复杂；同样风量下，矩形风管的压力损失比圆形风管大。因此，一般情况下（特别是除尘风管）都采用圆形风管，但为了便于和建筑配合，工程应用中多以矩形断面为主。风管的规格以其外径或外边长为标注尺寸，非金属风管以内边长为标注尺寸，扁圆形风管参照矩形风管，并以长径平面边长及短径尺寸为标注尺寸。矩形风管边长规格参照表 4 – 2；圆形风管有基本系列和辅助系列，规格参照表 4 – 3，一般送、排风及空调系统应采用基本系列。除尘与气力输送系统的风管，管内流速高、阻力损失对系统的阻力影响较大，在优先采用基本系列的前提下，可以采用辅助系列。钢板或镀锌钢板的厚度应按设计执行，当设计无规定时，钢板厚度不得小于表 4 – 4 的规定。

普通薄钢板要求表面平整光滑，厚度均匀，允许有紧密的氧化铁薄膜，不得有裂纹、结疤等缺陷；镀锌薄钢板要求表面洁净，有镀锌层结晶花纹。

表 4－2　矩形风管规格/mm

| 风管边长 | | | | | |
|---|---|---|---|---|---|
| 120 | 250 | 500 | 1000 | 2000 | 3500 |
| 160 | 320 | 630 | 1250 | 2500 | 4000 |
| 200 | 400 | 800 | 1600 | 3000 | |

表 4－3　圆形风管规格/mm

| 风管直径 | | 风管直径 | | 风管直径 | | 风管直径 | |
|---|---|---|---|---|---|---|---|
| 基本系列 | 辅助系列 | 基本系列 | 辅助系列 | 基本系列 | 辅助系列 | 基本系列 | 辅助系列 |
| 100 | 80 | 220 | 210 | 500 | 480 | 1120 | 1060 |
| | 90 | 250 | 240 | 560 | 530 | 1250 | 1180 |
| 120 | 110 | 280 | 260 | 630 | 600 | 1400 | 1320 |
| 140 | 130 | 320 | 300 | 700 | 670 | 1600 | 1500 |
| 160 | 150 | 360 | 340 | 800 | 750 | 1800 | 1700 |
| 180 | 170 | 400 | 380 | 900 | 850 | 2000 | 1900 |
| 200 | 190 | 450 | 420 | 1000 | 950 | | |

表 4－4　钢板风管板材厚度表/mm

| 风管直径 $D$ 或长边尺寸 $b$ | 圆形风管 | 矩形风管 | | 除尘风管 |
|---|---|---|---|---|
| | | 中低压 | 高压 | |
| $D(b) \leqslant 320$ | 0.5 | 0.5 | 0.75 | 1.5 |
| $320 \vert D(b) \leqslant 450$ | 0.6 | 0.6 | 0.75 | 1.5 |
| $450 \vert D(b) \leqslant 630$ | 0.75 | 0.6 | 0.75 | 2.0 |
| $630 \vert D(b) \leqslant 1000$ | 0.75 | 0.75 | 1.0 | 2.0 |
| $1000 \vert D(b) \leqslant 1250$ | 1.0 | 1.0 | 1.0 | 2.0 |
| $1250 \vert D(b) \leqslant 2000$ | 1.2 | 1.0 | 1.2 | 按设计 |
| $2000 \vert D(b) \leqslant 4000$ | 按设计 | 1.2 | 按设计 | 按设计 |

注：1. 螺纹风管的钢板厚度可适当减小 $10\% \sim 15\%$ 。

2. 排烟系统风管钢板厚度可按高压系统。

3. 特殊除尘系统风管钢板厚度应符合设计要求。

4. 不适用于地下人防和防火隔墙的预埋管。

## 4.1.2 风管及配件加工过程

风管加工制作工艺流程如图 4 - 2 所示。

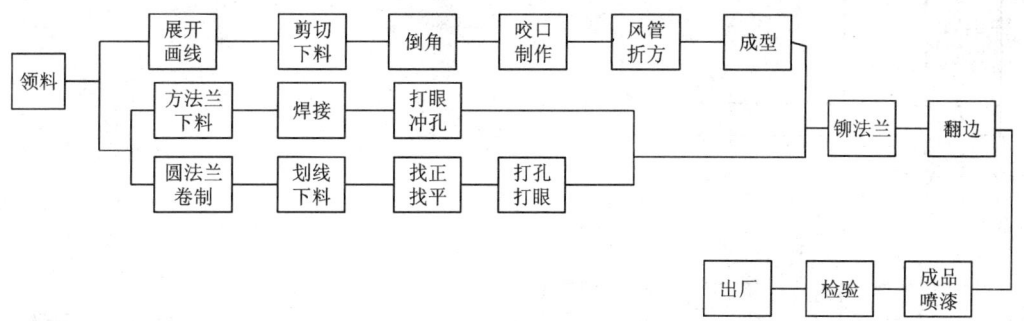

图 4 - 2 风管加工制作工艺流程

## 4.1.3 金属风管及配件（箱体）的加工制作

金属风管及配件的制作，即按照施工图的要求，将板材和其他辅助材料加工制成风管及配件，它包括划线、剪切、成型（折方或折圆）、板材连接、法兰制作、风管加固等。

1. 划线

划线是按照 1∶1 的比例将风管或配件的展开图画在板材表面的过程，是制作风管及配件的首要操作工序。展开划线作为下料的剪切线，施工现场中也称为放样。划线的正确与否直接关系到风管或配件的尺寸大小和制作质量。风管外径或外边长的允许偏差：当小于或等于 300 mm 时，为 2 mm；当大于 300 mm 时，为 3 mm。展开放样的常用工具有：不锈钢钢板直尺、直角尺、量角器、曲线板、划规、划针及用于做记号定圆心的样冲。

（1）直风管的展开放样

直风管有圆形和矩形两种。圆形直风管的展开是一个矩形，其一边长为 $\pi D$，另一边长为 $L$，其中 $D$ 是圆形风管外径，$L$ 是风管的长度，如图 4 - 3 所示。当风管采用咬口卷合时，还应在图样的外轮廓线外再按板厚画出咬口留量，如图中虚线所示的 $M$ 值。当风管间采用法兰连接时，还应画出风管的翻边量，如图中虚线所示的 10 mm 值（法兰连接的风管端部翻边量一般为 10 mm）。当风管直径较

风管、螺旋风管

大，用单张钢板料不够时，可按图 4 - 4 所示的方法先将钢板拼接起来，再按展开尺寸下料。

矩形直风管的展开图也是一个矩形，其一边长度为 $2(A + B)$，另一边为风管长度 $L$，如图 4 - 4 所示。放样划线时，对咬口折合的风管同样按板材厚度画出咬口留量，如图中虚线所示的 $M$ 及法兰连接时的翻边量（10 mm）。对画出的展开图必须经规方检验，使矩形图样的四个角垂直，以避免风管折合时出现扭曲现象。

（2）常用风管配件的展开放样

通风空调设备安装工程中常见的风管配件一般有弯头、三通、四通、各类变径及异径管、天圆地方、静压箱、法兰等。根据其截面的形状又分为圆形、矩形等。常用的划线方法有平行线展开法、放射线展开法和三角形展开法。

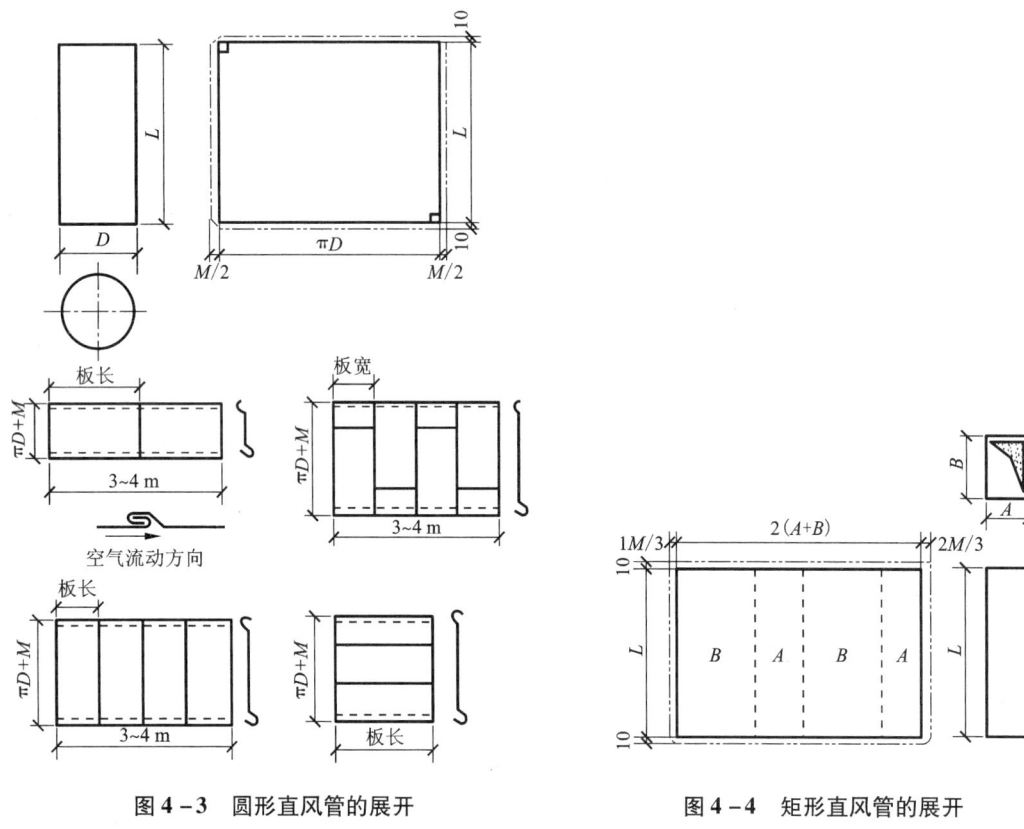

图 4-3　圆形直风管的展开

图 4-4　矩形直风管的展开

平行线展开法适用于表面是柱面(圆柱、棱柱等)的管件。放射线展开法适用于表面呈锥形或锥形的一部分(如正圆锥、斜圆锥、棱锥等)的管件。三角线展开法适用于表面不呈柱面(圆柱、棱柱等),也不呈锥形或锥形的一部分(如正圆锥、斜圆锥、棱锥等)的管件。

圆形弯头俗称虾米腰,它由两个端节和若干个中间节组成,端节为中间节的一半(图 4-5)。弯头

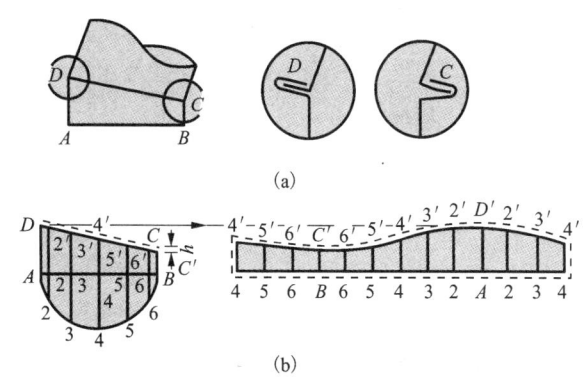

图 4-5　圆形弯管的展开

的曲率半径应满足工程需要,曲率半径大,中间节数多,流体流动阻力小,但弯头占据的空间位置大,且制作弯头时所耗费的工时也多。一般应按照施工设计图纸进行加工制作。施工设计未作规定时,应按照有关技术规范的规定制作。圆形弯头的弯曲半径和弯头节数应符合表 4-5 的规定。

表 4 – 5　圆形弯头的曲率半径和最少节数

| 弯管直径/mm | 曲率半径 R | 弯管角度和最少节数 | | | |
|---|---|---|---|---|---|
| | | 90° | 60° | 45° | 30° |
| 80 ~ 220 | R = D 或 R = 1.5 | 2 中间节 2 端节 | 1 中间节 2 端节 | | |
| 240 ~ 450 | | 2 中间节 3 端节 | 2 中间节 2 端节 | 1 中间节 2 端节 | 2 端节 |
| 480 ~ 1400 | | 5 中间节 2 端节 | 3 中间节 2 端节 | 2 中间节 2 端节 | 1 中间节 2 端节 |
| 1500 ~ 2000 | | 8 中间节 2 端节 | 5 中间节 2 端节 | 3 中间节 2 端节 | 2 中间节 2 端节 |

先由表 4 – 5 确定弯管的弯曲半径及节数，画出弯管立面图，如图 4 – 5 所示。如弯管直径 $D = 320$ mm，弯曲半径 $R = 1.5D = 480$ mm，由 3 个中节，2 个端节组成。放样展开时，先将垂直线夹角四等分，过等分线与 R、D 圆弧线的交点分别做切线，内外弧上各切线交点的连线，即为各节间的连接线（如 DC），图中的粗线即弯管的立面图。画展开图时，只要用平行线法将端节展开，取 2 倍的端节展开图，就可得到中间展开图。弯头各节咬口连接应严密一致，而实际操作时，外侧咬口（背部）容易打紧，内侧咬口（腹部）不易打紧，常出现如图 4 – 5 中节点 C 大样图的情况，弯管组合时，造成不够 90° 角的现象。所以画线时应将腹部尺寸减去 2 mm（即图中的 $h$ 值）。

画好的端节、中间节展开图，均应加上咬口留量（对端节直线一侧的展开应加法兰翻边留量），剪下即可作为下料的样板。下料画线时，应合理用料，减少剪切工作量，常用的方法是套剪，如图 4 – 6 所示。套剪画线时，如样板已留出一个咬口宽度，则在端节（或中间节）的另一侧还应再留一个咬口宽度。

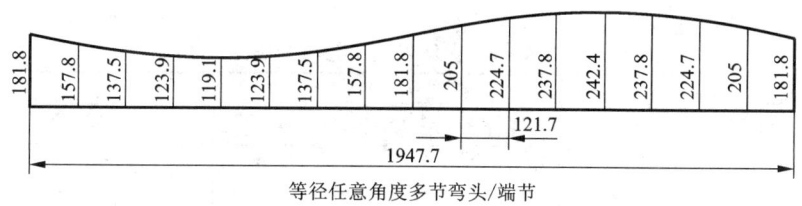

等径任意角度多节弯头/端节

图 4 – 6　等径任意角度多节弯头/端节的下料

在实际加工过程中，不用画各种规格弯管的展开图，可根据《全国通用通风管道配件图表》的弯管构造图和展开图进行查表制作样板。

2. 剪切

剪切就是按照划线的形状裁剪下料。剪切前必须对所画出的剪切线进行仔细复核，避免下料错误造成材料浪费。剪切时应对准划线，做到剪切位置准确，切口整齐，直线平直，曲线圆滑。

剪切有手工剪切和机械剪切。手工剪切的板材厚度小于 0.8 mm，其他的一般采用机械剪切。常用的手工剪切工具有直剪刀、弯剪刀、侧剪刀和手动滚轮剪刀等。机械剪切常用的剪切机械有龙门剪板机、振动式曲线剪板机、双轮直线剪板机。

### 3. 成形(折方或折圆)

折方用于矩形风管和配件的直角成形,有手工折方和机械折方。手工折方时,先将厚度小于1.0mm的钢板放在方垫铁上(或用槽钢、角钢)打成直角,然后用硬木方尺进行修整,打出棱角,使表面平整。机械折方使用手动扳边机等设备压制折方方法。

卷圆用于圆形风管和配件的成形。制作圆形风管和配件时需将平板卷圆,然后再做闭合连接。手工卷圆一般只能卷厚度在1.0mm以内的钢板。将打好咬口边的板材在圆垫铁或圆钢管上压弯曲,卷接成圆形,使咬口相互扣合,并把接缝打紧合实。最后再用硬木尺均匀敲打找正,使圆弧均匀成正圆。机械卷圆是利用卷圆机进行的。卷圆机适用于2.0mm以内的板材卷圆。为了加大风管的预制程度及保证风管的制作质量,风管的剪切、咬吸成形应尽量采用机械加工。

### 4. 风管板材的连接方式

金属风管板材的连接按其连接目的可分为拼接、闭合接和延长接三种情况。拼接是将两个金属板与板平面连接以增大其面积,闭合接是把板材卷制成风管或配件时对口缝的连接,延长接是指两端风管之间的连接。

采用金属板材制作风管、风格配件和部件,根据不同板材和设计要求,可采用咬口连接、焊接和铆钉连接。镀锌钢板及各类含有复合保护层的钢板,应采用咬口连接或铆接,不得采用影响其保护层防腐性能的焊接连接方法,风管板材拼接的咬口缝应错开,不得有十字形拼接缝。施工时,应根据板材的厚度、材质及连接的强度、稳定性、技术要求,以及加工工艺、施工技术力量、加工设备等条件确定。连接方法的选择见表4-6。风管的密封,应以板材连接的密封为主,可采用密封胶嵌缝和其他方法密封。密封胶性能应符合使用环境的要求,密封面宜设在风管的正压侧。

#### 表4-6 风管连接工艺与方法

| 材质<br>板厚 | 钢板 | 不锈钢板 | 铝板 |
| --- | --- | --- | --- |
| δ≤1.2 | 咬接 | 咬接 | 咬接 |
| 1.2<δ | 焊接(电焊) | 焊接(氩弧焊或电焊) | 焊接(氩弧焊或电焊) |

当施工具备机械咬口条件时,连接形式可不受表4-6中的规定限制,风管和配件的加工中应尽量采用咬口连接的加工工艺。

(1)咬口连接是将要咬合的两个扳边折成能互相咬合的各种钩形,钩接后压紧折边。其特点是咬口可增加风管的强度,变形小,外形美观,在风管和配件的加工中应尽量采用。咬口连接应根据其适用范围选择咬口形式,常用的形式有平咬口、立咬口、转角咬口、联合角咬口和按扣式咬口等五种,咬口连接应预留一定的咬口宽度,咬口宽度与板材厚度及咬口形式有关,应符合表4-7的要求。

高压风管不得使用按扣式咬口,并应在风管纵向咬口处及风管接合部进行密封。

咬口加工主要是折边(打咬口)、折边套合和咬口压实。折边应宽度一致、平直均匀,以保证咬口缝的严密及牢固;咬口压实时不能出现含半咬口和张裂等现象。咬口加工可用手工或机械加工。机械加工一般适用于厚度为 1.2 mm 以内的折边咬口。常用的咬口机械有：直管和弯管平咬口成型机、手动或电动折边机、圆形弯管立咬口成型机、圆形弯头合缝机、咬口压实机等。机械咬口，成型平整光滑，生产效率高，操作简便，无噪声，劳动强度小。目前国内生产的各种咬口机，系列比较齐全，体积小，搬动方便，既适用于集中预制加工，也适合于施工现场使用。

表 4-7　金属风管板咬口结构形式、咬口宽度及适用范围

| 咬口名称 | 咬口结构形式 | 板材厚度和咬口宽度 $B/mm$ | | | 适用范围 |
| --- | --- | --- | --- | --- | --- |
| | | 0.5~0.7 | 0.7~0.9 | 1.0~1.2 | |
| 平咬口 | | 6~8 | 8~10 | 10~12 | 板材连接 |
| 立咬口 | | 5~6 | 6~7 | 7~8 | 圆、矩形风管横向连接或纵向连接 |
| 转角咬口 | | 6~7 | 7~8 | 8~9 | 矩形风管或配件四角部位的连接、风管管端封口、孔口接管处风管接管连接 |
| 联合角咬口 | | 8~9 | 9~10 | 10~11 | 也叫包角咬口。矩形风管或配件四角部位的连接 |
| 按扣式咬口 | | 12 | 12 | 12 | 矩形风管或配件四角部位的连接、风管管端封口、孔口接管处风管接管连接 |

　　(2)通风空调工程中，当风管密封要求较高或板材较厚不能用咬口连接时，常采用焊接。焊接的接口严密性好，但风管焊后往往容易变形，焊缝处易于锈蚀或氧化。根据风管的构造和焊接方法的不同，可采用不同的焊缝形式，见表 4-8。

表 4-8　焊缝的形式及适用范围

| 名称 | 焊缝形式 | 适用范围 |
| --- | --- | --- |
| 对接缝 | | 用于板材的拼接缝、横向缝或纵向闭合缝 |
| 角缝 | | 用于矩形风管、管件的纵向闭合缝或矩形弯管、三通、四通管的转角缝 |
| 搭接缝 | | 用法同对接缝。一般在板材较薄时使用 |

续表 4 - 8

| 名称 | 焊缝形式 | 适用范围 |
|------|---------|---------|
| 搭接角缝 |  | 用法同角缝。一般在板材较薄时使用 |
| 板边缝 |  | 用法同搭接缝。一般在板材较薄时采用气焊 |
| 板边角缝 |  | 用法同搭接角缝。一般在板材较薄时采用气焊 |

常用的焊接方法有：电焊、气焊、锡焊及氩弧焊。

1）电焊（电弧焊）适用于厚度 $\delta > 1.2$ mm 钢板间连接和厚度 $\delta > 1$ mm 不锈钢板间连接。板材对接焊接时，应留有 0.5~1 mm 的对接缝；搭接焊时，应有 10 mm 左右的搭接量。

2）气焊适用于厚度 $\delta = 0.8~3$ mm 薄钢板间连接和厚度 $\delta > 1.5$ mm 铝板间连接。对于 $\delta = 0.8~3$ mm 的钢板气焊，应先分点焊，然后再沿焊缝全长连续焊接。$\delta < 0.8$ mm 钢板用气焊变形过大，不宜采用气焊。铝板焊接时，焊条材质应与母材相同，且应清除焊口处和焊丝上的氧化皮及污物，焊后应用热水去除焊缝表面的焊渣、焊药等。不锈钢板不得用气焊，因为气焊时会在金属内发生增碳和氧化作用，使焊缝处的耐腐蚀性能降低。而且不锈钢导热系数小，热膨胀系数较大，气焊时加热范围大，易使主材发生挠曲。

3）锡焊一般仅用于厚度 $\delta < 1.2$ mm 薄钢板连接。因焊接强度低，耐温低，一般用锡焊作镀锌钢板咬口连接的密封用。

铆接

4）氩弧焊常用于厚度 $\delta > 1$ mm 不锈钢板间连接和厚度 $\delta > 1.5$ mm 铝板间连接。该种焊接方法热集中，热影响区域小，且有氩气保护焊缝金属，故焊缝有很高的强度和耐腐蚀性能。

（3）铆钉连接简称铆接，它是将两块要连接的板材，使其板部分的边缘相重叠，并用铆钉铆合固定在一起的连接方法。

铆接时，必须使铆钉中心垂直于板面，铆钉帽应把板材压紧，使板缝密合，并且铆钉的排列应整齐、均匀。除设计有要求外，板材之间铆接，一般中间不加垫料。通风空调工程中，板材较厚无法进行咬接或板材虽不厚但材质较脆不能咬接时才采用铆接。铆接大量用于风管与法兰的连接（图 4 - 7）。

随着焊接技术的发展，板材间的铆接，已逐渐被焊接所取代。但在设计要求采用铆接或镀锌钢板厚度超过咬口机械的加工性能时，仍需使用铆接。

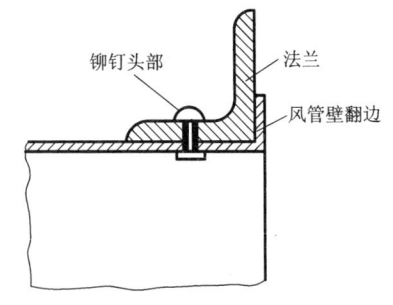

**图 4 - 7　风管与法兰铆钉连接**

5. 法兰制作

风管的法兰主要用于风管与风管之间、风管与配件之间及风管与设备之间的连接，并能增加风管的强度。根据风管法兰的形状，一般分为圆形法兰（图4-8）和矩形法兰（图4-9）。法兰可使用扁钢和角钢制作。法兰的制作步骤为：下料、打孔、焊接、钻螺孔、上漆防腐。

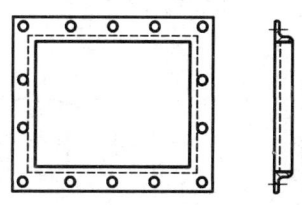

图4-8 圆形法兰盘

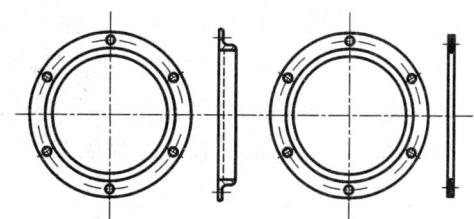

图4-9 矩形法兰盘

（1）圆形法兰有手工煨制和机械煨制。工程上多采用机械煨制。先将整根角钢或扁钢放在法兰弯曲机上，按所需法兰直径调整机械零件卷成螺旋形状后，再将卷好角钢或扁钢画线、切割，再在平台上找平、找正，然后进行焊接、冲孔。为使法兰与风管组合时严密而不紧，适度而不松，应保证法兰尺寸偏差为正偏差，其偏差值为±2 mm。

（2）矩形风管法兰由四根角钢组焊接而成。如图4-10所示，两根等于风管的长边 $A$，另外的两根等于风管的短边 $B$ 加两个角钢的宽度 $C$，所以总下料长度为 $L = 2(A + B + 2C)$。法兰的角钢划线下料时应注意焊成后的法兰内径不得小于风管的外径。下料一般采用电动切割机、手动冲剪机或联合冲剪机等。角钢切断后应进行找正、调直，磨掉两端的毛刺，按规定距离冲或钻铆钉孔及螺栓孔，再组

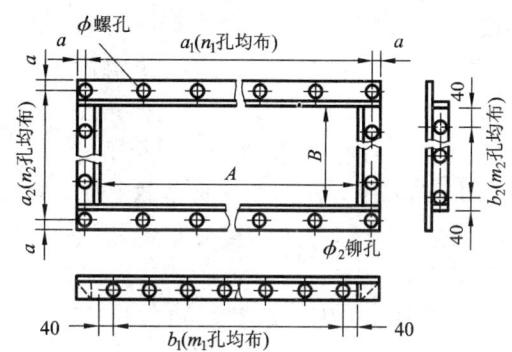

图4-10 矩形法兰构造图

合、焊接成法兰。通风空调系统的螺栓孔和铆钉孔的孔距不应大于150 mm；空气洁净系统的螺栓孔距不应大于120 mm，铆钉的孔距不应大于100 mm。为了安装方便，螺孔孔径应比螺栓直径大1.5 mm左右，螺孔的孔距应准确。同一批同规格的法兰，其螺孔排列应具有互换性。金属矩形风管法兰及螺栓规格见表4-9。

表4-9 金属矩形风管法兰及螺栓规格

| 风管长边/mm | 法兰材料规格（角钢） | 螺栓规格 | 风管长边/mm | 法兰材料规格（角钢） | 螺栓规格 |
|---|---|---|---|---|---|
| ≤630 | L25×3 | M6 | 1600~2500 | L40×4 | M8 |
| 800~1250 | L30×3 | M8 | 3000~4000 | L50×5 | M10 |

6. 风管加固

对于管径或边长较大的风管，为提高风管本体的强度，控制风管截面的变形和降低管壁在系统运转中振动产生的噪声，需要对风管进行加固。

（1）圆形风管本身刚度比矩形强，风管两端的法兰也有加固作用，一般可不做加固，但当直径大于或等于 800 mm，且其管段长度大于 1250 mm 或总表面积大于 4 m² 时，均应采取加固措施。常用的加固方法是每隔 1250 mm 加设一个加固圈，并用铆钉固定在风管上。当风管直径大于 1300 mm 时，加固圈间距应缩短。

（2）矩形风管的加固可采用楞筋、立筋、角钢（内、外加固）、扁钢、加固筋和管内支撑等形式，参见图 4 - 11。

矩形风管和圆形风管相比，容易变形，一般对于边长大于或等于 630 mm 和保温风管边长大于或等于 800 mm，其管段长度在 1250 mm 以上或低压风管单边平面积大于 1.2 m²、中高压风管大于 1250 mm，应采取加固措施。加固措施一般应采取以下几种方式。

采用立咬口方式加固，如图 4 - 11（a）所示，即接头起高的加固方法。起高高度应按风管的边长取 25 ~ 50 mm，且四角要加补角，中间用铆钉铆接固定，间距不宜大于 220 mm，且与补角相铆固。这种方法节省钢材，但加工复杂，接头处易漏风，目前采用不多。

采用角钢框加固，如图 4 - 11（b）所示，加固的强度好，应用广泛，耗用钢材

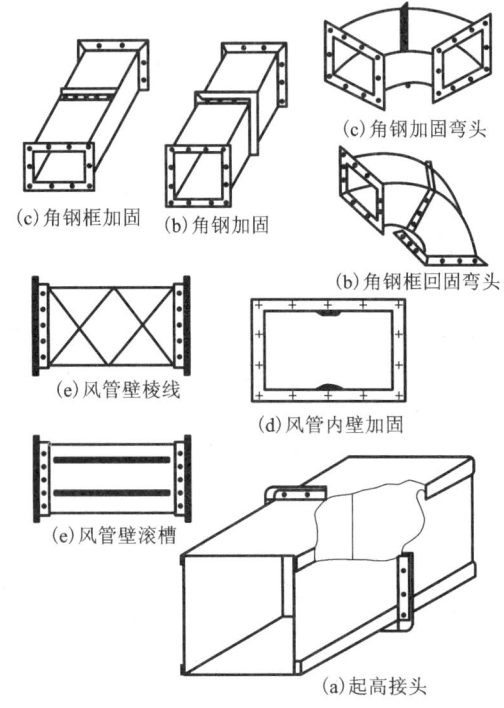

(c)角钢框加固　(b)角钢加固

(c)角钢加固弯头

(b)角钢框回固弯头

(e)风管壁棱线

(d)风管内壁加固

(e)风管壁滚槽

(a)起高接头

图 4 - 11　风管的加固形式

较多，角钢规格可以略小于法兰规格。当大边尺寸为 630 ~ 800 mm 时，可采用 25 × 4 的扁钢做加固框；当大边尺寸为 800 ~ 1250 mm 时，可采用 L 25 × 25 × 4 的角钢做加固框；当大边尺寸为 1250 ~ 2000 mm 时，可采用 L 30 × 30 × 4 的角钢做加固框。加固框必须与风管铆接，铆钉的间距应均匀，不应小于 220 mm。

风管大边用角钢加固，如图 4 - 11（c）所示，适用于大边尺寸在加固规定范围，而小边尺寸未在规定范围的风管。施工简单，可节省人工和材料，但由于外观欠佳，明装风管较少采用。使用的角钢规格可与法兰相同。

采用风管内壁设置加固筋，如图 4 - 11（d）所示，加固筋由 0.5 ~ 1.0 mm 的钢板加工而成，用镀锌薄钢板条压成三角形铆在风管内，一般常用于外形要求美观的明装风管。加固肋条由 1.0 ~ 1.5 mm 的镀锌钢板加工而成，沿风管的纵向铆接在风管的内壁上，加固筋两端必须与法兰相连接。

风管内支撑加固，如图 4 - 11（d）所示，选用 M10 通丝螺杆在风管内做支撑加固，也可以用扁钢或其他材料，其最大间距不应大于 950 mm。

风管壁板上滚槽加固,如图 4-11(e)所示,也叫楞筋加固或凸棱加固。风管展开下料后,先将壁板放到滚槽机械上进行十字线或直线型滚槽,然后咬合,合缝。其有专用机械,工艺简单,节省人工和钢板。此方法省工又省料,最适用于边长 800 mm 以下的风管加固。

空气洁净系统所用的风管,其内壁表面应平整,避免风管内积尘。因此,风管加固部件不得安装在风管内,不应采用起凸棱对风管加固。可采用风管外用角钢加固方法。

非规则椭圆风管的加固,应参照矩形风管执行。

### 4.1.4　常用非金属风管及配件的加工制作

非金属风管的防火性能应符合《建筑材料及制品燃烧性能分级方法》(GB 8624—2012)中的不燃或难燃 B1 级。国内目前使用较普遍的非金属风管有:无机玻璃钢风管、复合风管、硬聚氯乙烯风管、索斯风管(纤维织物风管)等。其中复合风管包括酚醛复合板风管、聚氨酯复合板风管、玻璃纤维复合风管。

常用非金属复合风管
加工制作过程

1.酚醛铝箔复合板风管与聚氨酯铝箔复合板风管

酚醛铝箔复合板风管与聚氨酯铝箔复合板风管同属于双面铝箔泡沫类风管,风管内外表面覆贴一定厚度的铝箔,中间层为聚氨酯或酚醛泡沫绝热材料。它们具有质量轻、外形美观、制作工艺简单等特点。酚醛复合风管适用于低、中压空调系统及潮湿环境;聚氨酯复合风管适用于低、中、高压(2000 Pa 以下)空调系统、洁净系统及潮湿环境。板材拼接应采用45°角黏接或"H"形加固条拼接,如图 4-12 所示。酚醛泡沫板材尺寸有 4000 mm×1200 mm 及 2000 mm×1200 mm(长×宽)两种。

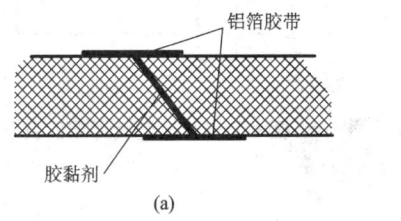
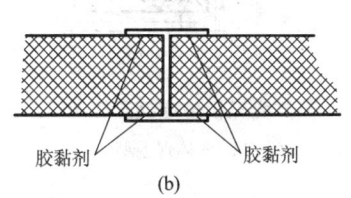

铝箔胶带

胶黏剂

(a)

胶黏剂　　胶黏剂

(b)

**图 4-12　板材拼接方式**

(a)45°角黏接;(b)中间加"H"加固条拼接

2.玻璃纤维复合板风管

玻璃纤维复合风管(图 4-13),以离心玻纤维为基材,内覆玻璃丝布,外覆防潮铝箔布(进口板材为内涂热敏黑色丙烯酸聚合物,外层为稀纹布/铝箔/牛布纸),用防火胶黏剂复合干燥后,再经切割、开槽、黏接加固等工艺而制成。玻璃纤维复合板风管具有美

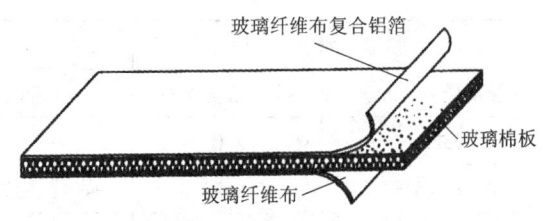

玻璃纤维布复合铝箔

玻璃棉板

玻璃纤维布

**图 4-13　玻璃纤维复合板**

观、质量轻、保温效果和吸声性能好的优点,但风管摩阻系数较大、防积尘性能较差,采用该风管时应注意在空调系统中配置性能较好的过滤器。

玻璃纤维复合风管的复合板厚度应大于或等于 25 mm,保温层的玻璃纤维密度应大于或等于 70 kg/m³。可用于商用和居住建筑的中压(1000 Pa 以下)通风系统。

3.无机玻璃钢风管

无机玻璃钢风管按其胶凝材料性能分为：以硫酸盐类为胶凝材料网格布制成的水硬性无机玻璃钢风管和以改性氯氧镁水泥为胶凝材料网格布与玻璃纤维网格布制成的气硬性改性氯氧镁水泥风管两种类型。无机玻璃钢风管分为整体普通型(非保温)、整体保温型(内、外表面为无机玻璃钢，中间为绝热材料)、组合型(由复合板、专用胶、法兰、加固角件等连接成风管)和组合保温型四类，如图 4-14 所示。

4.硬聚氯乙烯风管

硬聚氯乙烯板可根据需要制作成矩形、圆形风管。加工过程：划线→剪切→打坡口→加热→成形(折方或卷圆)→焊接→装配法兰。硬塑料风管的划线，展开放样方法同金属薄钢板风管及配件。由于该板材在加热后再冷却时，会出现收缩现象，故划线下料时要适当地放出余量。板材的加热可用电加热、蒸汽加热和热风加热等方法。一般工地常用电热箱来加热大面积塑料板材。硬塑料板的焊接用热空气焊接设备，如图 4-15 所示。

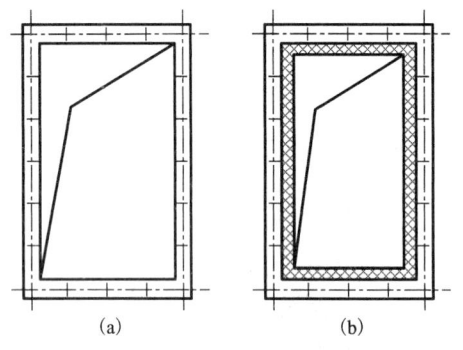

图 4-14  整体式无机玻璃钢风管

(a)整体普通型；(b)整体保温型

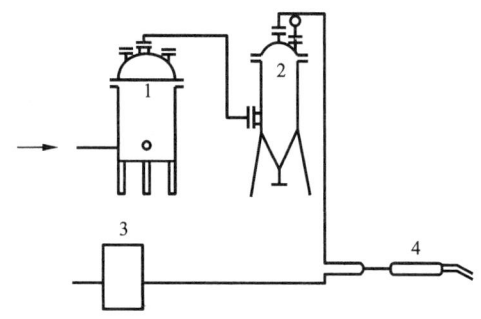

图 4-15  热空气焊接设备及其配置图

1—空气压缩机；2—滤清器；
3—调压变压器；4—焊枪

中、低压系统的硬聚氯乙烯风管板材的厚度，不得小于表 4-10 的规定。高压系统按设计规定执行。

表 4-10  中、低压系统的硬聚氯乙烯风管板材厚度

| 圆形风管 | | 矩形风管 | |
| --- | --- | --- | --- |
| 风管直径 $D$/mm | 板材厚度/mm | 风管长边尺寸 $b$/mm | 板材厚度/mm |
| $D \leqslant 320$ | 3.0 | $b \leqslant 320$ | 3.0 |
| $320 < D \leqslant 630$ | 4.0 | $320 < b \leqslant 500$ | 4.0 |
| $630 < D \leqslant 1000$ | 5.0 | $500 < b \leqslant 800$ | 5.0 |
| $1000 < D \leqslant 2000$ | 6.0 | $800 < b \leqslant 1250$ | 6.0 |
| — | — | $1250 < b \leqslant 2000$ | 8.0 |

　　圆形风管是在展开下料后，将板材加热至 100 ~ 150℃达到柔软状态，在胎模上卷制成形，最后再将纵向结合缝焊接制成的。板材在加热卷制前，其纵向结合缝处必须将焊接坡口加工完好。

　　**5. 索斯风管**

　　索斯风管系统，又常被称作布袋风管、布风管、纤维织物风管系统，是目前最新的风管类型，它是一种由特殊纤维织成的柔性空气分布系统( Air Dispersion )，是替代传统送风管、风阀、散流器、绝热材料等的一种送出风末端系统。它是主要靠纤维渗透和喷孔射流的独特出风模式能均匀送风的送出风末端系统。该系统运行安静，可改善环境品质；安装简单，能缩短工程周期；安装灵活，纤维织物风管在体育馆、工业工厂、食品工厂等建筑领域得到了广泛应用。常见风管的性能见表 4 – 11。

表 4 – 11　常见风管的性能

| 名词性能 | 镀锌薄钢板风管 | 无机玻璃钢风管 | 复合玻纤板风管 | 纤维织物风管 |
|---|---|---|---|---|
| 消声性能 | 无消声性能，自身震动会产生声音，必须加装消声器 | 无消声性能，隔声性能优于镀锌薄钢板风管，必须加装消声器 | 其管壁是一种多孔性吸声材料，可省去专用消声器 | 一定程度上可吸收噪声，可省去专用消声器 |
| 保温性能 | 导热系数大，本身无保温性能，必须另外加包保温层及保护层 | 导热系数较大，本身无保温性能 | 导热系数小，本身有一定保温性能，不用加装保温层 | 纤维织物本身的渗透性使管壁内外无温差，因而风管表面不会凝露，一般不加装保温层 |
| 防火性能 | 不燃，但其保温层是否燃烧要依材质而定 | 不燃 | 本身有一定的防火性，但成品是否阻燃要看风管使用的胶黏剂 | 防火特性取决于纤维材质。防火要求高时，使用特制的玻璃纤维布制作的风管，可达 A 级防火标准 |
| 防潮性能 | 易受潮腐蚀生锈，在输送含湿量大的空气时更为严重 | 受原料配比的制约，其防潮性能的稳定性较差 | 本身不易受潮腐蚀，但要防止管道内部、管端和切口处被水长期浸泡 | 材料均为强疏水性材料，不易受潮 |
| 施工安装 | 管道较重，制作安装周期长，管道尺寸及走向变更时费工费时。保温层在风管安装好后现场安装，工序烦琐 | 管道重，不易搬运，强度较高，较脆，易破损。制作安装周期长，管道尺寸及走向变更时费工费时 | 材料搬运较容易，但仍需要辅助性支架等，对房屋结构有一定要求 | 质量轻，安装简单，可实现单人独立安装，因采用钢绳悬挂，对建筑物结构要求低 |

# 4.2　通风空调管道安装

风管系统的主要安装程序如图 4－16 所示。风管系统施工前应与建设或总承包、监理、设计等单位就风管安装预留孔洞及与消防系统、电系统、水系统等管路之间的位置进行核对，施工中应与土建及其他专业工种相互配合。将预制加工的风管、部件按照安装的顺序和不同的系统运至施工现场，确定风管的走向、标高；检查风管分段尺寸等，将风管和部件按编号组对，复核无误后方可连接和安装。安装时，要注意管道上所需安装的阀门、管件、仪器仪表等附件及支吊架、管卡，有些管道还要注意坡度、坡向等。

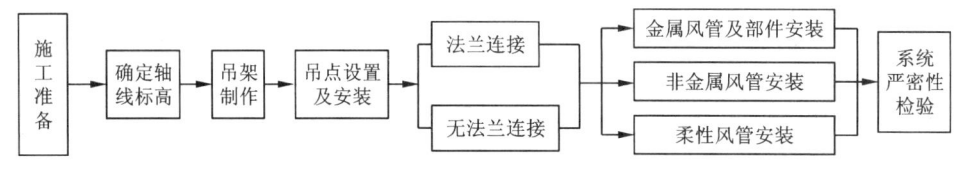

图 4－16　风管系统安装程序图

风管系统安装作业：

①一般送排风系统和空调系统的安装，要在建筑物围护结构施工完毕、安装部位的障碍物已清理、地面无杂物的条件下进行。一般除尘系统的风管安装，应在厂房内与风管有关的工艺设备安装完毕、设备的连接管或吸尘罩位置已知的条件下进行。空气洁净系统的安装，需在建筑物内部有关部位的地面干净、墙面已抹灰、室内五大面积无扬尘的条件下进行。

②图纸会审已进行，工艺设备安装基本完成。

③结构预埋件和预留孔洞位置、尺寸符合设计要求。

④施工机具齐备；作业地点有必要的辅助设施，如梯子、移动平台、电源、消防器材等。

⑤风管系统预制件检验合格，安装用料能保证作业连续进行。

## 4.2.1　通风管道安装

### 1. 通风空调施工图的现场复核、现场实测及草图绘制

现场复核和现场实测，应根据施工现场具体情况并参照施工图纸进行，如有模棱两可的尺寸，应及时与相关单位进行协商，并与项目组专业负责人进行沟通、落实，准确绘制出草图及加工图纸，施工现场技术负责人审核无误后，方可加工或送加工厂进行定做。

（1）现场复核。工程建设应按设计图纸施工。但是，对于通风空调工程的施工，由于风管及其构件的尺寸较大，在施工图中往往只标注了一些主要尺寸，而其他一些细部尺寸往往不标注，因而常发生诸如按施工图制作的风管及管件却无法就位安装的情况。发生这种事情的原因，往往有以下几方面：

施工图中对通风、空调系统中风管、管件的具体尺寸标注不可能齐全，有的尺寸对施工不可缺少，但施工图却没有标注，于是有的使用比例尺量取，按此尺寸制作往往会发生较大的误差。

目前在一些施工图中，风管系统只绘出其平面图，因此，风管系统中的部件，如三通、90°弯头、变径管在平面图中只是示意（风管部位并不标注尺寸，只表示风管部件的形状）。

此时如按图制作往往会发生风管与风管部件无法对接的情况。

施工图中的图纸不可能按比例绘制，当图幅较小时，平、剖面图中的风管一般画得都比较大，加之制图和设计的差错，从而造成图纸本身的误差。如果在没有尺寸标注的部位按比例尺寸制作，就不可避免地会造成安装的困难。

土建在施工中产生的诸如柱距、柱断面尺寸、门窗位置尺寸的误差、预留墙面、楼板上孔洞的位置及其尺寸、设备基础的位置和尺寸、层高、梁高等与设计偏差相对较大。因此，风管及管件的制作不是按现场实测进行，而是按图加工制作，必然会给后续的通风、空调中风管及管件的安装带来较大的困难。

工艺设备、空调设备的位置、型号的改变，建筑结构尺寸的中途修改、变更。

设计时各专业之间在交叉部位没有及时协调或协调未果，造成各种管线的交叉、碰撞时有发生。因而，施工安装之前应对通风、空调系统的安装现场进行有关尺寸的实测，以减少材料的浪费和避免安装困难。

（2）现场实测就是在建筑中测量与通风空调系统有关的建筑结构尺寸、风管预留孔洞的尺寸和位置、通风设备进出口的位置及高度和尺寸。现场实测应向土建施工人员了解室内标高控制点线和间壁位置。实测内容如下：

①测量通风空调系统的风管、部件及设备自身的几何尺寸以及进出口离地面高度。

②测量通风空调设备的基础或支架尺寸、高度及离墙壁的距离等。测量的内容应根据通风管路走向的实际情况决定，同时还应注意其他诸如工艺管道、电气线路的交叉、跨越及相互间的距离。

③测量通风空调系统与生产设备的相对位置、接口方向及高度等。

④测量与通风空调系统有关的土建尺寸：外墙壁、隔墙的厚度，门窗的高、宽，柱子的断面尺寸，梁的底面与屋顶的距离，平台高度等相关尺寸，以及梁底高度、顶棚底高度、安装的位置、柱距、隔墙与隔墙之间，预留孔洞之间，隔墙与外墙之间的距离、楼层的高度、地面到屋顶高度等。

（3）绘制通风空调系统加工安装草图，其目的是将通风空调工程的预算和安装两个过程有条不紊地组织进行施工。通过对施工现场的实地勘察、测量，结合施工图纸，经分析计算，绘制出通风空调系统加工安装草图，见图 4 - 17 和图 4 - 18，平面草图中括号内的尺寸为实测尺寸。草图的绘制可按下述方法进行：

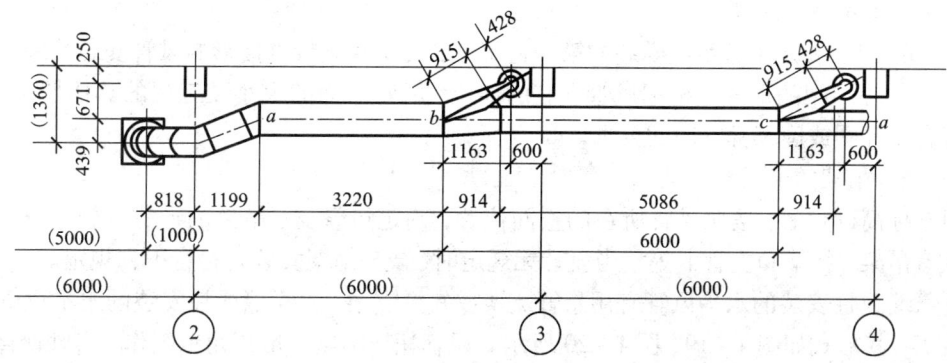

图 4 - 17　风管加工安装平面草图

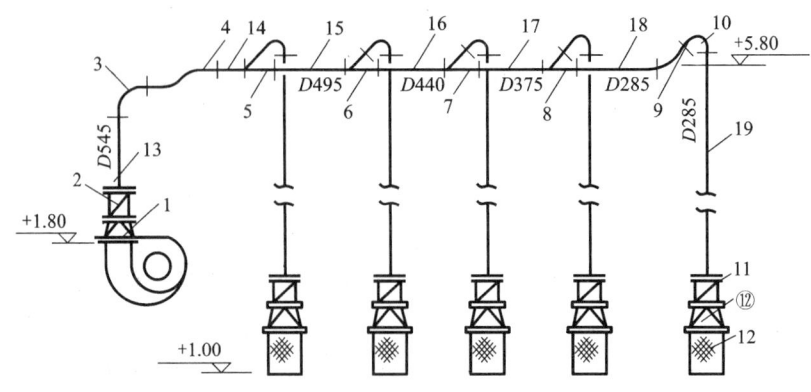

**图 4 – 18　通风管道加工安装系统图**

①根据施工设计图纸和实测结果确定风管各部的标高。

②确定主风管及风管中心线离墙壁或柱子的距离。考虑到风管法兰螺栓的方便安装操作及保温的进行，风管边离墙应有不小于 150 mm 的距离。

③按照有关规定和安装位置确定三通、四通的长度及夹角，确定弯头的角度及其弯曲半径。

④按照支管的间距和风管配件的尺寸，测出直风管的长度。

⑤按图纸确定风口距地面的高度和风管的标高，在扣除三通、弯头的位置和尺寸后，标出支管的长度。

⑥按照风机的标高、风帽的标高，在扣除柔性连接短管、风机启、闭式插板阀（或对开多叶风量调节阀）的长度后，标出排气竖管的长度。

⑦按照《通风与空调工程施工质量验收规范》（GB 50243—2016）的有关规定和《风管支吊架》标准图集（03K132）及现场情况，确定支、吊架的种类、数量、位置、结构形式及安装所需的加工件。

在绘制的通风或空调系统加工安装平面草图、系统图（或立面图）中，除应进行各组成风管、配件的编号，注明详细的加工安装尺寸、标高外，还应编制系统风管及配件的加工明细表，便于在加工厂内成批地集中加工预制；便于在加工厂成批地组装成组合件；也便于现场将扩大组合件装配成系统。

2. 风管支吊架的安装

支（吊）架安装是风管系统安装的第一道工序，其安装质量直接影响风管安装的进程及安装质量。支（吊）架的形式应根据风管安装的部位、风管截面的大小及工程的具体情况选择，并应符合设计图或国家标准图的要求。

（1）支、吊架的形式和安装

风管标高确定后，按照风管所在的空间位置，确定风管支、吊架的形式。管道支、吊架的形式有吊架、托架和立管卡等。当设计无规定时，支、吊架安装宜符合下列规定。

①靠墙或柱安装的水平风管宜用悬臂支架或斜撑支架，不靠墙或柱安装的水平风管宜用托底支架，其形式如图 4 – 19、图 4 – 20 所示。风管托架横梁一般用角钢制作，当风管直径大于 1000 mm 时，托架横梁应用槽钢。支架上固定风管的抱箍用扁钢制成，钻孔后用螺栓和风管托架结构为一体。

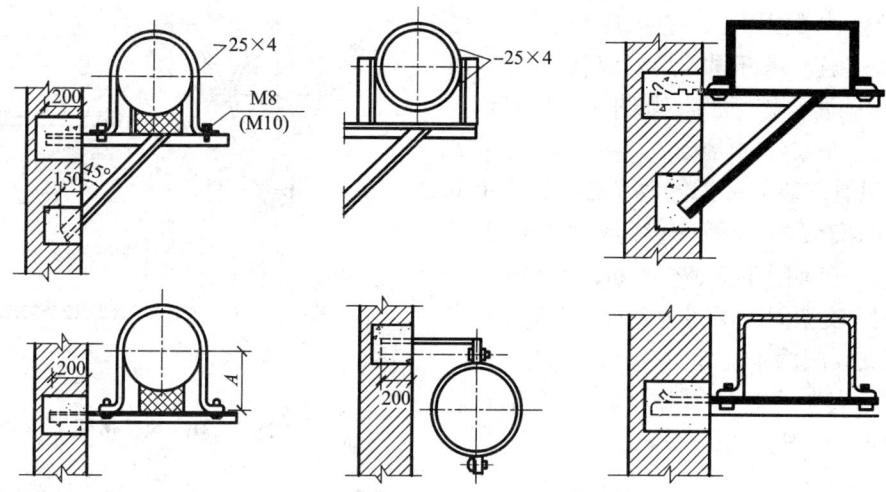

图 4 – 19  风管在墙上安装的托架

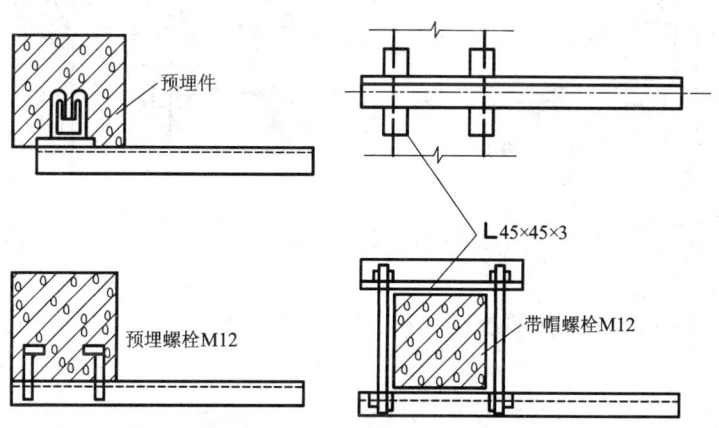

图 4 – 20  风管在柱上安装的托架

托架安装时，按设计标高定出托架横梁面到地面的安装距离。找出正确的安装位置，打出 80 mm × 80 mm 的方洞。洞的内外大小一致，深度比支架埋进墙的深度为 20 ~ 30 mm。用水把墙洞浇湿并冲出洞内的砖屑。然后在墙洞内先填塞一部分 1:2 水泥砂浆，把支架埋入，埋入深度一般为 150 ~ 200 mm。用水平尺校正支架，调整埋入深度，继续填塞沙。

风管支架在柱上安装时，风管托架横梁可用预埋钢板或预埋螺栓的方法固定，或用圆钢、角钢等型钢作抱柱式安装，均可使风管安装牢固。

②当风管的安装位置距墙、柱较远，不能采用托架安装时，常用吊架安装。圆形风管的吊架由吊杠和抱箍组成，矩形风管吊架由吊杠和托梁组成，如图 4 – 21 所示。

吊杆由圆钢制成，端部应加工有 50 ~ 60 mm 长的螺纹，以便于调整吊架标高。抱箍由扁钢制成，加工成两个半圆形，用螺栓卡接风管。托梁用角钢制成，两端钻孔位置应在矩形风管边缘外 40 ~ 50 mm，穿入吊杆后以螺栓固定。圆形风管在用单吊杆的同时，为防止风管晃动，应每隔两个单吊杆设一个双吊杆，双吊杆的吊装角度宜采用 45°。矩形风管采用双吊杆安装，两矩形风管并行时，采用多吊杆安装。

③垂直风管的固定。垂直风管不受荷载，可利用风管法兰连接吊杆固定，或用扁钢制作的两半圆立管卡栽埋于墙上固定，如图4-22所示。

（2）支、吊架的间距

金属风管安装的吊托支、吊架的安装间距为：对水平安装的风管，直径或大边长小于400 mm时，支架间距不小于4 m，大于或等于400 mm时，支架间距不超过3 m；对垂直安装的风管，支架间距不应超过4 m，且每根立管的固定件不应少于2个。保温风管的支架间距由设计确定，一般为2.5～3 m。

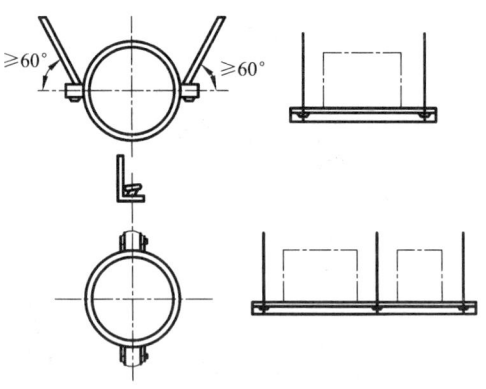

图4-21　风管吊架

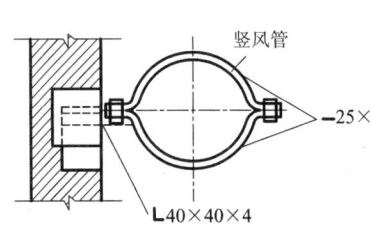

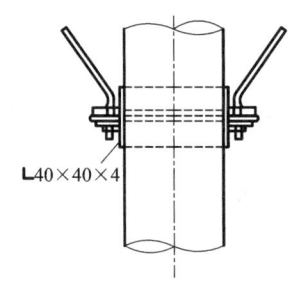

图4-22　垂直风管的固定

塑料风管较重，加之塑料风管受温度和老化的影响，所以支架间距一般为2～3 m，并且一般以吊架为主。

支、吊架安装应注意的问题：

①风管的安装标高，对于矩形风管是从管底算起；而圆形风管是从风管中心计算。输送空气湿度较大的风管，为排除管内凝结水，风管安装时应保持设计要求的0.01～0.015的坡度；托架标高也应按风管要求的坡度安装。

②支架的预埋件或膨胀螺栓的埋入部分应除油且不得涂刷油漆。

③支架不得安装在风口、阀门、检查孔等处，离风口或插接管的距离不宜小于200 mm，以避免妨碍检查、维修操作。吊架不得直接吊在风管的法兰上。

④圆形风管与支架托架接触的部位应配置弧形木垫，以防止风管的变形。

⑤对于保温的矩形风管，不得直接与金属支架接触，应在支架上垫以坚固的隔热材料，其厚度应与风管的保温材料厚度相同，以防止"冷桥"的产生。

⑥对于铝板风管的支架，抱箍应镀锌或按设计要求作防腐处理。不锈钢风管的碳钢支架不得直接与风管接触，可按设计直接在支架上喷涂料或在支架与风管之间衬垫非金属块，以防止电化学腐蚀和晶间腐蚀。

⑦水平悬吊的主干风管长度超过20 m时，应设防止摆动的固定支架，每个系统不应少于1个。吊架不得直接吊在法兰上。安装在托架上的圆形风管，宜设托座。

⑧柔性风管外保温层应有防潮措施。吊卡箍可安装在保温层上。

### 3.风管的连接

将预制加工的风管、部件，按照安装的顺序和不同系统运至施工现场，再将风管和部件按照编号组对，复核无误后即可连接和安装。风管的连接分为风管法兰连接和风管无法兰连接两种。

#### (1)风管法兰连接

传统风管法兰通常由扁钢或角钢制成。风管与风管、风管与配件及部件之间的组合连接采用法兰连接，安装及拆卸都比较方便，有利于加快安装速度及维护修理。风管或配件(部件)与法兰的装配可用翻边法、翻边铆接法和焊接法。

法兰对接的接口处应加垫料，以使连接严密。输送一般空气的风管，可用浸过油的厚纸做衬垫。输送含尘空气的风管，可用 3～4 mm 厚的橡胶板做衬垫。输送高温空气的风管，可用石棉绳或石棉板做衬垫。输送腐蚀性蒸汽和气体的风管，可用耐酸橡胶或软聚氯乙烯板做衬垫。衬垫不得突入管内，以免增大气流阻力或造成积尘阻塞。风管组合连接时，先把两法兰对正，能穿入螺栓的螺孔先穿入螺栓并带上螺母，用别棍插入穿不上螺栓的螺孔中，把两法兰的螺孔对正。当螺孔各螺栓均已穿入后，再对角线均匀用力将各螺栓拧紧。螺栓的穿入方向应一致，拧紧后法兰的垫料厚度应均匀一致且不超过 2 mm。

组合法兰(图 4 – 23 和图 4 – 24)是一种新颖的风管连接件，它适用于通风空调系统中矩形风管的组合连接。组合法兰由法兰组件和连接扁角钢(法兰镶角)两部分组成。法兰组件用厚度不小于 0.75～1.2 mm 的镀锌钢板，通过模具压制而成，其长度可根据风管的边长而定。连接扁角钢用厚度 $\delta = 2.8～4.0$ mm 的钢板冲击制成。

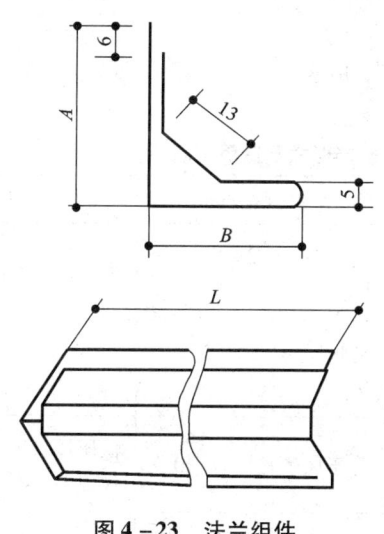

图 4 – 23　法兰组件

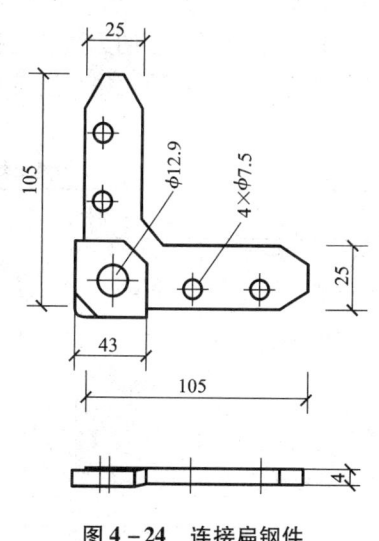

图 4 – 24　连接扁钢件

A—风管内壁的长度；B—两个法兰组件对接的高度；

L—风管截面的边长(宽度和高度)。所有数字的单位为:mm。

风管组合连接时，将四个扁角钢分别插入法兰组件的两端，组成一个方形法兰，再将风管从法兰组件的开口处插入，并用铆钉铆住，即可将两风管组装在一起，如图 4 – 25 所示。安装时两风管之间的法兰对接，四角用 4 个 M12 螺栓紧固，法兰间垫一层闭孔海绵橡胶做垫料，厚度为 3～5 mm，宽度为 20 mm。

组合法兰式样新颖，轻巧美观，节省型钢，安装简便，施工速度快。对沿墙或靠顶敷设的风管可不必多留安装空隙。风管的法兰与风管连接如图4-26所示。

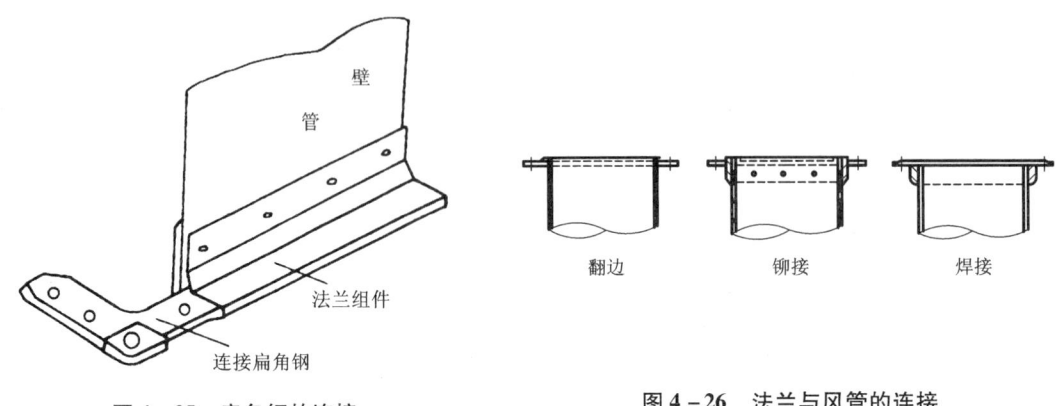

图4-25　扁角钢的连接　　　　　　　图4-26　法兰与风管的连接

（2）风管无法兰连接

风管无法兰连接和法兰连接相比有下列优点：便于集中预制成批生产，加工工艺较简单，易于掌握，加快了施工进度；减少安装工作量，减轻劳动强度，提高工作效率，连接质量好；减少了钢材用量，节省法兰螺栓、铆钉等材料，造价低；由于风管壁较薄，又采用无法兰连接，所以质量轻，可适当减少支架，加大支架间距。无法兰连接有十几种。

1）矩形金属风管的无法兰连接

矩形金属风管的无法兰连接形式及适用范围，应符合表4-12的规定。

表4-12　形风管无法兰连接形式及适用范围

| 无法兰连接形式 | | | 附件规格/mm | 适用范围 |
|---|---|---|---|---|
| 薄钢板法兰 | 弹簧夹 | | 夹板厚≥1.2<br>$H \geq 33$ | 中、低压风管 |
| | 插条式 | | 夹板厚≥1.0<br>$H \geq 25$ | |
| S形插条 | 平插条 | | 等于风管板厚且≥0.7 | 低压风管<br>长边≤630 mm |
| C形插条 | 平插条 | | 等于风管板厚且≥0.7 | 中、低压风管<br>长边≤630 mm |
| | 立插条 | | | 中、低压风管<br>长边≤630 mm |
| | 直角插条 | | | 中、低压风管<br>长边≤630 mm<br>用于主干管与支管连接 |

**续表 4 – 12**

| 无法兰连接形式 | | 附件规格/mm | 适用范围 |
|---|---|---|---|
| 立联合角形插条 | | 等于风管板厚且≥0.8 | 低压风管<br>长边≤1000 mm |
| 立咬口 | | 等于风管板厚且≥0.7 | 低压风管<br>长边≤1000 mm<br>直径≤630 mm<br>中压风管长边≤630 mm |

长边≤630 mm 的支风管与主风管连接可采取 S 形咬接法、联合式咬接法、法兰连接或铆接，连接处需采取密封处理。

插条式连接适用于风管内风速为 10 m/s、风压为 500 Pa 以内的低速系统，适用于不常拆卸的风管系统。接缝处凡不严密的地方应采取密封措施，如涂密封胶。

风管无法兰连接，接口应采用机械加工，连接应严密、牢固。具有制作速度快、质量好、安装方便、施工文明、外表美观等优点，并且可以通过自动生产线机械化生产，因此为越来越多的工程所采用。

共板法兰连接是目前工程中一种常用的无法兰连接技术。美国和欧洲等发达国家从 20 世纪 90 年代开始采用，其制作风管的加工速度快、方便、漏风率小；节省材料，减少工程投资；漏风量小；降低能耗，节省运行费用，目前广泛应用于我国通风空调工程中的低、中压系统，且风管长边不大于 2000 mm 的风管。

共板法兰连接主要由法兰角（也叫角码，如图 4 – 27 所示）、法兰夹以及与风管一体相连的法兰条组成。目前国内有共板法兰风管自动生产线，可实现风管的工厂化施工。生产设备有剪板机、咬边机、压筋机、共板法兰成型机、共板法兰配套折方机、角码与勾码冲床等。标准直管由流水线上直接压制成连体法兰。非标直管、弯头、三通、四通、配件等下料后，在单机设备上完成 TDF 法兰成型。法兰角由模具直接冲压成型，安装时卡在四个角即可。

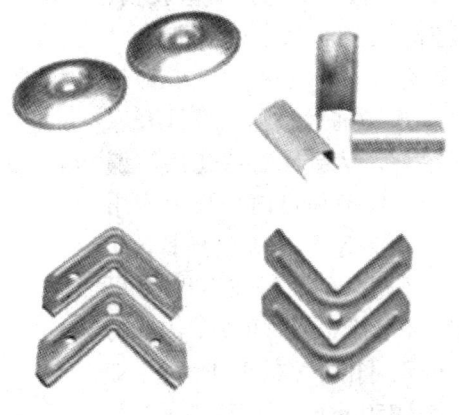

**图 4 – 27 法兰角示意图**

生产加工工序有加工半成品交货和成品加工及安装。加工半成品交货流程包括：据客户分解图和系统编号图→下料剪裁→对应系统风管编号→压筋（加强）→联合咬边→共板法兰成型→折方→合缝与角码拼装→硅胶密封缝隙处理→品质检查→出货。成品加工及安装流程包括：依据客户确认施工图→现场测量尺寸和标高→系统编号→图纸分解→工厂加工→吊筋吊架制作→品质检查→出货→依据系统编号图及对应系统风管编号进行吊装→漏光测试→保温。共板法兰风管的安装图如图 4 – 28 所示。

风管连接时，一般通风空调系统为了使法兰接口处严密不漏风，接口处应加垫料，其法

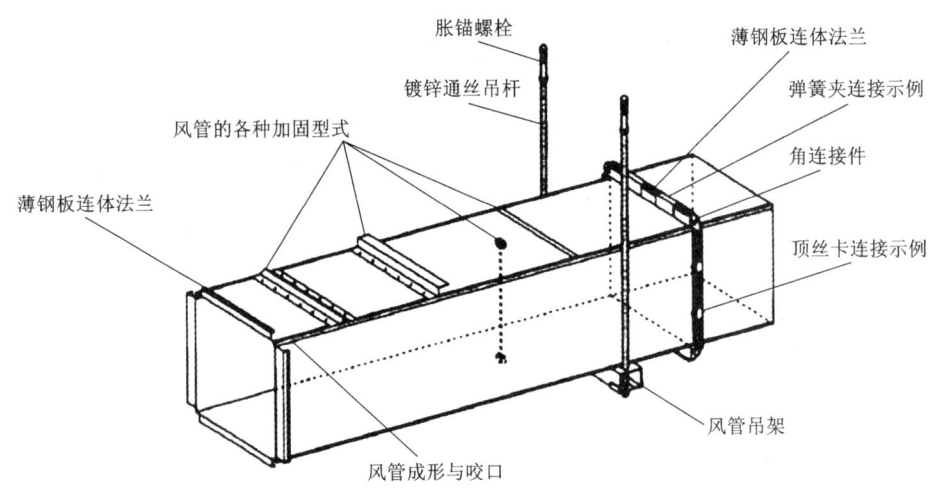

**图 4－28　共板法兰风管的安装图**

兰垫料厚度为 3～5 mm，用于净化空调系统的法兰垫料厚度应不小于 5～8 mm。在加垫料时，垫片不要凸入管内，否则将会增大空气流动的阻力，减小风管的有效面积，并形成涡流，增加风管内的积尘。共板法兰风管应在法兰角处、支管与主管连接处的内外都进行密封。法兰密封条宜安装在靠近法兰外侧或法兰的中间。4 个法兰角连接须用玻璃胶密封防漏，联合咬口离法兰角向下 80 mm 的地方须用玻璃胶密封防漏，密封胶应设在风管的正压侧。

目前国内经常采用的法兰垫料（如橡胶板、闭孔海绵橡胶板、石棉绳、石棉橡胶板、耐酸橡胶板、软聚氯乙烯板等），一般都是在施工现场临时裁剪，而且有表面无黏性，易造成法兰连接后漏风。胶泥垫条是目前工程上应用较广泛的新型风管法兰垫料，经试验，风管内的风压在 1000Pa 以上时，不会产生漏风现象，法兰的螺栓间距可由原来的 120 mm 增加到 215～350 mm，而且施工工艺简单，能减轻工人劳动强度，提高工作效率，降低施工成本。

图 4－29 为矩形钢板无法兰连接风管示意图。

2）圆形金属风管的无法兰连接

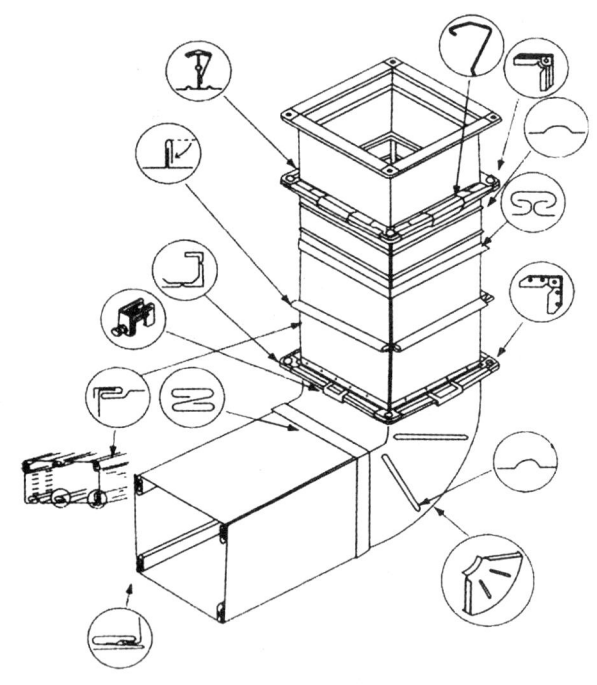

**图 4－29　矩形钢板无法兰连接风管**

圆形金属风管的无法兰连接形式及适用范围，应符合表 4－13 的规定。

**表 4 – 13　金属圆形风管无法兰连接形式及适用范围**

| 无法兰连接形式 | | | 附件板厚/mm | 接口要求 | 使用范围 |
|---|---|---|---|---|---|
| 承插连接 | 普通 | | — | 插入深度≥30 mm，有密封要求 | 低压风管直径<700 mm |
| | 带加强筋 | | — | 插入深度≥20 mm，有密封要求 | 中、低压风管 |
| | 角钢加固 | | — | | |
| 芯管连接 | | | ≥管板厚 | | |
| 立筋抱箍连接 | | | ≥管板厚 | 翻边与抱箍匹配一致，紧固严密 | |
| 抱箍连接 | | | ≥管板厚 | 管端应对正，抱箍应居中 | 中、低压风管抱箍宽度≥100 mm |

注：薄钢板法兰风管也可采用铆钉法兰条连接的方法。

承插连接，即将尺寸较小端插入另一节的大端中，用自攻螺钉或拉铆钉固定，铆钉间距不大于 150 mm。带加强筋时，在小端距管端部 40 mm 处压一圈 $\phi8$ mm 凸筋，承插后进行固定。

图 4 – 30 是抱箍式连接，主要用于钢板圆风管和螺旋风管连接，先把每一段风管的两端轧制出凸筋，并使其一端缩为小口。安装时按气流方向把小口插入大口，外面用钢制抱箍将两个管端的凸筋抱紧连接，最后用螺栓穿在耳环中固定拧紧。

图 4 – 31 是芯管连接，先制作连接管，其直径或边长比风管直径或边长小 2 ~ 3 mm，长度 80 ~ 100 mm，然后将连接管插入两侧风管，再用自攻螺钉或拉铆钉紧密固定，铆钉间距 100 ~ 120 mm。带加强筋时，在连接管 1/2 长度处压一圈 $\phi8$ mm 凸筋，然后将连接管与风管连接固定。

图 4 – 32 是内胀芯管连接，此方法为一种新型连接方法，主要用于螺旋风管连接。内胀芯管是采用与螺旋风管同材质的宽度为 137 mm 的镀锌钢带、不锈钢带或铝合金带制作的。

风管的安装过程中，应注意以下问题：

①水平风管安装后的不水平度的允许偏差为每 m 不应大于 3 mm；总偏差不应大于 20 mm。垂直风管安装后的不垂直度的允许偏差为每 m 不应大于 2 mm；总偏差不应大于 20 mm。风管沿墙敷设时，管壁到墙的距离不得小于 150 mm，以能上紧法兰螺栓为原则。

②水平安装的风管，可用吊架的调节螺栓或在支架上用调整垫木的方法来调整水平。风管安装就位后可以用拉线、水平尺和吊线的方法来检查风管的水平度和垂直度。

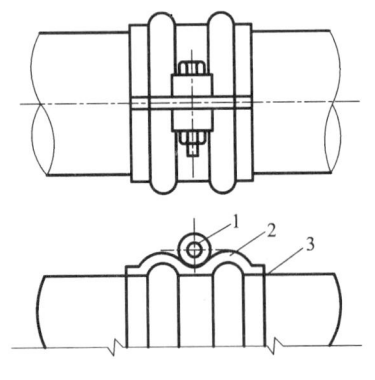

图 4 – 30  抱箍式无法兰连接

1—耳环；2—抱箍；3—风管

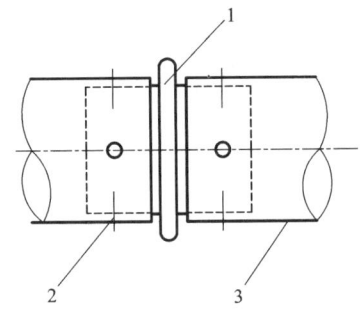

图 4 – 31  芯管连接

1—连接短管；2—自攻螺栓或抽芯铆钉；3—风管

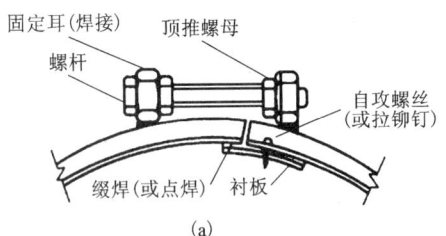

(a)

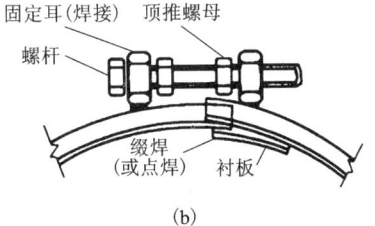

(b)

图 4 – 32  内胀芯管详图

(a)内胀芯管安装后的胀紧状态；(b)内胀芯管安装前的开口搭叠状态

③输送产生凝结水或含湿空气的风管，应按设计要求的坡度安装。此类风管的底部不得设置纵向接缝，如有接缝则应做好密封处理。一般薄钢板风管的底部纵向接缝处可用锡焊、涂抹油腻子或密封膏及喷涂几遍油漆进行密封，防止风管内的积水使钢板锈蚀，对风管底部接缝也可同样处理。

④输送含有易燃、易爆介质气体的系统和易燃、易爆介质环境内的通风系统，均应有良好的接地装置，应尽量减少接口。输送易燃、易爆介质的风管，如通过生活间或其他辅助生产厂房时，则必须严密，不得设置接口。

⑤排风系统的风管穿出屋面应设防雨罩。当风管管径较大或穿出屋面不甚高时，可使用支架固定；当穿出屋面超过 1.5 m 时，应采用不少于 3 根拉索固定。但拉索不得系在法兰或风帽上，以防止法兰松动和风帽变形。拉索应与风管的抱箍固定。同时拉索也不得拉在避雷针或避雷网上。当穿出屋面的风管超过 3～8 m 时，需设两层拉索，每层拉索均不得少于 3根。拉索可以采用镀锌铁丝或钢丝绳。

⑥当不锈钢风管安装在碳钢支架上时，在风管与支架接触面上应按设计要求喷刷漆料，或在风管与支架之间衬垫橡胶板、塑料板等非金属块，也可以垫上零碎的不锈钢下脚料。

⑦铝板风管法兰连接时应采用镀锌螺栓、螺母，并在法兰两侧垫上镀锌垫圈以增加接触面，从而防止质软的铝法兰被螺栓刺伤。

⑧用于净化空调系统的风管在安装前应进行擦拭，达到风管内表面无油污、无浮尘，而且在施工完毕或由于其他原因而暂停施工时应将管的开口处密闭，以防止灰尘进入。

⑨一般送、排风系统的钢板风管可采用无法兰连接，接头处一定要严密、牢固。

风管的制作安装还应注意减少风管系统阻力的几种措施：

①矩形风管其宽高比不宜大于4，最大不应超过10。

②风管变径应做成渐扩或渐缩形，其每边扩大或收缩角度不宜大于30°。

③风管改变方向、变径及分路时，不应过多使用矩形箱代替弯头、三通等管件，必须使用分配气流的静压箱时，其断面风速不宜大于1.5 m/s。

④弯头、三通、调节阀、变径管等管件之间的距离宜保持5～10倍管径长的直管段。

**4. 风管的安装**

风管的安装应按照先干管，后支管的安装程序进行，并要根据施工安装方案确定的吊装方案(整体吊装、分段吊装、单节安装)对风管进行连接。因受场地限制，不能进行整体吊装时，可将风管分节用绳索拉到脚手架上，然后抬到支架上对正法兰逐节安装。为加快施工速度，保证安装质量，风管、管件的安装多采用现场地面组装，再分段吊装的施工方法。

风管的连接长度一般可接至10～12 m长。无法兰连接的风管一次整体拼接长度一般不超过4节。在风管连接时，一定要防止将拆卸的接口装设在墙体或楼板内。为了安装上的方便和美观，所有连接法兰螺栓的螺母都应在方便拆装的同一侧。

风管安装后，可用拉线和吊线的方法进行检查。一般只要支架安装得正确，风管接得平直，风管就能保持横平竖直。

## 4.2.2　常用通风管道附件的制作与安装

**1. 风口安装**

风口形式有很多，包括百叶风口、散流器、喷口、条缝形风口、旋流风口、孔板风口、专用风口(座椅风口、灯具风口、蓖孔风口、格栅风口)等。风口到货后，要对照图纸核对风口规格尺寸，按系统分开堆放，做好标识，以免安装时弄错。安装风口前，要进行外观检查、调节，并检查旋转部分是否灵活等；检查叶片是否平直，与边框有无摩擦、过滤网有无损坏、开启百叶能否开关自如等。

安装风口时，注意风口与所在房间内的其他设施如灯具、烟感、探测器、喷头等线条要一致。各类风口的安装都应横平、竖直、表面平整。在无特殊要求的情况下，露于室内部分应与室内线平行。各种散流器的风口面应与顶棚平行。同一方向的风口，其调节装置应在同一侧。风口与风管的连接应严密、牢固，与装饰面相紧贴；表面平整、不变形，调节灵活、可靠。接缝处应衔接自然，无明显缝隙。同一厅室、房间内的相同风口的安装高度应一致，排列整齐。

百叶风口、散流器的选型和制作均应采用颈部尺寸(即天花板上开完孔洞，安装风口的尺寸)。

**2. 风阀的安装**

风管系统上安装蝶阀、多叶调节阀(图4-33)、防火防烟调节阀等各类风阀，在安装前应检查框架结构是否牢

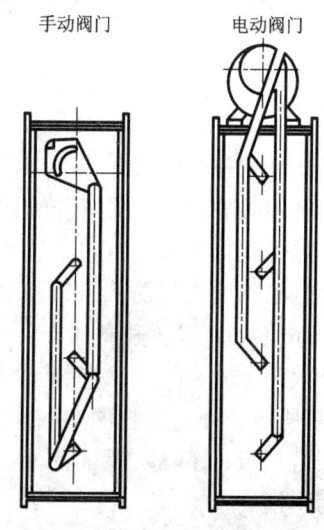

图4-33　对开多叶调节阀

固,调节、制动、定位等装置应准确灵活。风阀与风管多采用法兰连接,安装时要把风阀的法兰与风管或设备上的法兰对正,再加上密封垫片拧紧螺钉,使其连接牢固、严密,但应注意以下各点:

①风阀安装的部位应使阀件的操纵装置便于操作。

②风阀的气流方向不得装反,应按风阀外壳标注的方向安装。

③风阀的开闭方向、开启程度应在阀体上有明显和准确的标识。

④安装在高处的风阀,其操纵装置应距地面或平台1~1.5 m。

⑤分支管的风量调节阀是为了平衡各送风口的风量,由于阀板的开启程度是靠柔性钢丝绳的弹性来调节的,因此在安装时应该特别注意调节阀所处的部位,图4-34为正确的安装部位,施工时有时会错误地安装在如图4-35所示的支管中,使风阀的阀板处于全关状态。

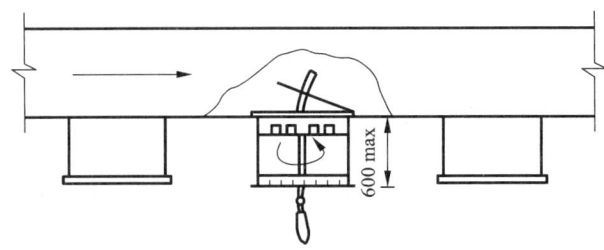

图4-34    分支管风量调节阀正确安装的部位

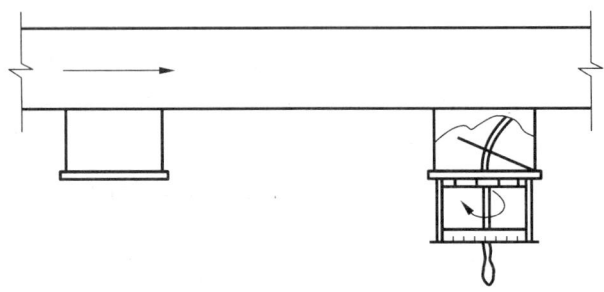

图4-35    分支管风量调节阀错误安装的部位

### 3.防火阀的安装

防火阀分为重力式和弹簧式两种。重力式防火阀有水平安装和垂直安装,左式和右式之分。弹簧式防火阀也有左式右式之分,阀板开启应呈逆气流方向,易熔件必须置于迎风侧。防火分区隔墙两侧防火阀距墙表面不应大于200 mm。防火阀直径或长边尺寸大于或等于630 mm时,宜设置独立的支、吊架。穿越防火墙的防火阀如图4-36所示,穿墙风管管壁厚度要大于1.6 mm,安装后应在墙洞与防火阀间用水泥砂浆密封。变形缝处防火阀安装如图4-37所示。在变形缝两端均设防火阀。穿越变形缝的风管中间设有挡板,穿墙风管一端设有固定挡板;穿墙风管与墙间应保持50 mm的间隙,其间用柔性非燃烧材料密封,保持有一定的弹性。

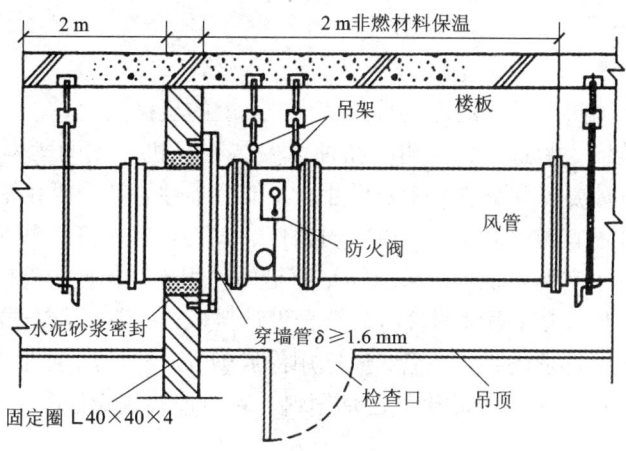

图 4-36　防火墙处的防火阀安装示意图

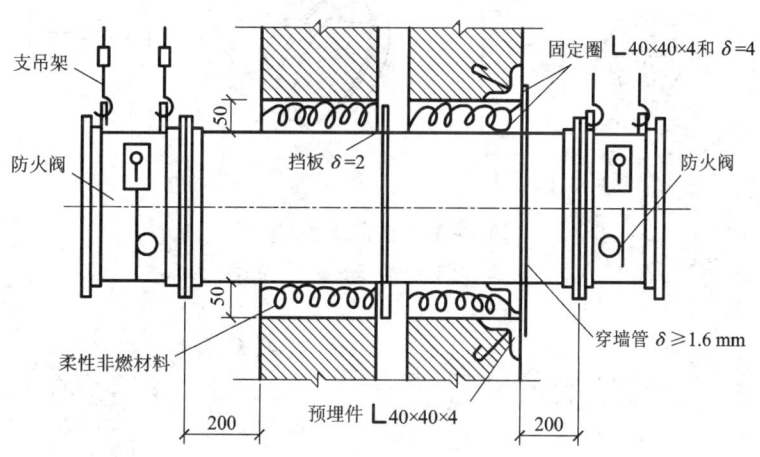

图 4-37　变形缝处的防火阀安装示意图

4. 风帽安装

风帽安装方法有两种：一是风帽从室外沿墙绕过屋檐伸出屋面；二是风帽从室内直接穿过屋面伸向室外。采用穿屋面的做法时，屋面板应预留洞，风管安装好后，应装设防雨罩。防雨罩与接口应严密，防止漏水(图 4-38)。

不连接风管的筒形风帽，可用法兰固定在屋面板上的混凝土或木底座上。当排送湿度较大的空气时，为了避免产生的凝结水滴漏入室内，应在底座下设有滴水盘并有排水装置。风帽装设高度高出屋面 1.5 m 时，应用镀锌铁丝或圆钢拉索固定，防止被风吹倒。拉索不应少于 3 根，拉索可加花篮螺丝拉紧。拉索可在屋面板上预留的拉

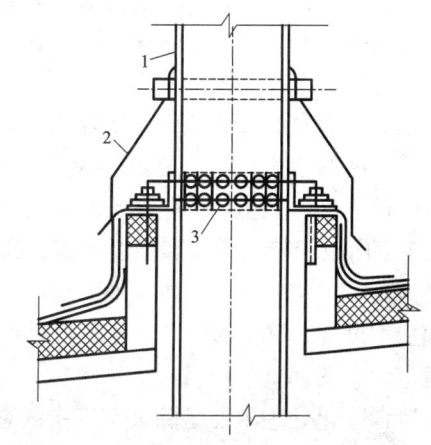

图 4-38　穿过屋面的风管

1—金属风管；2—防雨罩；3—铆钉

索座上固定。

5. 柔性短管的安装

柔性短管常用于风机与风管间的连接，以减少系统的机械振动。

柔性短管的安装应松紧适当，无明显扭曲。安装在风机一侧的柔性短管可装得绷紧一点，以防止风机启动时被吸入而减小断面尺寸。不能把柔性短管当成找平找正的连接管或异径管。柔性短管外部不宜做保温层，以免减弱柔性。柔性短管长度一般为 150 ~ 300 mm，连接缝应牢固严密。用于空调系统的应采取防结露措施。用于结构变形缝的其长度宜为变形缝的长度加 100 mm 以上。柔性短管的材质应符合设计要求，一般用帆布或人造革制作。输送潮湿空气或安装于潮湿环境的柔性短管，应选用涂胶帆布；输送腐蚀性气体的柔性短管，应选用耐酸橡胶或 0.8 ~ 1 mm 厚的软聚氯乙烯塑料。帆布连接软管如图 4 - 39 所示。

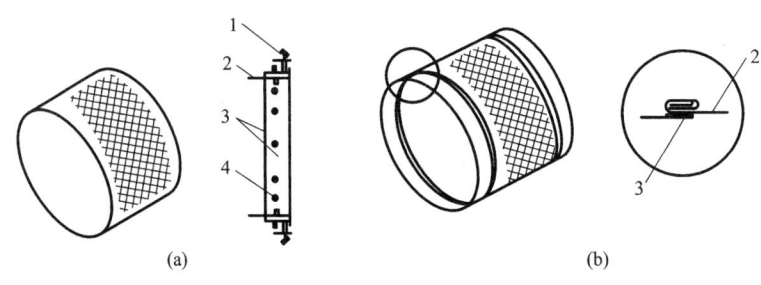

图 4 - 39　帆布连接软管
1—法兰盘；2—帆布短管；3—镀锌铁皮；4—铆钉

## 4.3　洁净空调系统安装的特殊要求

随着近代生物医学科学发展的需要，食品工业、制药工业、医学科学实验、医院手术室和宇宙飞船等室内，不但要求对空气环境中的温湿度和尘粒加以控制，还要求除去空气中的微生物，或要求空气中的微生物数不超过规定的最高限度。这些洁净房间称为微生物洁净室。在某些场合下还要求除臭、增加空气离子等。根据需要，对空气中的尘粒、温度、湿度、压力、噪声等进行控制，且符合规范规定的洁净度的空调系统，称为洁净空调系统。

工业洁净室的重要任务是要控制室内空气浮游微粒子对生产的污染，使室内生产环境的空气洁净度符合生产工艺要求。为了达到这个目的，一般可采取的空气洁净技术措施有：一是空气过滤，采用过滤器有效地控制从室外引入室内的全部空气的洁净度；二是组织气流排污，在室内组织特定形式和强度气流，利用洁净空气把生产环境中发生的污染物排除出去；三是提高室内空气静压，防止外界污染空气从门或各种漏隙部位侵入室内。此外，土建围护结构造型设计、材料选择以及施工质量均应符合规程要求。如图 4 - 40 所示为某混合型气流洁净室示意图。

所谓净化处理主要是除去空气中的悬浮尘埃，有时在某些场合还有除臭、增加空气负离子等要求。

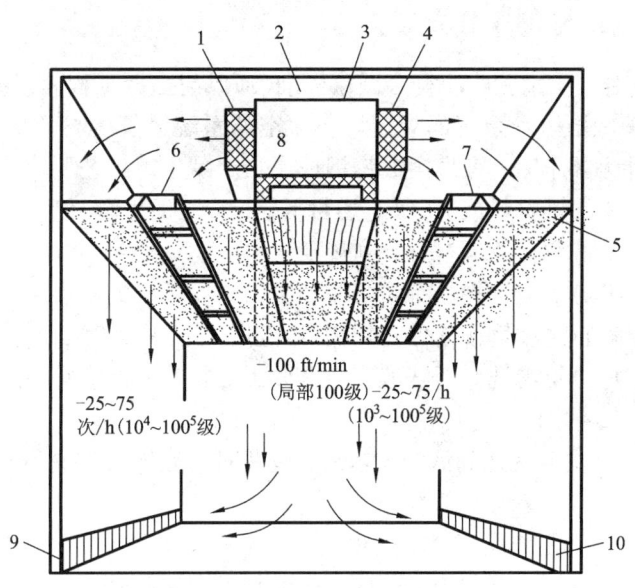

**图 4 – 40　某混合型气流洁净室**
1、4、8—高效过滤器；2—净压室；3—送风管；
5—穿孔顶棚；6、7—照明；9、10—回格格栅

## 4.3.1　洁净空调系统安装施工现场的环境要求

洁净厂房装修工程应符合国家标准《建筑内部装修防火施工及验收规范》（GB 50354—2005）、《建筑装饰装修工程质量验收规范》（GB 50210—2018）的有关规定。洁净厂房装饰装修工程的材料选择应符合下列规定：

①应满足项目施工图的设计要求。

②应满足防火、保温、隔热、防静电、隔振、降噪等要求。

③应确保洁净室气密性要求，材料表面应不产尘、不吸附微粒、不积尘。

④应采用不霉变、防水、可清洗、易清洁和不挥发分子污染物的材料。

⑤应满足产品质量、生产工艺的特殊要求，并不得释放对人员健康及产品质量有害的物质。

洁净厂房装饰装修工程的施工应在厂房主体结构和屋面工程完成并验收合格后进行。对现有建筑进行洁净室装饰装修时，应对现场环境、现有设施等进行清理与清洁，并应在达到洁净施工要求后再进行施工。洁净厂房装饰装修工程施工过程中应对施工现场进行封闭管理，并应对进出人员、设备和材料等进行洁净管制。装饰装修工程施工过程中应保持施工现场清洁，并应对隐蔽空间做好清扫与清洁记录。洁净厂房装修工程施工过程中应保护已完成的装饰装修工程表面，不得因撞击敲打、踩踏等造成表面凹陷、破损和表面装饰的污染。

### 4.3.2　风管及配件的制作要求

风管、附件的制作、质量验收应符合国家标准《通风与空调工程施工质量验收规范》（GB 50243—2016）中有关中压风管系统的规定。净化空调系统风管的材质应按工程设计文件的要求选择，工程设计无要求时，宜采用镀锌钢板。当产品生产工艺要求或环境条件必须采用非金属风管时，应采用不燃材料或 B1 级难燃材料，并应表面光滑、平整、不产尘、不霉变。

风管现场制作、清洗和存放应符合下列规定：

①风管在现场制作时，应选择具有防雨篷和围挡的场所，并应保持现场清洁。

②风管的咬口缝、折边和铆接等处有损伤时，应进行防腐处理。

③风管制作后，应进行清洗。清洗液应能有效去除污物、油渍等，并不得对人体健康和材质有危害。

④风管经清洁水二次清洗达到清洁要求后，应及时对风管端部进行封口，应存放在清洁的房间内，并应避免积尘、受潮和变形。

净化空调系统的风管制作应符合下列规定：

①矩形风管边长小于或等于 900 mm 时，底面板不得采用拼接；大于 900 mm 的矩形风管，不得采用横向拼接。

②风管所用的螺栓、螺母、垫圈和铆钉均应采用与管材性能相适应，且不产生电化学腐蚀的材料；不得采用抽芯铆钉。

③风管内表面应平整、光滑，不得在风管内设加固框及加固筋。

④风管无法兰连接时不得使用 S 形插条、直角形插条及联合角形插条等形式。

⑤空气洁净度等级为 1~5 级的净化空调系统风管不得采用按扣式咬口。

⑥镀锌钢板风管不得有镀锌层严重损坏的现象。

⑦风管法兰的螺栓及铆钉孔的间距，当空气洁净度等级为 1~5 级时，不应大于 80 mm。6~9 级时，不应大于 100 mm。

⑧矩形风管边长大于 1000 mm 时，不得采用无加固措施的薄钢板法兰风管。

### 4.3.3　洁净空调系统的安装要求

1. 风管及其附件安装

净化空调系统风管的安装，应在其安装部位的地面已施工完成，且室内具有防尘措施的条件下进行。风管系统安装后，应进行系统的严密性试验，并经验收合格后再进行风管保温等工序。风管系统的支、吊架应与建筑围护结构牢固连接，当采用膨胀螺栓固定时，应符合相应技术文件的规定。支、吊架应进行防腐处理。

净化空调系统风管及其附件的安装应在安装就位前擦拭干净，并应做到无油污、无浮尘；在施工过程中发生停顿或施工完成时，应将风管端口封堵；法兰垫片应选用不产尘、不易老化、不透气和具有一定弹性的材料，垫片厚度宜为 5~8 mm；法兰垫片不得采用直缝对接方式；不得在垫片上涂刷涂料，在接缝处可采用密封胶；风管穿过洁净室（区）吊顶、隔墙等围护结构时，应采取密封措施；风管内严禁其他管线穿越。

洁净室（区）内的风口安装应在安装前擦拭干净，并应做到无油污、无浮尘等；与风管的连接应牢固、严密；与吊顶、墙壁装饰面应紧贴，并应做到表面平整，接缝处应采取密封措施；同一洁净室（区）的风口的安装位置应与照明灯具等设施协调布置，并应做到排列整齐、美观；带高效空气过滤器的送风口应采用固定式。

风管安装后的严密性试验应符合工程设计要求。严密性试验应按系统分别进行，漏风量应符合国家标准《通风与空调工程施工质量验收规范》（GB 50243—2016）的有关规定。进行净化空调系统风管的严密性试验时，高压系统应按高压系统进行检测，工作压力低于 1500 Pa 的风管系统应按中压系统检测。

风管部件与阀门的安装、风管的连接、安装偏差以及支、吊架的安装等应符合国家标准《通风与空调工程施工质量验收规范》（GB 50243—2016）的有关规定。净化空调系统经清洗、密封的风管、附件安装时，打开端口封膜后应即时连接；当必须暂时停顿安装时，应将端口重新密封。

**2. 空气过滤器的安装**

空气过滤器与除尘器有共同的作用，都是起净化空气的作用。但除尘器是把含尘量较大的空气（$10 \sim 1000$ mg/m$^3$）处理后排出室外；空气过滤器是将含尘量不大的空气（$< 10$ mg/m$^3$）净化后送入室内。

空气过滤器是空调系统和空气洁净系统的重要组成部分，用于将含尘量较小的室外空气经过滤净化后送入室内，使室内环境达到洁净要求。空气过滤器根据空气过滤效率可分为粗效过滤器、中效过滤器、亚高效过滤器及高效过滤器等几种，按洁净室的洁净度选用。

**（1）粗、中效过滤器安装**

粗效过滤器的种类较多，根据使用的滤材可分为聚氨酯泡沫塑料过滤器、无纺布过滤器、金属网格浸油过滤器、自动浸油过滤器等。在安装时应考虑便于拆卸和更换滤料，并使过滤器与框架、框架和空调器之间保持严密。

1）网格干式过滤器及金属网格浸油过滤器。

这两种过滤器一般做成 500 mm × 500 mm × 500 mm 的方块，按设计要求的数量及安装形式焊好角钢安装框架（包括底架及方格框架），再将各块过滤器嵌入方格框内，过滤器边框与支撑格框用螺栓固定，框与框连接处衬以石棉橡胶板或毛毡垫料，以保证严密。干式过滤器是将泡沫塑料或干纤维等滤料，夹于两层镀锌钢丝网中间。金属网格浸油过滤器是在过滤器匣体内交错地叠用多层不同孔径的波纹金属网，使相邻波纹网的波纹相互垂直，且网孔尺寸沿气流方向逐层减少，使用前（或成品出厂时）浸油。

浸油过滤器（图 4—41），安装前应用热碱水将过滤器表面的黏附物清洗干净，晾干后再浸以 12 号或 20 号机油。安装时应将空调器内外清洗干净，并注意过滤器的方向，将大孔径金属网格朝向迎风面，以提高过滤效率。

为检修方便，安装于风管中的干式网格过滤器可做成抽屉式，如图 4—42 所示。干式或油浸网格过滤器可按设计要求布置成直立式、人字形等不同形式，图 4—43 为立式人字形过滤器的安装形式。

2）铺垫式过滤器。

由于滤料需经常清洗，为了拆装方便，可采用铺垫式横向踏步式过滤器，见图 4—44。先用角钢做成安装框架，并与空调室预埋螺栓做踏步形连接，过滤器框架间的平板用钢板封住，斜框架上铺镀锌钢丝网，上铺 20 ~ 30 mm 厚的粗中孔泡沫塑料垫，与气流方向成 30°角，不需另外固定，待清洗后就可从架子上卷起滤料。

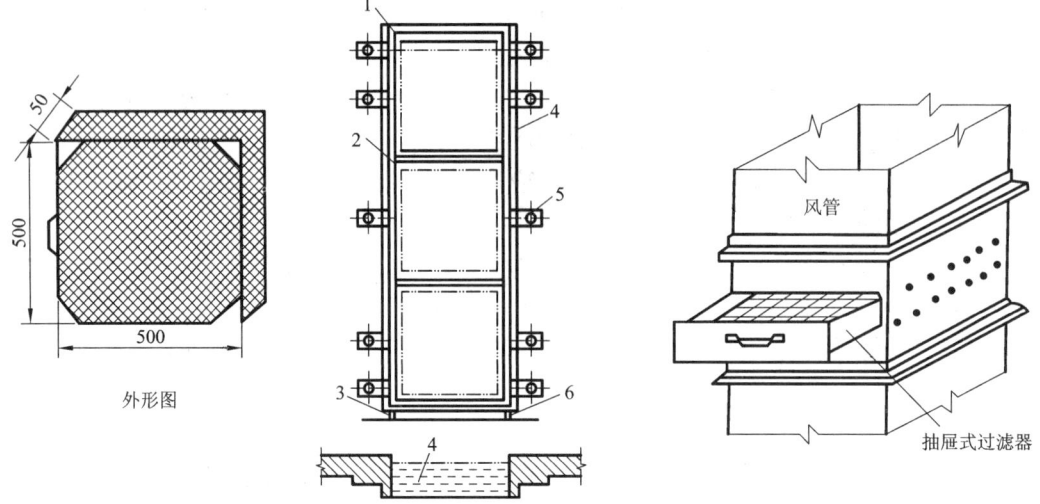

图 4-41 金属网格浸油过滤器　　　图 4-42 抽屉式过滤器

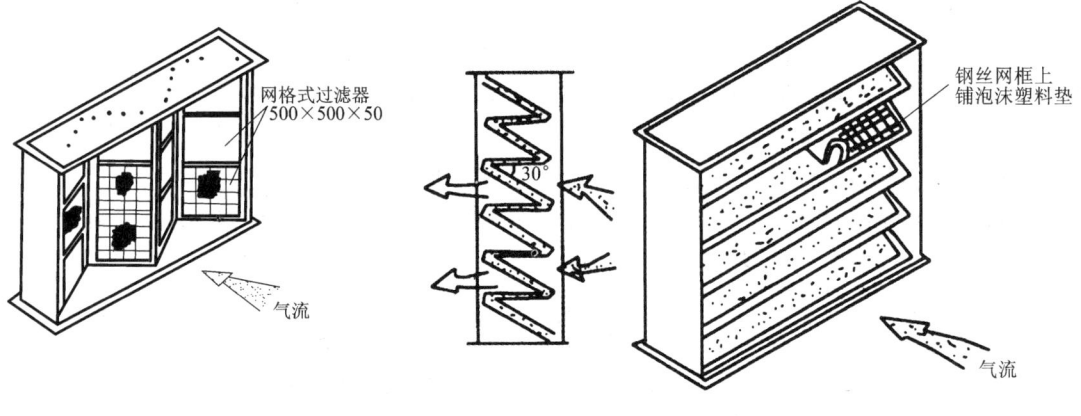

图 4-43 立式人字形过滤器　　　图 4-44 横向踏步式过滤器

3）自动浸油过滤器。

如图 4-45 所示，自动浸油过滤器用于一般通风、空调系统，但不能在空气洁净系统中采用，以防止将油雾（即灰尘）带入系统中。安装时应清除过滤器表面的黏附物，并注意装配的转动方向，使传动机构灵活。过滤器与框架或并联安装的过滤器之间应进行封闭，防止从缝隙中将污染的空气带入系统中，而形成空气短路的现象，从而降低过滤效果。

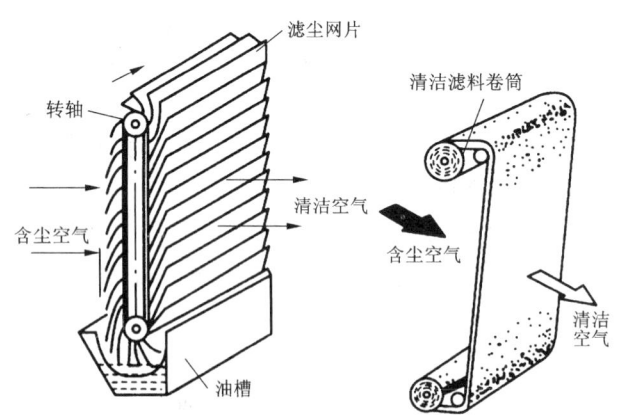

图 4-45 自动浸油过滤器

4）自动卷绕式过滤器。

由过滤层及电动机带动的自动卷绕机构组成，见图 4 - 46。过滤层用合成纤维制成的毡状滤料——无纺布卷绕在各转折布置的转轴上，当使用一段时间，过滤层积尘使前后气流达到一定压差后，即可通过过滤器前后压差为传感信号进行自动控制更好滤料的空气过滤设备，常用于空调和空气洁净系统。滤料应松紧适当，上下箱应平行，保证滤料可靠的可行。多台并列安装的过滤器，用同一套控制设备时，

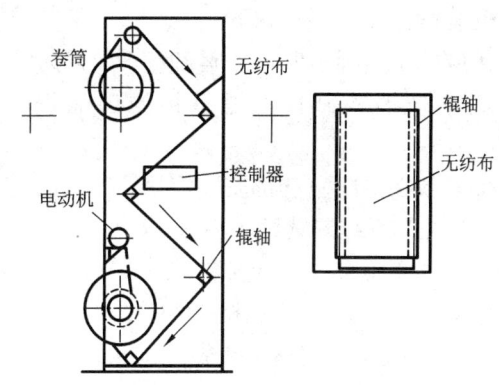

图 4 - 46　自动卷绕式过滤器

压差信号使用过滤器前后的平均压差值。应特别注意的是，电路开关必须调整到相同的位置，避免其中一台过早地报警，而使其他过滤器的滤材也中途更换。

5）袋式过滤器。

一般做中效过滤器。采用多层不同孔隙率的无纺布作滤料，加工成扁布袋形状，袋口固定在角钢框架上，然后固定在预先加工好的角钢安装框架上，中间垫以法兰垫片，以保证连接严密。滤料可用水清洗，多次反复使用。在安装框架上安装的多个扁布袋平行排列，袋身用钢丝撑起或用挂钩吊住，如图 4 - 47 所示。安装时要注意袋口方向应符合设计要求。

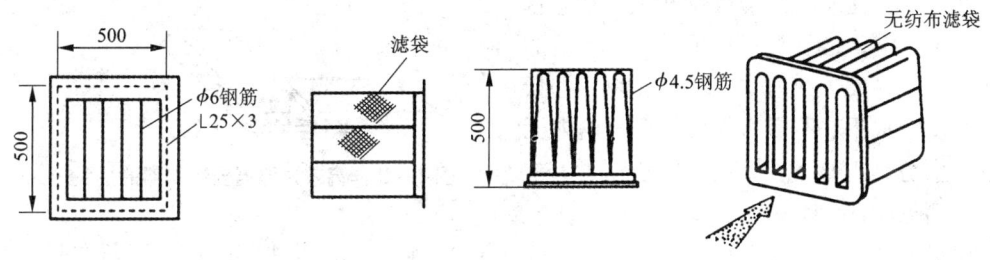

图 4 - 47　无纺布袋式过滤器

（2）高效过滤器的安装

高效过滤器是空气洁净系统最重要的净化设备，它的安装是整个系统安装工作的重点，也是质量检验评定的重点分项工程，对工程质量等级的最后评定起着决定性作用。高效过滤器的安装质量直接影响着系统最终的净化效率。其安装工作主要是如何保证过滤器与安装框架嵌接的严密性。

目前国内采用的滤料为超细玻璃纤维纸和超细石棉纤维纸，用以过滤粗、中效过滤器不能过滤的而且含量最多为 1 μm 以下的亚微米级微粒，以保证洁净房间的洁净要求。为保证过滤器的过滤效率和洁净系统的洁净效果，高效过滤器安装必须遵守《洁净室施工及验收规范》（GB50591—2010）或设计图的要求。

高效过滤器与组装高效过滤器的框架，其密封一般采用顶紧法和压紧法两种。对于洁净度要求严格的 5 级以上洁净系统，有的采用刀架式高效过滤器液槽密封。高效过滤器在洁净系统末端的安装如图 4 - 48 所示。

安装操作技术要求如下：

①应按出厂标志竖向搬运和存放，以防止由超细玻璃棉制作的滤纸被滤层隔板压折。

②必须在洁净室全部安装完毕，并全面清扫、吹洗和系统连续试车 12 h 以上后，方能在现场开箱检查并进行安装。

③安装前需进行外观检查和仪器检漏，目测不得有变形、脱落、断裂等破损现象，仪器抽检检漏等应符合产品质量文件的规定。

④框架端面或刀口端面应平直，端面平整度的允许偏差每只不得大于 1 mm。安装时对过滤器的外框不得进行修改。

⑤采用机械密封时，过滤器与安装框架之间必须垫密封垫料（如闭孔海绵橡胶板、氯丁橡胶板）或涂抹硅橡胶。密封垫料厚度为 6~8 mm，定位粘贴在过滤器边框上。垫料的拼接方法宜采用梯形或型相接，不应直接对接或搭接，如图 4-49 所示。安装后的垫料压缩率应大于 50%。采用液槽密封时，槽架安装应水平，不得有渗漏现象，槽内无污物和水分，槽内密封液高度宜为 2/3 槽深，密封液的熔点宜高于 50℃。

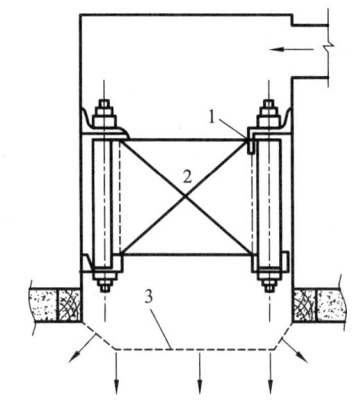

图 4-48　高效过滤器在洁净系统末端的安装
1—乳胶海绵；2—高效过滤器；3—孔板出风口

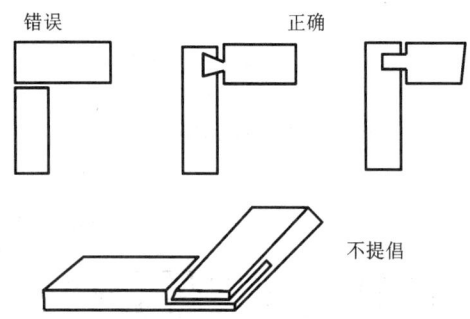

图 4-49　高效过滤器安装垫料的接头形式

⑥安装时，过滤器外框上的箭头应与气流方向一致。用波纹板组合的过滤器在竖向安装时，波纹板（隔板）必须垂直于地面，不得反向。

（3）净化空调系统的风管均应绝热、保温

风管及其部件的绝热、保温应采用不燃或难燃材料，其材质、密度、规格和厚度应符合工程设计文件要求；洁净室（区）内不得采用易产尘、霉变的材料；绝热、保温层的施工、验收应符合国家标准《通风与空调工程施工质量验收规范》（GB 50243—2016）的有关规定。风管绝热保温层外表面应平整、密封、无松弛现象。洁净室（区）内的风管有保温要求时，保温层外表面应光滑、不积尘、不吸尘，并应易于擦拭，接缝处应以密封胶密封。

## 4.4　空调及通风设备的安装

通风空调设备的安装工作量大。通风空调系统中，各种设备的种类及数量较多，要严格按施工图和设备安装说明书的要求安装，以保证设备的正常工作和对空气的处理要求。

常见的通风空调设备有通风机、空调机、空调末端设备、各种空气（粉尘、烟气）处理设备水箱、消声器、换热器和除尘器等。设备安装程序可按图 4-50 进行。

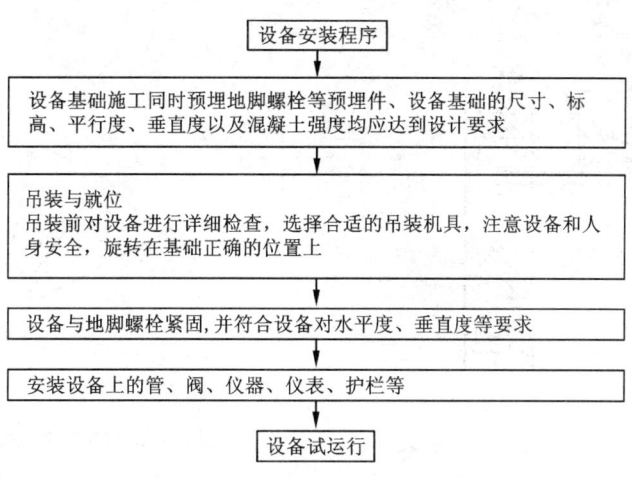

图 4 - 50　设备安装程序图

## 4.4.1　通风机的安装

通风机分为离心式(轴向流入,径向流出)、轴流式(轴向流入,轴向流出)、贯流式(径向流入,径向流出)和混流式(斜向流入,斜向流出)。通风工程中大量使用的是离心式和轴流式。风机可制作成左旋转式和右旋转式,从电机一端正视叶片,按逆时针旋转的为左旋转风机。风机安装的程序为:开箱检查和对土建施工进行检查→运输就位→设备安装→设备调整→试运转。

通风机安装前,施工单位必须会同建设单位和设备供应商进行开箱检查和对土建施工的检查。开箱前应检查提货单与到货箱号和数量是否相符、包装有无破损和受潮。开箱后检查风机的规格、型号是否符合设计要求,检查装箱清单、设备说明书、产品出厂合格证和产品质量鉴定文件等,检查设备表面有无缺陷、破损、锈蚀、受潮等现象。检查后,将检验结果形成文字验收记录,参与开箱检验的责任人员等签字,作为交工验收资料及设备技术档案;风机由专人妥善保管。

对土建施工进行的检查、验收包括预留孔洞、预埋件的尺寸、标高、砌体强度等,对混凝土基础的外观质量、主要尺寸、预留孔位置和尺寸等进行检查、验收。

1. 轴流式风机的安装

轴流式风机的安装一般有墙上、柱上安装和墙洞内安装两种形式。安装时要注意气流方向和风机转向,勿使叶轮倒转。连接风管时,风管中心应与风机中心对正。

①轴流式风机在墙上、柱上安装时,先根据设计要求在墙上或柱上敷设好用角钢做的支架,并用水平尺找平找正,螺孔尺寸应和风机底座的螺孔尺寸相符,如图 4 - 51 所示。若支架是用埋设的方式敷设的,要等水泥砂浆凝结到规定的强度后才能安装。安装时,首先将风机吊放在支架上,垫上 4 ~ 5 mm 厚的橡胶板,然后穿上螺栓找平找正,上紧螺栓即可。

②轴流式风机在墙洞内安装前,先要配合土建按设计规定留出预留洞,并预留好风机支座和挡板框。支座上的螺间距要与轴流式风机的底座相符。挡板上的螺孔径和孔距要能与机壳相连接。当风机稳固后,要装上 45°的防雨雪弯头或金属百叶窗,弯头出口处必须蒙上铁

丝网，如图 4 - 52 所示。

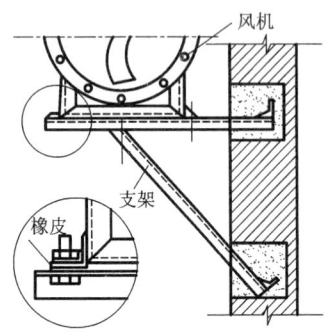

图 4 - 51　轴流式风机在墙(柱)上安装

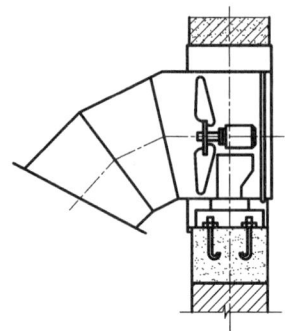

图 4 - 52　轴流式风机在墙洞内安装

③轴流式风机基础上安装或吊装。轴流式风机基础上安装类似于支架上安装的方法。轴流式风机吊装根据设计要求进行风机吊装时机轴应保持水平。

2.离心风机的安装

离心风机在墙支架上的安装是将预制符合要求的支架横梁固定在墙内，水平校正后，用角钢将横梁端部焊接固定(加固)，待栽埋支架达到强度后，吊装风机使之在支架上就位。安装后电机处于稳固状态，而风机悬于托架外。

离心风机在基础上的安装分为直接用地脚螺栓紧固于基础上的直接安装和通过减振器、减振垫的安装两种形式。根据设计要求，当通风和空调系统要求安静时，可采用后一种风机安装形式。风机基础由混凝土浇筑而成。直接安装风机的平台或楼板，宜采用现浇钢筋混凝土楼板，而且基础与楼板最好同时浇筑，如需分次浇筑，在浇筑楼板时要求基础面积范围内预埋露出板面的插铁或预埋钢筋网络。

1)小型离心风机(2.8~5 号)均采用直联机构，风机叶轮直接固定在电机轴上，机壳直接固定在电动机的法兰上。它可以安装在地面、平台上的混凝土基础或钢支架上。安装时先将风机的电动机放在基础上，使电动机底座的螺栓孔对正基础上的预留螺栓孔，把地脚螺栓一端插入基础螺栓孔内，带丝扣的一端穿过底座的螺栓孔，并挂上螺母，丝扣应高出螺母 1~1.5 扣的高度。用撬杠把风机拨正，用垫铁把风机垫平，然后用 1:2 的水泥砂浆浇筑地脚螺栓孔，待水泥砂浆凝固后，再上紧螺母。

2)大、中型离心风机的安装。6~12 号的中型离心风机和 16~20 号的大型离心风机，采用弹性联轴器连接或三角皮带传动，其轴和电机轴是分开的，具体安装操作如下：

①把机壳吊装在基础上，穿上地脚螺栓，把机壳摆正(暂不拧紧)。

②把叶轮、轴承和皮带轮的组合体也吊装在基础上，并把叶轮穿入机壳内，穿上轴承箱地脚螺栓，然后将电机吊装在基础上。

③找平、找正轴承座，使轴承的纵向水平度不超过 0.2%，横向水平度不超过 0.3%。轴承座找平、找正后，最好先灌浆固定。

④以叶轮为标准，通过在机壳下加垫铁和微动机壳对机壳进行找平、找正，要求机壳的壁面和叶轮后盘平面平行，机壳的轴孔中心与叶轮中心重合，机壳的支座法兰面保持水平。

⑤对电动机和通风机设备进行找正、找平。最后，在混凝土基础的预留孔内，用比基础混凝土高一级标号的混凝土灌浆，并捣固密实，地脚螺栓不得歪斜。待初凝后再检查一次各部分是否平正，最后拧紧地脚螺栓。

当风机采用皮带传动时，必须保证风机和电机的两个皮带轮的中心面在同一平面上，使皮带轮紧松合适，不偏不斜。合理的皮带传动状态是紧边在下，松边在上，以增大皮带和皮带轮的接触面积，提高传动效率，同时有利于皮带较顺利地嵌进风机的皮带轮槽内，如图 4-53 所示。

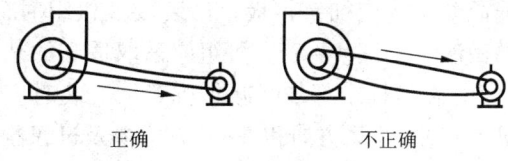

正确　　　　　　　不正确

**图 4-53　皮带传动方向**

通风机的安装还应注意以下几点：

①通风机的进风管、出风管、阀件、调节装置等应设置单独的支、吊架，机身不应承受风管及其构件的质量。

②风机与电动机的传动装置外露部分应安装防护罩。

③风机的吸入口或吸入管直通大气时，应加装保护网或其他安装装置。

④风管与风机连接时，中间要装柔性接管。

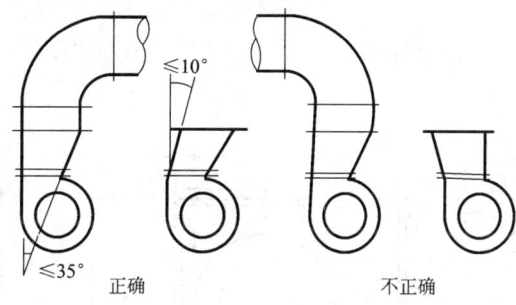

正确　　　　　　　不正确

**图 4-54　风机出口连接图**

⑤风机入口的接入管直管段的长度应大于风机入口直径，当弯头与风机入口距离过近时，应在弯头内加导流片。

⑥风机出口的接出管应顺叶轮旋转方向接触弯管。在现场条件允许的情况下，应保证出口在弯管的直管段长度不小于 3 倍的风机入口直径。如果受现场条件限制达不到要求，应在弯管内设导流叶片弥补，如图 4-54 所示。

## 4.4.2　空调处理设备(空调机组、风机盘管)的安装

### 1.空调机组的安装

空调机组是组成空调系统的核心设备。常见的空调机组有新风空调机组、柜式空调机组、组合式空调机组。按其外形或安装形式可分为吊顶式、立柜式、卧式、窗式、分体式空调机组。空调机组的技术性较强，因此在安装以前，应认真熟悉图纸、详细阅读产品样本与产品使用说明以及有关的技术资料，掌握其结构、尺寸、质量与安装要点。下面分别介绍吊装式空调机组、立柜式和卧式空调机组、组合式空调机组的安装。

(1)吊顶式空调机组的安装

吊顶式空调机组一般外形尺寸较小，安装于设备层、吊顶或机房内，不许单独占据机房，具有安装方便、使用简单、噪声小等特点，适用于小型商业办公室及工业应用的空调工程。安装前，应确认吊顶楼板或梁的混凝土强度等级是否合格，以及钢筋混凝土的承重能力是否满足要求。

吊顶机组应合理选择吊杆的大小，以保证机组的安全。当机组的风量、质量、振动较小

时，吊顶顶部可采用膨胀螺栓与楼板连接，吊杆底部采用螺纹加装橡胶减振垫的方式与吊装孔连接，如果机组的风量、质量、振动较大，则吊杆在钢筋混凝土内应加装钢板。吊装较大机组时，吊杆的做法参见图 4 – 55。机组应采取适当的减振措施，如在吊杆中部加装减振弹簧。安装时应注意机组的进、出风方向和进、出水方向及过滤器的抽出方向是否正确。应保证机组安装的水平度

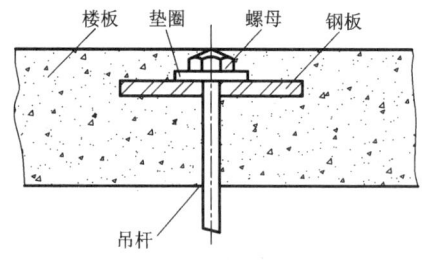

图 4 – 55　大机组吊杆顶部连接

和垂直度，连接机组的冷凝水管应有不小于 0.05 的坡度，坡向排出点。机组安装完毕后进行通水试压时，应开启冷热换热器的排气旋塞将空气排尽，以保证系统的压力和水系统的流动通畅。

（2）立柜式和卧式空调机组的安装

立柜式（如图所 4 – 56 所示）和卧式空调机组安装时应注意以下问题：

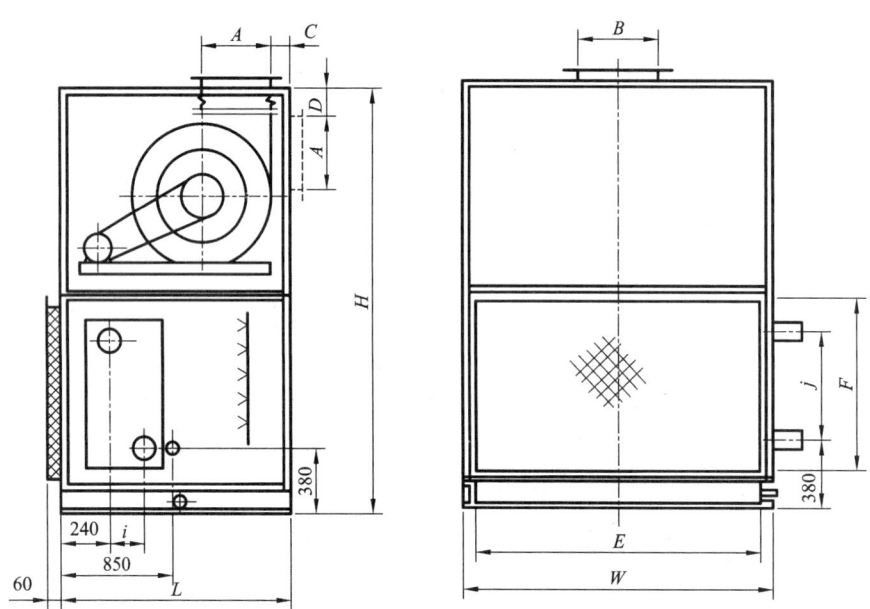

图 4 –56　立柜式空调机组外形图

$A$、$B$—矩形风管边长；$C$—送风口与空调机组外壁之间距离；$D$—回风口与空调机组顶部的距离；$E$—空调机组内壁之间的距离；$F$—换热盘管的高度；$H$—空调机组的高度；$i$—供、回水管道轴心水平距离；$j$—供、回水管道轴心垂直距离；$L$、$W$—空调机组外壁的边长

①空调机组安装的地方必须平整，可放置在基座上（水泥或槽钢焊成），基座一般应高出地面 100 ~ 150 mm。

②空调机组在设计没有防振要求时，可以放在一般木底座或混凝土基础上。有防振要求时，需按设计要求安装在防振基础上或垫以 10 mm 厚的橡皮垫，安装减振器、减振垫等。机组减振器与基础之间出现有悬空状态的，应用钢板垫块垫实。按设计数量及位置布置，安装后应检查空调机组是否水平，如果不平，应适当调整减振器的位置。

③两台以上柜式空调机组并列安装时，其沿墙中心线应在同一直线上。应注意保护机组凝结水盘的保温材料，保证凝结水盘没有裸露情况。凝结水盘应有坡度，其出水口应设在水盘最低处。

④机组内部一般安装有换热器的放气及泄水口，为了方便操作，也可在机组外部的进出水管上安装放气及泄水阀门。通水时旋开放气阀门排气，然后将阀门旋紧，停机后通过泄水阀门排出换热器水管内的积水。

⑤与机组连接的冷凝水排放管应设有水封，水封高度 B 不小于 100 mm，如图 4 - 57 所示。机房内应设地漏，以便冷凝水的排放或清洗机组时排放污水。

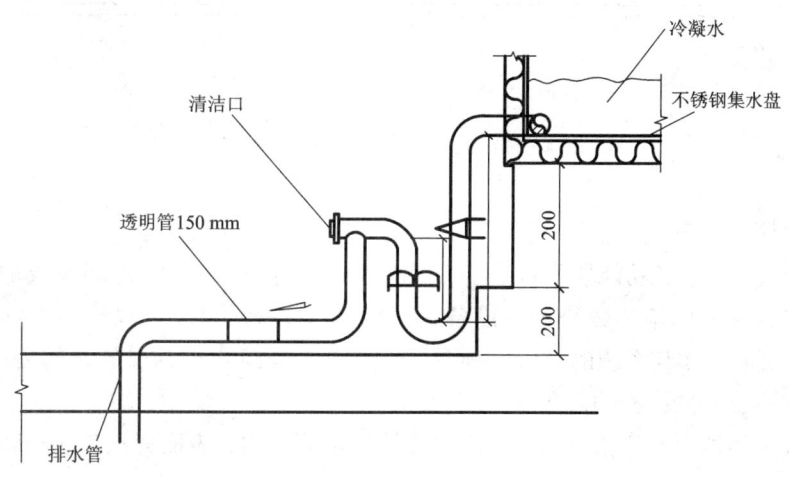

**图 4 - 57　空调器凝结水的排除**

⑥机组的四周，尤其是检查门及外接水管的一侧应留有充分空间，供维护设备使用。

⑦注意保护机组进、出水管和冷凝水管的连接螺纹，保证管路连接的严密性，没有漏水现象。必须在将外接管路的水路清洗干净后方可与空调机组的进出水管相连，以免将换热器堵死。与机组管路相连时，不能用力过猛，以免损坏换热器。

⑧检查电源电压，符合要求后方可与电机相连。接通后先启动一下电机，检查风机转向是否正确，如转向相反，应停机将电源相序改变，然后将电机电源正式接好。

⑨电机应接在有保护装置的电源上，机壳应接地，大于 15 kW 时应降压启动。

⑩与机组连接的风管和水管等的质量不得由机组承受，空调机的进出风口与风道间用软接头连接。

⑪电加热器如果安装在风管上，与风管连接的衬垫材料、加热器及加热器前后各 800 mm 风管的保温材料都要使用石棉板和石棉泥等耐热材料。加热器要可靠接地。

（3）组合式空调机组的安装

组合式空调机组也称装配式空调机组，是一种由制造厂家提供预制单元、以实现对空气的多种处理功能并可在使用现场进行组装的大型空气处理设备。安装时，应根据设计规定的顺序和要求将各功能段进行组合，如图 4 - 58 所示。各段之间的连接常采用螺栓内垫海绵橡胶板的紧固形式，也有的采用 U 形卡兰

组合式空调机组的安装

内垫海绵橡胶板的紧固形式。国外生产的空气调节机也有用插条连接的。

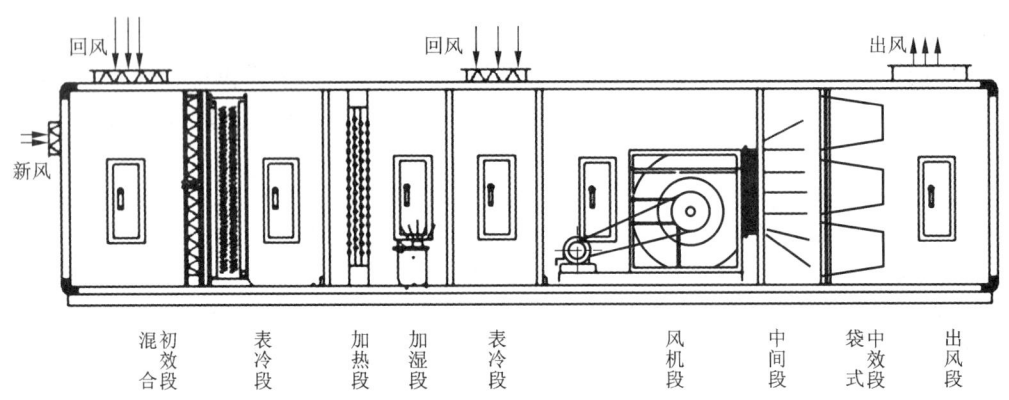

图 4-58 组合式空调机组组合形式

组合式空调机组安装要求如下：

①安装前，应检查各功能段是否齐全，管道接口方向是否正确，冷却段或加热段的换热器的排数、单位长度的串片数是否与设备资料相符；核查风机段的风机与电动机的技术参数，并检查风机的形式与系统的气流方向是否相符；检查组合空调器的箱体表面是否受损，换热器的翅片不得有大面积的碰歪叠压现象。

表冷器或加热器应有合格证书，在技术文件规定期限内，表面无损伤，安装前可不做水压试验，否则应做水压试验。试验压力等于系统最高工作压力的 1.5 倍，不得低于 0.6 MPa，试验时间为 2~3 min，压力不得下降。

②对空调器的基础应进行检查。空调器的基础应采用混凝土平台基础，基础的长度及宽度应按照空调器的外形尺寸向外各加上 50~100 mm，基础的高度应考虑到凝结水排水管的水封与排水的坡度。空调器基础平面必须水平，对角线水平误差应不大于 5 mm。空调器可直接平放在垫有 5~10 mm 橡胶板的基础上，也可平放在垫有橡胶板的 10 号工字钢或槽钢上，即在基础上敷设三条工字钢，其长度等于空调器各段的总长度。

③安装时，应校核基础的坐标位置和基础的水平度，对各功能段的组装找平找正，连接处要严密、牢固可靠。表冷段的凝结水的引流管应该畅通，凝结水不得外溢。

对于有表冷段的空调器，可由左向右或由右向左进行组装。

对于风机段的风机分解单独运输的情况下，应先安装风机段的空段体，然后再将风机和电动机装入段体内。如风机和电动机较大，风机的监视门无法进入，则应先安装空段体的底板，待风机和电动机与底板连接后，再组装侧、顶段板。

现场组装的机组安装完毕后应进行漏风测试。漏风量必须符合国家标准《组合式空调机组》(GB/T 14294—2008)的规定。

2. 风机盘管的安装

风机盘管空调器主要由风机和换热器组成，同时还有凝结水盘、过滤器、外壳、出风格栅、吸声材料、保温材料等。风机盘管的安装形式有明装与暗装、立式与卧式、卡式和立柜式等。风机盘管的接管示意图如图 4-59 所示。风机盘管安装工艺流程包括：施工准备→电机检查试运转→表冷器水压试验→吊架制作安装→风机盘管安装→连接配管。

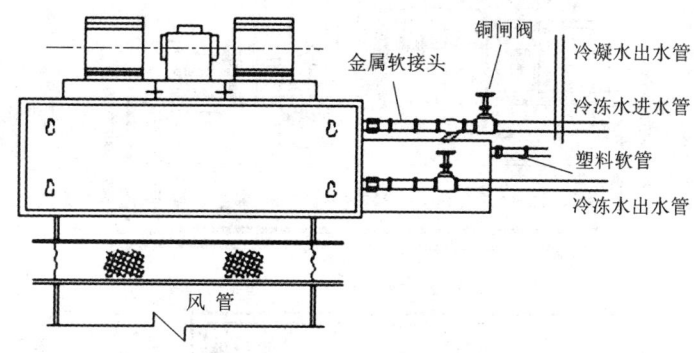

**图 4-59 风机盘管接管示意图**

其安装操作的要点如下：

①风机盘管安装前宜进行单机三速试运转及水压检漏试验，试验压力为系统工作压力的 1.5 倍，观察时间为 2 min，不渗不漏为合格。

②风机盘管就位前，应按照设计要求的形式、型号及接管方向（即左式或右式）进行复核，确认无误后才能进行安装。

③卧式风机盘管的吊杆必须牢固可靠，标高应根据冷（热）水管、回水管及凝结水管的标高确定，特别是凝结水管的标高，必须低于风机盘管滴水盘的标高，以利于凝结水的排除。

④对于卧式安装的风机盘管，在安装过程中应与室内装饰工作密切配合，防止在施工中损坏装饰的顶棚或墙面。回风口预留的位置和尺寸，应考虑风机盘管的维修和阀门开关的方便。

⑤与风机盘管连接的冷冻水或热水管，应按"下送上回"的形式安装，以提高空气处理的热交换性能。

⑥与风机盘管连接的冷冻水或热水管，应安装水过滤器，特别是系统末端的 2~3 组风机盘管，必须安装水过滤器，以清除管道中的杂质，保护风机盘管不受堵塞。

⑦与风机盘管连接的冷（热）水和回水管必须采用柔性连接，以防止硬连接过程损坏风机盘管及漏水等弊病。柔性连接有两种形式，一种是特制的橡胶柔性接头，接头的两端各设一只螺纹活接头，一端与管道连接；另一端与风机盘管连接。另一种是退火的纯铜管，两端用扩管器扩成喇叭口形，用螺母拧紧。

### 4.4.3 空调冷水机组、冷却塔、水泵的安装

空调冷源系统由冷水机组、冷冻水泵、冷却水泵、冷却塔及相应管道、管道附件组成。在常用的冷水机组中，离心式制冷压缩机属高速回转机械，对安装有较高的要求，在安装过程中，即使很小的误差，也会造成机器运转不稳定和剧烈的振动。因此，下面以离心式冷水机组为例介绍冷水机组的安装过程。

1. 离心式冷水机组安装

离心式制冷机组多安装在室内的混凝土基础上或软木、玻璃纤维砖等减振基础上，也可用隔振器进行减振，如图 4-60 所示。

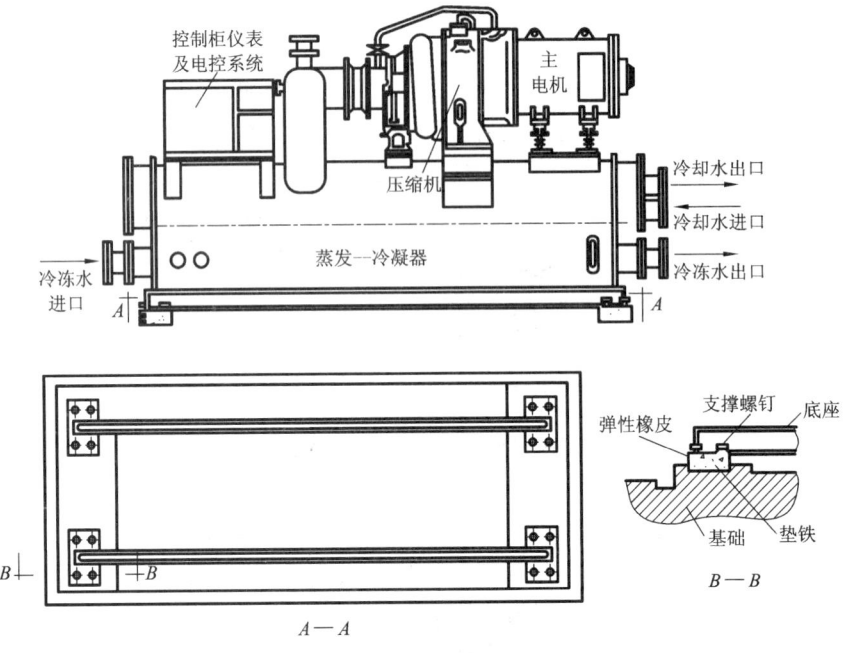

图 4 – 60    隔振器减振

*A—A*：离心式冷水机组的底座剖面图；*B—B*：*A – A* 剖面图中底座与基座连接的大样图

在机组底座的四角放置 4 个橡皮弹性支座，每个支座用四颗支撑螺钉将机组的质量支撑在基础四角处预埋的四块厚 20 mm、大小与支座相同的钢板上，并用支撑螺钉调整机组的水平度。为了简化安装和降低机组的造价，可取消混凝土基础，将机组直接安装在地坪上，但要求地坪能够承受机组运行时的质量，并在 6 mm 范围内找水平。直接安装在地面上时，也可用氯丁橡胶隔振器或弹簧减振器进行减振，将机组安装在橡胶垫上（图 4 – 61），或安装在弹簧型水平可调减振器上，减振器有 25 mm 的伸缩量（图 4 – 62），弹簧减振器下垫有一层氯丁橡胶，以便更有效地隔绝振动。

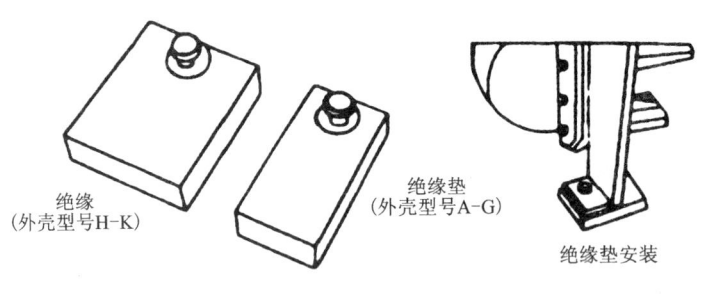

图 4 – 61    橡胶减振

离心式制冷机组的质量一般都在 5 ~ 20 t，必须选择合适的搬运和起重吊装方法。吊装机组的钢丝绳应系在机组专门的吊装孔上，并注意不要使仪表盘、油管、气管、液管、各仪表引压管受力，钢丝绳与设备接触处应垫以软木或其他软质材料，以防止钢丝绳擦伤设备表面

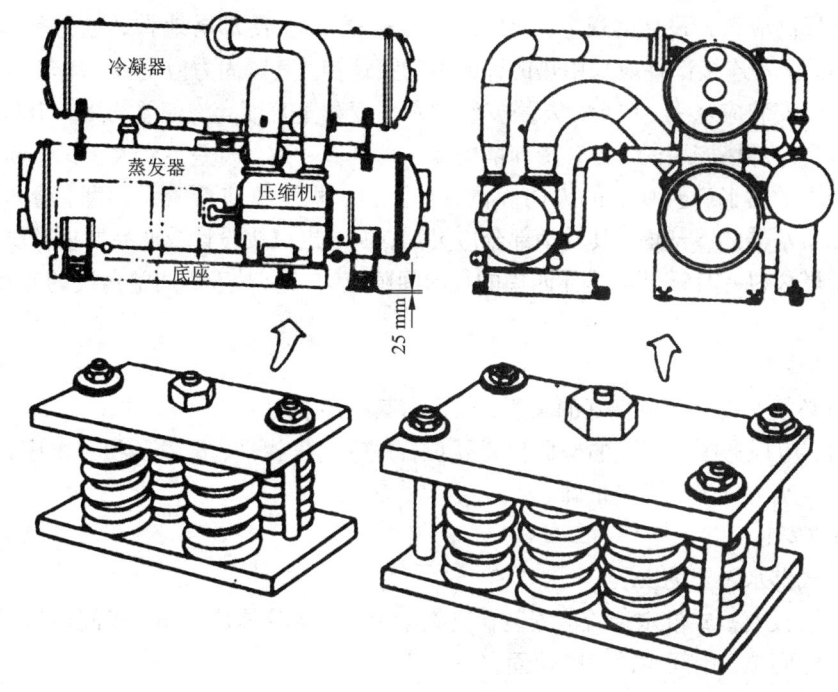

图 4-62　弹簧减振

油漆,起吊的每一根钢丝绳都必须能承受机组的全部质量。吊索系好以后,须在压缩机的第一级机壳和起吊杆之间系上安全链,以防止机组在起吊过程中滚动,如图 4-63 所示。

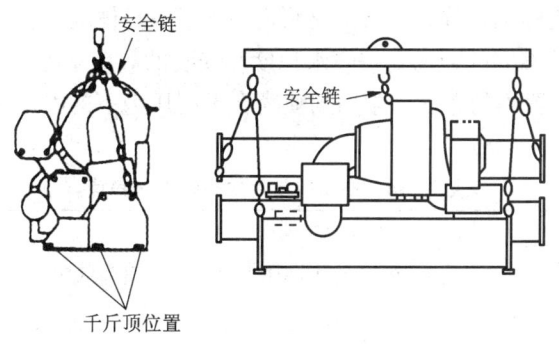

图 4-63　压缩机的起吊示意图

　　机组的找平应在油位等处的机加工面上测量,纵横向允许偏差不得大于 0.1/1000,特别是纵向水平度更应保证,以防止推力轴承窜动和承受外加轴向力。水平不符合要求时,须用垫铁或支撑螺钉调整。

　　2.冷却塔安装

　　冷却塔是在塔内使空气和水进行热质交换而降低冷却水温度的设备。在制冷系统中常用的冷却塔有逆流式和横流式两种。

（1）冷却塔安装的一般要求

①基础标高应符合设计的规定，允许误差为 ±20 mm。冷却塔地脚螺栓与预埋件的连接和固定应牢固，各连接部件应采用热镀锌或不锈钢螺栓，其紧固力应一致、均匀。

②冷却塔安装应水平，单台冷却塔安装的水平度和垂直度允许偏差均为 2/1000。同一冷水系统的多台冷却塔安装时，各台冷却塔的水平高度应一致，高差不应大于 30 mm。

③冷却塔的出水口及喷嘴的方向和位置应正确，积水盘应严密无渗漏；分水器布水均匀。带转动布水器的冷却塔，其转动部分应灵活，喷水出口按设计或产品要求，方向应一致。

④冷却塔风机叶片端部与塔体四周的径向间隙应均匀。对于可调整角度的叶片，角度应一致。

（2）本体安装

冷却塔必须安装在通风良好的场所，以提高其冷却能力。

安装时，应根据施工图纸的坐标位置就位，并应找正找平，设备要稳定牢固，冷却塔的出水管口及喷嘴方向、位置应正确。

（3）部位安装

①薄膜式淋水装置的安装

石棉水泥板模板式淋水装置应安装在支架梁上，每 4 片连成一组，板间用塑料管及橡胶垫圈隔成一定间隙，中间用镀锌螺栓固定。

纸蜂窝淋水装置可直接架于角钢或扁钢支架上，亦可直接架于混凝土小支架梁上。

点波淋水装置的单元高度为 150 ~ 600 mm，小点波一般为 250 mm。点波的框架单元或黏接单元直接架设于支撑架或支撑梁上。

斜波纹淋水装置的单元高度为 300 ~ 400 mm，其安装总高度为 800 ~ 1200 mm。

②补水装置的安装

固定管式布水器的喷嘴按梅花形或方格形向下布置，具体的布置形式应符合设备技术条件或设计要求。一般喷嘴间的距离要按喷水角度和安装的高度来确定，使每个喷嘴的水滴相互交叉，做到向淋水装置均匀布水。常用的喷嘴在不同压力下的喷水角度如表 4 – 14 所示。

表 4 – 14  布水器常用的喷嘴喷水角度

| 序号 | 喷嘴出口直径接管直径 /mm | 不同压力下的喷水角度/(°) | | | 喷嘴质量/kg |
| --- | --- | --- | --- | --- | --- |
| | | 3 m | 5 m | 7 m | |
| 1 | 瓶式 $d = 16/32$ | 36 | 40 | 44 | 0.88 |
| 2 | 瓶式 $d = 25/50$ | 30 | 33 | 36 | 2.09 |
| 3 | 杯式 $d = 18/40$ | 58 | 63 | 69 | 1.34 |
| 4 | 杯式 $d = 20/40$ | 59 | 64 | 70 | 1.69 |

旋转管式布水器的喷水口的安装可采用装配开有条缝的配水管，条缝宽度一般为 2 ~ 3 mm，条缝水平布置；或装配开圆孔的配水管，其孔径为 3 ~ 6 mm，孔距为 8 ~ 16 mm。单排

安装时孔与水平方向的夹角为 60°；双排安装时上排孔与水平方向的夹角为 60°，下排与水平方向的夹角为 45°。开孔面积为配水管总截面积的 50% ~ 60%。

③通风设备的安装要求。采用抽风式冷却塔时，电动机盖及转子应有良好的防水措施。通常采用封闭式鼠笼型电机，并确保接线端子用松香或其他密封绝缘材料严格密封。

采用鼓风式冷却塔时，为防止风机溅上水滴，风机与冷却塔体的距离一般不小于 2 m。

④收水器的安装。收水器一般装在配水管上、配水槽中或槽的上方，阻留排出塔外空气中的水滴，起到使水滴与空气分离的作用。在抽风式冷却塔中，收水器与风机应保持一定的距离，以防止产生涡流而增大阻力，降低冷却效果。

3. 水泵安装

水泵的种类很多，工程上所安装使用的水泵，多为整体式水泵（带底座），即水泵本体与电机共用同一个底座，下面以 IS 型整体式水泵为例，介绍其安装过程。IS 型水泵（不减振）安装如图 4 - 64 所示。

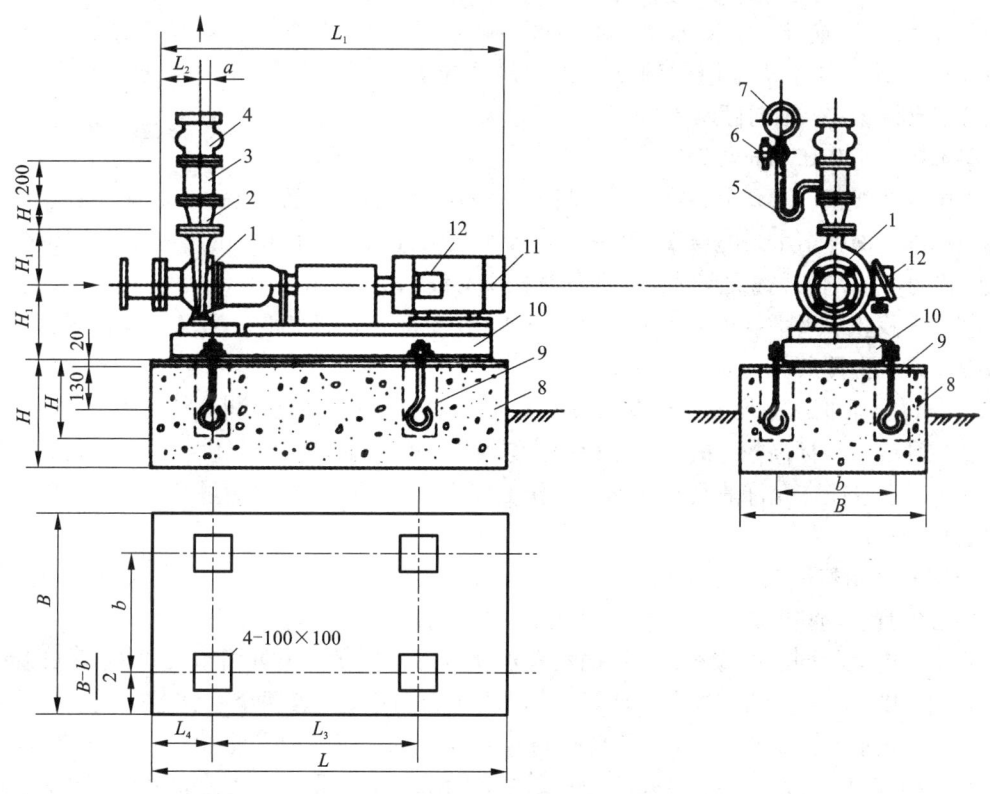

**图 4 - 64　IS 型水泵（不减振）安装**

1—水泵；2—吐出椎管；3—短管；4—可曲挠接头；5—表弯管；6—表旋塞；

7—压力表；8—混凝土基础；9—地脚螺栓；10—底座；11—电动机；12—接线盒

$H$—吐出椎管长度；$H_1$—水泵出水管口与进水管轴心之间的距离；$H_2$—水泵进水管轴心与基础之间的距离；$H_3$—地脚螺栓埋在基础中的深度；$H_4$—基础的厚度；$a$—送水管半径；$B$—混凝土基础的宽度；$b$—相邻地脚螺栓之间的宽度；$(B-b)/2$—地脚螺栓与基础边之间的宽度；$L$—混凝土基础的长度；$L_1$—水泵进水管口与电机风罩之间的长度；$L_2$—送水管轴心与进水管口之间的长度；$L_3$—相邻地脚螺栓之间的长度；$L_4$—地脚螺栓与基础边之间的长度

1) 水泵安装前应按已到货水泵底座尺寸、螺栓孔中心距等尺寸来核对混凝土基础。水泵基础要求顶面应高于地面 100~150 mm，基础平面尺寸比设备底座长度和宽度各大 100~150 mm。

整体出厂的水泵在安装前一般应进行外观检查，合格后方可进行安装。

在对水泵进行检查的同时，应在设备底座四边画出中心点，并在基础上也弹出水泵安装纵横中心线。灌浆处的基础表面应凿成麻面，被油玷污的混凝土应凿除。最后把预留孔中的杂物除去。

2) 吊装就位。将泵连同底座吊起，穿入地脚螺栓并把螺母拧满扣，对准预留孔将泵放在基础上，在底座与基础之间放上垫铁。吊装时绳索要系在泵及电动机的吊环上，且绳索应垂直于吊环，如图 4-65 所示。

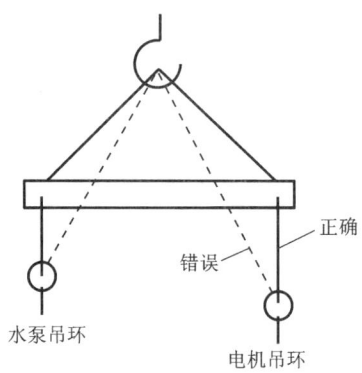

图 4-65 水泵吊装

3) 水泵安装就位后应进行找正，水泵找正包括中心线找正、水平找正和标高找正。水泵安装后应达到下列要求：整体安装的泵，纵向安装水平偏差不应大于 0.10/1000，横向安装水平偏差不应大于 0.05/1000。水泵与电机采用联轴器连接时，联轴器两轴芯的允许偏差，轴向倾斜不应大于 0.2/1000，径向位移不应大于 0.05 mm。

① 中心线找正。水泵中心线找正的目的是使水泵摆放的位置正确，不歪斜。找正时，用墨线在基础表面弹出水泵的纵横中心线，调整水泵的进水口中心和轴的中心，分别用线坠吊垂线，移动水泵，使线锤尖和基础表面的纵横中心线相交。

② 水平找正。水平找正可用水准仪或 0.1~0.3 mm/m 的水平尺测量。操作时，把水平尺放在水泵轴上测其轴向水平，调整水泵的轴向位置，使水平尺气泡居中，误差不应超过 0.1 mm/m，然后把水平尺平行靠在水泵进出水口法兰的垂直面上，测其径向水平。

③ 标高找正。标高找正的目的是检查水泵轴中心线的高程是否与设计要求的安装高程相符，以保证水泵能在允许的吸水高度内工作。标高找正可用水准仪测量；小型水泵也可用钢板尺直接测量。

4) 同心度调整是在电动机吊装环中心和泵壳中心两点间拉线、测量，使测线完全落于泵轴的中心位置。调整的方法是移动水泵或电动机与底座的紧固螺栓，微动调整。

水泵和电动机同心度检测，可用钢角尺检测其径向间隙，也可用塞尺检测其轴向间隙。测定径向间隙时，把直角尺放在联轴器上，沿轮缘周围移动，若两个联轴器的表面均与角尺相靠紧，则表示联轴器同心，误差值应保持在 0.03 mm 以内，且最大值不应超过 0.08 mm。测定轴向间隙时，用塞尺在联轴器间的上下左右对称四点测量，若四处间隙相同相等，则表示两轴同心。误差值应保持在 0.05 mm 以下，且其值不应超过 2~4 mm。当两个联轴器的径向和轴向均符合要求后，将联轴器的螺栓拧紧。

5) 二次浇灌。在水泵就位后的各项调整合格后，将地脚螺栓上的螺母拧好，然后把细石混凝土捣入基础螺栓内，浇灌地脚螺栓孔的混凝土应比基础混凝土高一级。

6) 配管安装

水泵管路由吸入管和压出管两部分组成，水泵配管的安装要求如下：

① 自灌式水泵吸水管路的底阀在安装前应认真检查其是否灵活，且应有足够的淹没深度。

②吸水管弯曲部位应尽可能做得平缓，并尽量减少弯头个数，弯头应避免靠近泵的进口部位。

③水泵的吸水管与压出管管径一般与吸水口口径相同，而水泵本身的压水口要比其进水口口径小 1 号，因此，压水管一般以锥形变径管和水泵连接。

④水泵与进、出水管的连接多为挠性连接，即通过可挠曲接头与管路连接，以防止泵的振动和噪声沿着管路传播。

⑤与水泵连接的水平吸水管段，应有 0.01 ~ 0.02 的坡度，使泵体处于吸水管的最高部位，以保证吸水管内不积存空气。

⑥泵的吸水口与大直径管道连接时，应采用偏心异径管件，且偏心异径管件的斜部在下，以防止存气。

⑦吸入管道和输出管道应有各自的支架，泵不得直接承受管道的质量。

⑧管道与泵连接后，不应在其上进行焊接和气割；当需焊接和气割时，应拆下管道或采取必要的措施，并应防止焊渣进入泵内。

7）阀门的安装

吸入管上应装闸阀（非自灌式在管端装吸水底阀），压出管上应装止回阀和闸阀，以控制关断水流，调节泵的出水流量和阻止压出管路中的水倒流，这就是俗称的"一泵三阀"。阀门安装要求如下：

①泵进口管线上的隔断阀直径应与进口管线直径相同。

②泵出口管线上隔断阀的直径：当泵出口直径与出口管线直径相同时，阀门直径与管线直径相同；当泵出口直径比出口管径直径小一级时，阀门直径应和泵出口直径相同；当泵出口直径比出口直径小二级或更多时，阀门直径应按表 4 – 15 选用。

表 4 – 15　泵出口直径小于出口管径时阀门直径/mm

| 出口管直径 | 50 | 80 | 100 | 150 | 200 | 250 |
|---|---|---|---|---|---|---|
| 阀门直径 | 40 | 50 | 80 | 100 | 150 | 200 |

③离心泵出口管线上旋启式止回阀，一般应装在出口隔断阀后面的垂直管段上，止回阀的直径与隔断阀的直径相同。两台互为备用的离心泵共用一个止回阀时，应装在两泵出口汇合管的水平管段上，其位置应尽量靠近支管。止回阀直径应与管线直径相同。

④泵的进出口阀门中心标高以 1.2 ~ 1.5 m 为宜，一般不应高于 1.5 m。

## 4.5　通风空调系统的试运行

### 4.5.1　试运行的准备工作

1. 通风空调系统漏风量测试

风管及管件安装结束后，在进行防腐和保温之前，应按照系统的压力等级进行严密性检验。低压风管系统的严密性检验，在加工工艺得到保证的前提下，一般以主干管为主采用漏光法检测；中压风管系统的严密性检验一般在漏光法检测的基础上做漏风量的抽检；高压风管则必须全数进行漏风量检测。风管系统严密性检验的被抽检系统，如全数合格，则视为通过；如有不合格者，则应再加倍抽检，直至全数合格。

　　风管严密性的漏光法检测是利用光线对小孔的强穿透力，对系统风管严密程度进行检测的方法。如图4-66所示，光源应采用具有一定强度的安全光源，一般的手持移动光源可采用不低于100 W带防护罩的低压照明灯，或其他的低压光源。

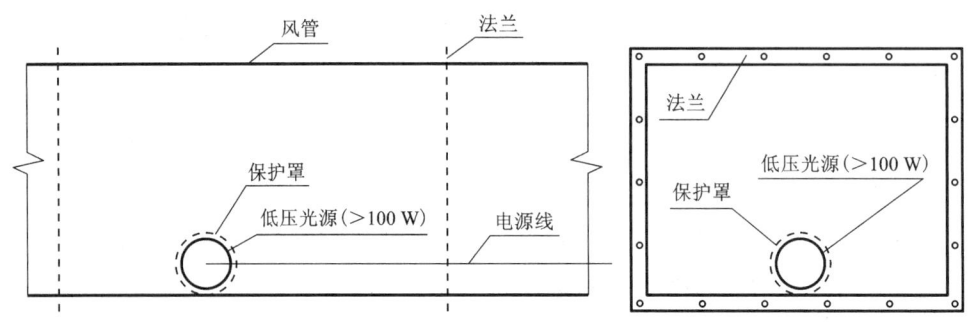

**图4-66　测光法试验检查系统**

　　在对系统风管进行漏风检测时，光源可置于风管的内侧，也可置于风管的外侧，但其相对侧应为黑暗环境。即将光源置于风管的内侧，其风管的外侧应为光线较暗的背景；如将光源置于风管的外侧，则其风管的内侧应为光线较暗的背景。检测光源应沿着被检测接口部位与接缝缓慢地移动，在另两侧进行观察。当发现有光线射出时，则说明查到了明显的漏风处，并做好记录。

　　对于系统风管的检测宜采用分段检测、汇总分析的方法。在严格安装质量管理的基础上，系统风管的检测以总管和干管为主。当采用漏光法检测风管系统的严密性时，低压系统风管以每10 m处接缝漏光点不多于2处，且100 m接缝平均不大于16处为合格；中压系统风管以每10 m接缝，漏光点不多于1处，且100 m接缝平均不大于8处为合格。漏光检测中，对发现的条缝形漏光，应作密封处理。

　　风管严密性检验应在漏光法检测合格后，对系统漏风量测试进行抽检，抽检率为20%，且不得少于1个系统。大多数低压系统是一般的通风和舒适性空调系统，在加工工艺得到保证的前提下，采用漏光法检测，当漏光法检测结果符合规范要求时，可不进行漏风量测试。当漏风检测达不到要求时，应按规定的抽检率做漏风量测试抽检，抽检率为5%，且不得少于1个系统。

　　矩形风管的允许漏风量应符合以下规定：

①低压风管系统 $Q_L \leq 0.1056 P^{0.65}$ m³/(h·m²)；

②中压风管系统 $Q_m \leq 0.0352 P^{0.65}$ m³/(h·m²)；

③高压风管系统 $Q_H \leq 0.0117 P^{0.65}$ m³/(h·m²)。

　　$Q_L$、$Q_m$、$Q_H$为系统风管在相应工作压力下，单位面积风管单位时间内允许的漏风量；$P$为风管系统的工作压力(Pa)。低压、中压圆形的金属风管和复合材料风管以及采用非法兰形式的非金属风管的允许漏风量，应为矩形风管规定值的50%；砖、混凝土风管的允许漏风量不应大于矩形低压系统风管规定值的1.5倍；排烟、除尘、低温送风的系统风管漏风量按中压系统风管的规定执行；N1～N5级净化空调系统按高压系统风管的规定执行，其余按中压系统风管的规定执行。

漏风量测试装置一般分为风管式和风室式两种。在风管式漏风测试装置中，使用的计量元件为孔板；在风室式漏风测试装置中，使用的计量元件为喷嘴。测试装置中所使用风机的风压和风量应大于被测定系统或设备的规定试验压力及最大允许漏风量的1.2倍。装置试验压力的调节，一般采用调整风机转速的方法，也可以采用控制节流器开度的方法，漏风量值必须在稳压条件下测得。测试装置中用来测量压差的装置，一般采用微压计，其最小分度应不大于1.6 Pa。

图4－67是风管式漏风量的测试装置。它是由离心式风机、连接风管、测压仪器、整流栅、节流器和标准孔板等组成的。

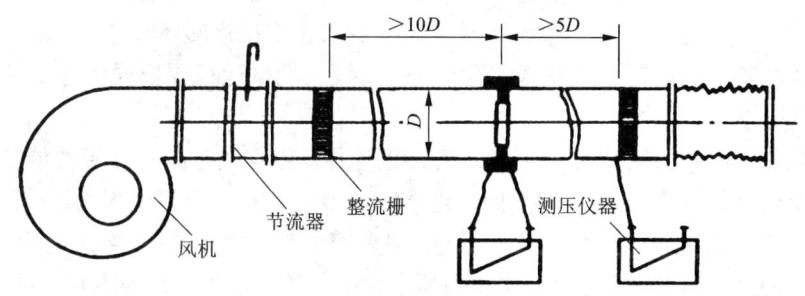

**图4－67　正压风管式漏风量测试装置**

### 2．调试准备

在空调风系统安装完毕后，应对整个空调工程做全面的外观质量检查，主要包括：风管、管道、设备安装质量是否符合要求，连接处是否符合要求；各类阀门安装是否符合要求，操作调节是否灵活方便；系统的防腐及保温工程是否符合规定。

通风空调系统安装完毕后，必须进行系统的测定和调整，简称调试。调试应由施工单位负责、监理单位监督、设计单位和建设单位参与和配合。系统调试前，施工单位应编制调试与试运转方案报送监理工程师审批；调试结束后，必须提供完整的调试资料和报告。

调试前应熟悉的资料包括通风空调工程的全部设计图纸、设计参数、系统全貌、设备性能和使用方法等内容。应对整个通风、空调工程做全

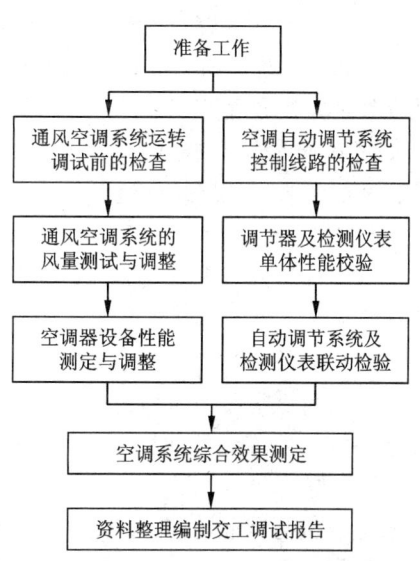

**图4－68　通风空调系统的试运转流程**

面的外观质量检查，如管道、设备、阀门的安装质量；空气洁净系统及除尘器的严密性；系统的防腐及保温质量等，应编制调试计划。准备好需要的仪表和工具，接通水、电源及冷热源。各项准备工作就绪和检查无误后，即可按计划投入试运转。通风空调系统的试运转流程如图4－68所示。

通风空调系统调试应包括：设备的单机试运转与调试以及系统无负荷联合试运行与调试两项。

## 4.5.2 各设备的单机试运行

设备的单机试运转与调试主要包括通风机、空调机、冷冻（却）水泵、制冷机、冷却塔风机、防火阀、表面换热器、净化设备等的单机试运行。运转后要检查设备的减振器是否有位移现象，设备的试运转要根据各种设备的操作规程运行，并做好记录。应符合以下规定：

通风机、水泵、空调机组、风冷热泵抽查数量按20%，且不得少于1台；风机盘管、防火阀抽查数量按20%，且不得少于5台；冷却塔和制冷机组应全数抽查。通风机和水泵在额定转速下连续运转2 h后外壳最高温度不得超过70℃，滚动轴承不得超过75℃。冷却塔试运行不少于2 h，运行应无异常。制冷机组、单元式空调器正常试运转不少于8 h。

运行后要检查设备的减振器是否有移动现象，设备的试运行要根据各种设备的操作规程进行，并做好记录。

空调用离心式制冷机一般为氟利昂机组，机组出厂前均经过各种技术性能的试验，并在合格后将机组内充入0.2~0.3 MPa的干燥空气，一般情况下，只要外表无锈蚀损伤现象，且各运动调节机构转动灵活，即可不拆卸清洗，只要将机组油箱内的油路系统清洗干净即可。如果机组出厂时间较长，保存不善，机组内所充保护气体已泄漏，且外表有锈蚀损伤等现象，为确保机组安装后能正常运转，应对机组的进口导叶、执行机构、叶轮、支撑轴承、推力轴承、大小齿轮、各轴轴颈、油箱内油槽、油孔等进行仔细的清洗。

待机组安装、清洗完毕之后，为了对安装质量进行全面的考核，须进行机组试运转。机组试运转包括下列内容：润滑油系统的清洗；机组气密性试验；机组无负荷试车；真空试验；充注制冷机；系统负荷试运转。试运转前必须按设备"电控说明书"检查控制柜、起动柜各仪表的接线和指示是否正确。

①润滑油系统清洗。油泵转向正确后，开动油泵，使润滑油循环8 h以上，然后拆洗滤油器，更新换油，重新进行运转。运转中的油温、油压、油面高度应符合设备技术文件的规定。

②气密性试验。系统安装后，应将干燥空气或氮气充入系统，使其符合设备技术规定的试验压力要求，用发泡剂检查或在干燥空气或氮气中混入规定的适量制冷剂，用卤素检漏仪检查。所有设备、管道、法兰及其接头处，不得有渗漏现象。

③空负荷试运转。机组进行空负荷运转前，其供电系统，自控安全保护系统，冷冻水、冷却水系统均应安装验收完毕，各种仪表检验正常，动作指示灵敏可靠，机房清洁，地面平整，通风良好。

进行空负荷试运转前，应先将压缩机的进口导叶全部关闭，盘动电机4~5圈，检查有无障碍和异声，然后开动油泵，调节循环润滑系统，使其正常运转。

瞬间启动压缩机，检查其旋转方向与电机壳体上箭头所示是否相符以及有无卡阻的碰撞现象。

再次启动压缩机，进行无负荷试运转，检查油温、油压是否符合设备技术文件的要求，供油温度一般保持30~40℃，轴承温度一般不超过65℃，连续运转8 h，不断检查上述各值。

④真空试验。离心式制冷机组气密性试验的压力为0.2 MPa，真空试验维持设备剩余压

力 5333 Pa，并保持 24 h，系统升压不应超过 667 Pa。当达不到真空度要求时，应再次进行气密性试验，查明泄漏处，予以修复，然后再次进行真空试验，直到合格为止。

真空试验合格后，进行系统充注制冷剂，充注方法与活塞式制冷系统基本相同。

⑤机组负荷试运转。主机开车前，应检查油面，油面须保持在上下两视镜之间。接通油箱电加热器，将油加热至 50~55℃ 后，启动油泵进行运转，使油系统出口的油温在 35~55℃，并使供油压力维持在 0.2 MPa 左右。关闭调节机构的进口导叶，并把调节机构的控制手柄转到手动位置。启动冷却水泵、冷却塔风机和冷冻水泵，最后启动压缩机。刚启动压缩机时油压会降低，当油压回升至 0.15 MPa 时，逐渐开大导叶开度，并应快速通过喘振区，使压缩机正常工作。

启动主机后，注意观察进油温度，运转过程中进油温度最好为 35~55℃。

冷媒系统中的空气通常集聚在冷凝器内，占据了一部分热交换面积，从而使压缩机的排气压力与温度升高，导致运转电费增加（还可能引起喘振），有时甚至使高压开关动作而停机。因此，在主机启动后即启动抽气回收装置，将机组内的残留气体抽出。放气机构通常采用油桶式，可自动将冷凝器上部的不凝性气体排放到大气中去。主要主机启动后，该放气机构就会自动地连续动作。

机组负荷试运转的时间不应低于 4 h。在此期间，应密切注意压缩机及油系统、主电动机、冷凝器、蒸发器、抽气回收装置等的运转情况，并做好记录。经有关人员检查确认后，作为竣工技术文件。

机组停车有手动停车和自动停车。手动停车时，应先停冷水机组，关闭进口导叶及抽气回收装置的回气阀，待主机完全停稳后再停水泵、油泵，最后切断所有电源。自动停车只要按动停车按钮，机组即按程序自动停止主机及油、水泵等。水泵安装完成后应进行试运行，通过试运行及时进行故障的排除。

### 4.5.3 空载联合试运行

在单机试运转合格的基础上，可进行设备的联合试运转。通风与空调系统的试运转分为无负荷联合试运转及带负荷的综合效能试验与调整两个阶段。前一阶段的试运行由施工单位负责，是安装工程施工的组成部分；后一阶段的试验与调整由建设单位负责，设计与施工单位配合进行。通风空调系统无负荷联合试运转与调试，应在通风空调单机试运转合格后进行。

无负荷联合试运转是指空调房间没有工艺设备，或虽有工艺设备但并未投入运行，也无生产人员的情况下进行的联合试运转。无负荷联合试运转前需进行以下操作。

1. 系统风量、风压的测定

测量空气流速的各种仪器、仪表在使用前都需经过认真校验校核，以确保其数据准确可靠，常用的测量仪表有：叶轮风速仪、毕托管、倾斜式微压计、U 形压力计、转速计和热电风速仪等。

2. 风管系统的风量平衡

系统各部位的风量均应调整到设计要求的数值，可用调节阀改变风量进行调整。调节方法包括流量等比分配法和逐段分支调整法。

（1）流量等比分配法

系统风量的调整一般是从系统最不利环路开始，逐步通向风机出风段。如图 4-69 所示，先测支管 1 和 2 的风量，调节支管上的风阀，使支管 1 和 2 的风量比值与设计风量的比值近似相等；然后测定并调整 6 和 7、3 和 4、5 和 8 的风量，使其风量比值和设计风量的比值近似相等；最后测定并调整风机的总风量，使其等于设计总风量。此方法称为"流量等比分配法"，该方法方便、准确。

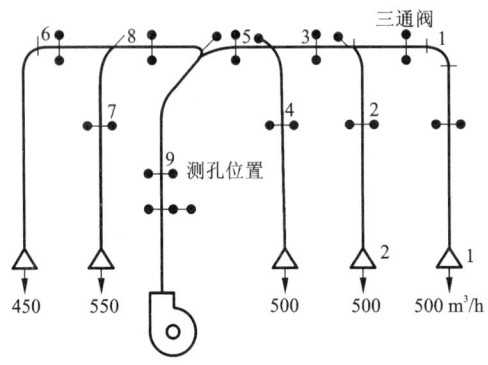

图 4 - 69　系统风量平衡调整示意图

（2）逐段分支调整法

这种方法是先从风机开始，将风机送风量先调整到大于设计总风量的 5% ~ 10% , 再调整 6 和 7、1 和 2 两分支管，使之依次接近于设计风量，将不利环路调整近似平衡后，再调整 5 和 8 支管。最后再调整 9 管段的总风量，使之接近于设计风量。这种调整方法带有一定的盲目性，属于"试凑"性的方法，由于前后调整都互有影响，必须经数次反复调整才能使结果较为合适。但对于较小的系统，有经验的试调人员也常采用。

系统风量调节平衡后应达到：

①通风空调系统调试结果与设计风量的偏差不应大于 10% 。

②新风量与回风量之和应近似等于总的送风量或各送风量之和。

③总的送风量应略大于回风量与排风量之和。

通风与空调系统的试运行是在系统风机、风管、风口风量风压测定，以及系统风量平衡的基础上，冬季竣工时通入热源，夏季竣工时通入冷源，对空调系统进行联合试运行的。空调系统带冷热源的正常连续运转时间不少于 8 h。对通风、除尘系统应在无负荷下进行风机、风管与附件等全系统的联合试运转，其连续运转时间不少于 2 h。当空调系统的竣工季节条件与设计条件相差较大时，仅做不带冷（热）源的试运转。

所有通风、除尘、空调系统的联合试运转情况，均应做好运行记录，作为工程验收的技术文件之一。在试运转时应考虑到各种因素，如建筑物装修材料是否干燥，室内的热湿负荷是否符合设计条件等。同时，在无负荷联合试运转时一般能排除的影响因素应尽可能排除，如果室内温度达不到要求，应检查盘管的过滤网是否堵塞，风机皮带是否打滑，新风过滤器的积尘量是否超过要求，或制冷量达不到要求等。检查出的问题应由施工、设计及建设单位共同商定改进措施。如各系统在连续运转时间内运转正常，则可认为系统联合试运转合格。

## 复习思考题

1. 金属风管板材按连接目的分别有几种连接方式？各有什么目的？

2. 用钢板制作风管有哪几种连接方法？如何选择连接方法？

3. 什么叫咬口连接？常见的咬口形式有哪些，并指出其适用范围。

4. 什么叫划线？常用划线的方法有哪几种？

5. 如何制作矩形风管法兰？

6. 为什么要对风管进行加固？矩形风管加固方式有哪些？

7. 风管系统安装程序是什么？风管安装前应具备哪些条件？

8. 如何根据现场绘制通风空调系统的加工安装草图？

9. 风管支、吊架的形式有哪几种？支、吊架安装应注意哪些问题？

10. 风管无法兰连接和法兰连接相比有哪些特点？矩形风管无法兰连接的形式有哪几种？

11. 共板法兰连接有何特点？安装步骤有哪些？

12. 风管的安装过程中，应注意哪些问题？

13. 安装风阀时应注意什么？安装防火阀时应注意什么？

14. 轴流式风机和离心式风机的安装都有哪些方式？应注意哪些问题？

15. 简述离心风机安装的基本顺序。

16. 风机盘管安装操作的要点有哪些？

17. 空调机组安装有哪几种形式？空调机组安装时应注意什么？

18. 风管严密性的漏光法检测的方法是什么？漏风量有何要求？

19. 通风空调系统调试包括哪些内容？

20. 系统风量平衡的调整方法是什么？

# 第 5 章　制冷机及其系统的安装

制冷在国民经济各行业及人民生活中的应用十分广泛。实现制冷所必需的机器,称为制冷机。它是指完成制冷循环所必需的机器和设备的总称。将冷媒的制取、输送和使用结合在一起称为制冷装置或制冷系统。目前,空调制冷机主要有消耗机械能的蒸汽压缩式制冷、消耗热能为主的吸收式制冷和蒸汽喷射式制冷等几种类型,其中以蒸汽压缩式制冷中的活塞式、离心式、螺杆式压缩冷凝机使用较为普遍。单级蒸汽压缩式制冷机包括压缩机、蒸发器、冷凝器和节流阀等。在电力资源紧张的地方,吸收式制冷是空调冷源很好的选择。目前,由于环保要求,大中型城市的锅炉热源都在进行改造,直燃式溴化锂吸收式冷热水机机组已成为冷热源合一的首选。单级吸收式制冷机包括发生器、吸收器、蒸发器、冷凝器和节流阀等。在制冷机中,除转动的压缩机、泵等主体设备以外,其余都是换热器和各种辅助设备。

制冷系统的安装不同于一般水系统的安装,有其特殊性,必须充分重视这些特殊性,才能保证制冷机组的正常运转。由于制冷系统是与大气隔绝的密闭式系统,它的内部充满制冷剂,其压力有时比大气压力都要高出数倍,有时又要低于大气压力呈真空状态。因此,保证制冷系统内部的严密性,防止制冷剂从系统内泄漏及防止空气渗入系统内,是保证制冷系统正常运转的关键。另外,制冷系统内部要求保持清洁,否则,将会造成系统的堵塞,影响整个制冷装置的正常运转,还会缩短制冷压缩机的使用寿命。

安装制冷系统时,还应注意施工的各个环节,严格按照《制冷设备、空气分离设备安装工程施工及验收规范》(GB 50274—2010)及产品说明书中的技术要求施工,确保工程质量。

本章主要介绍各种制冷机组的安装,对于机组本身以外的冷却水系统、冷冻水系统以及通风、电气系统的安装请参照有关书籍,这里不再讲述。

## 5.1　活塞式制冷系统的安装与试运行

### 5.1.1　活塞式制冷机的安装

目前,活塞式制冷机根据其使用场所和特点的不同,产品结构也有所区别,通常分为三类:第一类是整体机,它是将制冷压缩机、冷凝器、蒸发器及各种辅助设备组装在同一个底座上或同一个箱体内的整体式设备;第二类是组装机,它是将压缩机、冷凝器、油分离器、贮液器、过滤器等分为一组,将蒸发器、膨胀阀等分为一组,并将两组设备在现场用管道连接的设备;第三类是散装机,它是将压缩机、冷凝器、蒸发器及各种辅助设备散装供货,在现场进行单体安装,各部件之间再用管子连接的设备。这三种类型的制冷机,从安装角度来说,散装式制冷机的安装最为复杂，组装式和整体式制冷机的安装相对比较简单。但它们的工作原理和工作流程有共同的规律，安装方法大同小异。本节着重讲述散装活塞式制冷机的安装。

1. 制冷机主体安装

一般地，制冷机要安装在混凝土基础上。为了防止振动和噪声通过基础和建筑结构传入室内，应设置减振基础或在机器的底脚设置弹簧减振装置或垫上隔振垫，如图5-1所示。

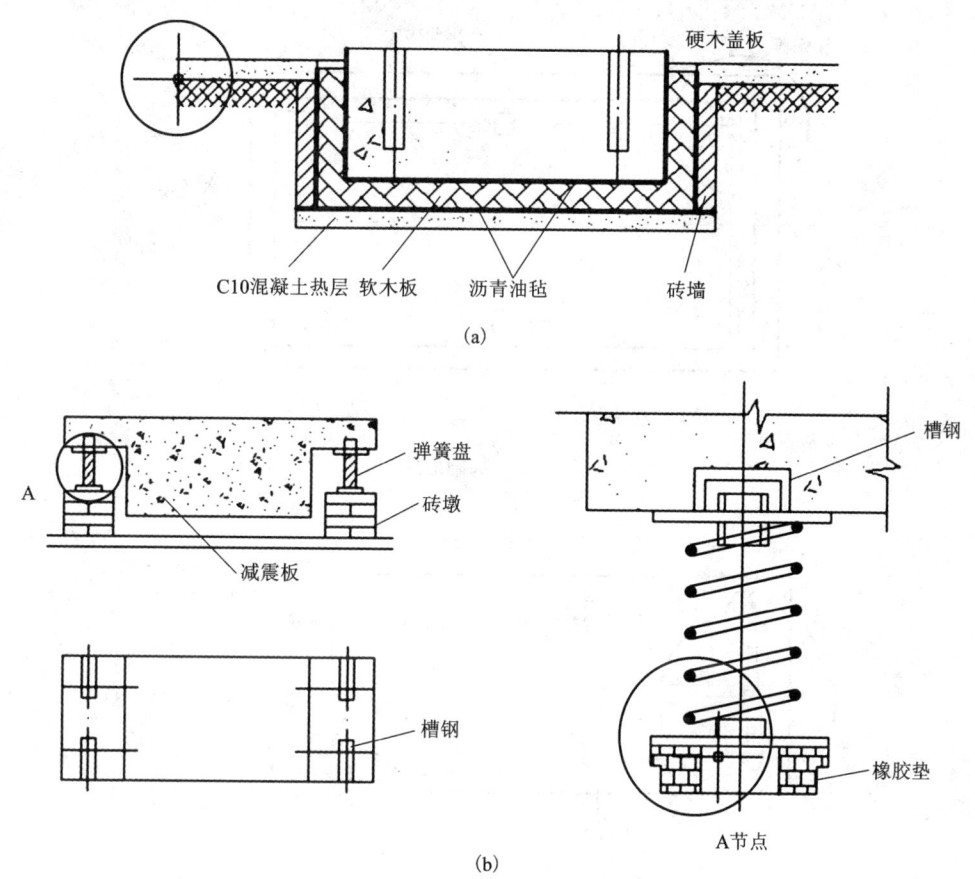

图 5-1　减振基础

(a)软木减振基础；(b)弹簧减振基础

活塞式制冷机的安装步骤如下：

(1)检查验收

先要对制冷机进行设备的开箱检查和验收工作，主要检查设备清单上的配件是否齐全和缺损，型号是否准确。在制冷压缩机就位之前，要检查和验收混凝土基础的牢固性和水平度，并依据图样放线找出混凝土基础中心线，当有多台压缩机时，应使中心线平行且对齐。上述两项工作完成后，就可以进行设备的搬运和吊装了。

(2)吊装就位

吊装前，先将基础表面清理干净，按图样坐标位置，找出中心线、地脚螺孔中心线和设备底座边缘线,如图 5－2 所示。将压缩机搬运到基础旁,准备好设备就位的吊装工具,用强度足够的钢丝绳套在压缩机的起吊部位,接触的地方应垫以软木或旧布等加以保护,按吊装的技术安全规程将压缩机吊起,在压缩机坐落到基础上之前穿上地脚螺栓,对准基础中心线,在地脚螺栓两侧摆上垫铁,徐徐下落到预先浇筑好的混凝土基础上,一切准备妥当之后,将压缩机慢慢放在垫铁上。压缩机就位后,它的中心线应与基础中心重合。若出现纵横偏差,可用撬棍进行拨正。拨正方法如图 5－3 所示。

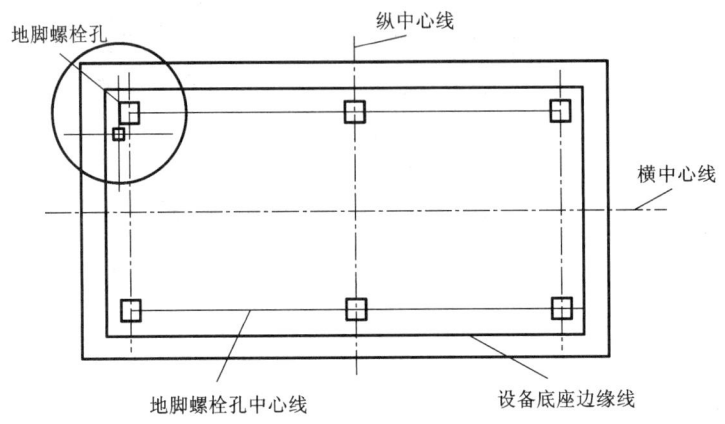

图 5－2  基础放线

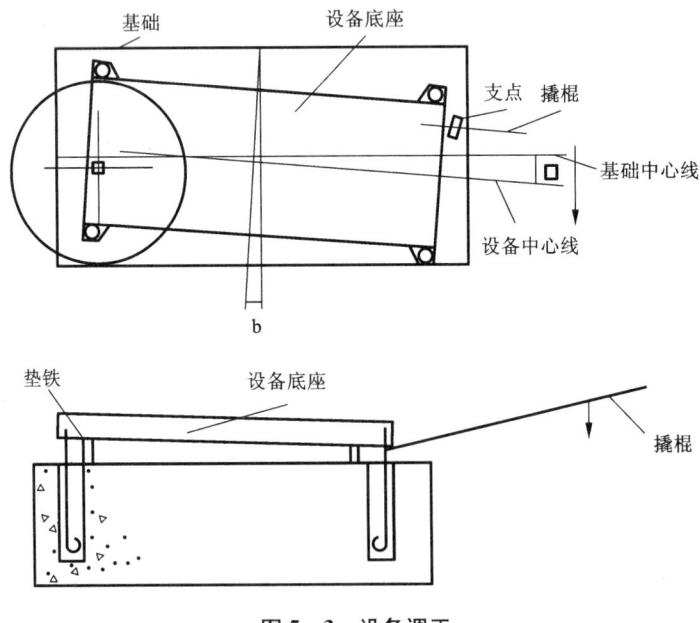

图 5－3  设备调正

（3）测量水平度

用水平仪测量压缩机的纵横水平度,压缩机纵横向水平度的偏差小于 0.1%,当不符合要求时,要用斜垫铁调整。当水平度达到要求后,用强度等级标号高于基础一级的混凝土将地脚螺栓孔灌实,固定地脚螺栓。待混凝土强度达到75%后,再做一次水平校核,符合要求后将垫铁点焊固定,然后拧紧地脚螺栓,进行二次灌浆。

(4)传动装置的安装

当压缩机与电动机不在一个共用底座上时,还需进行传动装置的安装。安装方法如下:将电动机及其导轨安装好,并用拉线的办法使电动机的主动轮与压缩机的从动轮位于同一个平面上。常用的传动装置有联轴器和皮带轮两种形式,在小型活塞式制冷压缩机中,联轴器和皮带轮既是能量传动装置,又起蓄放能量的飞轮作用,以达到压缩机和电动机运转均匀、平稳和电流波动小的目的。在中小型活塞式制冷压缩机中,一般都不单独设置飞轮而采用弹性联轴器(图5-4)。这种联轴器由一副联轴器(压缩机轴上装1个联轴器,电动机轴上装1个联轴器)组成,中间插入几只上面套有橡皮弹性圈的柱销,橡皮弹性圈柱销能起缓冲、减振的作用。联轴器安装的关键是要保证压缩机和电动机的两轴同心,否则弹性橡皮容易损坏,并引起压缩机振动。在安装调整时,先固定压缩机,然后再调整电动机位置,检查时,将千分表的支架固定在电动机半联轴的柱销上,千分表的测头触在飞轮的内侧角上,旋转一周,如果两轴不同心,在转动过程中,由于橡皮的弹性,千分表指针必然出现摆动,可以根据指针摆动的大小和方向来判定两轴不同心度的偏差大小和偏差方向,通过不断调整电动机的位置来使两轴同心(图5-5)。但实际两轴的绝对同心不易做到,同时弹性连接不同于刚性连接,即使两轴绝对同心,转动时千分表的指针也会出现轻微摆动。因此,在实际工作中,千分表摆动在±0.3 mm范围内时,即可认为符合要求。为了提高校正精度,也可用两只千分表同时进行校正。将一只千分表的测头触在联轴器端面的垂直方向,另一只千分表的测头触在水平方向。这种校正方法比单表校正麻烦一点,但比较精确。

图5-4 弹性联轴器

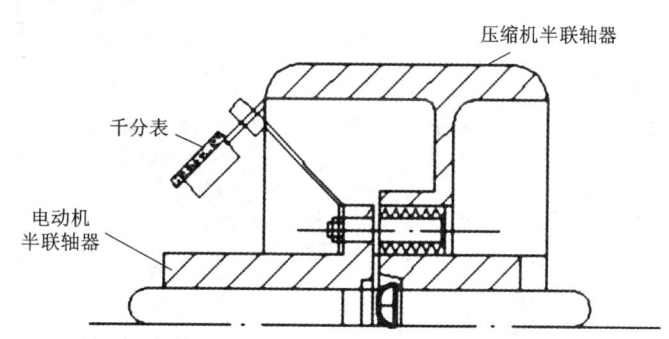

图5-5 测两轴同心度

(5)传动带的安装

中小型活塞式制冷压缩机一般采用V形皮带。V形皮带有O、A、B、C、D、E、F七种型号。从O型至F型,传动功率依次递增。各型号的V形皮带适用的功率范围及推荐的V形皮带型号如表5-1所示。

表5-1 推荐V形皮带型号

| 传递功率/kW | 0.4~0.75 | 0.75~2.2 | 2.2~3.7 | 3.7~7.5 | 7.5~20 | 20~40 | 40~75 | 75~150 | 150以上 |
|---|---|---|---|---|---|---|---|---|---|
| 推荐V形带型号 | O | O、A | O、A、B | A、B | B、C | C、D | D、E | E、F | F |

安装皮带轮时应注意电动机皮带轮与压缩机皮带轮之间的相对位置和 V 形皮带的拉紧程度。两轮之间的相对位置偏差过大,会造成 V 形皮带自行滑脱,并加快 V 形皮带的磨损;V 形皮带拉得过紧,会造成压缩机轴或电动机轴发生弯曲,使主轴承过早地发生磨偏;且 V 形皮带处于大的张力下会缩短寿命,张得过松又会因打滑影响功率的传递。检查两轮之间相互位置偏差可用直尺或拉线的方法进行(图 5 – 6),用调整电动机位置的方法使两轮位于同一直线上。检查 V 形皮带的拉紧程度,经验做法是用食指压两轮中间的 V 形皮带,以能压下 20 mm 为宜。另外,在固定电动机滑轨时,应留出 V 形皮带使用伸延后调整电动机的余量,以便于调整 V 形皮带的松紧度。

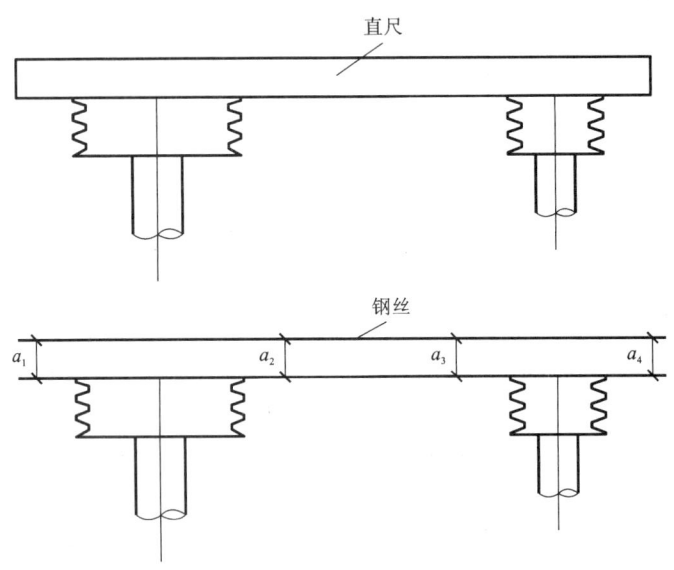

图 5 – 6　V 形皮带偏差的检查

(6)压缩机的拆卸与清洗

一般认为在技术文件规定的期限内,在外观完整、机体无损伤和锈蚀等情况下,不必进行全面拆洗,仅需拆卸缸盖,清洗油塞、气缸内壁、连杆、吸排气阀等部件,并打开曲轴箱盖,清洗油路系统和更换箱内润滑油即可。对充有保护性气体(氮气)的机组,在设备技术文件规定期限内,外观完整和氮封压力无变化的情况下,可不做制冷压缩机的内部清洗,只做机壳外表面擦洗。在擦洗过程中,应防止将水分混入内部。半封闭离心式压缩机一般可不做解体清洗,但应把油箱、油路清洗干净并畅通。在安装前或就位后,应用 0.6 MPa 的压缩空气将内部彻底吹洗干净,不得有污物、铁屑等杂质存留在设备内。

2.制冷机辅助设备的安装

活塞式制冷机辅助设备包括冷凝器、蒸发器、贮液器、油分离器、空气分离器等。

(1)强度试验和严密性试验

对冷凝器、贮液器、蒸发器、油分离器等受压容器,安装前应进行强度试验和严密性试验。当设备在制造厂已经做过强度试验,无损伤和锈蚀现象以及在技术文件规定的期限内安装的,可不做强度试验,仅做严密性试验。如果在运输、装卸途中有损伤或有意外情况不符合上述三个条件时，仍需做强度试验。强度试验以水为介质。试验压力应按技术文件规定的压力值进行。当无规定时，可按表 5 - 2 的压力值进行。

**表 5 - 2 推荐使用试验压力值**

| 工作压力 $P$/MPa | < 0.6 | 0.6 ~ 1.2 | > 1.2 |
|---|---|---|---|
| 试验压力 $P_s$/MPa | $1.5P$ | $P + 0.3$ | $1.25P$ |

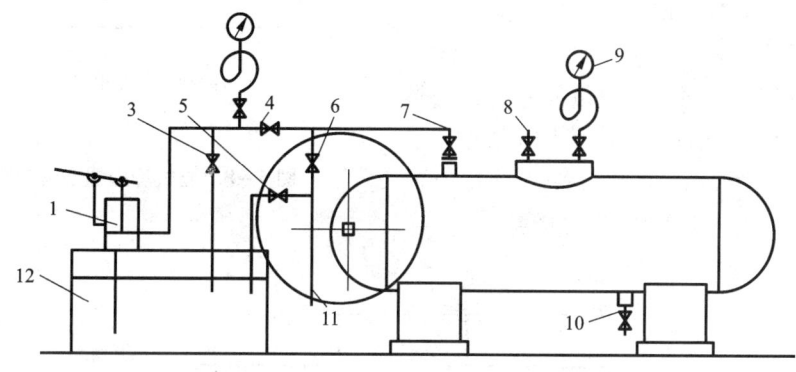

**图 5 - 7 水压试验装置**

1—试压泵；2、9—压力泵；3、4、5、6—阀门；
7—进水阀门；8、10—排气阀；11—自来水管；12—水槽

水压试验装置如图 5 - 7 所示，试验时先打开阀门 5、6、7 和排气阀 8，由自来水管 11 向水槽和设备内充水，当水槽内的水足够试压用时，关闭阀门 5，当设备内水位至阀门 8 处见水后再将阀门 6、8 关闭，然后开启阀门 4，启动试压泵 1 对设备加压。在加压过程中，压力应缓慢均匀地上升，一般每分钟不超过 0.15 MPa。当压力升至 0.3 ~ 0.4 MPa 时，应进行一次检查。如果有漏水处应泄压排水进行修补，然后继续试压，当压力达到试验压力时，停止加压，关闭阀门 4，使设备在试验压力下维持 5 min，此时可不做详细检查，然后开启阀门 4、3，使压力降至工作压力后进行检查。检查时可用小锤沿焊缝两旁 150 mm 处轻轻敲击，如果没有渗漏和变形，同时压力表上的压力值也无下降，则水压试验合格。

若严密性试验的介质为干燥空气或氮气，其方法可参照系统的严密性试验进行。对于卧式壳管式冷凝器，做严密性试验时，应将筒体两段的封盖拆下以便检漏。为防止系统停止运行后，卧式蒸发器及卧式冷凝器水侧的冷冻水或冷却水渗漏到制冷剂系统内，严密性试验合格后，最好用 0.5 MPa 的自来水对水一侧做水压试验，稳压 15 min 后，压力无下降即为合格，方法与强度试验一样。

（2）冷凝器与贮液器的安装

冷凝器分为立式冷凝器和卧式冷凝器，立式冷凝器一般安装在室外冷却水池上部的槽钢上或钢筋混凝土水池盖上。对于立式冷凝器应该按图样对基础进行放线，以确定冷凝器就位方向。在槽钢上安装冷凝器时，先在混凝土水池口上预埋长 300 mm、厚 10 mm、宽度与池壁厚相同的钢板预埋件（图 5 - 8、图 5 - 9），然后将槽钢按照冷凝器底板地脚螺栓孔尺寸及位置钻上孔，将槽钢放置在预埋钢板上，再将冷凝器吊装到槽钢上，并用螺栓固定，然后对冷

凝器找垂直(图5-10),不符合要求时应用垫铁调整,达到要求后,将槽钢、垫铁及预埋钢板用电焊固定即可。在钢筋混凝土水池盖上安装冷凝器时,应先按冷凝器地脚螺栓位置预埋地脚螺栓,待牢固后将冷凝器吊装就位,用事先准备的调垫铁,调整冷凝器的垂直度,冷凝器垂直后,拧紧地脚螺栓将冷凝器固定,垫铁留出的空间应用混凝土填实。立式冷凝器安装后应保证其垂直,允许偏差不得大于1/1000,并且不允许有偏斜和扭转。测量偏差的方法是在冷凝器顶部吊一线锤,测量筒体上、中、下三点距垂线的距离,$X$、$Y$ 方向各测一次,$a_1$、$a_2$、$a_3$ 的差值不大于1/1000为合格。

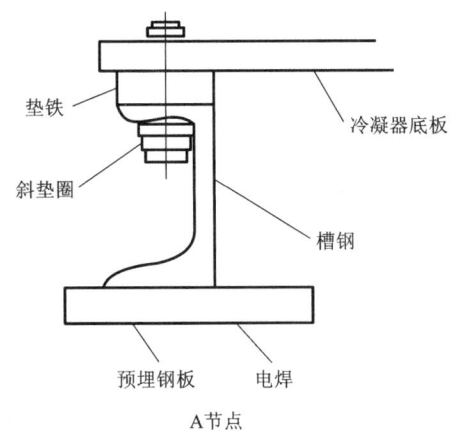

图5-8　立式冷凝器安装节点图

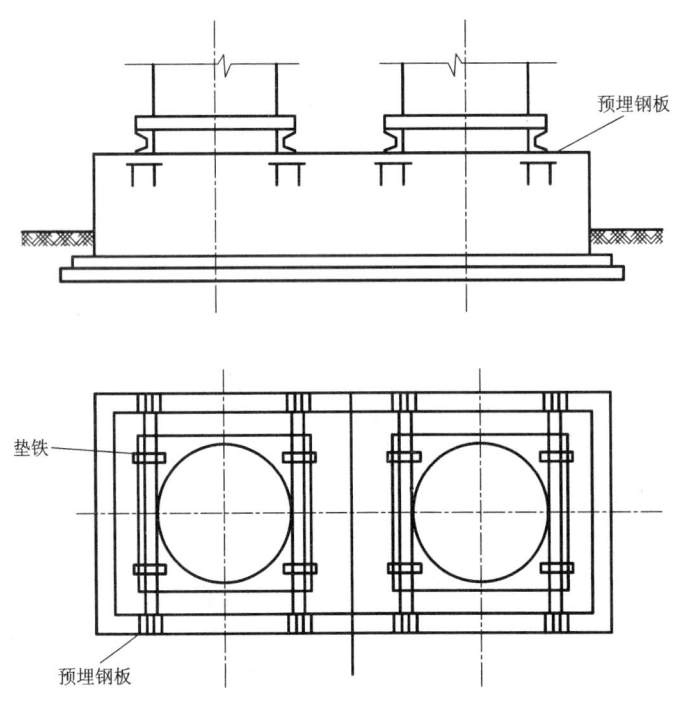

图5-9　立式冷凝器的安装

卧式冷凝器与贮液器一般安装于室内,为满足两者的高差要求,卧式冷凝器可用型钢支架安装在混凝土基础上,也可直接安装于高位的混凝土基础上。为充分节省机房面积,通常的做法是将卧式冷凝器与贮液器一起安装在垂直于地面的钢架上。设备的水平度主要取决于钢架的水平度,焊接钢架的横向型钢时,要求用水平仪进行测量。由于型钢不是机加工面,仅测一处误差较大,应多选几处进行测量,取其平均值作为水平度。一般情况下,当集油罐在设备中部或无集油罐时,卧式冷凝器与贮液器应水平无坡安装,允许偏差不大于1/1000;当集油罐在一端时,设备应设1/1000的坡度,坡向集油罐。冷凝器与贮液器之间都有一定的

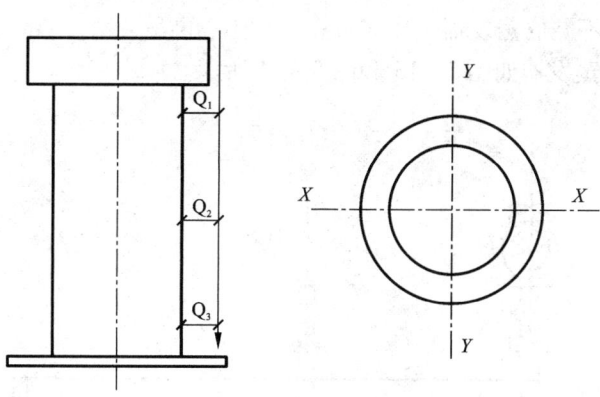

图 5 – 10　立式冷凝器找垂直

高差要求，安装时应严格按照设计要求进行，不得任意更改高度，一般情况下，冷凝器的贮液口应比贮液器的进液口至少高 200 mm。由于卧式高压贮液器顶部的管接头较多，特别是进、出液管，进液管是焊在设备表面上的，出液管多由顶部表面插入筒体下部，一般进液管直径大于出液管的直径，安装时应注意不要接错。卧式高压贮氨器如图 5 – 11 所示。

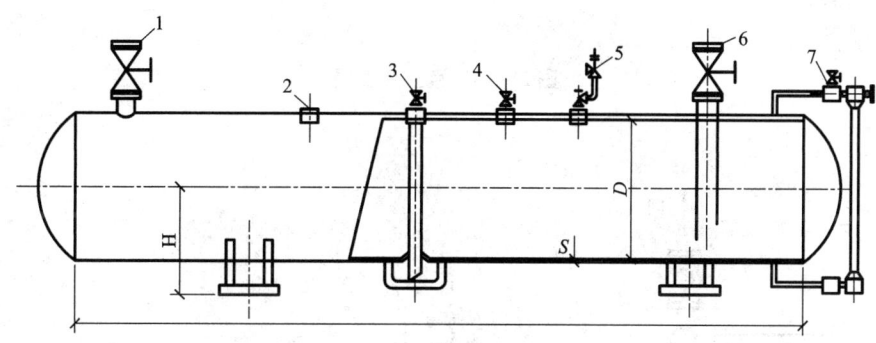

图 5 – 11　高压贮氨器

1—氨液进口；2—平衡管；3—放油；4—放空；5—安全阀；6—氨液出口；7—压力表阀

吊装冷凝器时，不允许将绳索绑扎在连接管上，应绑扎在筒体上。立式冷凝器的重心较高，就位后应采取措施防止其摆动或倾倒。待冷凝器牢固地固定后，再安装梯子、平台、顶部水槽等附件。

（3）蒸发器的安装

分为立式蒸发器的安装和卧式蒸发器的安装。

立式蒸发器一般安装于室内保温基础上，基础用混凝土垫层、"两毡三油"、绝热

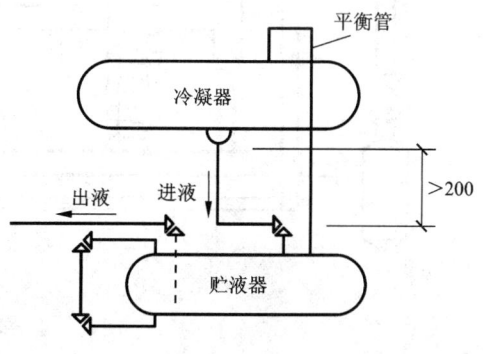

图 5 – 12　冷凝器与贮液器的安装高度差

材料及绝热层厚度相同的浸沥青枕木组成,枕木的数量根据蒸发器的重量及长度而定。基础做好之后,将试水压不漏的蒸发器箱体安放在基础上,再吊装蒸发器管束并予以固定。直立管蒸发器和螺旋管式蒸发器如图 5 – 13 和图 5 – 14 所示。

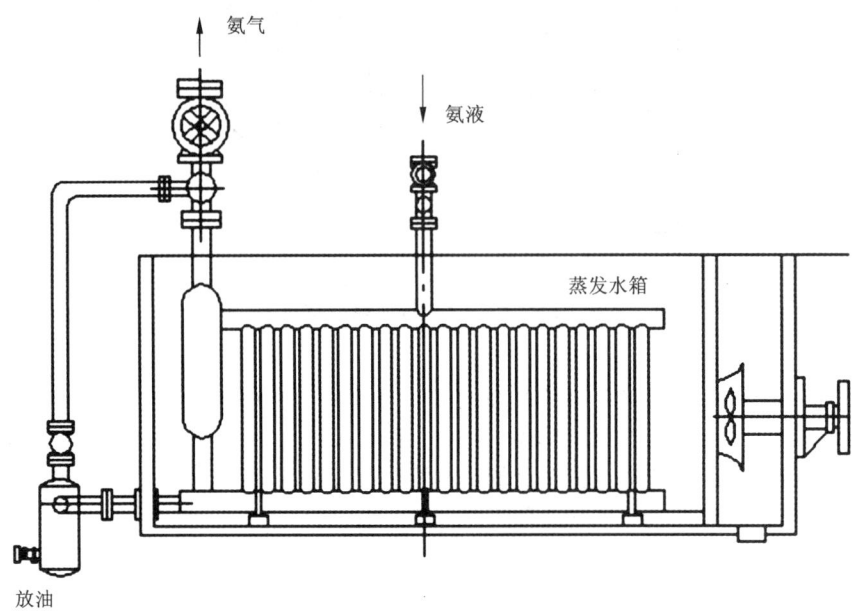

**图 5 – 13　直立蒸发器**

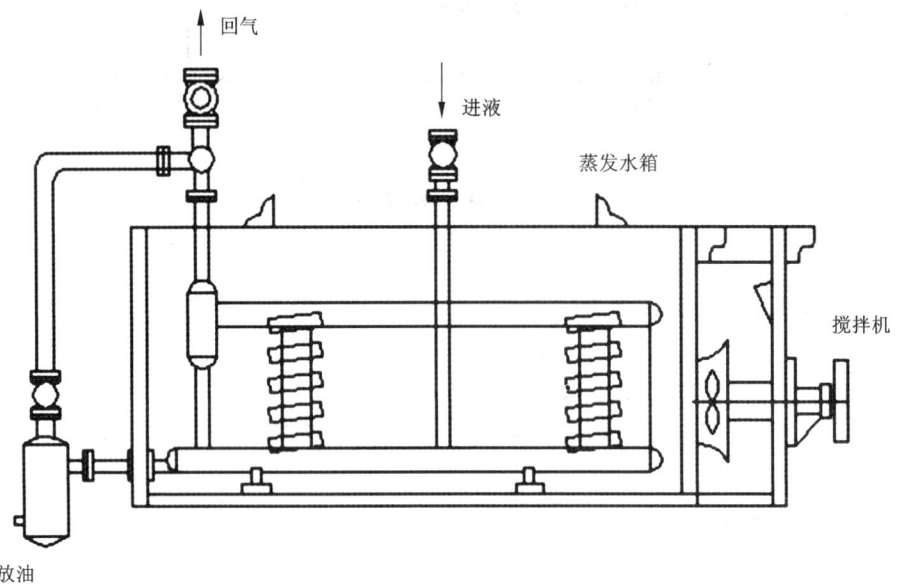

**图 5 – 14　螺旋管式蒸发器**

蒸发器水箱基础在设计无规定时可按下述方法施工：先将基础表面清理平整，尘土清除干净，然后在基础上刷一道沥青底漆，用热沥青将油毡铺在基础上，在油毡上每隔 800~1200 mm 放一根与保温层厚度相同的防腐枕木，并以 1/1000 的坡度，坡向泄水口。为防止"冷桥"的产生，蒸发器支座与基础之间应垫以 50 mm 厚的防腐垫木（经浸泡沥青处理）。在垫木上，再放上石棉板，使其受力均匀。枕木之间用保温材料填满，最后用油毡热沥青封面。由于制造厂供货的蒸发器均不带水箱盖板，为减少冷损失，必须设置盖板。安装时，通常的方法是把 5 cm 厚，并经过刷油防腐的木板做成活动盖板。

水箱安装就位前应做渗漏试验，具体做法是：将水箱各处管接头堵死，然后灌满水，经 8~12 h 不渗漏为合格。吊装水箱时，为防止水箱变形，可在水箱内支撑木方或其他支撑物。水箱就位后，将各排蒸发管组吊入水箱内，并用集气管和供液管连成一个大组，然后垫实固定。要求每排管组间距相等，并以 1/1000 的坡度，坡向集油器，以利于排油。

安装立式搅拌器时，应先将刚性联轴器分开，取下电动机轴上的平键，用油砂布、汽油或煤油对其内孔和轴进行仔细的除锈和清洗，清除干净后再用刚性联轴器将搅拌器和电动机连接起来，用手转动电动机轴以检查两轴的同心度，转动时搅拌器不应有明显的摆动，然后调整电动机的位置，使搅拌器叶轮外圆和导流筒的间隙一致。调整好后将安装电动机的机架型钢与蒸发器水箱用电焊固定。

卧式蒸发器一般安装于室内的混凝土基础上，用地脚螺栓与基础连接。为防止冷桥的产生，蒸发器支座与基础之间应垫以 50 mm 厚、面积不得小于蒸发器支座的面积的防腐垫木。其安装水平度要求与卧式冷凝器及高压贮液器相同。一般在筒体的两端和中部选三点，直接测量，取三点的平均值作为设备的实际水平度。不符合要求时用平垫铁调整，平垫铁应尽量与垫木纹的方向垂直。图 5-15 所示为卧式蒸发器。

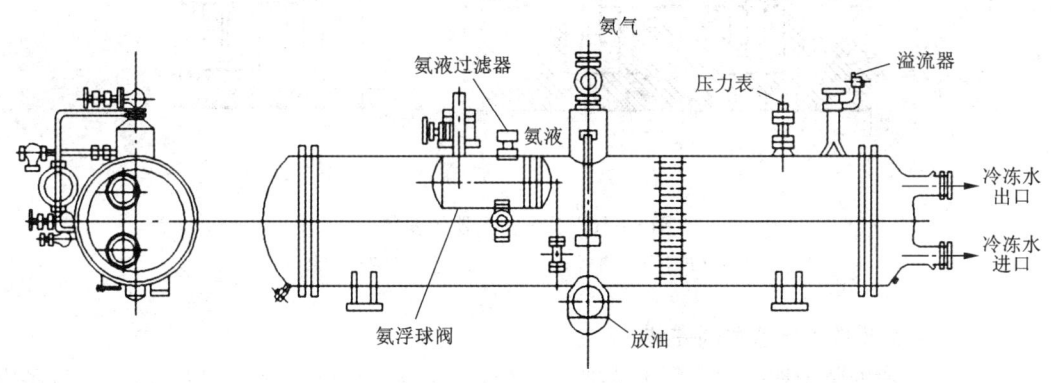

**图 5-15　卧式蒸发器**

（4）油分离器的安装

油分离器多安装于室内或室外的混凝土基础上，用地脚螺栓固定，垫铁调整。

安装油分离器时，应弄清油分离器的形式（洗涤式、离心式或填料式），以及进、出口接管位置，以免将管接口接错。对于洗涤式油分离器，安装时应特别注意与冷凝器的相对高度，一般情况下，洗涤式油分离器的进液口应比冷凝器的出液口低 200~250 mm。油分离器应垂直安装，允许偏差不大于 1.5/1000，可用吊垂线的方法进行测量，也可直接将水平仪放置在油分离器顶部接管的法兰盘上测量,符合要求后拧紧地脚螺栓将油分离器固定在基础上,然后将垫铁点焊固定,最后用混凝土将垫铁留出的空间填实(即二次灌浆)。

(5)空气分离器的安装

目前常用的空气分离器有立式和卧式两种形式,一般安装在距地面 1.2 m 左右的墙壁上,用螺栓与支架固定,如图 5 - 16 所示。

安装方法是:先做支架,然后在安装位置放好线,打出埋设支架的空洞,将支架安装在墙壁上,待埋设支架的混凝土达到强度后将空气分离器用螺栓固定在支架上。

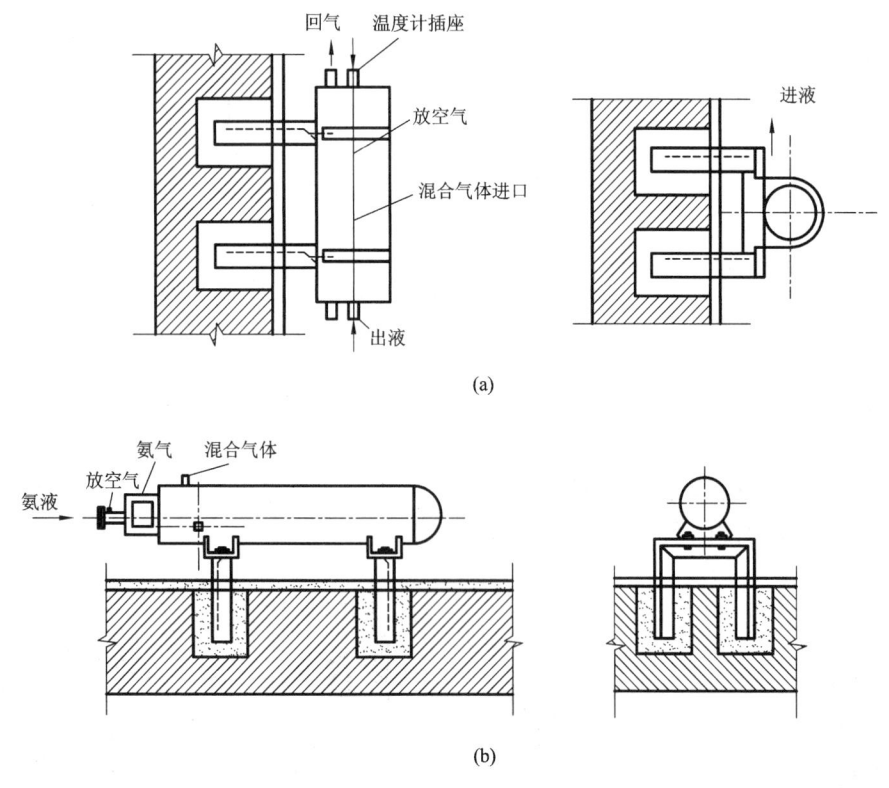

图 5 - 16　空气分离器的安装

(a)立式空气分离器安装;(b)卧式空气分离器安装

(6)集油器及紧急泄氨器的安装

集油器一般安装于地面的混凝土基础上,其高度应低于系统各设备,以便收集各设备中的润滑油,其安装方法与油分离器相同。紧急泄氨器一般垂直地安装于机房门口便于操作的外墙壁上,用螺栓、支架与墙壁连接,其安装方法与立式空气分离器相同。紧急泄氨器的阀门高度一般不应超过 1.4 m。进氨管、进水管、排水管均不得小于设备的接管直径。排出管必须直接通入下水管中。

## 5.1.2　制冷管道的安装

制冷管道主要是输送制冷剂的。无论是氨还是氟利昂,均不允许泄漏,氨泄漏对人体危害大,危险性大;氟利昂价格昂贵,还会破坏大气环境。因此,制冷管道的连接要求严密性高。另外，制冷管道的配制应保证制冷系统能安全、有效地运行。

1. 压缩机的管道配置

（1）压缩机至冷凝器的排气管道，应有不小于 0.01 的坡度并坡向冷凝器，防止润滑油返流进入压缩机造成液击，如图 5 − 17 所示。

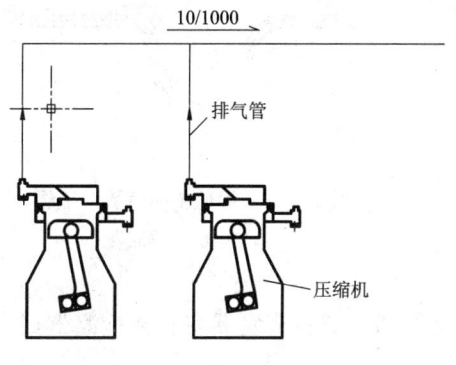

图 5 − 17　压缩机排气管

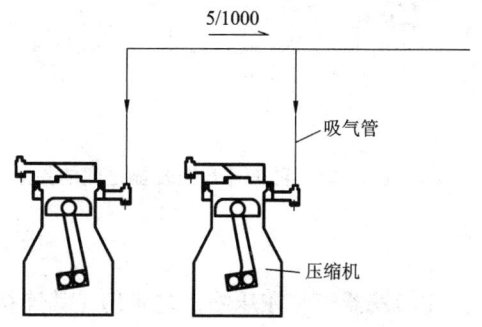

图 5 − 18　氨压缩机吸气管

（2）为了防止管道中的液体制冷剂返流对制冷压缩机造成液击，自蒸发器至压缩机的吸气管道应有不小于 0.005 ~ 0.01 的坡度，坡向蒸发器，如图 5 − 18 和图 5 − 19 所示。

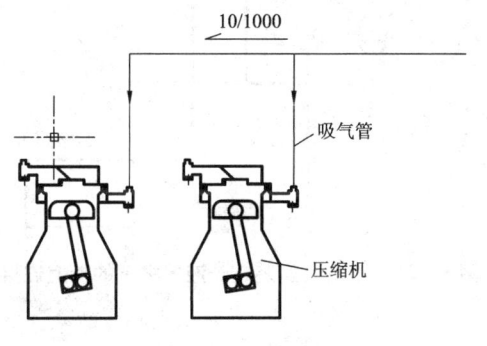

图 5 − 19　氟压缩机吸气管

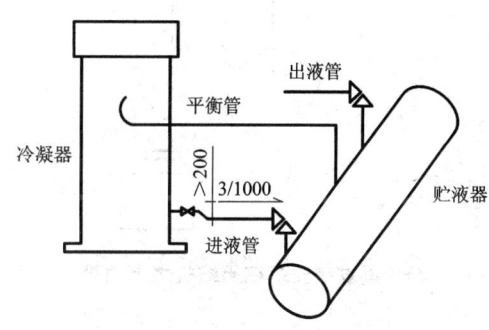

图 5 − 20　冷凝器与贮液器之间的关系

（3）多台压缩机的排、吸气管，其支管应错开，应从主管侧部或顶部接出，还应设置一定的固定支架，防止过度振动。

2. 冷凝器至贮氨器之间的管道配置

①高压氨气在冷凝器内凝结成液体，靠重力作用流入贮氨器，并保持一定流速。要求排液管出口至贮氨器接口有不小于 300 mm 的高差，流速大于 0.5 m/s 时，两者之间应设置均压阀。立式冷凝器的水平出液管应有不小于 0.02 的坡度，坡向贮氨器（图 5 − 20）。贮氨器到蒸发器的给液管，坡度应不小于 2/1000，见图 5 − 21。

②采用立式冷凝器时，冷凝器出液管与贮氨器进液阀之间的最小高差为 300 mm，液体管道应有不小于 0.02 的坡度，坡向贮氨器。管道内液体流速不应大于 0.8 m/s。

③液体管道不应有局部向上凸起的现象，气体管道不应有向下凹陷的现象，以免产生"气囊"和"液囊"现象，如图 5 − 22 所示。

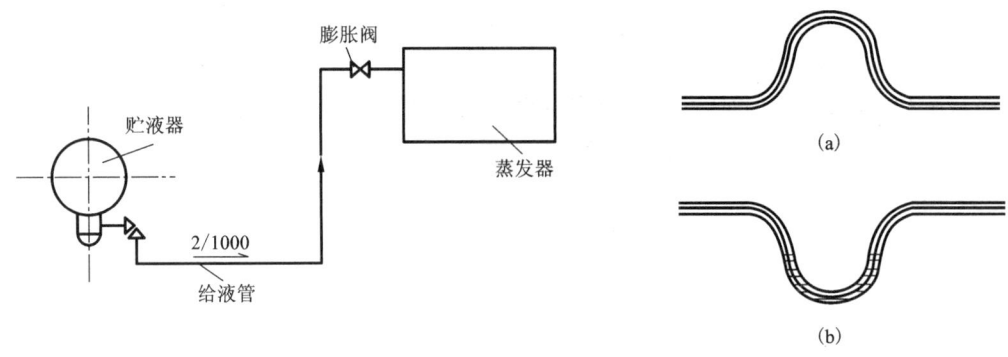

图5-21 贮液器与蒸发器之间的关系          图5-22 管道中的气囊和液囊
                                        (a)气囊;(b)液囊

④蒸发器安装在压缩机之上时,其连接方法参见图5-23;蒸发器安装在冷凝器或贮液器之下时,其连接方法参见图5-24。

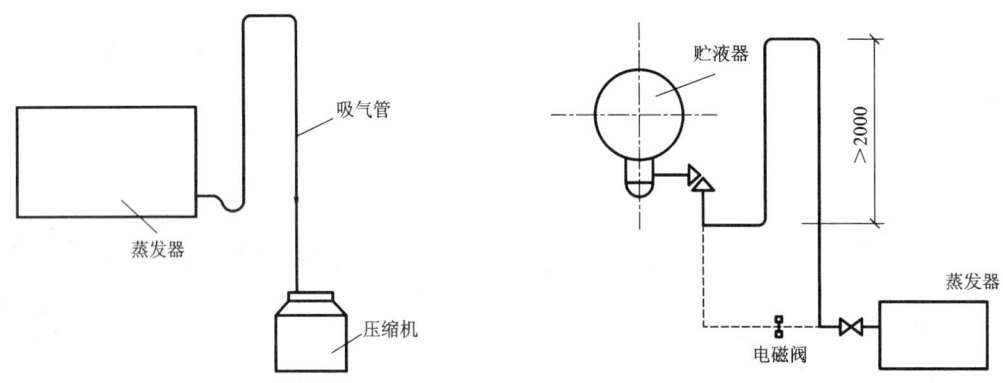

图5-23 蒸发器安装在压缩机之上的管道连接      图5-24 蒸发器安装在贮液器之下的管道连接

3.制冷管材、附件的选择及要求

制冷管材、附件的选择及要求有:

①氨制冷系统的管道

工作温度高于-40℃,采用优质碳钢无缝钢管;工作温度低于-40℃,使用经热处理的无缝钢管或低合金钢管(如09Mn钢)。氨管道的弯头一般采用冷弯或热弯的弯头,弯曲半径不应小于4D,不得使用焊接弯头或褶皱弯头。氨管道的三通宜采用顺流三通。氨管道法兰应采用公称压力为2.5 MPa的凹凸平面方形或腰形法兰。垫片采用耐油石棉橡胶板,安装前用冷冻油浸湿并加涂石墨粉。氨管道所用的阀门、仪表均为专用,DN25 mm以上的是法兰连接,DN25 mm以下的则是螺纹连接。

②氟利昂管道

管径小于20 mm时,采用纯铜管;管径大于20 mm时,采用符合国家标准的无缝钢管。

③冷却水和盐水管道

常采用焊接钢管、镀锌钢管和无缝钢管,法兰采用公称压力小于1.6 MPa的平焊法兰。

④制冷管道

在安装前必须进行除锈、清洗、干燥、封存等工作。对钢管可用与钢管内径相同的圆钢丝刷在管内往复拉擦，将污物、铁锈彻底清除，再用旧布将管道壁擦干净。对氨管道，可用干净回丝蘸煤油擦净；对氟利昂管道，可用干净回丝蘸汽油擦净。擦洗之后，再用干燥过的压缩空气吹净管子内部，防潮封存。纯铜管退火后，将纯铜管放入 98% 的硝酸（30%）和水（70%）的混合液中浸泡数分钟，取出后用碱中和，再用清水冲洗烘干，可以清除管壁氧化皮。

**4. 管道连接**

制冷管道的连接主要有三种形式：焊接、法兰连接、螺纹连接。一般地，除配合阀门、设备安装采用法兰连接和螺纹连接外，其余均采用焊接。

（1）焊接

DN≥50 mm 钢管宜采用电焊，纯铜管宜采用插接焊。插接焊接的步骤是：切管、扩管、去渣、插接、焊缝。DN<50 mm 采用氧气—乙炔焊焊接，扩口迎向介质流向，插接长度为管径。焊接连接必须保证焊透，并且不得有咬边、夹渣、气孔等缺陷。铜管与铜管之间、纯铜管与黄铜管之间均采用铜焊。如需补焊，应将表面清除干净，原为铜焊的可采用银合金焊料，原为银合金焊料的仍用银合金，原为磷铜焊的只能用磷铜焊料补焊，补焊的次数一律不得超过两次。

（2）法兰连接

用于 DN≤32 mm 的管道与阀门、设备的连接，均采用凹凸面法兰，填料采用 2~3 mm 厚的石棉橡胶板作垫片。法兰焊接在管子上的密封面与管轴心的垂直偏差不允许超过 0.5 mm。

（3）螺纹连接

适用于 DN≤25 mm 的设备、阀门连接处。螺纹连接的填料采用黄粉（一氧化铅）和甘油的调和料，不得使用白厚漆和麻丝作填料。

**5. 制冷管道安装的技术要求**

制冷管道安装的技术要求有：

①压缩机的吸、排气管的安装应符合设计配置的要求，使液体不返流回压缩机。

②冷凝器的出液管与贮液器进口之间的高差及平管的坡度应保证氨液靠重力流入贮液器。

③水平液体管道不得向上安装成凸形，以避免形成气囊，水平气体管道不得向下安装成凹形，以避免形成液囊，阻塞管道。

④制冷管道应设置一定的固定支架或吊架，避免过分振动的影响，安装时应注意不影响维修及交通，并预留出绝热的操作空间。

⑤穿墙、楼板应加设套管，套管内应填塞防火材料。

⑥为了避免冷损失，管道与支架接触处应垫入浸沥青的木垫，木垫大小应与绝热尺寸相符。

⑦阀门安装前应进行清洗、研磨，并做强度及严密性试验，合格后方可使用。安装应平直不歪斜，电磁阀、调节阀、热力膨胀阀、升降式止回阀等均应水平安装，安装位置便于操作和维修。

⑧热力膨胀阀的安装位置高于感温包。感温包应安装在蒸发器末端的水平回气管上，与管道接触良好，绑扎紧密，隔热材料包扎，其厚度与保温层相同。

⑨蒸发器排管主要用于冷藏库内，主要由墙排管、顶排管、搁架式排管组成。主要材料为 $\phi57$ mm $\times 3.5$ mm 或 $\phi38$ mm $\times 2.5$ mm 的无缝钢管。一般由安装单位按设计图样现场自行预制，主要工序为：管子除锈、清洗、弯管加工，排管组合，排管试漏，涂漆、干燥、封存。各工序均应严格按照有关规范执行。安装采用整体吊装，其垂直度离建筑结构的尺寸及固定应符合设计的要求。

### 5.1.3　制冷系统的试运行

对于组装或大修后的制冷设备，在经过拆卸、清洗、检查测量、装配完毕之后，必须进行系统试运行，以鉴定机器装配之后的质量和运转性能。主要分为单机试运行、系统试验及系统试运行。

活塞式压缩机为单体安装形式（即集中式配套形式）的制冷设备，一般要进行单机试运行及系统试验与试运行；分体组装形式或整体组装式制冷设备，当出厂已充注规定压力的氮气密封，且机组内压力没有变化时可仅做系统试验中的真空试验、充注制冷剂及进行系统试运行。整体组装式制冷设备，当出厂已充注制冷剂，且机组内压力无变化时，可只做系统试运行。

1. 单机试运行

以活塞式制冷机为例对单机试运行进行简单介绍。

压缩机分为空负荷试运行、空气负荷试运行、抽真空试验。抽真空为压缩机负荷运转前应进行的重要的运行内容。单机试运行前，应检查设备安装质量、内部清洁情况、机体各紧固件是否拧紧、运行是否灵活、仪表和电气设备是否调试合格，并应在气缸内壁添加少量冷冻机油，在系统充灌制冷剂后试车，并应做好记录。

（1）空负荷试运行

应拆去气缸盖和吸、排气阀并固定缸套；先起动压缩机运转 10 min，停车检查温升和润滑情况，无异常后，继续运行 1 h，检查运行是否平稳、主轴承温升是否正常、油封是否有滴漏、油泵供油是否正常，停车后，检查气缸是否有磨损。

（2）空气负荷试运行

将吸、排气阀组安装固定后，应调整活塞的止点间隙，并应符合设备技术文件的规定；压缩机的吸气口应加装空气滤清器；起动压缩机，当吸气压力为大气压力时，其排气压力应为：有水冷却的绝对压力为 0.3 MPa、污水冷却的绝对压力为 0.2 MPa，并应连续运转 1 h 以上；油压调节阀的操作应灵活，调节的油压宜比吸气压力高 $0.15 \sim 0.3$ MPa；能量调节装置的操作应灵活、正确；压缩机各部位的允许温升应满足下述条件：有水冷却时，轴承、轴封、润滑油温升 $t \leqslant 40\,℃$；无水冷却时，轴承、轴封温升 $t \leqslant 50\,℃$，润滑油温升 $t \leqslant 60\,℃$。气缸套的进、出口水温度，不能大于 $35\,℃$ 和 $45\,℃$。且运行应平稳，吸、排气阀跳动正常，各连接部位、轴封、缸盖等应均无漏气、漏油、漏水现象。试运行后，还应拆除空滤和油滤，更换润滑油。

（3）抽真空试验

应关闭吸、排截止阀，打开放气孔，开动压缩机进行抽真空，其中曲轴箱应抽至绝对压力 0.015 MPa，油压不应低于绝对压力 0.1 MPa。

2. 系统试运行

系统试运行分为系统吹污、气密性试验、真空试验、充注制冷剂四个阶段进行。

（1）系统吹污

管中系统在安装前已经过清洗，但为了避免整个系统内残存的杂质影响运行，需对整个系统再次进行吹污。吹污时，所有阀门（安全阀除外）处于开启状态。氨系统吹污介质为干燥空气，氟利昂系统可用氮气，吹污压力为 0.6 MPa。一般选择最低点作为排污口，将白布布置在排污口 300 mm 至 500 mm 处观察，5 min 内白布上无污物为合格。吹污时难免有少量杂物滞留在阀门里，因此吹污结束后应将阀芯拆下清洗并吹干。

（2）气密性试验

系统气密性试验压力如表 5 - 3 所示。

表 5 - 3　系统气密性试验压力/MPa

| 系统压力 | 活塞式制冷机 | | | 离心式制冷机 |
|---|---|---|---|---|
| | R717 | R22 | R12 | R11 |
| 低压系统 | 1.18 | | 0.91 | 0.091 |
| 高压系统 | 1.77 | | 1.57 | 0.091 |

试验时间共计 24 h，前 6 h 压降不大于 0.03 MPa，后 8 h 压力无变化（除去因环境温度变化而引起的误差）为合格。

环境温度变化而影响的压差可按公式 5 - 1 修正：

$$p_2 = p_1 (273 + t_2) / (273 + t_1) \qquad (5 - 1)$$

式中：$p_1$、$t_1$——试验开始时的压力（MPa）及温度（℃）；

$p_2$、$t_2$——试验结束时的压力（MPa）及温度（℃）。

（3）真空试验

以剩余压力表示，保持时间也是 24 h。氨系统的试验压力不高于 0.0080 MPa，24 h 后压力基本无变化，氟系统的试验压力不高于 0.0053 MPa，24 h 后压力回升不大于 0.0005 MPa 为合格。

（4）充注制冷剂

首先充适量制冷剂检漏。氨系统加压到 0.1 ~ 0.2 MPa，用酚酞试纸检漏。氟利昂系统加压到 0.2 ~ 0.3 MPa，用卤素喷灯式卤素检漏仪检漏。经检查无渗漏方可继续加液（如有渗漏则抽尽所注制冷剂，检查修补后再试）。充注时，防止吸入空气和杂质。因空气中有水分，进入系统后会加剧对金属的腐蚀，氟利昂系统还会造成"冰塞"现象，破坏系统正常运行，重者会损坏压缩机。对氨系统虽不会产生"冰塞"也会产生蒸发压力和蒸发温度升高，冷冻水温不易下降，冷量下降，功耗增加等现象。所以，充注时要防止吸入空气。防止空气和水分吸入，可采取以下方法：

①先利用少量制冷剂将临时连接管冲洗一下，以排出管内的空气。

②在充注时，管路中临时串接一只特制的干燥过滤器，容积要大一些（约比全系统大 1 倍）。让制冷剂先通过干燥过滤器，再进入系统而除去水分。

当第一次灌注氟利昂时，一般采用高压段充灌。在真空试验停车后系统仍处于真空状态，将充液铜管接到压缩机排气截止阀旁通孔上，靠钢瓶内的氟利昂与系统之间的压力差与高度差而自行进入系统。充注氟利昂液体时，切不可启动压缩机，以防发生事故。

（5）系统试运行

在系统内充注了额定的制冷剂后才可进行系统试运行。运行前，应首先启动冷凝器的冷却水泵及蒸发器的冷冻水泵或风机，并检查供水量、风量是否满足要求。凡有油泵设备的应先启动油泵，检查压缩机油面高度、压缩机电动机运转方向等，确认无误后方可运行。正常试运行应不少于 8 h。在运行过程中要注意检查油温、油压、水温是否符合要求。由于带制冷剂与单机试运行不同，不同的制冷剂其排气温度的控制值不同。制冷剂为 R717、R22 时排气温度不得超过 150℃；为 R12 时则不得超过 130℃。系统试运行正常后，停车时必须按照下列顺序进行：先停制冷剂、油泵（离心制冷系统应在主机停车 2 min 后停油泵），再停冷冻水泵、冷凝水泵。虽然有些工程在设计时已对电气开关采取了程序控制措施，但施工或管理人员还是应了解这一程序。

试运行结束后，应清洗滤油器、滤网，必要时更换润滑油。对氟利昂系统尚需更换干燥过滤器的硅胶。清洗完毕后，将有关装置调整到准备起动状态。

# 5.2 其他形式的制冷机组的安装

## 5.2.1 离心式制冷系统安装与运行

离心式制冷机组是由以离心式制冷压缩机为主机和包括冷凝器、节流装置、经济器、蒸发器等辅助设备一起组成的机组。这种机组大致可以分成两大类：一类为冷水机组，其蒸发温度在 -5℃以上，大多用于大型空调或制取 5℃以上冷水或略低于 0℃盐水的工业场合；另一类是低温机组，其蒸发温度为 -5～40℃，多用于化工过程。本节重点叙述离心式冷水机组。离心式制冷机组的主机是离心式制冷压缩机，它不同于容积式制冷压缩机，属于速度型制冷压缩机。由于该机械的流动是连续的，其流量比容积式机械要大得多。为了产生有效的动量转换，其旋转速度必须很高，对安装有较高的要求。

离心式制冷压缩机吸气量 0.03～15 $m^3/s$，转速 1800～3000 r/min，吸气压力 14～700 kPa，排气压力小于 2 MPa，压缩比为 2～30，几乎可采用所有制冷剂。

1. 机组安装

机组安装前的准备工作：一般离心式冷水机组已在工厂完成装配、接线并经泄漏测试。安装工作主要包括机组吊装、基础及将水和电接至机组。起吊、安装、现场接管、水室端盖绝热层的完全安装，由建设单位完成。机组安装前必须进行以下工作：首先检查技术资料是否齐全，其中包括工作合同和规范、机组位置图、起吊要求、接管图和详细资料、现场接线图、供应商提供的启动柜安装资料以及供应商提供的正式图样等。还要检查机组运输质量，检查运输时机组是否已有损坏，如有损坏或发现装运定位移动，应及时请运输部门进行检查，并直接通知运输公司，分析机组可能损坏的原因和责任方。装箱单检查时应注意设备及附件是否完整，如有缺件，应立即通知经销商或直接与制造公司联系。在开始安装前，不要拆开零件的原始包装。所有的开口已用盖板或塞子密封，以防止装运过程中脏物进入。第三，应检查机组铭牌上的型号、出厂日期和编号及换热器的型号、规格，是否与合同和有关技术文件上的一致。最后，应检查机组保护装置及配件，防止受潮和安装过程中的灰尘。在安装前不要拆除安装过程中的保护盖板。如果机组水系统已安装好，并暴露于结冰的温度下，请打开水箱的排水口，排出冷凝器和蒸发器内所有的水，并让排水口一直开着，直到整个系统安装完毕。

2. 机组的安装基础

由于离心式机组体积较大，机组的安装基础必须进行隔振处理。隔振处理有以下几种形式。

（1）简易隔振

图 5-25 所示为简易隔振的基本原理。

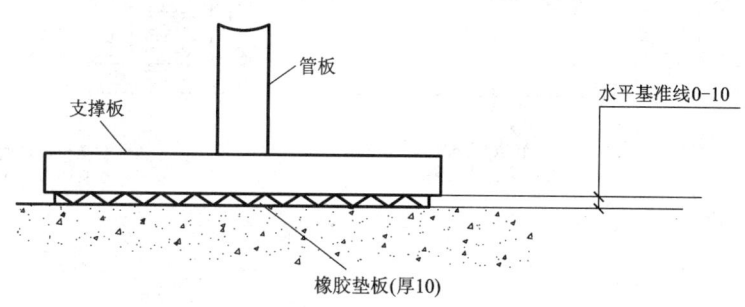

**图 5-25　简易隔振**

（2）标准隔振

地面不平或出于别的考虑，就可使用图 5-26 所示的标准隔振。对长期使用的地基，必须正确选用水泥，一般推荐使用高强度非收缩性水泥（图 5-26）。

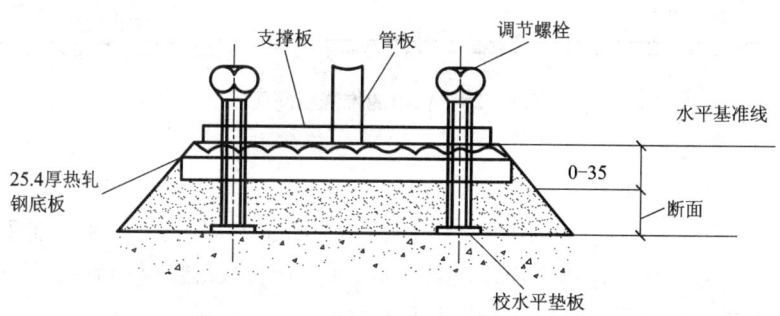

**图 5-26　标准隔振**

（3）弹簧隔振

如图 5-27 所示为弹簧隔振示意图，隔振弹簧可以直接装在机组支撑板的下面或装在基础地板的下面。

3. 机组就位

按有关标准，机组安装时，必须考虑留有维修空间，图 5-28 为某机组的维修空间。

4. 泵出系统

在高压制冷剂（如 R22、R134a、R12）机组中，为解决高压制冷剂的灌入和排出，采用了泵出系统。它由小型活塞压缩机、冷凝器（或冷却器）及阀门组成。

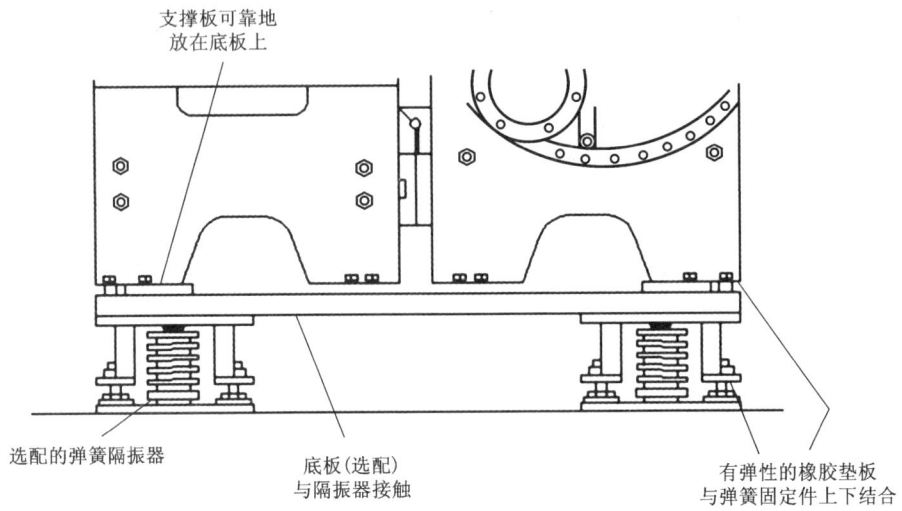

图 5 – 27 弹簧隔振

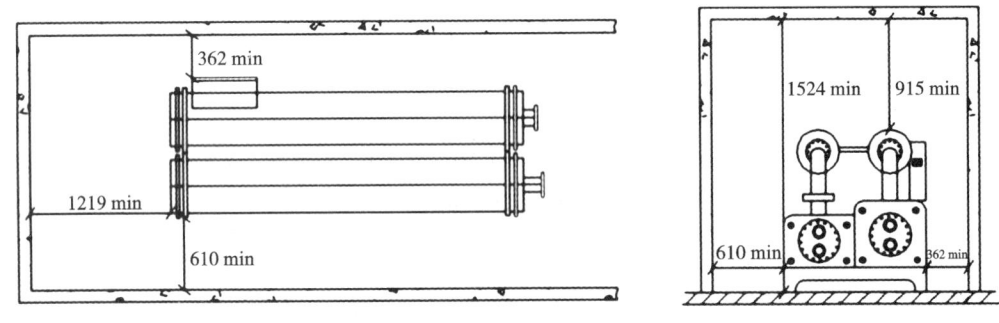

图 5 – 28 机组的维修空间图

(1)19XL 机组的泵出系统

该机组使用 R22 或 R134a,适用于充注或维修中加压输送制冷剂。蒸发器和冷凝器为双筒体结构。蒸发器的设计工作压力与冷凝器相同,作为压力容器进行制造,且蒸发器和冷凝器之间带有隔离阀。这种泵出系统有如下两种形式:

1)带贮液筒的泵出系统。当机组台数较多,制冷剂用量较大,或在维修中要将制冷剂全部泵出时选用。可用此系统对机组直接充注液态制冷剂。

2)不带贮液筒的泵出系统。若在维修蒸发器或冷凝器时,需将制冷剂输入另一换热器,或在开机前充注制冷剂,可采用如图 5 – 29 所示的泵出系统。此系统可通过阀 a、b、c、d 和机组的相关阀门组合,达到制冷剂输送的目的。利用泵出系统还可以对机组进行抽真空。

(2)KF 系列机组的泵出系统

该机组使用 R12 为制冷剂,这种机组还具有贮液筒和除湿器,可以从外部加入制冷剂液体,抽出机组内的制冷剂气体,把机组内的制冷剂液体和气体送入贮液筒,或反向进行等作用。如图 5 – 30 所示为将制冷剂抽出贮液筒的系统。起动小型活塞式压缩机 1 后,贮液筒中

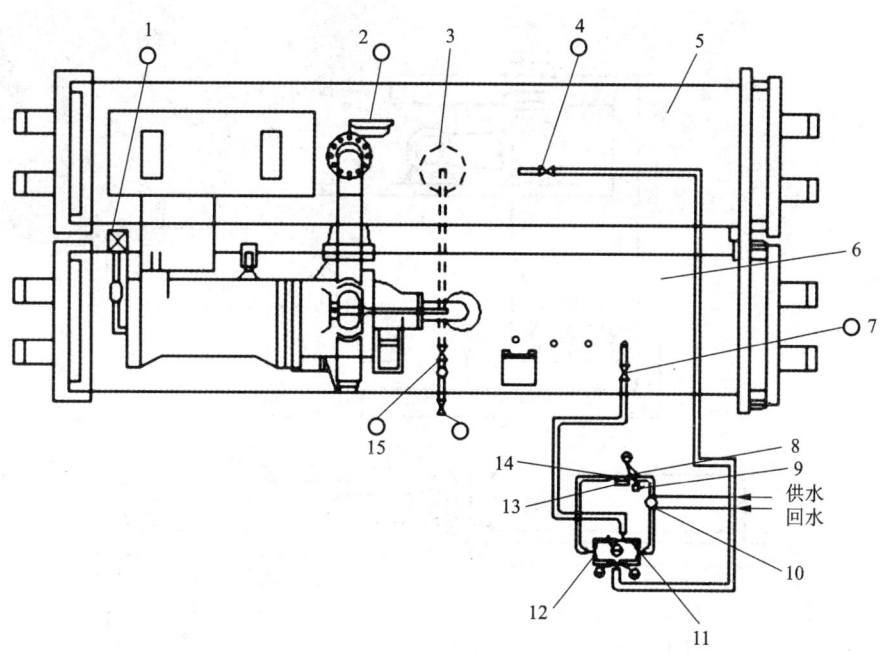

**图 5－29　19XL 机组的泵出系统接管**

〇—泵出系统检修阀；ᗷ—机组检修阀；

1—制冷机冷却阀；2—冷凝器隔离器；3—线性浮阀；4—冷凝器输送阀；5—冷凝器；6—蒸发器；

7—蒸发器输送阀；8—压缩机排气阀；9—油分离器；10—泵出系统冷凝器；11、12—转向阀；

13—泵出系统压缩机；14—压缩机吸气阀；15—蒸发器隔离阀

的制冷剂经过阀 C 到压缩机进口，经增压后，一部分经过阀 C 进入离心式制冷压缩机的进气管路上，另一部分通过冷却器 3、除湿器 4 进入机组或进入贮液筒 5。

5. 开机前准备

（1）工作资料

开机前应准备的资料如下：产品样本资料提供设计温度及压力表，机组合格证、质量保证书、压力容器证明等启动装置及线路图，特殊控制或配制的图表或说明，产品安装说明书、使用说明书。

（2）工具

开机前应准备的工具如下：真空泵或泵出设备的制冷常用工具，数字型电压/电阻表（DVM），钳形电流表，电子检漏仪，500V 绝缘测试仪。

（3）机组密封性检测

如图 5－30 所示是机组泄漏试验的过程步骤和方法。机组抽真空后充注制冷剂，加压后，使用电子检漏仪检查所有的法兰及焊接连接处，如果发现泄漏，继续进行泄漏测试步骤。

如果压缩机组是弹簧减振，将所有弹簧两头固定，以防止可能的管压及在检漏试验过程中，将制冷剂从一个容器移入另一个容器，或任何转移制冷剂的时候引起的伤害。只有当制冷剂处于工作状态且水回路已充满时，才能再调整弹簧。

（4）制冷剂检漏仪和机组泄漏试验

推荐使用符合环保要求的制冷剂检漏仪（即电子检漏仪或卤素灯）。如果机组处于压力

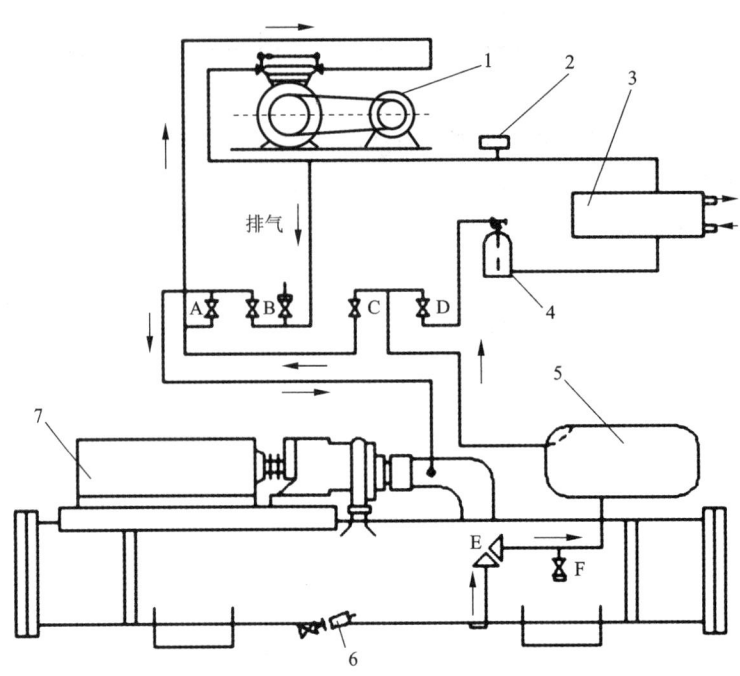

**图 5-30 KF 机组泵出系统**

1—小型活塞式压缩机；2—压力开关；3—冷却器；4—除湿器；5—贮液罐；6—过滤干燥器；7—电动机

下，也可用超声波检漏仪。考虑到制冷剂泄漏难以控制及从制冷剂中分离杂质难度较大，推荐按图 5-31 所示的泄漏试验、泄漏测试步骤。

当机组工作压力正常时，应继续完成如下工作：从容器中排除保持性充注气体；如果需要，应通过增加制冷剂提高机组压力，直到机组压力等于周围环境温度的饱和压力；按泵出程序，将制冷剂从储存容器送入机组。

当机组压力读数异常时，应进行如下工作：对带制冷剂运输的机组，进行泄漏试验，通过连接一氮气瓶加压至 207 kPa，用肥皂水检查所有连接处，如果试验压力能保持 30 min，则进行小泄漏试验；发现泄露处均需做好标记。然后放掉系统压力，修补所有泄漏处，并重新试验修补处。完成泄漏试验后，按照机组去湿程序，尽可能除去氮气、空气及水分，然后添加制冷剂，缓慢提高系统压力至 1103 kPa 最大值，对 R134a 的最小压力不低于 241 kPa，然后进行小泄漏检测试验，用电子检漏仪、卤素灯或肥皂水仔细检查机组。如果电子检漏仪发现泄漏，可用肥皂水进一步确认，统计整个机组的泄漏率，若整机的泄漏率超过 0.45 kg/a，则必须进行修补。如果再次开机时没有发现泄漏，完成制冷剂气体从储存容器到整个机组的转移后，再次测试泄漏。未发现泄漏时，完成如下工作：将制冷剂移入储存容器，执行标准的真空测试；如果机组无法通过真空测试，检查大的泄漏；如果机组通过标准真空测试，给机组去湿，用制冷剂充注机组。如果发现泄漏，应将制冷剂泵入储存容器，如果有手动隔离阀，也可将制冷剂泵进未泄漏的容器。移出制冷剂后，机组压力降到 40 kPa，进行修补泄漏，从第二步开始重复以上步骤，确保密封（如果机组在大气中敞开相当长时期，在开始重复泄漏试验前排空）。

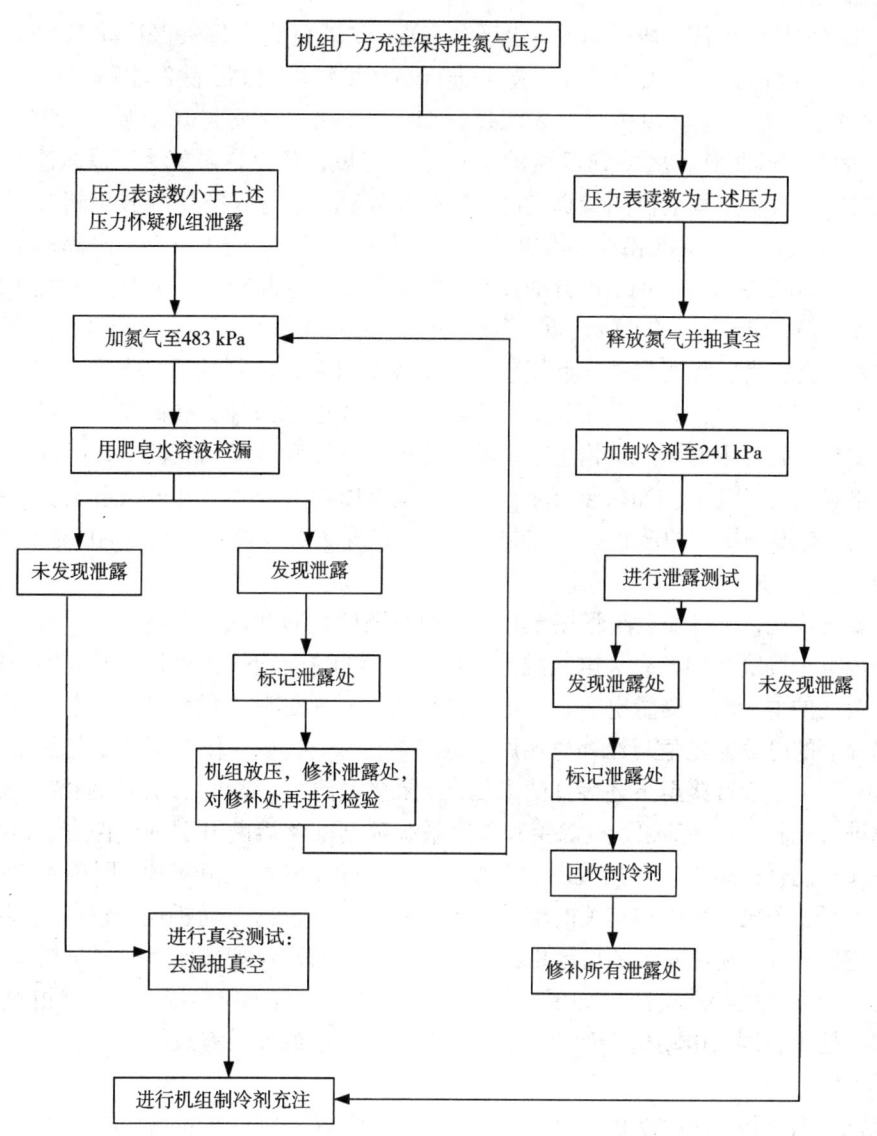

**图 5-31　泄露测试过程**

（5）标准真空试验

进行机组真空试验或去湿抽真空，需用压力表或真空计，气体指示仪在短时间内无法显示小泄漏量。真空试验步骤如下：用一个绝对压力表或真空计机组与机组相连；用真空泵或抽气装置将容器压力降至 41 kPa；关闭阀门保持真空，记下压力表或真空计读数；如果 24 h 内泄漏压降小于 0.17 kPa，表明机组密封性能相当好；如果 24 h 内泄漏压降超过 0.17 kPa，机组需重新进行试验。如果能从其他容器获得制冷剂，则恢复机组至正常工况；如果无法获得，利用氮气和制冷剂指示计，在常温下最大气体压力约为 482 kPa；如果用氮气，最大泄漏测试压力为 1585 kPa；修补泄漏处，再试验并去湿。

(6)机组去湿

如果机组敞开相当长一段时间，机组已含有水分，或已完全失去保持性充注或制冷剂压力，建议进行去湿抽真空。去湿可在室温下进行。环境温度越高，除湿也越快。在环境温度较低时，要求较高的真空度以去湿。去湿过程如下：①将一高容量真空泵(0.002 m³/s 或更大)与制冷剂充注阀相连，从泵到机组的接管尽可能短，直径尽可能大，以减小气流阻力；②用一绝对压力表或一真空仪测量真空度，只有读数时，才将真空仪的截止阀打开，并一直开启 3 min，以使两边真空度相等；③如果要对整个机组除湿，开启所有隔离阀；④在周围环境温度达到 15.6℃或者更高时，进行抽真空，直至绝对压力为 34.6 kPa 时，继续抽 2 h；⑤关闭阀门和真空泵，记录测试仪读数；⑥等候 2 h，再记一次读数，如果读数不变，除湿完成。如果读数表示真空度已无法保持，重复④、⑤步骤。如果几次测试后，读数一直在变化，在最大达 1103 kPa 压力下，执行泄漏试验，确定泄漏处并进行修补，重新进行除湿。参照管路图及产品安装说明书中的管路结构检查水路、检查蒸发器和冷凝器管路，确保流动方向正确及所有管路满足技术要求。如果装有泵出系统，检查以确保冷却水排进该系统。根据提供的工作资料，检查现场提供的截止阀及控制元件，检查现场安装管线中制冷剂的泄漏。

(7)检查安全阀及接线

遵照安全法规，应将安全阀管接至户外，同时还应检查接线，看是否满足如下要求：检查接线是否符合接线图和各有关电气规范；对低压(600 V 以下)压缩机，把电压表接到要所及启动柜两端的电源线，测量电压。将电压读数与启动柜铭牌上的电压额定值进行比较；将启动柜铭牌上的电流额定值与压缩机铭牌上的进行比较，过载动作电流必须是额定负载电流的 108% ~120%；检查接至下述零件的电压：油泵接触器、压缩机启动柜和润滑系统动力箱，与铭牌值进行比较；明确油泵、电源箱和泵出系统都已配备熔断开关或断路器；检查所有的电子设备和控制器是否都按照接线图、合格证，以及有关电气规范接地；明确用户的建设单位已查核水泵、冷却塔风机和有关的辅助设备运行正常，包括电动机也已进行润滑，电源及旋转方向正确；对于现场安装的启动柜：用 500 V 绝缘测试仪如电阻表，测试机组压缩机电动机及其电源导线的绝缘电阻。如果现场安装的启动柜读数不符合要求，拆除电源导线，在电动机端子处重新测试电动机。如果读数符合要求，则电源导线有故障。

(8)检查启动柜

对机械类启动柜，应检查现场接线线头是否接紧，活动零件的间隙和连接是否正确；接触器是否能够移动自如、机械连锁装置是否工作正常；所有的机电装置能否工作正常。对固态启动柜，应确保所有接线均已正确接至启动柜、接地线已安装正确，并线径足够；确保所有的继电器均已可靠安装于插座中、所有的交流电均已按说明书接到启动柜。

(9)油充注及油加热器

其油箱充满位置在上视镜的中部，最低油位为下视镜的底部。如果需加油，必须满足离心压缩机油的技术规范，通过充油阀进行加油，当制冷剂压力比较高时，必须使用加油泵。加油或放油必须在机组停机时进行。在给控制系统通电以前，应检查油加热器，确保能看到油位。启动柜内的断路器可以使控制系统的油加热器通电，这要在机组起动前几小时进行，以减少跑油，也可通过调控润滑动力箱内的接触器对油加热器进行控制。

6. 离心式制冷压缩机的使用注意事项

为了延长离心式制冷压缩机的使用寿命，使用者必须经常注意做好日常维护保养工作，除了对机组各点的温度、压力、流量、液位、电气数据以及加进的制冷剂做好记录外，还应注意以下情况。

1）必须保持系统密封

当运行低压离心式制冷机组时，系统泄漏将导入不凝气体和水汽，影响机件的寿命。当运行高压离心式制冷机组时，泄漏亦会导致油和制冷剂的损失。真空泄漏可以通过检查压力和温度是否对应，或放气装置的频繁运行来了解。高压系统的泄漏则可通过吸气压力下降、吸气过热升高等现象来判断制冷剂是否跑掉。这些泄漏现象必须加以制止，以防止零部件的损坏。

2）压缩机油的检查更换

遵照制造厂推荐的油过滤器的定期检查和更换，可以了解压缩机润滑系统的状况是否正常。油过滤器经常阻塞表明系统污染。定期将油取样分析含酸量、含水量和杂质等，有助于判断存在的问题。

3）控制器的检查

运行和安全控制器应定期检查和校准，以保安全。

4）接地电阻测量

应遵照制造厂的规定程序，定期检测封闭电动机对地电阻值。这有助于检测内部电气绝缘是否有损坏，是否有任何漏电现象。

5）清洗

根据水质情况，对水冷式油冷却器的水侧进行定期清洗，对自动水控制器进行检查。

6）机组润滑

需要定期对机组、联轴器及其附属设备等其他机外部件进行人工润滑，定期更换机械密封。对于具有内装式润滑系统的装置，在长期停车期间（如冬季），必须采取措施将油加热器长期通电，或者在启用前更换润滑油。所有机组、装置都应定期保养。

7）定期进行振动测量

这些故障包括不平衡、不同心、轴弯曲、轴承损伤、齿轮损坏、机械部位移动等。定期进行振动测量，可以不进行拆卸就能在早期发现这些故障隐患，从而避免发生大的、紧急的和费用昂贵的修理。

## 5.2.2　溴化锂吸收式制冷机组的安装

溴化锂吸收式机组的安装虽不复杂，但很重要，特别是机组的水平度，是保证机组性能及正常运行的重要环节之一。

本章所述的机组调试，是指制造厂家新产品的调试。溴化锂吸收式机组的性能是通过机组的调试而测得的，通常机组试验合格后才能交付用户使用。通过机组的调试，可以发现机组设计及制造中的问题，也可以发现机组设计制造及需要改进的方面，同时可给用户提供一些重要的数据，如溴化锂溶液充注量及水系统的阻力损失等。新机组的调试一般在制造厂家的试验台上进行，也有的在用户现场进行。虽然溴化锂吸收式机组运动部件少、振动噪声小、运行较平稳、机组的基础及安装要求并不高，但是，对机组的水平度却有较高的要求。

机组调试一般由厂家的专业技术人员进行。

1. 机组整体就位与安装

溴化锂吸收式机组是大型制冷设备。为了便于制造及运输方便，根据机组制冷量的大小，通常将机组分为整体出厂和分体出厂。分体机组通常为二件运输，但也可根据用户的要求做成三件或四件。

安装前，应首先进行机组的检查。机组在出厂前，内部已充注 0.02 ~ 0.04 MPa（表）氮气，每台机组都装有压力表。机组运输时，一般不装箱，因此，在机组就位与安装前，应检查机组压力情况，一旦发现机组在运输过程中由于损坏而发生泄漏，要立即与制造厂家联系，防止机组发生锈蚀，影响机组的正常使用。同时，还应检查电气仪表是否被损坏。

安装一般采用钢丝绳起吊机组，由于制造厂家不同，机组的起吊方法也各异。一般用两根钢丝绳起吊机组主筒体的两端，也有的机组用钢丝绳通过机组的吊孔起吊。吊装机组应非常仔细，确保不损坏机组的任何部分。如果钢丝吊索与容易损坏的部分接触就要调整吊绳的位置。如果确实有困难，也可在该部件上设置软垫加以保护。要特别当心细管、接线和仪表等易损坏部件不被损坏。在机组起吊及就位时，要保持机组的水平。当放下时，机组所有的底座应同时并轻轻地接触地面或基础表面。

溴化锂吸收式机组振动小，运行平稳，其基础是按静负荷来设计的。在机组就位前，应清理基础表面的污物，并检查基础标高和尺寸是否符合设计要求，检查基础平面的水平度，同时，在基础支撑平面上各放一块面积稍大于机组底脚的硬橡胶板，厚度约 10 mm，然后将机组放在其上。机组就位后，必须对机组进行水平校正才能安装。如果机组不水平，则将影响机组的性能和正常运行。例如，对于发生器来说，溴化锂溶液在发生器中上下折流前进，本身就有一定的阻力，机组不平，就加大了溶液在两端的液位差，还可能引起冷剂水的污染及高温换热器的汽击。对于蒸发器来说，会减少冷剂水的贮存量，从而影响机组在变工况时的运行。特别是冷凝器，水盘很低，如果冷剂水从端部流出，就会影响至蒸发器的流动。

机组的水平校正方法如下：在吸收器管板两边，或者在筒体两端，找出机组中心点。如果找不到机组的中心点，也可利用钣金加工部位作为基准点。可取一根透明塑料管，管内充满水，塑料管不能打结，也不能压扁，管内的水中不允许存有气泡。然后，在机组两端中心放置水平，一端为基准点，另一端点则表明纵向水平差。再将塑料管置于一段管板的两边，用同样的方法来校正横向水平差。机组合格的水平标准是纵向在 1 mm/m 内，若机组尺寸是 6 m 或大于 6 m，合格值应小于 6 mm。机组横向水品高标准是小于 1 mm/m。可用水平仪校正机组的水平。

当机组水平检测不合格时，可用起吊设备，通过钢丝绳慢慢吊起机组的一端，用钢制长垫片来调节机组的水平。如果没有合适的起吊设备，可以在机组的一段底座下半部焊上槽钢，用两只千斤顶，均匀地慢慢将机组顶起，再调节机组的水平，直至水平合格为止。

机组在运输、就位及安装过程中，一定要防止人为的损坏和无目的地拨弄阀门及仪表，禁止将机组上的管道及阀门作为攀登点。要保护好机组上的控制箱、电气仪表及电气接线，非专业人员不得开启电气控制柜、拆动仪表及线路。

2. 机组分体就位与安装

小型机组在制造厂内已经组装，主要的安装工作就是将机组搬到基础上并校正水平。但大型溴化锂吸收式机组是分体出厂并运输至用户，因此分体机组的就位与安装要比整体机组复杂。安装步骤如下：分体出厂的机组与整体出厂的机组所需的基础是一致的，都是根据机组运行质量而设计的。机组安装前，同样需在基础上放置略大于机组底脚，厚度约为 10 mm 的硬橡胶板；分体机组在出厂时，每一件内部都充以氮气，因此，在机组就位前，应检查每件内部的压力并与出厂值进行比较，一旦发现机组由于损坏而发生泄漏，应及时与制造厂家联系。对于分二件或三件机组的吊装，与单件机组吊装基本相同，应先将下筒体用钢丝绳吊在基础上并校正水平，然后，再将上筒体吊装在下筒体上。分体机组就位后，也要校正机组的水平。其方法和整体机组校正一样，不过，在筒体就位后，要先对下筒体进行水平校正，不仅要校正机组纵向水平，还要校正横向水平。只有在下筒体水平合格后，方可将上筒体吊装在下筒体上，同时，还要对上筒体进行纵向及横向水平校正。

如果机组水平不合格，可用垫钢板来调节机组的水平，要先调节好下筒体的水平，然后才能吊装上筒体，可通过在上筒体底脚下垫钢板来调整。如果分体机组各部件已经就位，但机组水平未校正，也可用上述方法，分别校正上、下筒体的水平，并用垫钢板来调节。

3.部件的安装

当上、下筒体就位完毕后，就要连接上、下筒体间的有关管道及部件，并现场焊接安装。打开蒸发—吸收器组件上的辅助阀门(一般为真空隔膜阀)，将蒸发—吸收器壳体内充入的氮气放出，使壳体内的氮气压力和外面大气压一致。打开发生器或冷凝器上的辅助阀，将发生—冷凝器壳体内的加压氮气放出。

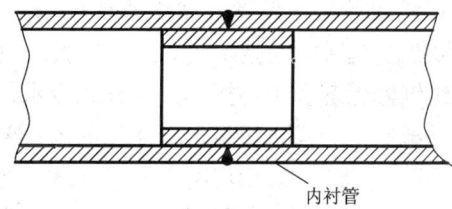

内衬管

**图 5 - 32 内衬管焊接方式**

用火焰切割方法割去所有管道上的盖板，除去毛刺和垃圾，以防进入机组。由具有合格证的电焊工焊接管道结合点。所有接管应经清洗处理，除去管内的铁锈、油污等杂物并保持清洁。为了防止焊接时的焊渣、铁锈等杂物进入机组内，可采用图 5 - 32 所示的内衬管焊接方法。应注意：机组在安装接管时，严禁将管道及阀门作为攀登点，不可将真空隔膜阀作为扶手来攀登机组。机组在就位及焊上、下筒体有关连接管道时，不要损坏电气仪表及电气线路。

目前，真空隔膜阀一般采用焊接式结构，其焊接部位离隔膜(一般为橡胶材料)较近，在焊接真空隔膜阀时，应采取保护隔膜免受高温损害的有效措施，如采用特种焊接，或焊接时对阀体采取有效冷却等。

## 5.2.3 螺杆式制冷机组的安装

螺杆压缩机在制冷系统中起着将蒸发器出来的低温低压的制冷剂气体，变成高温高压气体的作用，是制冷系统的心脏部件。和活塞压缩机一样，螺杆压缩机属于容积式压缩机，主要由机壳、螺杆转子、轴承、能量调节装置等组成。

螺杆压缩机具有结构简单、工作可靠、效率高和调节方便等优点，20 世纪 70 年代以来，在制冷空调领域得到了越来越广泛的运用。

按照螺杆转子数量的不同，螺杆压缩机分为双螺杆和单螺杆两种。

1.机组安装

(1)机组安装前的准备工作

机组在运输过程中，应防止机组发生损伤。机组运达现场后，应存放在库房中。如无库房必须露天存放时，应将机组底部适当垫高，防止浸水。箱体上必须加以遮盖，应防止雨水淋坏机组。安装前应进行开箱检查，查看机组型号是否与合同订货机组型号相符，根据随机出厂的装箱清单清点机组、出厂附件以及所附的技术资料，做好记录。检查机组及出厂附件是否有损坏和锈蚀。如机组经检查后不及时安装，必须将机组加上遮盖物，防止灰尘及产生锈蚀。设备在开箱后必须注意保管，放置平整。法兰及各种接口必须封盖、包扎，防止雨水灰沙浸入。机组在吊装时，必须严格按照厂方提供的机组吊装图进行施工。在安装前，必须考虑好机组搬运的吊装路线。在机房预留适当的搬运口，如果机组的体积较小，可以直接通过门框进入机房，如果机组的体积较大，可在墙体上凿开足够空间让机组进入房间，待设备搬入后再进行补砌。如果机房已建好又不想损坏，而整机进入机房又有一定困难，有些机组可以分体搬运。一般是将冷凝器和蒸发器分体搬入机房，然后再进行组装。

（2）机房选择与机组定位

机房位置选择应避免高温，保证通风良好、干燥、清洁、排水通畅。机组安装时应按照平面布置图所注各设备与墙中心或柱中心间的关系尺寸，划定设备安装地点的纵、横基准线，根据随机所附的技术资料，在机组和机组之间、机组与墙体之间留有相应的空间，以便于机组维修保养和现场操作。螺杆式冷水机组一般要求安装在地基上。在修筑地基前，应核算所需地基是否满足机组运行质量的承重要求，机组的运行质量可以查阅技术资料或直接向厂方询问。地基一般用混凝土浇筑而成，在机组浇筑时必须注意要留下相应的地脚螺栓孔。具体位置可以参照厂方提供的地基图，地脚螺栓一般都由厂方提供，随机组一同出厂。一般螺杆式冷水机组在安装时，需要在地基上安装防振垫片。但随着螺杆式冷水机组的发展，机组的振动大大减少，有的机组已不需要防振垫片，可以直接将机组安装在地基上，紧固地脚螺栓即可。

（3）机组就位

机组在就位后，需要连接水管路，与整个空调系统相连接。水管路的连接形式有法兰连接、螺纹连接及焊接连接等形式。一般螺杆式冷水机组都采用法兰连接，但也有采用焊接连接的。有的小制冷量的机组，由于水管接口较小，也可以采用螺纹连接。与机组连接的水管建议采用软管，防止由于机组振动或位移而给水管路带来损伤。

电气安装方面，目前的螺杆式冷水机组都已将机组的配电柜、起动柜和控制柜集成在机组上了。所以，只需要将电缆线连接至配电柜中就可以了。具体的连接方法和连接形式各个制造厂家会有所不同，须参考各自的技术资料。

2. 机组调试

制冷系统的正确调试是保证制冷装置正常运行、节能消耗、延长使用寿命的重要环节。对于现场安装的大、中型制冷系统，调试前首先应按设计图样要求，熟悉整个系统的布置和连接，了解各个设备的外形结构和部件性能，以及电控系统和供水系统等。为此，调试时应有制冷和水电等工程师参加。用户在调试前应认真阅读厂方提供的产品操作说明书，按操作要求逐步进行。操作人员必须经过厂方的专门培训，获得机组的操作证书才能上岗操作，以避免错误操作给机组带来致命的损坏。

（1）调试前的准备

螺杆式冷水机组属于大中型制冷机，在调试中需要设计、安装、使用三方面密切配合。为了保证调试工作进行得有条不紊，有必要由有关方面的人员组成临时的试运转小组，全面指挥调试工作的进行。负责调试的人员应全面熟悉机组设备的构造和性能，熟悉制冷机安全技术，明确调试的方法、步骤和应达到的技术要求，制定出详细具体的调试计划，并使岗位的调试人员明确自己的任务和要求。检查机组的安装是否符合技术要求，机组的地基是否符合要求，连接管路的尺寸、规格、材质是否符合设计要求。单独对冷水和冷却水系统进行通水试验，冲洗水路系统的污物时，水泵应正常工作，循环水量应符合工况的要求。清理调试的环境场地，达到清洁、明亮、畅通。准备好调试所需的各种通用工具和专用工具。准备好调试所需的各种压力、温度、流量、质量、时间等测量仪器仪表。准备好调试运转时必须的安全保护设备。机组的供电系统应全部安装完毕并通过调试。

（2）制冷剂的充注

目前，制冷机组在出厂前一般都按规定充注了制冷剂，现场安装后，经外观检查如果未发现意外损伤，可直接打开有关阀门（应先阅读厂方的使用说明书，在运输途中，机组上的阀门一般处在关闭状态）开机调试。如果发现制冷剂已经漏完或者不足，应首先找出泄漏点并排除泄漏现象，然后按产品使用说明书要求，加入规定牌号的制冷剂，注意制冷剂充注量应符合技术要求。有些制冷机组需要在用户现场充注制冷剂，制冷剂的充注量及制冷剂牌号必须按照规定执行。制冷剂充注量不足，会导致冷量不足。制冷剂充注量过多，不但会增加费用，而且可能对运行能耗、设备安全等带来不利影响。一旦发生意外泄漏事故，制冷剂可能会给环境带来严重的污染。在充注制冷剂前，应预先备有足够的制冷剂。充注时，可直接从专用充液阀门充入。由于系统处于真空状态，钢瓶中制冷剂与系统压差较大，当打开阀门时（应先用制冷剂吹出连接管中的空气，以免空气进入机组，影响机组性能），制冷剂迅速由钢瓶流入系统，充注完毕后，应先将充液阀门关闭，再移去连接管。

（3）制冷系统调试

制冷剂充注结束后（如需要充注制冷剂），可以进行负荷调试。由于近年来，螺杆式冷水机组在机组性能和电气控制方面都有了长足的进步，许多机组在正式开机前，可以对主要电控系统做模拟动作检测，即机组主机不通电，控制系统通电，然后通过对机组内部设定，对机组的电控系统进行检测，看组件是否运行正常。如果电控系统出现什么问题，可以及时解决。最后再通上主机电源，进行调试。在调试过程中，应特别注意以下几点：检查制冷系统中的各处阀门，是否处在正常的开启状态，特别是排气截止阀，切勿关闭；打开冷凝器的冷却水阀门和蒸发器的冷水阀门，冷水和冷却水的流量应符合厂方提出的要求；起动前应注意观察机组的供电电压是否正常；按照厂方提供的开机手册，起动机组；当机组起动后，根据厂方提供的开机手册，查看机组的各项参数是否正常；可根据厂方提供的机组运行数据记录表，对机组的各项数据进行记录，特别是一些主要参数一定要记录清楚；在机组运行过程中，应注意压缩机的上下载机构是否正常工作；应正确使用制冷系统中安装的安全保护装置，如高低压保护装置、冷水和冷却水断水流量开关、安全阀等设备，如有损坏应及时更换；机组如出现异常情况，应立即停机检查。

在制冷系统调试前，一定要做好空调系统内部的清洁和干燥工作。如果前期工作不认真进行，在调试期间将会增加许多工作量，而且会给制冷装置以后的运行带来许多隐患。

3. 故障分析和对策

制冷机组的故障主要来自电控系统和制冷系统两方面。故障会导致机组无法正常起动、运行、制冷剂的明显下降或者机组产生严重损坏。正确判断各种故障产生的原因及采取合理的排除方法，这不但涉及电气和制冷技术方面的理论知识，更重要的是还需具备实践技能，只有通过长时间的实践，才能获得维修制冷装置的丰富经验。随着近年来螺杆式冷水机组的发展，机组的故障率较之以往大大减少。同时，机组控制系统也日趋完善。许多厂家的机组控制系统都带有自动检测故障的功能。机组如果出现异常故障，通过传感器或其他一些设备控制系统会产生报警，并把报警代码或内容显示到机组的操作界面上，便于维修人员查阅。如出现机组报警显示系统错误并不是造成故障的直接原因，就需要检查与报警相关的其他部件是否正常。

4.机组维护保养

螺杆式冷水机组维护保养的主要内容，包括日常保养和定期检修。定期的维修保养能保证机组长期正常运行，延长机组的使用寿命，同时也能节省制冷能耗。对于螺杆式冷水机组，应有运行记录，记录下机组的运行情况，而且要建立维修技术档案。完整的技术资料有助于发现故障隐患，及早采取措施，以防故障出现。

（1）压缩机

螺杆压缩机是机组中非常关键的部件，压缩机的好坏直接关系到机组的稳定性。由于目前螺杆压缩机制造材料和制造工艺的不断提高，许多厂家制造的螺杆压缩机寿命都有了显著的提高。如果压缩机发生故障，由于螺杆压缩机的安装精度要求比较高，一般都需要请厂方来进行维修。

（2）冷凝器和蒸发器的清洗

水冷式冷凝器的冷却水由于是开式的循环回路，一般采用的自来水是经冷却塔循环使用，或者直接来源于江河湖泊，水质相差较大。当水中的钙盐和镁盐含量较大时，极易分解和沉积在冷却水管上而形成水垢，影响传热。结构过厚还会使冷却水的流通截面缩小，水量减少，冷凝压力上升。因此，当使用的冷却水的水质较差时，对冷却水管每年都要至少清洗一次，去除管中的水垢及其他污物。一般使用专门的清管枪、清洗剂对管子进行清洗。

（3）更换润滑油

机组在长期使用后，润滑油的油质变差，油内部的杂质和水分增加，所以要定期观察和检查油质，一旦发现问题及时更换，更换的润滑油牌号必须符合技术资料的规定。

（4）干燥过滤器的更换

干燥过滤器是制冷剂进行正常循环的重要部件。由于水与制冷剂互不相溶，如果系统内部含有水分，将大大影响机组的运行效率，因此保持系统内部干燥是十分重要的，干燥过滤器内部的滤芯必须定期更换。

（5）安全阀的校验

螺杆式冷水机组上的冷凝器和蒸发器均属于压力容器，根据规定，要在机组的高压端即冷凝器通体上安装安全阀，一旦机组处于非正常工作环境下，安全阀可以自动泄压，以防止高压可能对人体造成的伤害。所以安全阀的定期校验，对于整台机组的安全性是十分重要的。

（6）制冷剂的充注

如果没有其他特殊的原因，一般机组不会产生大量的泄漏。如果由于使用不当或在维修保养后，有一定量的制冷剂发生泄漏，就需要重新添加制冷剂。充注制冷剂必须注意机组使用制冷剂的牌号。

5.运行管理和停机注意事项

(1)螺杆式冷水机组运行管理注意事项

机组的正常开、停机,必须严格按照厂方提供的操作说明书的步骤进行操作;机组在运行过程中,应及时、正确地做好参数的记录工作;机组运行中如出现报警停机,应及时通知相关人员对机组进行检查,如无法排除故障,可以直接与厂方联系;机组在运行过程中严禁将水流开关短接,以免冻坏水管;机房应有专门的工作人员负责,严禁闲杂人员进入机房,操作机组;机房应配备相应的安全防护设备和维修检测工具,如压力表、温度计等,工具应存放在固定的位置。

(2)螺杆式冷水机组停机注意事项

机组在停机后应切断主电源开关;如机组处于长期停机状态期间,应将冷水、冷却水系统的内部积水全部放净,防止产生锈蚀。水室端盖应密封住;机组在长期停机时,应做好维修保养工作;在停机期间,应该将机组全部遮盖,防止积灰;在停机期间,与机组无关人员不得接触机器。

# 5.3  热泵施工安装技术简介

热泵不但可以制冷,更重要的是可以把热量由低温热源输送到高温热源,采用热泵装置可以充分利用低位能量从而节约高位能量,使机组具有冷暖联供和环保、节能等优点,目前国内外热泵的应用十分广泛。常用的有空气源热泵冷热水机组、水源热泵机组、地源热泵机组以及家用分体热泵式空调器、变频式热泵空调器、柜式热泵空调机组等。近年来风靡世界的户式空调系统(又称家用型空调系统),大多采用热泵方式。

## 5.3.1  空气源热泵

空气源热泵机组使用的压缩机组有活塞式、螺杆式;有整体式、模块式等形式,单台机组制冷量一般在 3~400RT,按机组容量大小分为户式小型机组、中型机组、大型机组,按机组组合形式分为整体式机组(由 1 台或几台压缩机共用 1 台水侧换热器的机组,称为整体式机组)和模块化机组(由几个独立模块组成的机组,称为模块化机组)等,对于大型机组,其制冷机的安装,同前节所述,只是冷却装置有所不同,对于小型一体机,则是安装方式有所不同。目前常用的产品有家用热泵式空调器、商用单元式热泵空调机组和热泵冷热水机组等。

1.空气源热泵的使用特点

空气源热泵系统,又称为风冷热泵机组,是一种可将冷、热源合一,无须锅炉、不产尘、不排放有害物质,无冷却水系统、对环境无污染、可采用模块化组合设计、可靠程度高的冷热源形式。空气源热泵系统更可以不占建筑的有效使用面积,机组可放置在屋顶或地面,使施工安装大为简便。空气源热泵适用于我国绝大多数地区,对于长江流域及以南地区,提倡采用复合式冷却的热泵机组,在我国北方严寒地区进行冬季制热采暖时,常需在系统末端设置辅助加热装置,或在室外机出风口处设加热器,机组也可以采用单级双循环或多级压缩等技术来保证供热。在某些地区应用时,冬季室外机有结霜问题,应引起注意。在选择热泵机组时,除了将铭牌上标准工况下的制热量,变为使用工况下的制热量外,还要考虑使用工况下结霜除霜的热量损失。一般按最佳平衡点温度（热泵供热量等于建筑物耗热量时的室外计算温度）来选择热泵机组和辅助热源，对于需同时供冷、供热的场合，可选用热回收式机组。

2. 空气源热泵机组的安装

空气源热泵机组分为冷热水机组和冷媒机组，其安装内容包括室内机组和室外机组的安装。对于冷热水机组，室内空调末端设备的安装与普通空调系统安装基本相同，请参照有关章节。对于冷媒空调系统的室内末端设备的安装，则应参见产品样本要求和有关技术规程，重点应注意多联机的主机与各室内机组的允许高差和室内机之间的高差，并应注意冷凝水的排放。这里重点讲述室外机组的安装。

对于小型一体化室外机组，可参照家用空调室外机的安装方法，将机组安置在建筑预留的空调机位置上，落地安装和挂墙安装均可。安装时应注意胀杆螺栓及钢支架要牢固，能够承受室外机组的运行重量和振动荷载，还应注意室外机组的气体流向，不要形成不利于室外机向空气中散热的温度场，有条件的应将冷凝水的冷量回收，加以利用。

对于大型室外机或机组，室外机或机组的安装位置应保证通风良好，还应考虑机组不能影响到周围的环境，特别要注意噪声对周围的影响以及室外机组对建筑立面的影响。大型机组一般放置在屋顶，并要做混凝土基础支墩，施工时应注意不要破坏建筑的防水层。

如图 5-33 所示是北方某城市的医疗康复中心空气源热泵的屋顶机房和机组的位置平面图。

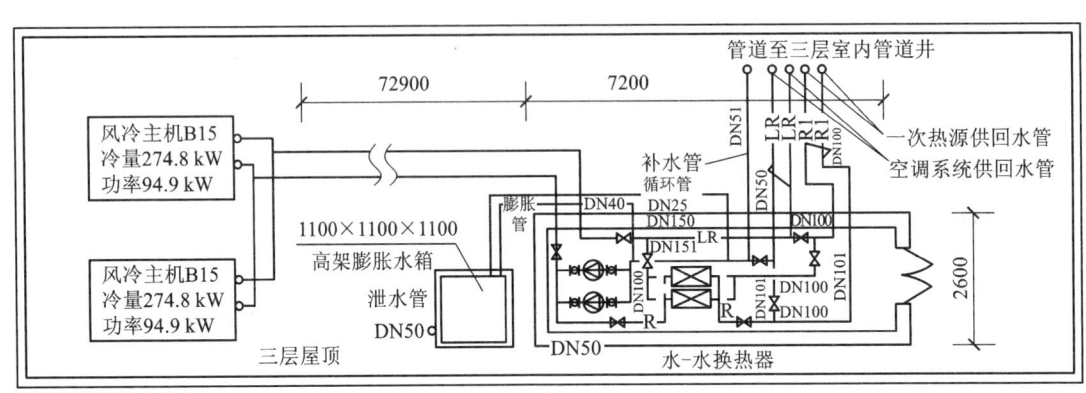

图 5-33    空气源热泵机组机房平面图

## 5.3.2    水源（环）、地源热泵

水源（环）热泵、地源热泵是一种有效利用水或其他冷媒与深井地下水、冷却循环水、地表水和土壤和地表水进行冷热交换的冷热源系统，目前，分类方法较多，不同书籍的叫法亦不够统一。大系统的热泵主机机组安装同制冷设备安装，小型热泵系统或热泵空调设备的安装同空调末端设备安装，这里不再进行讲述，仅以地埋换热器和井体工程安装过程为例，介绍部分热泵系统附件的安装。

1. 换热器的安装

换热器分为普通换热器和土壤换热器。当采用抽取地下水然后经换热器换热后回灌时，需将水除砂后,再进入换热器。换热器的安装参见有关章节,这里重点讲述土壤换热器的安装。土壤换热器的安装应尽可能遵循土壤换热器的设计要求,但也允许稍有偏差。平面图上应标明开挖地沟或钻凿竖井的位置和通往建筑物或机房的入口位置,还应标明在规划建设工地范围内所有地下公用事业设备的位置,以满足进行钻洞、筑洞、灌浆、冲洗和填充换热器时的要求。

(1)水平换热器的安装内容

①按平面图开挖地沟。

②按所提供的换热器配置在地沟中安装塑料管道。

③按工业标准和实际情况完成全部连接缝的焊接。

④循环管道和循环集水管的试压应在回填之前进行。

⑤应将熔接的供回水管线连接到循环集水管上,并一起安装在机房内。

⑥在回填之前进行管线的试压。

⑦在所有埋管地点的上方做出标志,或者标明管线的定位带。

⑧如果管道是在多个不同埋深,则要认真回填每一管道层上方 150 mm 厚的第一层回填层,并仔细清除尖利的岩石块和其他碎石,然后用机械回填泥土至下一高度层,加水人工夯实下一层管道回填层后,再安装上一层管道。对曲线形成螺旋形的换热器,则需采取不同的回填程序。水平式换热器如图 5 - 34 和图 5 - 35 所示。

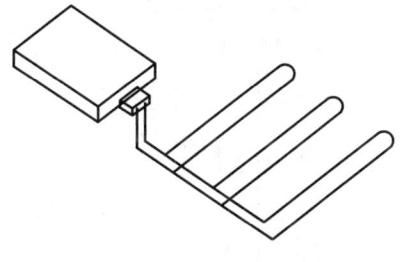

图 5 - 34　水平管换热器

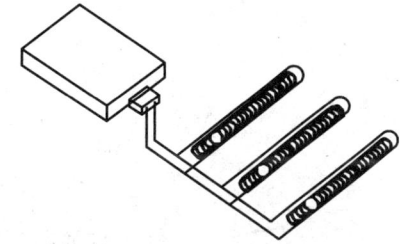

图 5 - 35　水平螺旋管换热器

(2)垂直式换热器的安装内容

①按平面图钻凿出每个竖井,并立即把预备装填和压盖的 U 形管换热器安装到竖井中,而且用导管从底部向顶部灌浆。

②沿垂直竖井边布置的地沟需适应分隔开的被压盖的供、回循环管线的要求。

③将供、回循环管熔接到循环集管上。

④连接循环集管和管线,并在分隔开的供、回循环管线地沟内将管线引入建筑物内。

⑤管线和环路的长度应在彼此之间的10%以内;热泵的进出水管上都应预留压力和温度测孔以及关断手段以方便流量和温度的测量。

⑥在回填地沟之前,将管线和循环集管充水并试压。

⑦在钻井时可能会产生大量的水和泥渣,应设适宜的清理设施。

⑧垂直换热器系统中的竖井应使用导管灌浆,对灌浆的选择取决于地下条件、灌浆材料

特性和土壤换热器的预期运行温度。灌筑合适的灌浆可以加强土壤和换热器之间的热接触，防止污染物从地面向下渗漏，防止含水层之间水的移动。灌浆使用含有95%的水泥和5%的膨润土的灌浆，在钻井完成和安装了每一个换热器之后立即进行，应该用直径不小于25 mm的聚氯乙烯管做导管，并将其连接到下竖井之前的U形管换热器上。垂直地埋管换热器如图5-36和图5-37所示，竖井的灌装如图5-38和5-39所示。

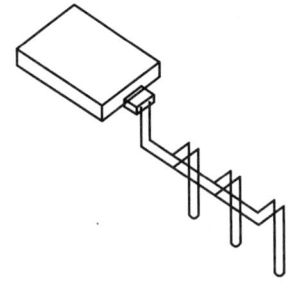

图5-36 垂直管换热器

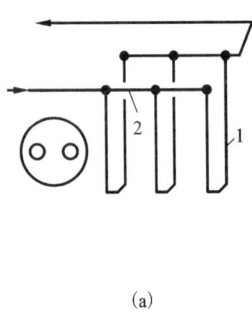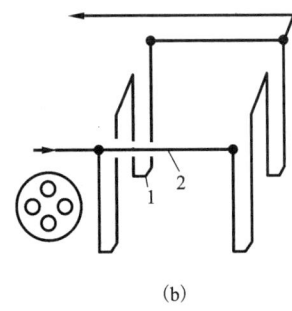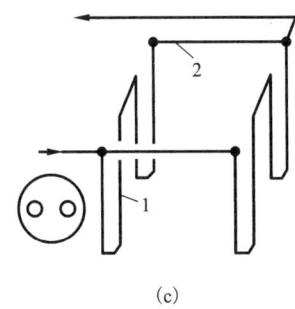

(a)                    (b)                    (c)

图5-37 垂直管换热器典型环路形式

(a)单并单U管；(b)单并双C管；(c)双并双U管

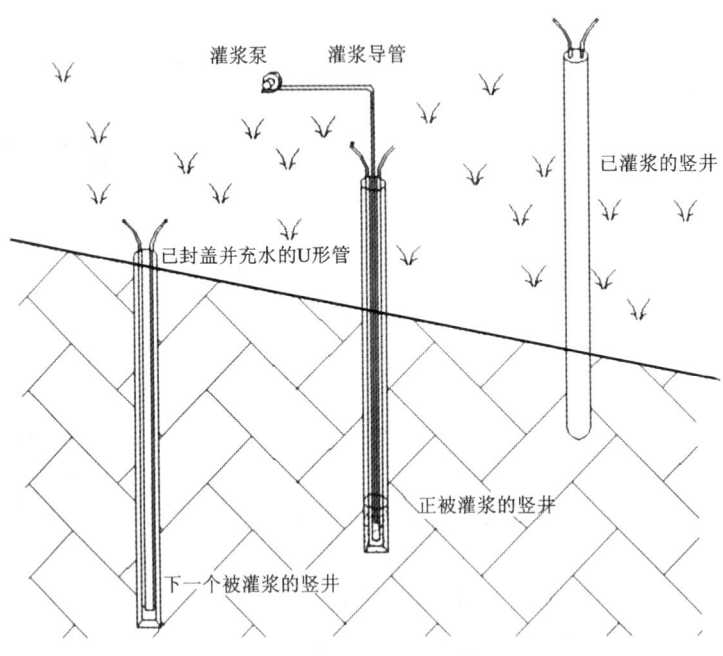

图5-38 竖井的灌装示意图

如果换热器是埋在冻土层以下非常密实或坚硬的土壤或岩石内运行的，应使用水泥基料的灌浆；如果换热器埋设在冻土层以上的地块运行，则使用比水泥灌浆便宜的膨润土为基料的灌浆。

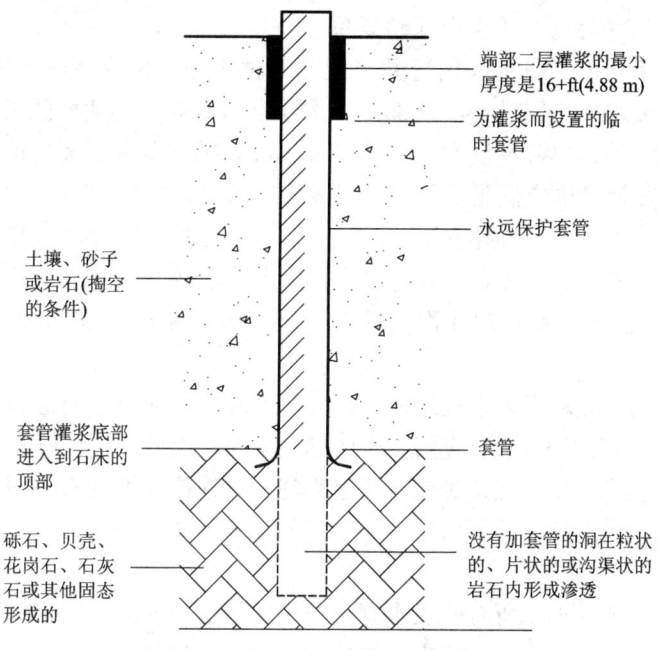

端部二层灌浆的最小
厚度是16+ft(4.88 m)

为灌浆而设置的临
时套管

永远保护套管

土壤、砂子
或岩石(掏空
的条件)

套管灌浆底部
进入到石床的
顶部

套管

砾石、贝壳、
花岗石、石灰
石或其他固态
形成的

没有加套管的洞在粒状
的、片状的或沟渠状的
岩石内形成渗透

**图 5 – 39　竖井灌浆封面示意图**

（3）埋地换热器的试压填充

垂直换热器安装的管道应在到达工地后进行试压，一般使用空气进行试压。垂直换热器的循环管路应用水进行试压检漏，试验压力不超过管道的额定破坏压力，一般为 0.5 ~ 0.7 MPa，并稳压 4 h，压降不大于 0.35 MPa 为合格。安装后的土壤换热器应立即进行试压和空气清洗，然后回填，并向系统充入适当浓度的抗冻剂，在需要的地方加入防腐剂。

（4）地表水换热器的安装

地表水换热器系统的安装应尽可能以设计为准，应标明管沟及换热器环路在现场平面中的位置，以及供水与回水环路干管在机房建筑物的入口位置。当现场安装与设计要求有一些偏差时，偏差应与设计意向保持一致。在管网中一般使用特殊的塑料管材，在泵壳和板式换热器上一般使用不锈钢材料。当进行管沟内管道连接和地表水换热器的管道连接时，一般采用热熔技术。对板式换热器来说，金属端板和换热板之间还应有足够的移动空间。如图 5 – 40 所示为多环路地表水换热器安装示意图。

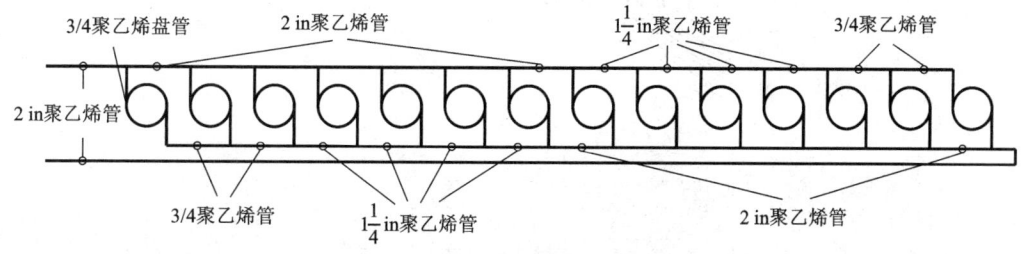

3/4聚乙烯盘管　　2 in聚乙烯管　　$1\frac{1}{4}$ in聚乙烯管　　3/4聚乙烯管

2 in聚乙烯管

3/4聚乙烯管　　$1\frac{1}{4}$ in聚乙烯管　　2 in聚乙烯管

**图 5 – 40　多环路地表水换热器安装示意图**

**2. 抽水井和回灌井的施工要求和注意事项**

当热泵使用地下水时，通常采用打井将地下水抽上来，采取换热器换热后再回灌的做法，这时需要设置抽水井和回灌井。这部分工作通常由专业水文地质队伍完成，使用的技术有可能是专利技术，分为单井抽灌和双井或多井抽灌。抽水井和回灌井的设置，除能保证足够的水量外，其热交换量也应满足热泵系统所需交换量的要求。井体开挖时，常采用喷射、振荡和泵吸等方法，不管采用哪种方法，都应严格按照打井程序和施工规程进行，必须保证在整个打井过程中，井中的固体颗粒被及时吸出，水质清澈。水井完成后，应在井体的套管外侧和钻孔的墙身之间安装密封环面，阻止污物渗出。在设有潜水泵的井口，还应设置井盖。

在回灌井建造时，应确保无空气进入，回水在进入井之前应进行除氧，防止产生铁的氧化物和气体黏和物阻塞滤网，系统应安装必要的流量计、温度计、水压表以及在换热器进出口上安装观察镜等装置，并保证管线连接畅通无泄漏，管沟及坡度符合设计要求，排水装置应设在回灌井预期的最低稳定水平线数米下，当回灌水需排到地表水体的地方时，应征得当地管理机构的同意。

当使用多井和潜水泵时，所有的供水管应通过集管器与安装在机房内的板式换热器的进水侧连接。当采用多口回灌井时，流出换热器的水也应经过集管器。每一个集管分支上的关闭阀都可以单独控制井运行，也允许某一个井进行抽水或回灌。集管器示意图如图 5 - 41 所示。

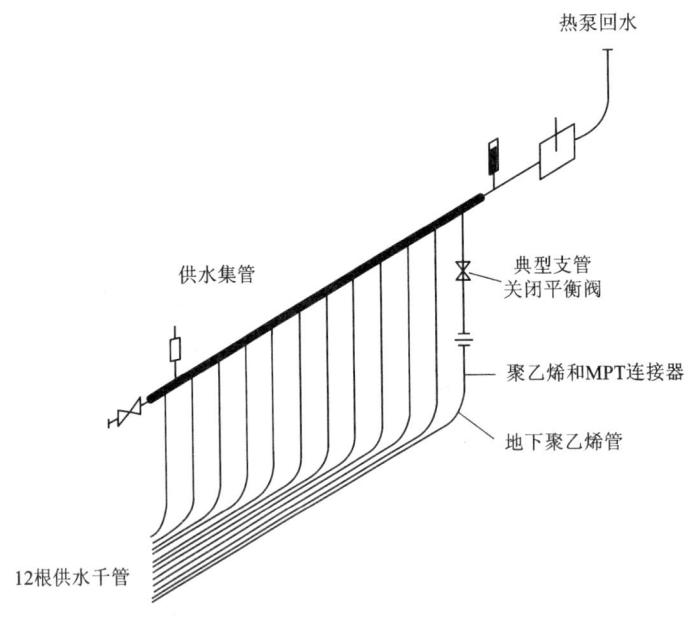

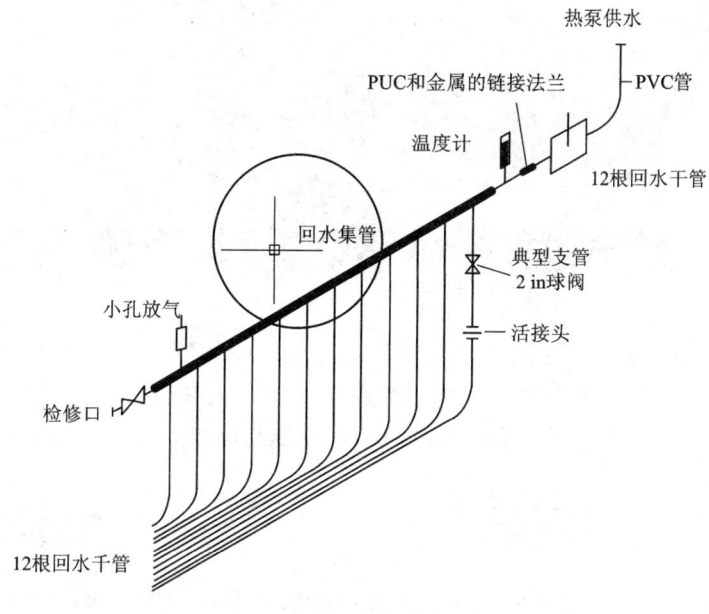

图 5 – 41　集管器示意图

## 复习思考题

1. 简述散装活塞式制冷机组、离心式制冷机组、溴化锂吸收式制冷机组和螺杆式制冷机组的安装流程。

2. 对设备基础检查验收的目的是什么？

3. 散装活塞式制冷机组在安装过程中应注意哪些事项？

4. 立式冷凝器安装时如何对冷凝器找垂直？

5. 氟利昂制冷系统管道布置、敷设需要考虑哪些因素？

6. 氨制冷管道布置、敷设应考虑哪些因素？

7. 制冷系统管道安装有哪些技术要求？

8. 制冷系统管材如何选用？

9. 制冷系统安装完毕后如何进行吹扫排污？

10. 制冷系统的检漏方法有哪几种？各方法如何进行检漏？

11. 制冷系统怎么做抽真空试验？

12. 制冷系统怎么做气密性试验？

13. 制冷系统充注制冷剂前要做什么准备工作？

14. 制冷系统中为什么会产生"气囊"和"液囊"现象？有何危害？在制冷系统安装过程中如何防止这两种现象发生？

15. 制冷系统和水系统管道设备安装有什么区别？

16. 热泵施工安装时应注意什么事项？

# 第6章 建筑室内外给、排水管道及设备安装

建筑室内外给、排水管道及设备安装技术是建筑设备安装施工技术中最广泛、最常用的，是设备工程师必须掌握的内容。本章主要介绍建筑室内给水、室外给水、室内外排水管道及设备安装施工方法和室内外给、排水管道的试压与验收。

## 6.1 室内给水管道及设备安装

各种工业和民用建筑都需要用水，建筑室内的用水点一般分生产、生活和消防用水三种，各用水点的水是由建筑室内给水系统供给的。

建筑室内给水系统主要由引入管（进户管）、水表节点（包括水表、水表前后的阀门）、管道系统（室内的水平干管、立管和支管）以及给水设备（包括阀门、水龙头、升压和储水用的水泵、水箱、水塔等）组成。

### 6.1.1 室内生活给水管道安装

**1. 引入管的安装**

引入管一般采用铸铁管、镀锌钢管（现在饮用水管一般不用）、铜管、PVC–U（硬聚氯乙烯管）和塑料管等。敷设时，应尽量与建筑物外墙轴线垂直，减少穿墙或穿基础管段的距离。其坡度应不小于 0.003，其坡向应向室外，以便于维修时将室内系统中的水放空。引入管埋深应满足设计要求，当设计无要求时，应使引入管道的顶部位于冻土层以下。

为了防止建筑物下沉破坏引入管，引入管穿越建筑物基础时，应预留孔洞或预埋钢套管。预留孔洞的尺寸或预埋钢套管的直径应比引入管直径大 100 mm 以上，并保证引入管管顶距孔壁的距离不小于 100 mm。预留孔与管道间空隙用黏土填实，两端用 1∶2 水泥砂浆封口。当引入管由基础下部进入室内或者穿过建筑物地下室进入室内时，其敷设方法如图 6–1 所示。

**2. 水表安装**

为了计量各用户的用水量，在用水用户的供水总管或建筑物引入管上应装设水表；在居住屋内，也应安装室内的分户水表。水表的安装位置应保证便于检修、容易查看、不受曝晒、不易污染和不易冻结。

水表的安装形式分不设旁通管和设旁通管两种。对于间断供水且用水量不大的建筑物，一般可以不设旁通管，如图 6–2 所示；对于设有消火栓的建筑物和因断水而影响生产的工业建筑物，如只有一根引入管，应设旁通管，如图 6–3 所示。水表与管道的连接方式，有螺纹

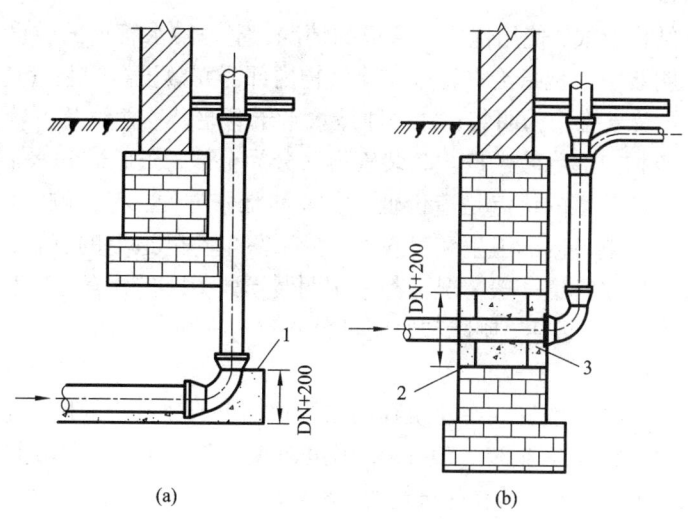

**图 6-1　引入管进入建筑物**

(a)穿基础墙下部；(b)穿基础墙

1—混凝土支座；2—黏土；3—水泥砂浆封口

连接和法兰连接两种。采用哪种方式取决于水表本身已有的接口形式。

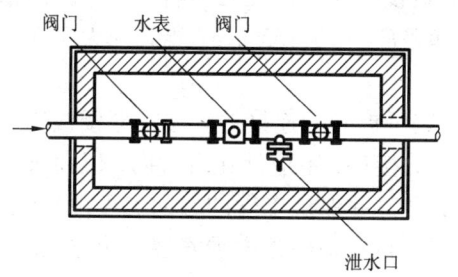

**图 6-2　无旁通管的水表节点**

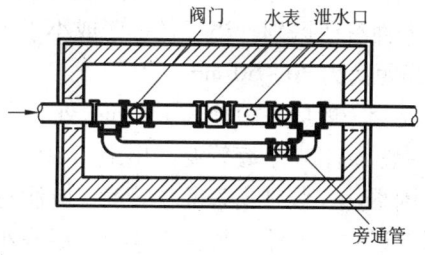

**图 6-3　有设旁通管的水表节点**

目前室内给水系统的计量广泛采用流速式水表。流速式水表按翼轮构造的不同，可分为旋翼式和螺翼式两种。旋翼式的翼轮转轴与水流方向垂直，水流阻力较大，多为小口径水表，适用于测量小流量；螺翼式的翼轮转轴与水流方向平行，水流阻力较小，多为大口径水表，适用于测量大流量。

如果水表附近的管路有转弯，水流便会产生涡流，影响水表计量的准确性。因此，安装螺翼式水表时，表前与阀门间的直管段长度应不小于 8 倍的水表直径；安装其他形式的水表时，表前、表后的直管段长度不应小于 300 mm。安装的水表应用红砖或混凝土预制块垫起来，不能将水表直接放在水表井底的垫层上。明装在分户室内的水表，表外壳距墙表面的距离不得大于 30 mm。水表的安装是有方向性的，要防止水表倒装而损坏表件。在环状供水管网中或建筑物双回路供水时，各路水表出水口处应装设止回阀，以防止水流方向与水表方向相反，损坏水表。

3.室内给水管道的安装

根据建筑物的结构形式、使用性质和管道的情况，室内给水管道的敷设一般可分为明装和暗装两种形式。明装管道是指给水管路在建筑物内部明露敷设。明装管道又分为两种，一种是水平干管、立管及支管均为明装；另一种是水平干管暗装、立管及支管明装。暗装管道是指给水管路在建筑物内部隐蔽敷设。暗装管道又分为全部管道暗装和水平干管及立管暗装而支管明装两种。明装管道的优点是造价低，安装和维修方便，但影响室内的卫生和美观。暗装管道的优点是不影响室内的卫生和美观，减少了灰尘在管道上的沉积，但造价高，施工和维修不方便。室内给水管道一般情况下都采用明装形式，只有对美观和卫生等方面要求较高的建筑物，如高级宾馆、饭店、剧院和医院等公共建筑物和豪华住宅，才采用暗装形式。

（1）水平干管的安装

明装管道的水平干管一般安装在建筑物的顶层顶棚下或建筑物的地下室顶板下。沿墙敷设时，管表面与墙面净距一般取 30 ~ 50 mm，用角钢或管卡将其固定在墙上。

暗装管道的水平干管一般安装在建筑物的顶棚（闷顶）、地沟或设备层里，有时也可直接埋设在地下。当敷设在顶棚里时，应考虑冬季的防冻措施；当敷设在管沟里时，沟底和沟壁与管壁间的距离应不小于 150 mm，以便于施工和维修；直接埋设在地下的管道，应进行防腐处理。

水平干管敷设应保证有 0.002 ~ 0.005 的坡度，坡向泄水装置，以便于维修时放空管内的积水。

（2）立管的安装

立管一般安设在房间的墙角或沿墙、梁、柱等处敷设。立管外表面到墙面的净距离依管径不同而有所区别。当管径等于或小于 32 mm 时，净距离为 25 ~ 35 mm；当管径大于 32 mm 时，净距离为 30 ~ 50 mm。

立管一般应在距地面 150 mm 处装设阀门，并安装可拆卸的连接件。立管穿楼板应加套管（一般为钢制），套管要高出地面 10 ~ 20 mm，立管的接口，不应处在套管内，以免维修和安装困难。安装带支管的立管时，应注意预留口的位置，并保证支管的方向坡度的准确性。为了保证立管的稳定性，建筑物的层高小于或等于 5 m 时，每层楼内需安装一个立管管卡，层高大于 5 m 时，每层楼内立管管卡不得少于两个，管卡安装高度距地面为 1.8 m，两个以上管卡的位置，可均匀布置。如果立管要暗装，一般安设在管槽内或管道竖井内。暗装管道在施工时，应注意与土建部门的配合，按所需尺寸预留管槽；各种阀门及管道活接件不得埋入墙内。

（3）支管的安装

明装支管一般沿墙敷设，并设有 0.002 ~ 0.005 的坡度，坡向立管或配水点。支管与墙壁之间用钩钉或管卡固定，固定点要设在配水点附近。当冷、热水管上下平行敷设时，热水支管应安装在上面；垂直敷设时，热水管应装在面向的左侧，在卫生器具上，安装冷、热水龙头时，热水龙头应安装在左侧。

暗装的支管敷设在墙槽内，应按卫生器具的位置预留管口，并加设临时管堵。工业车间机器设备用水的支管，一般敷设在地下，以免妨碍生产。

## 6.1.2　室内消防给水管道安装

根据有关消防的规定，所有的建筑物均应安装独立的或联合的消防给水系统，以保障人民的生命和财产安全。

室内消防给水管道的安装型式,有普通消防系统、自动喷洒消防系统和水幕消防系统三种。

1.普通消防系统

普通消防系统采用消火栓装置进行灭火,如图 6-4 所示,它是由下列几部分组成的。

(1)消防龙头

消防龙头也称消火栓、八字门。口径分为 50 mm 和 60 mm 两种。

(2)水龙带

它是由棉麻质纤维制成的,其口径与消火栓配套。长度可根据建筑物的长轴而定,一般有 10 m、15 m 和 20 m 三种。

(3)水枪

目前有铝合金和硬质聚氯乙烯两种材质,喷水口径有 13 mm、16 mm 和 19 mm 三种。

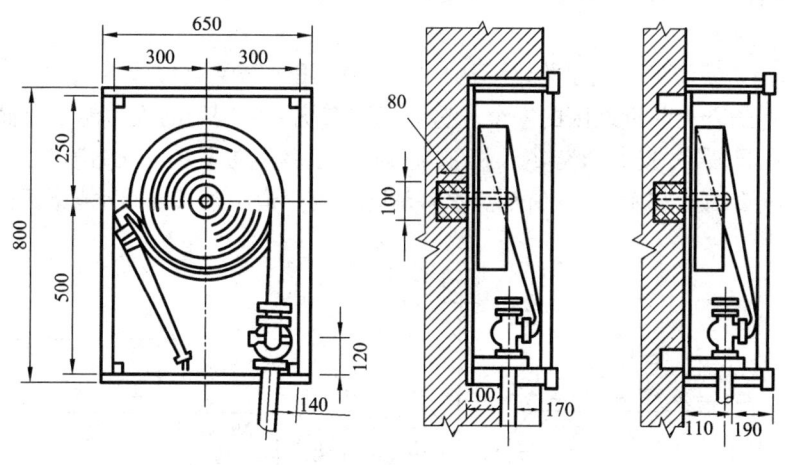

图 6-4　消火栓装置图

为了实现消防用水的安全快速,水枪与水龙带及水龙带与消火栓之间均采用内扣式快速接头连接。

消火栓系统的安装是从室内给水管干管直接接出消防立管(如建筑物单设消防给水系统时,消防立管直接接在消防给水管上),再从立管上引出短支管接消火栓。消火栓口应朝外,阀门中心距地面 1.2 m,允许偏差为 20 mm。阀门距箱侧面 140 mm,距箱后内表面 100 mm,允许偏差为 5 mm。

消火栓水龙带和水枪与快速接头绑扎好后,应根据箱内结构将水龙带挂在箱内的挂钉上或盘在水龙带盘上,以便出现火警时,能迅速展开使用。

当建筑物高度大于 50 m 时,宜采用分区给水消防系统;对于重要的高层民用建筑和建筑物高度超过 50 m 的其他建筑,除设置消防栓给水系统外还应增设自动喷洒消防系统。

2.自动喷洒消防系统

自动喷洒消防系统采用的是能自动喷水灭火并发出火警信号的防火器具。这种系统多设在火灾危险性较大、起火蔓延很快的场所。如各种生产企业的原材料和成品仓库、木材加工车间、大面积商店、大面积的车库、高层建筑及大剧院的舞台等。

自动喷洒消防系统如图 6-5 所示。一般由洒水喷头、供水管网、控制信号阀和水源所组成。在设有自动喷洒消防系统的建筑物内，下列部位要设自动洒水喷头：舞厅、观众厅、展览厅、多功能厅、餐厅、厨房和商场营业厅等公共活动用房；走道、办公室和旅馆客房；停车库和易燃易爆物仓库。喷头的布置一般有正方形布置、长方形布置和菱形布置三种。喷头间距不超过 2 倍的喷头计算作用半径。

安装自动喷洒消防系统，以不妨碍喷头的喷水效果为原则。当设计无要求时，应符合下列规定：吊架与喷头的距离应不小于 300 mm，距末端喷头的距离应不大于 750 mm，吊架应设在相邻喷头间的管段上，当相邻喷头间距不大于 3.6 m 时，可设一个吊架，当相邻喷头间距小于 1.8 m 时，允许隔段设置吊架。在自动喷洒消防系统的控制信号阀前应设阀门，在其后面不应安装其他用水设备。自动喷洒消防系统管道的连接当设计无要求时，充水系统可采用螺纹连接或焊接；充气或气水交替系统，应采用焊接。水平管应设坡度，充水系统的坡度应不小于 0.002，充气系统和分支管的坡度，应不小于 0.004。

### 3. 水幕消防系统

安设水幕消防系统的目的是将水喷洒成帘幕状，用于隔绝火源或冷却防火隔绝物，防止火势蔓延，以保护着火邻近地区的安全。这种消防系统主要用于耐火性能较差而防火要求较高的门、窗、孔洞等处，防止火势窜入相邻的房间。水幕消防系统一般由喷头、管网、控制设备和水源四部分组成，如图 6-6 所示。水幕消防系统管道的连接与自动喷洒消防系统相同。

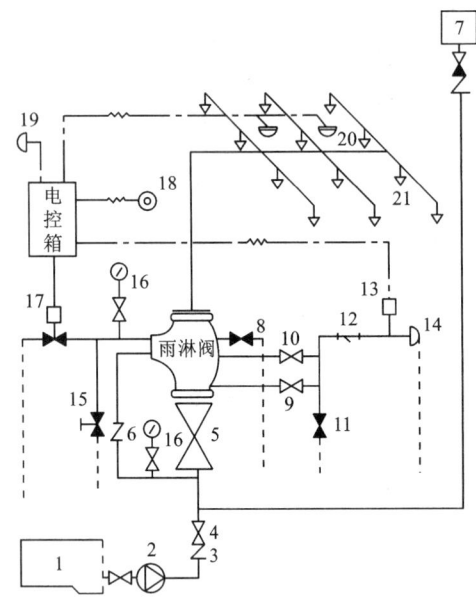

图 6-5　自动喷洒消防系统

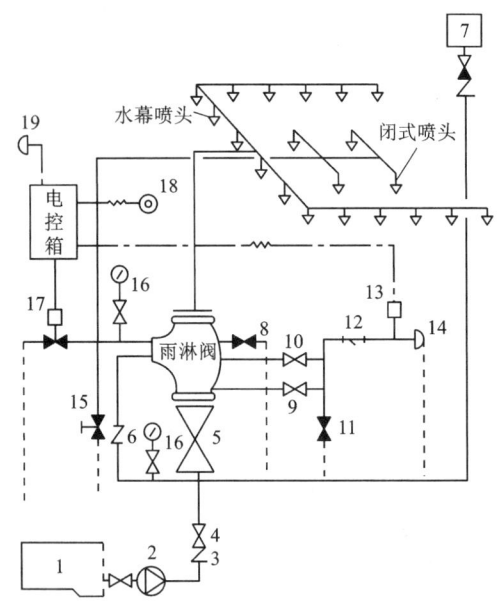

图 6-6　水幕消防系统

1—水池；2—水泵；3—止回阀；4—闸门；5—供水闸阀；6—止回阀；7—水箱；8、11—放水阀；9—试警铃阀；10—警铃管阀；12—滤网；13—压力开关；14—水力警铃；15—手动快开阀；16—压力表；17—电磁阀；18—紧急按钮；19—电铃；20—感温或感烟报警器；21—开式喷头

### 6.1.3　室内给水设备安装

室内给水设备包括配水龙头和生产用水设备,除此之外,还有水泵、水箱或气压装置。

1.水泵安装

水泵机组通常设置在机房内,在供水量较大的情况下,通常将两台以上的水泵并联工作。

当水泵机组供水量大于 200 $m^2/h$ 时,泵房应有一间面积为 10~15 $m^2$ 的修理间和一间面积约为 5 $m^2$ 的库房。水泵房内应设排水沟,光线和通风要良好,并要防止结冻。在有防振或对噪声防治要求较高的房间的上下和邻接房间内,不得设置水泵。

水泵机组的布置原则为:管线最短,弯头最少,管路便于连接,布置力求紧凑,尽量减少泵房面积尺寸以降低建筑造价,并考虑扩建和发展,同时注意起吊设备时的方便。

水泵机组并排安装的间距,应当使检修时在机组间能放置拆卸下来的电机和泵体。从机组基础的侧面至墙面以及相邻基础的距离不宜小于 0.7 m;对于口径小于或等于 50 mm 的小型泵,此距离可适当减小。水泵机组端头到墙壁或相邻机组的间距应比轴的长度多出 0.5 m。机组和配电箱间的通道宽度不得小于 1.5 m。水泵机组应设在独立的基础上,不得与建筑物基础相连,以免传播振动和噪声,水泵基础至少应高出地面 0.1 m。当水泵较小时,为了节省泵房面积,也可两台泵共用同一个基础,周围留有 0.7 m 的通道。

泵房的高度在无吊车起重设备时,应不小于 3.2 m(指室内地面至梁底的距离)。当有吊车起重设备时,应按具体情况决定。

泵房门的宽度和高度,应根据设备运入的方便决定。开窗总面积应不小于泵房地板面积的 1/6,靠近配电箱处不得开窗(可用固定窗)。

2.给水箱安装

在下列情况下,常设置高位水箱:室外给水管网中的压力周期性地小于室内给水管网所需要的压力;在某些建筑物内,有时需要贮有事故备用水及消防贮备水量;室内给水系统中,需要保证有恒定的压力(如浴室供水)等。

水箱通常用钢板或钢筋混凝土建造,其外形有圆形和矩形两种,圆形水箱结构上较为经济,矩形水箱则便于布置。

水箱的安设高度应保证最不利配水点处有所需的出流水头,通常根据房屋高度、管道长度、管道直径以及设计流量等技术条件,经水力计算后确定。

水箱应设置在便于维护、光线和通风良好且不结冻的地方(如有可能冰冻,水箱应当保温)。一般布置在顶层或闷顶内;在我国南方地区,水箱大都设置在平屋顶上。为了防止污染,水箱应设置盖板,盖板应设有通气孔,大型水箱盖板的通气口可兼做行人孔。

水箱上设有下列各种管道(图 6-7)。

(1)进水管

一般从侧壁接入,也可从底部或顶部接入。进水管管径根据不同的给水方式按水泵的供水量或给水管网设计流量确定。进水管上应设浮球阀,当管径≥50 mm 时,浮球阀的数量一般不少于两个,每个浮球阀前应装有检修阀门。

(2)出水管

为了保证工作的可靠和维护的方便,进水管和出水管应分开设置。

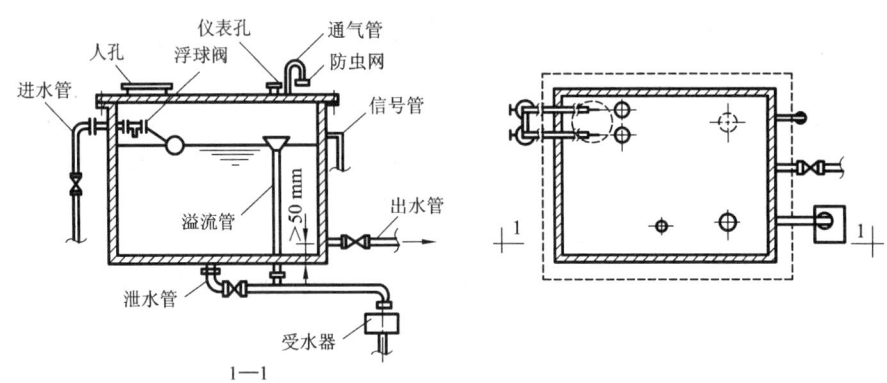

图6-7    水箱配管、附件

（3）溢流管

水箱底以上溢流管段的管径应比进水管管径大（一般为进水管管径的两倍），但在水箱底1 m以下管段的管径可采用与进水管直径相等的管径。溢流管中溢出的水流，必须经过隔断水管后才能与排水管道相连，以防水箱中的水受到污染。设在平屋顶上的水箱，溢流管出水可直接排到屋面。也可以与污水管相连，溢流管上不得装设阀门。

（4）泄水管

从水箱底部最低处接出，有利于排出箱底沉泥及清洗水箱的污水，污水管与溢流管相连接，经过溢流管将污水排入下水道。

（5）信号管

连接水位信号装置或采用透明管道直接显示水位。

放置水箱的房间净高不得低于2.2 m，放置水箱的承重结构应为非燃烧体，室内温度不低于5℃。

在一般的居住和公共建筑内，可以只设置一个水箱；在高层建筑和重要的公共建筑、生产建筑内，根据不同的技术要求，常常设置两个或两个以上的水箱。水箱间的布置间距按表6-1采用。

表6-1    水箱之间及水箱与建筑结构之间的最小净距表

| 水箱形式 | 水箱壁与墙面之间的距离/m | | 水箱之间的净距/m | 水箱顶至建筑结构最低点的距离/m |
|---|---|---|---|---|
| | 有浮球阀一侧 | 无浮球阀一侧 | | |
| 圆形 | 0.8 | 0.5 | 0.7 | 0.6 |
| 矩形 | 1.0 | 0.7 | 0.7 | 0.6 |

3.气压给水设备及变频调速给水设备安装

（1）气压给水设备的安装

气压给水设备是利用密闭压力罐内的压缩空气，将罐中的水送到管网中各配水点的升压装置，其作用相当于水塔或高位水箱，可以调节和储存水量并保持所需的压力。由于气压给水设备中的供水压力是借罐内压缩空气维持的，罐体的安装高度可以不受限制，因而在不宜设置水塔和高位水箱的场所（如隐蔽的国防工程、地震区建筑物、建筑艺术要求较高以及消防要求较高的建筑物中）都可以使用。这种设备的优点是投资少、建设速度快、容易拆迁、灵活性大，并且水在密闭系统中流动，不易污染。但是，调节能力小，运行费用高，耗用钢材较多，而且变压力的供水压力变化幅度较大，不适用于用水量大和要求水压稳定的用户，因而使用范围受到一定的限制。

气压给水设备由下面几个基本部分组成：

①密闭罐：内部充满空气和水。

②水泵：将水送到罐内及管网。

③空气压缩机：加压水及补充空气漏损。

④控制设备：用以启动水泵或空气压缩机。

图 6-8 为单罐变压式气压给水设备。其工作过程为：罐内空气的起始压力高于管网所需的设计压力，水在压缩空气的作用下被送至管网。随着罐内水量的减少，水位下降，罐内的空气比容增大，压力即逐渐减小，当压力降到最小工作压力时，水泵便在压力继电器作用下启动，将水压入罐内，同时供入管网。当罐内压力上升到设计最大工作压力时，水泵又在压力继电器的作用下停止工作，如此往复。变压式给水设备常用在中小型给水系统中。如管网需要获得稳定的压力时，可采用单罐定压式给水设备，或在配水总管上安装调压阀。

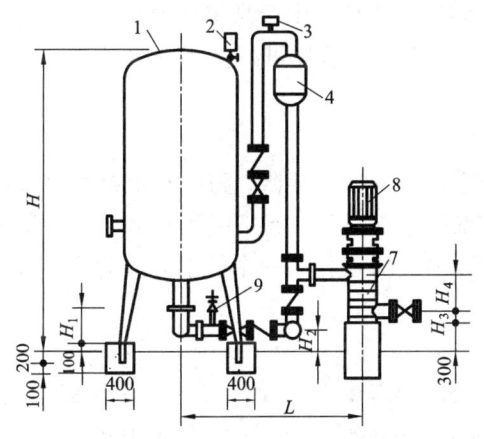
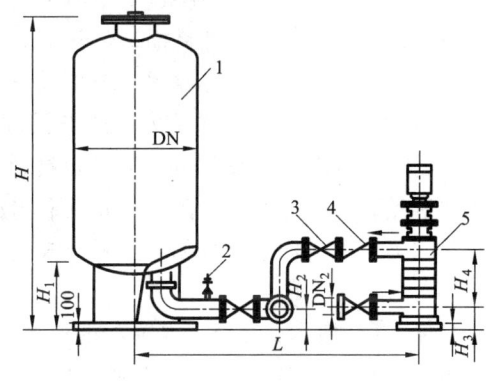
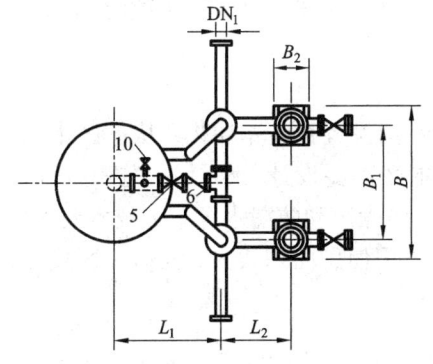

1—气压罐；2—压力控制器；3—呼吸系统；
4—缓冲罐；5—阀门；6—止回阀；7—水泵；8—电机；
9—安全阀；10—泄水阀

(a)一立罐二立泵安装图(隔膜式)

1—气压罐；2—安全阀；3—阀门；4—止回阀；
5—水泵；6—水泵底座；7—气压罐底座；
8—泄水阀(DN20)；9—缓冲罐接管；10—充气嘴

(b)一立罐二立泵安装图(补气式)

**图 6-8  一立罐二立泵安装图**

气压供水方式所采用的气压给水设备现已形成补气式和隔膜式两大系列。补气式气压给水设备的最佳方式是自平衡水力自动补气。隔膜式气压给水设备用焊接加工成型，隔膜用法兰固定，但坚固部分泄漏气体，使其使用质量大受影响。要真正做到罐体材料、隔膜使用年限和补气周期三同步，隔膜固定方式应从法兰固定向黏结固定方式转变。只有如此，气压供水方式才具有推广普及的价值。

（2）变频调速给水设备的安装

变频调速给水设备有多种类型，最早用于给水工程中的是恒压变频调速给水设备。变压、变量、变频、调速给水设备采用压力和流量传感器控制，变频调速给水设备具有节能和节省占地面积（无须水箱）的优点。这种供水方式虽然造价高于高位水箱供水，但供水水质较好，在南方使用相当普遍。但此种供水方式必须保证供电可靠，选用设备可靠，设备安装完善，否则会经常出现停水的现象。变频调速给水系统的安装与普通的水泵加压给水系统安装大致相同。

## 6.1.4 高层建筑室内给水系统的安装

高层建筑室内给水系统包括生活给水系统和消防给水系统。由于高层建筑层数多、高度大及卫生器具多等特点，高层建筑生活给水系统应分区配水，这样可减少系统水压过大而带来的许多不利因素，如配件易损、噪声和振动等。

1. 高层建筑竖向分区给水系统及其安装

为减少管道系统的静水压力和冲击压力，延长零配件的使用年限，高层建筑给水应竖向分区，竖向分区要根据使用要求、设备材料性能、维护管理条件、建筑层数和室外给水管网水压等确定，一般对于层高在 3.5 m 以下的建筑，以 10～12 层作为一个供水分区为宜。竖向分区供水方式有并联、串联和分区减压等多种形式。

（1）分区并联给水方式

如图 6-9 所示，各分区设置水箱和水泵，各区水泵集中设置在底层或地下室水泵房内。此种方式的优点是各给水系统为独立系统，互不影响，供水安全可靠；水泵集中布置，便于维护管理，能源消耗较少。缺点是管材耗用较多，水泵型号较多，水箱占用建筑使用面积。目前广泛用于允许设置分区水箱的高层建筑。

（2）分区串联给水方式

如图 6-10 所示，各区设置水箱和水泵，各区水泵均设置在技术层内，从下区水箱抽水供上区用水。此种方式的优点是各分区水泵扬程按本区需要设计，水泵效率高，管道较简单，能源消耗较少。缺点是水泵设于技术层，对防振、防噪声和防漏水等施工技术要求较高；水泵分散设置，管理维护不便，下区水箱的容积大，占用使用面积较大；任何一区发生故障则以上几区供水皆受影响。

（3）分区减压给水方式

如图 6-11 所示为分区设减压水箱供水方式。整个建筑的用水由水泵送至屋顶水箱，然后由屋顶水箱供给上区，并通过各分区减压水箱减压后再供下区用水。减压水箱只起释放静水压力的作用，因此，其容积较小。此种方式的优点是水泵型号少，设备布置集中，维护管理方便。缺点是屋顶水箱容积大，不利于结构抗震；一次提升耗能大，且安全可靠性低。

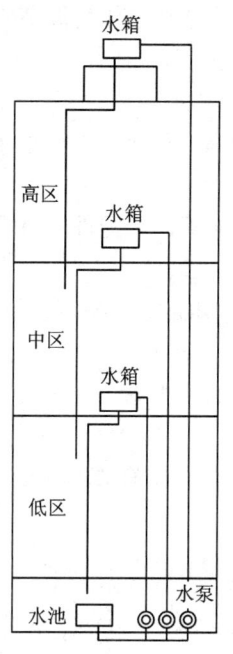

**图 6-9  分区并联给水方式**

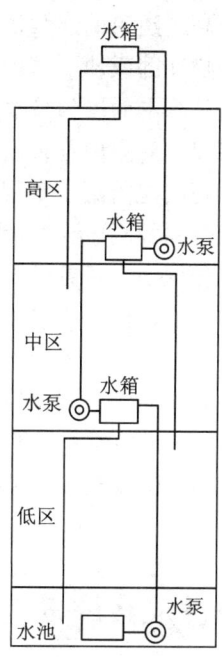

**图 6-10  分区串联给水方式**

如图 6-12 所示为减压阀减压给水方式。其实质是采用减压阀代替了各分区减压水箱。此种方式安装方便，投资节省，不占建筑使用面积，因此，被广泛推广应用。

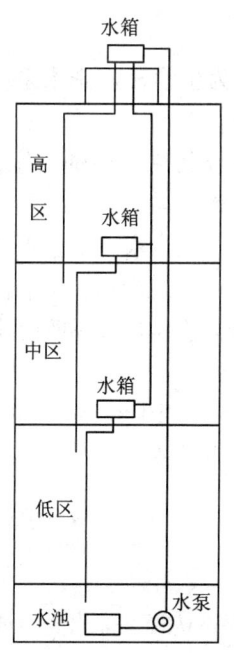

**图 6-11  分区设减压水箱给水方式**

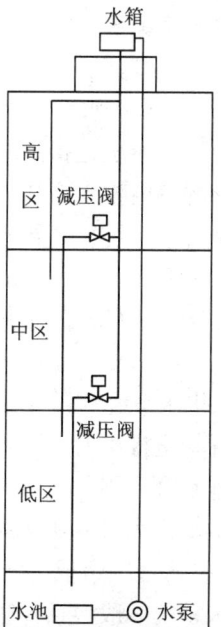

**图 6-12  分区减压阀给水方式**

为了保证高层建筑的连续供水,一般需设贮水池存贮一部分水量作为调节水量。贮水池可设置在建筑物外部或地下室内。

2.高层建筑给水管道的安装特点

由于高层建筑对室内各种管道和卫生设备的使用要求较高,不管是生活给水还是消防给水都必须结合高层建筑给水工程的特点进行安装。

①由于建筑物较高,给水管路中的静水压力大。为了保证管道和配件所承受的压力不超过其允许的工作压力,高层建筑的给水必须进行合理分区。

②高层建筑室内给水设备,使用人数较多,一旦发生停水事故,影响范围较大,因此,必须保证施工质量以便能够安全供水。

③高层建筑对防震、防沉降和防噪声等要求较高,管道的种类多,管线长。必须保证管道不漏水,不损坏建筑结构,不影响周围环境和建筑美观。

根据上述特点高层建筑给水管道的安装,要做到管路布置紧凑合理,支架牢固可靠,接口严密。

# 6.2　室内排水系统及卫生器具安装

室内排水系统的任务是排除居住建筑、公共建筑和工业建筑所产生的生活和生产污(废)水以及降落在屋面的雨水收集、汇流集中并排入室外排水管网。对于不符合国家规定的污水排放标准的污水,一定要先进行局部处理,达到标准后方能排入室外排水管网。

## 6.2.1　室内排水系统安装

1.室内排水系统的分类

室内排水系统按其所接纳排除污水性质的不同,一般分为生活污水排水系统、工业废水排水系统和雨、雪水排水系统。

生活污水排水系统是指排除人们日常生活中的盥洗、洗涤污水和粪便污水的排水系统,是一种最广泛的室内排水系统。

工业废水排水系统,主要排除车间生产过程中所排出的污(废)水。由于工业生产门类繁多,故所排出的污(废)水的性质也较为复杂,有的近似净水,可以循环使用;有的含有强酸、强碱和大量油脂,还有的含有有害元素等,这类污(废)水需要经过局部处理后才能排入室外排水管网。

雨、雪水排水系统的任务是容纳、排除雨水及融化的雪水。当生活污水、生产废水和雨、雪水分别设置管道排出时,称为室内排水分流制;若将其中两类或三类污(废)水合流排出,则称为室内排水合流制。

2.室内排水系统组成及其安装

(1)室内排水系统组成

室内排水系统一般包括卫生器具排水管、排水支(横)管、立管、排出管、通气管和清通设备,如图6-13所示。

1)卫生器具排水管

卫生器具排水管是指连接卫生器具和排水支管之间的短管,通常都设有存水弯。

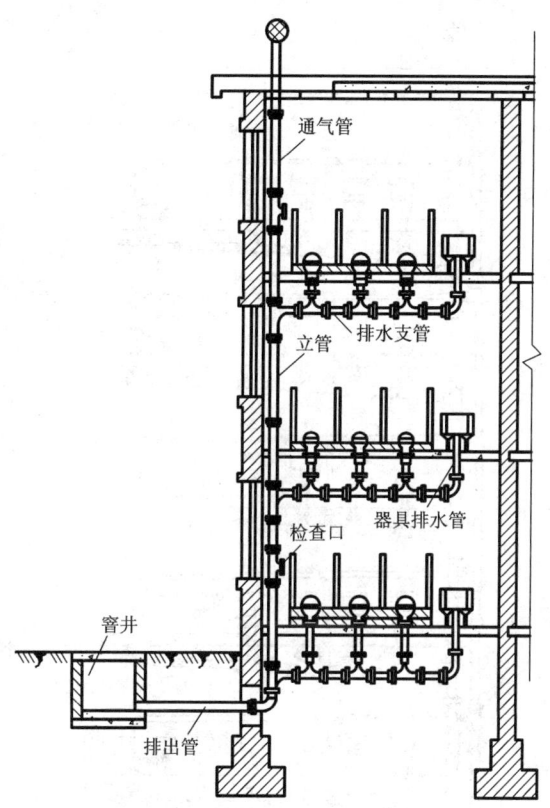

图 6 – 13　室内排水系统基本组成

2）排水支管

排水支管的作用是将各卫生器具排水管或生产设备排出的污水排送到排水立管中去。

3）排水立管

排水立管的作用是把各层排水支管的污水收集并排送至排出管。

4）排出管

排出管是排水立管与室外第一座检查井之间的连接管道。它的作用是接受一根或几根排水立管的污水并排至室外管网的检查井中。

5）通气管和辅助通气管

通气管是指最高层卫生器具以上并延伸到屋顶以上的一段立管。如建筑物层数较多或者在同一排水支管上的卫生器具的数目较多，则同时使用放水的机会就多。在这种情况下，应设置辅助通气管和辅助通气立管，如图 6 – 14 所示。通气管或辅助通气管的作用是使室内、外排水管道与大气相通，使排水管道中的臭气和有害气体排到大气中去，同时，还能防止存水弯的水封被破坏，保证排水管道中的水流畅通。

6）清通设备

清通设备是指检查口、清扫口和检查井等，起疏通排水管道的作用。

（2）室内排水系统的安装

室内排水管道一般均为铸铁管，并采用承插连接。管道安装程序应与土建施工程序相协

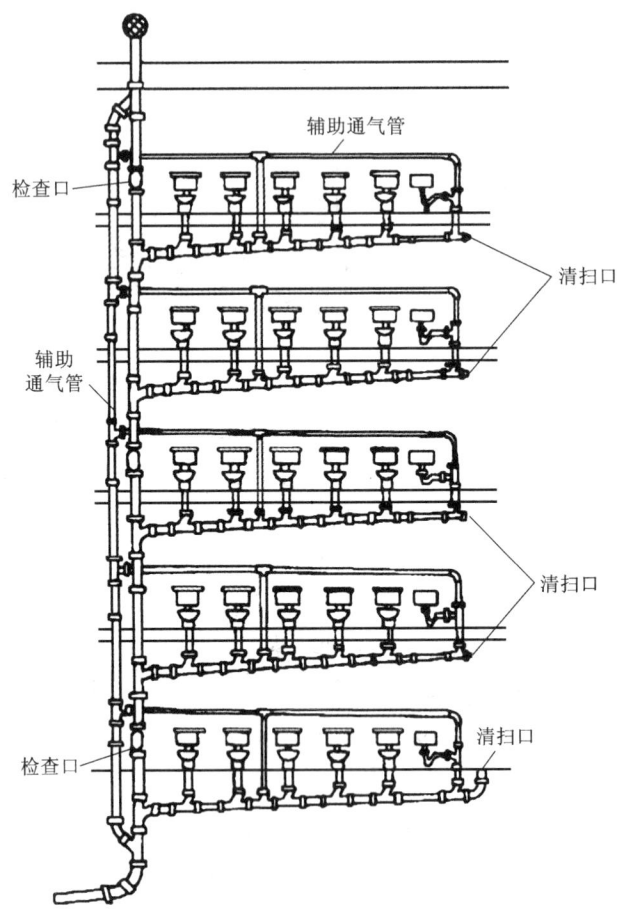

图 6 – 14 清通设备的布置

调，要先安装排出管，然后安装排水立管和排水支管，最后安装卫生器具。

1）排出管安装

铺设排出管时，沟槽不能超挖而破坏原土层，以防止因局部深陷而造成管道断裂。管道穿过房屋基础或地下室墙壁时应预留孔洞，预留孔洞的尺寸见表 6 – 2。管道穿过预留孔洞后要做好防水处理，施工方法如图6 – 15所示。

由于室内排水是重力排水，在施工安装时，应把管道承口作为进水方向，管道铺设坡度要均匀，不能产生突变现象，以防排水不畅。地下埋设的生活污水管和地下埋设的雨水排水管的最小坡度应符合表 6 – 3 和表 6 – 4 的规定。

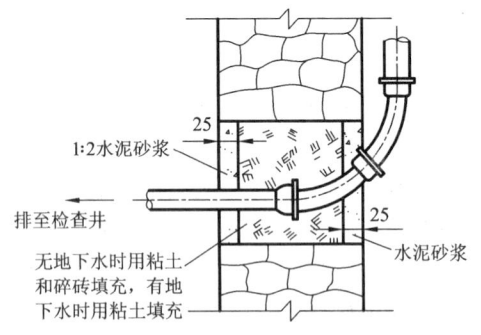

图 6 – 15 排出管穿墙基础图

表 6 - 2　排出管穿基础预留孔洞尺寸

| 管径/mm | 50 ~ 100 | 125 ~ 150 | 200 ~ 250 |
|---|---|---|---|
| 预留孔洞尺寸（砖墙）/mm | 300 × 300<br>（240 × 240） | 400 × 400<br>（360 × 360） | 500 × 500<br>（490 × 490） |

表 6 - 3　地下埋设的生活污水管道的坡度

| 管径/mm | 标准坡度 | 最小坡度 |
|---|---|---|
| 50 | 0.35 | 0.025 |
| 75 | 0.025 | 0.015 |
| 100 | 0.020 | 0.012 |
| 125 | 0.015 | 0.010 |
| 150 | 0.010 | 0.007 |
| 200 | 0.008 | 0.005 |

表 6 - 4　地下埋设雨水排水管道的坡度

| 管径/mm | 最小坡度 |
|---|---|
| 50 | 0.020 |
| 75 | 0.015 |
| 100 | 0.003 |
| 125 | 0.006 |
| 150 | 0.005 |
| 200 ~ 400 | 0.004 |

　　为减小排水管道的局部阻力和防止污染物堵塞管道，排出管与排水立管的连接，应采用两个 45°弯头连接，如图 6 - 15 所示。排水管道的横管与横管、横管与立管之间的连接应采用 45°三通或 45°四通和 90°斜三通或 90°斜四通。

　　2）排水立管安装

　　排水立管一般沿卫生间墙角垂直敷设。在施工时，立管中心线可标注在墙上，按最粗的立管尺寸及所需的配件进行配管。各支管与排水立管连接的三通或四通，应采用斜三通或斜四通。

　　排水立管在安装时，需保证垂直，三通口要对正，铸铁管承口要向上。现场施工可以按实地量出的立管尺寸、零件部位预制加工好后，再分层组装。为保证安装和检修的方便，在检查口处要设检修门。

　　安装排水立管时，立管穿现浇楼板应预留孔洞。立管与墙面之间应保证一定的操作距离，立管轴线与墙面距离及穿楼板预留洞尺寸，参照表 6 - 5 采用。

表 6 – 5　立管与墙面距离及楼板预留孔洞尺寸

| 管径/mm | 50 | 75 | 100 | 150 |
|---|---|---|---|---|
| 管轴线与墙面距离/mm | 100 | 110 | 130 | 150 |
| 楼板预留孔洞尺寸/mm | 100×100 | 200×200 | 200×200 | 300×300 |

3) 排水支管安装

排水立管安装好后，应按卫生器具的位置和规定的管道坡度敷设排水支管。排水支管不得穿过沉降缝、烟道和风道等，如悬吊在楼板下，其吊架间距一般为 1.5 m。

4) 通气管及辅助通气管安装

通气管应高出屋面 0.3 m 以上，且大于最大积雪厚度，以防止积雪掩盖通气管口。对平顶屋面，若经常有人逗留活动，则通气管应高出屋面 2 m。并应根据防雷要求设置防雷设备。通气管或辅助通气管穿出屋面时，应与屋面工程配合好，先把通气管安装好，然后把屋面和管道接触处的防水处理好。施工方法如图 6 – 16 所示。

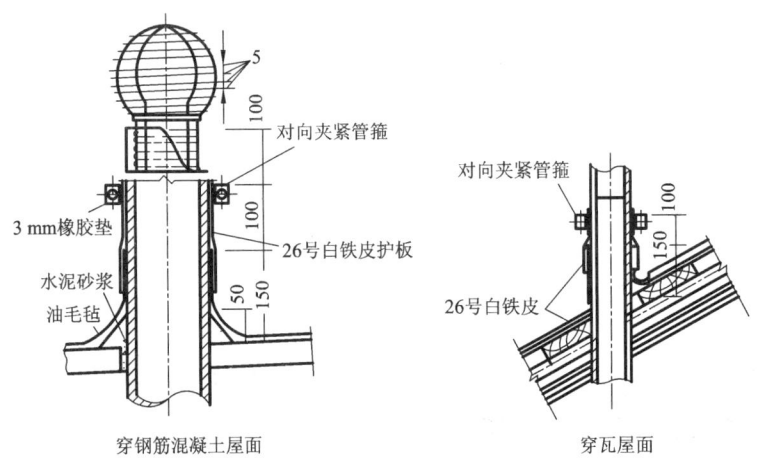

图 6 – 16　通气管出屋面

辅助通气管应高出卫生器具上边缘 0.15 m，辅助通气横管应以不小于 0.01 的上升坡度逐层与辅助通气立管连接；辅助通气立管可在最高层卫生器具上边缘或检查口以上与通气管相连接，如图 6 – 14 所示。通气口上应有网罩，以防止杂物落入。

5) 清通设备安装

清通设备主要包括检查口(井)和清扫口，在排水系统中的设置如图 6 – 17 所示。

在排水立管上，一般每两层要设置一个立管检查口，但最底层和有卫生器具的最高层必须设置检查口，如为两层建筑，可仅在底层设置。检查口的形式如图 6 – 18 所示。检查口中心距地面的距离为 1 m，允许偏差 ±20 mm，并且至少高出本层卫生器具上边缘 150 mm。安装检查口时，为了清通时操作方便，应使盲板向外，开口方向与墙面成 45° 夹角。暗装立管的检查口处，应设检修门。

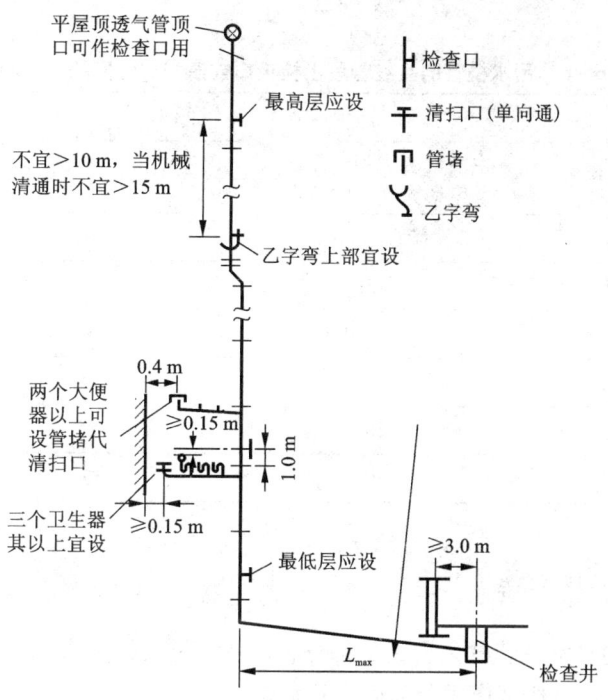

图 6 – 17　检查口和清扫口设置

在连接两个及两个以上大便器或三个及三个以上卫生器具的排水横管上应设置清扫口。清扫口设置在楼板或地坪上且与地坪相平，施工方法如图 6 – 19 所示。当排水横管在楼板下悬吊敷设时，清扫口可设在其上面楼板的地面上。也可设在楼板下排水横管的起点处。

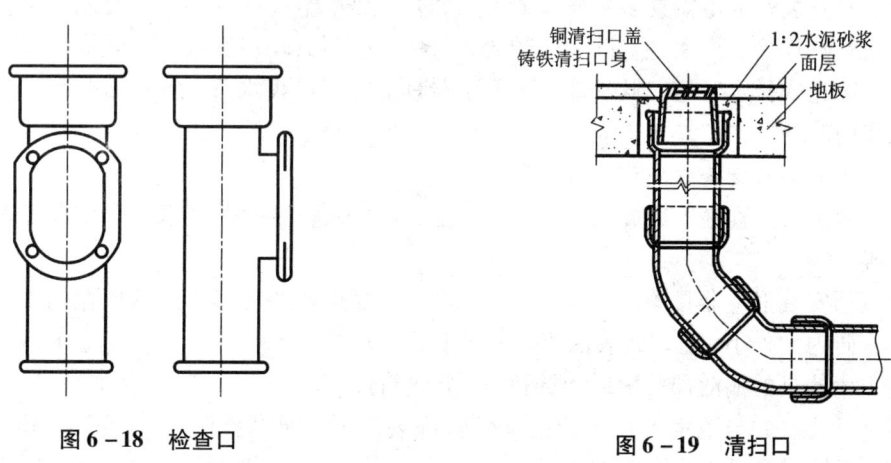

图 6 – 18　检查口　　　　　　　　　　　图 6 – 19　清扫口

为了清通方便，排水横管起点处的清扫口与墙面的距离不得小于 200 mm。当排水横管起点设置堵头代替清扫口时，堵头与墙面的距离不得小于 400 mm。

在转角小于 135°的排水横管上，应设置检查口或清扫口。当排水横管的直线管段较长时，应按表6-6规定的距离设置检查口或清扫口。

表6-6　污水横管的直线管段上检查口或清扫口之间的最大距离

| 管径 /mm | 污水性质 | | | 清通装置的种类 |
| --- | --- | --- | --- | --- |
| | 假定净水 | 生活粪便水和成分近似 生活粪便水的污水 | 含大量悬浮物的污水 | |
| | 间距/m | | | |
| 50~75 | 15 | 12 | 10 | 检查口 |
| 50~75 | 10 | 8 | 6 | 清扫口 |
| 100~150 | 20 | 15 | 12 | 检查口 |
| 100~150 | 15 | 10 | 8 | 清扫口 |
| 200 | 25 | 20 | 15 | 检查口 |

## 6.2.2　卫生器具安装

卫生器具是室内排水系统的重要组成部分，它是收集和排除人们日常生活、生产中所产生的污水、废水的设备。按其作用分为以下几类。

①便溺用卫生器具：如大便器、大便槽、小便器和小便槽等。

②盥洗、淋浴用卫生器具：如洗脸盆、盥洗槽、浴盆和淋浴器等。

③洗涤用卫生器具：如洗涤盆、家具盆、污水盆和化验盆等。

另外，还有饮水器、倒污水盆、妇女卫生盆及地漏等。

卫生器具要求材质坚固、表面光滑、易于清洗、不透水、耐侵蚀、耐冷热和具有一定的强度。目前所安装的卫生器具多是陶瓷制品、搪瓷生铁、塑料和水磨石等材料，安装时，应注意器具与管路连接的严密性。除大便器外，一切卫生器具均应在放水口处设置十字栏栅，以防粗大污物进入排水管道，阻塞管道。卫生器具下方应设存水弯，防止排水系统中的有害气体窜入室内。

1. 卫生器具的安装程序和一般要求

①室内装修工程施工完成后要进行卫生器具的安装。要求其给水管和排水管的甩口位置设置准确。

②按预安装卫生器具的尺寸划线定位，将浸好煤焦油的梯形木砖预埋在墙内，要求预埋的梯形木砖内大外小，且木砖表面要略低于墙面抹灰层。

③卫生器具的铜活预装配后，要根据需要进行试水。

④将需要事先与卫生器具连接的配件全部装好，装配电镀铜活时，不能直接使用管子钳，方口配件应使用活动扳手。

⑤卫生器具经外观检查合格后，将其按划线的位置用木螺丝固定在墙上或稳装在地面上，木螺丝应加胶皮垫，如卫生器具设在混凝土墙壁上，可以采用冲击电钻钻孔，用膨胀螺栓固定。

⑥连接卫生器具给水接口和排水接口。安装带有溢水装置的卫生器具的排水口时，要注

意将排水口的溢水孔对准卫生器具的溢水口。

　　卫生器具的排水管管径和最小坡度,如设计无要求时,应符合表 6-7 的规定。各种卫生器具的安装高度应符合设计要求,如设计无要求时,应符合表 6-8 的规定,允许偏差:单独器具为 ±10 mm;成排器具为 ±5 mm。

表 6-7　连接卫生器具的排水管管径和最小坡度

| 项次 | 卫生器具名称 | | 排水管管径/mm | 管道的最小坡度 |
|---|---|---|---|---|
| 1 | 污水盆(池) | | 50 | 0.025 |
| 2 | 单双格洗涤盆(池) | | 50 | 0.025 |
| 3 | 洗脸盆、洗手盆 | | 32 ~ 50 | 0.020 |
| 4 | 浴盆 | | 50 | 0.020 |
| 5 | 淋浴器 | | 50 | 0.020 |
| 6 | 大便器 | | — | — |
| | | 高、低水箱 | 100 | 0.012 |
| | | 自闭式冲洗阀 | 100 | 0.0012 |
| | | 拉管式冲洗阀 | 100 | 0.012 |
| 7 | 小便器 | | — | — |
| | | 手动冲洗阀 | 40 ~ 50 | 0.020 |
| | | 自动冲洗水箱 | 40 ~ 50 | 0.020 |
| 8 | 妇女卫生盆 | | 40 ~ 50 | 0.020 |
| 9 | 饮水器 | | 25 ~ 50 | 0.01 ~ 0.02 |

注:成组洗脸盆接至共用水封的排水管的坡度为 0.01。

表 6-8　卫生器具的安装高度

| 序号 | 卫生器具名称 | | 卫生器具安装高度/mm | | 备注 |
|---|---|---|---|---|---|
| | | | 居住和公共建筑 | 幼儿园 | |
| 1 | 污水盆(池) | 架空式 | 800 | 800 | |
| | | 落地式 | 500 | 500 | |
| 2 | 洗涤盆(池) | | 800 | 800 | |
| 3 | 洗脸盆和洗手盆(有塞、无塞) | | 800 | 500 | 自地面至器具上边缘 |
| 4 | 盥洗槽 | | 800 | 500 | |
| 5 | 浴盆 | | 520 | — | |
| 6 | 蹲式大便器 | 高水箱 | 1800 | 1800 | 自台阶面至高水箱底 |
| | | 低水箱 | 900 | 900 | 自台阶面至低水箱底 |

续表6-8

| 序号 | 卫生器具名称 | | | 卫生器具安装高度/mm | | 备注 |
|---|---|---|---|---|---|---|
| | | | | 居住和公共建筑 | 幼儿园 | |
| 7 | 坐式大便器 | 高水箱 | | 1800 | 1800 | 自台阶面至高水箱底 |
| | | 低水箱 | 外露排出管式 | 510 | — | 自台阶面至低水箱底 |
| | | | 虹吸喷射式 | 470 | 370 | |
| 8 | 小便器 | 立式 | | 1000 | — | 自地面至上边缘 |
| | | 挂式 | | 600 | 450 | 自地面至下边缘 |
| 9 | 小便槽 | | | 200 | 150 | 自地面至台阶面 |
| 10 | 大便槽冲洗水箱 | | | 2000 | — | 自台阶至水箱底 |
| 11 | 妇女卫生盆 | | | 360 | | 自地面至器具上边缘 |
| 12 | 化验盆 | | | 800 | — | 自地面至器具上边缘 |

2.常用卫生器具的安装

(1)洗脸盆安装

洗脸盆装置是在盥洗室、浴室、卫生间中供洗脸洗手用的,它由脸盆、盆架、排水管、排水栓、链堵和脸盆水嘴等部件组成,如图6-20所示。墙架式脸盆一般按下述程序进行安装:

①安装脸盆。按管道的甩口位置和安装高度在墙上划出横、竖中心线,找出盆架的位置,并用木螺丝把盆架拧紧在预埋的木砖上,如墙壁为钢筋混凝土结构,可采用膨胀螺栓固定。

②将脸盆放在稳固的脸盆架上,脸盆水嘴放置橡胶垫后穿入脸盆的上水孔,然后加垫并用根母紧固。水嘴安装应端正、牢固。

③将排水栓加橡胶垫后用根母紧固在脸盆的下水口上。排水栓的保险口与脸盆的溢水口必须对正。

④将角形的入口端与预留的上水口相连接,另一端配短管与脸盆水嘴相连接,并用锁母紧固。

⑤将存水弯锁母卸开。上端套在排水栓上,下端套上护口盘插入预留的排水管管口内,然后把存水弯锁母加垫找正紧固,最后把存水弯下端与预留的排水管口间的缝隙用铅油缠麻丝塞紧,盖好护口盘。注意所有的接口必须有防漏措施。

洗脸盆装置成组安装时,间距一般为700 mm,可共用一个存水弯。

(2)浴盆安装

常用的浴盆有铸铁搪瓷盆、水磨石、陶瓷和玻璃钢的浴盆。它们的外形多数呈长方形,也有圆形。长方形的浴盆有圆头和方头及带腿和不带腿之分。最近有些厂家生产了一种整体浴室。

浴盆底距地面一般为120~140 mm。浴盆本身带有直径为40 mm的排水孔和25 mm的溢流管孔,污水由排水孔排入带存水弯的排水管道。浴盆底本身有0.02的坡度,坡向排水孔。浴盆的冷热水嘴、排水孔和溢流管孔通常都设在浴盆的一端,见图6-21。

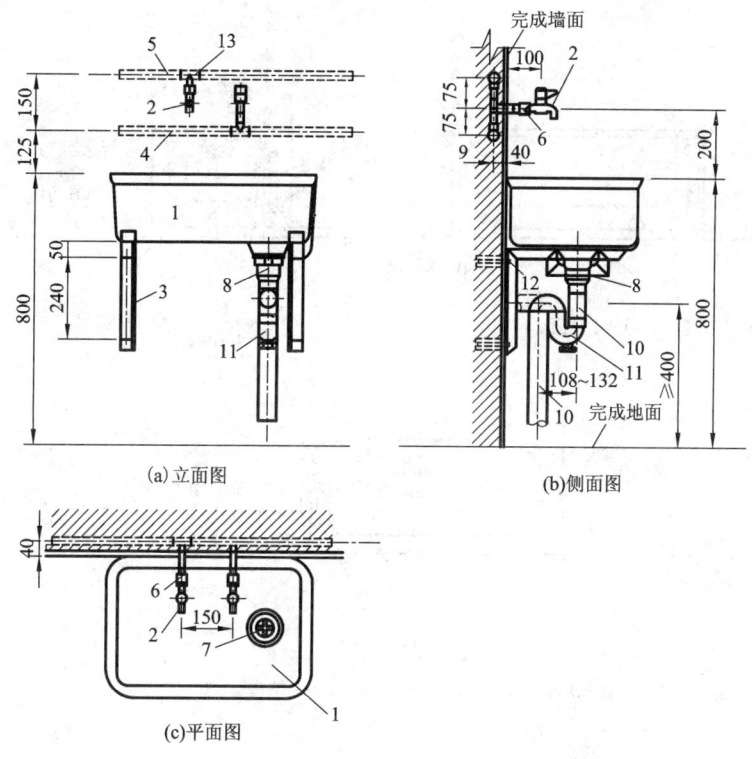

**图 6 - 20　洗脸盆的安装**

1—洗脸盆；2—水龙头；3—托架；4—冷水管；5—热水管；6—内螺纹接头；
7—排水栓；8—转换接头；9—弯头；10—排水管；11—存水弯；12—螺纹；13—三通

浴盆安装一般遵循下述程序：

①将浴盆腿插在浴盆底的卧槽内，按要求位置安放正直，对不带腿的浴盆，可用砖砌垛垫牢。

②安装排水和溢水口。先将溢水管、弯头、三通等进行预装配，量好并截取所需各管段的长度。

③把浴盆排水栓加胶垫由浴盆底排水孔穿出，再加垫并用根母紧固，然后把弯头安装在已紧固好的排水栓上，弯头的另一端装上预制好的短管及三通。

④把弯头加垫安在溢水口上，然后用一端带长丝的短管把溢水口外的弯头和排水栓外的三通连接起来。

⑤三通的另一端接小短节后直接插入存水弯。

⑥安装浴盆的冷、热供水管，从预留管口装上引水管，用弯头、短节伸出墙面，装上水嘴。

（3）淋浴器的安装

淋浴器与浴盆相比较，具有占地小、造价低、耗水量少和清洁卫生等优点，因此，在工厂、集体宿舍和公共浴室中被广泛采用。

淋浴器有成套供应的成品淋浴器，也有现场制作安装的管件淋浴器。淋浴器的冷、热水

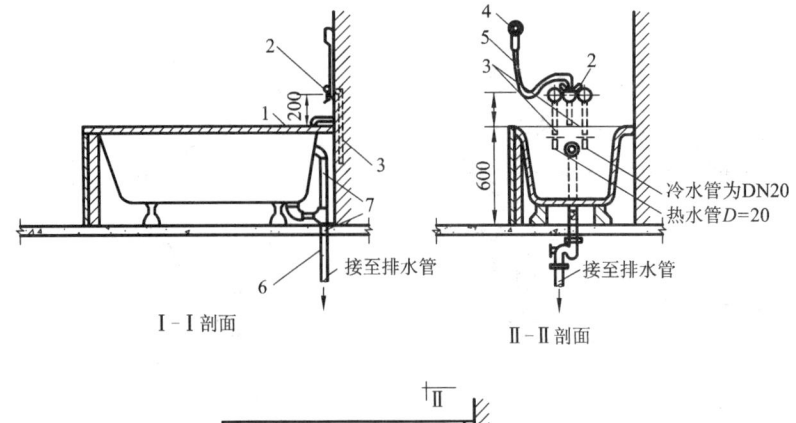

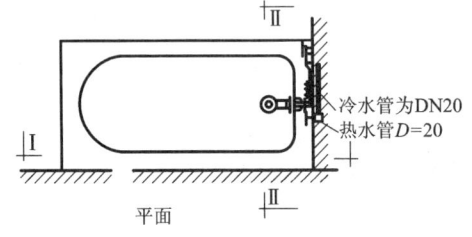

**图 6-21 浴盆安装**

1—浴盆；2—混合阀门；3—给水管；4—莲蓬头；5—蛇皮管；6—存水弯；7—排水弯

管可以明装，也可以暗装。

管件淋浴器的安装，如图 6-22 所示。先在墙上划出管子垂直中心线和阀门水平中心线，然后按线配管，在热水管上安装短节和阀门，在冷水管上配抱弯再安装阀门。混合管的半径弯用活接头与冷、热水管的阀门相连接，最后装上混合管和喷头，混合管的上端应设管卡。

安装成品淋浴器时，将阀门下部短管丝扣缠麻后抹上铅油，与预留管口连接，阀门上部混合水管抱弯用锁母与阀门紧固，然后再用锁母把混合水铜管紧固在冷、热混合口处，最后将混合水铜管上部护口盘与墙壁靠严，并用木螺丝固定于预埋在墙中的木砖上。

（4）蹲式大便器安装

蹲式大便器广泛地用于集体宿舍、一般住宅、公共建筑卫生间和公共厕所内。一套蹲式大便器是由高位水箱、冲洗管和蹲桶组成的。蹲式大便器本身不带存水弯，安装时须另加存水弯。一般安装在地面以上的平台上。

高位水箱是用来冲洗大便器的，一般为陶瓷制品，其构造如图 6-23 所示。水箱进水由浮球阀控制。高位水箱冲洗的工作原理是：使用时，拉动拉链将弹簧阀提起，水由出水口流出，并迅速流下而产生吸力，此时虹吸管中的空气被吸走，造成真空而产生虹吸；当松开拉链时，弹簧复原，而箱内的水仍按图中箭头所示方向经虹吸管流入冲洗管，当水位下降至小孔以下时空气进入虹吸管，从而虹吸破坏停止冲洗。这种水箱常因弹簧锈蚀而关闭不严，造成水箱漏水。

蹲式大便器的安装如图 6-24 所示。通常按下述程序进行。

①确定水箱的位置，在墙上划好横、竖中心线，并把水箱内的附件装配好。然后用木螺

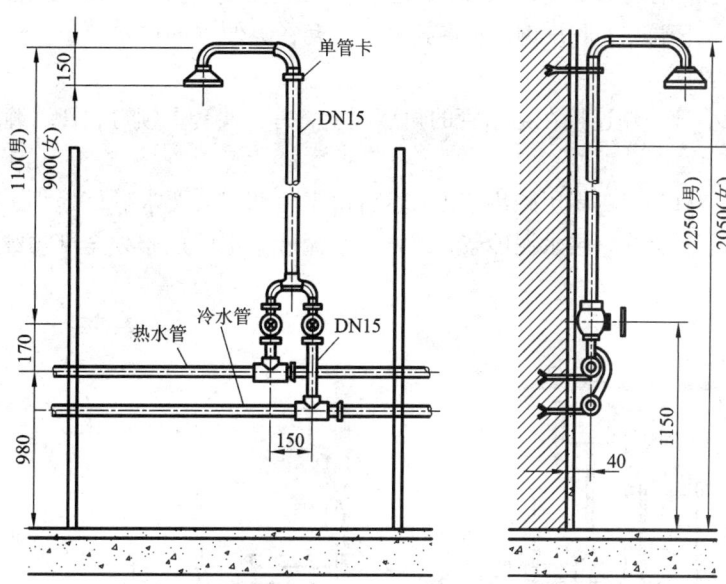

图 6－22　管件淋浴器安装

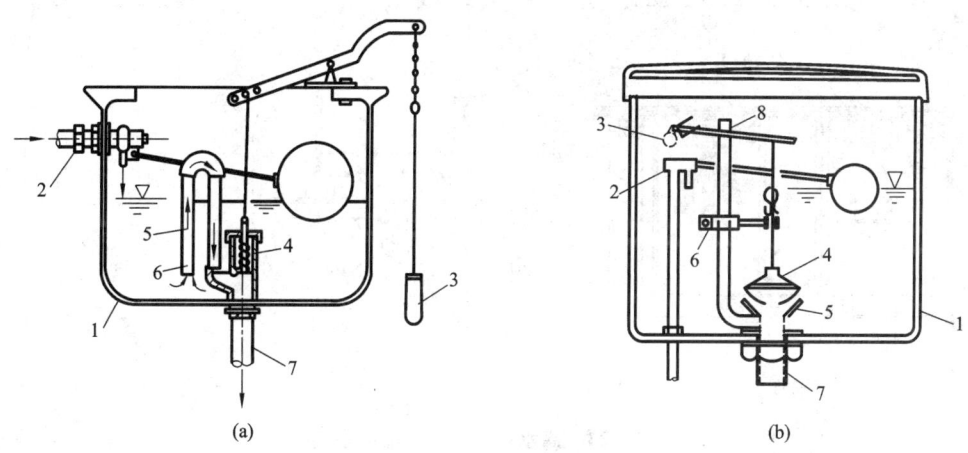

(a) (b)

图 6－23　手动冲洗水箱

（a）虹吸冲洗水箱；

1—水箱；2—浮球阀；3—拉链；4—弹簧阀；5—虹吸管；6—φ5 小孔；7—冲洗管

（b）水力冲洗水箱

1—水箱；2—浮球阀；3—扳手；4—橡胶球阀；5—阀座；6—导向装置；7—冲洗管；8—溢流管

丝或膨胀螺栓加垫把水箱拧固在墙上。

②安装水箱浮球阀和排水栓。把浮球阀加橡胶垫从水箱中穿出来，再加上橡胶垫，用根母紧固；将水箱排水栓加橡胶垫从水箱中穿出，再套上橡胶垫和铁皮垫圈后用根母紧固，用力要适中，以免损伤水箱。

③安装大便器。将麻丝白灰（或油灰）抹在预留的大便器下的存水弯管承口内，然后插入大便器的排水口，安装严密，并用水平尺找平摆正，最后将挤出的油灰抹光。

④安装冲洗管。在冲洗管上端(已做好乙字弯)套上锁母,管头缠麻抹铅油插入水箱排水栓后用锁母锁紧,下端套上胶皮碗,并将其另一端套在大便器的进水口上,然后用铜丝把胶皮碗两端绑扎牢固。

⑤将硬塑料小管一端连接在给水管的角型阀上,另一端套上锁母,管端缠麻抹铅油后用锁母锁在浮球阀上。

⑥大便器安装好后,四周用砖垫牢固,然后由土建部门按要求做好地坪,胶皮碗处应用砂土埋好,在砂土上面抹一层水泥砂浆,禁止用水泥砂浆把胶皮碗处全部填死,以免日后维修不便。

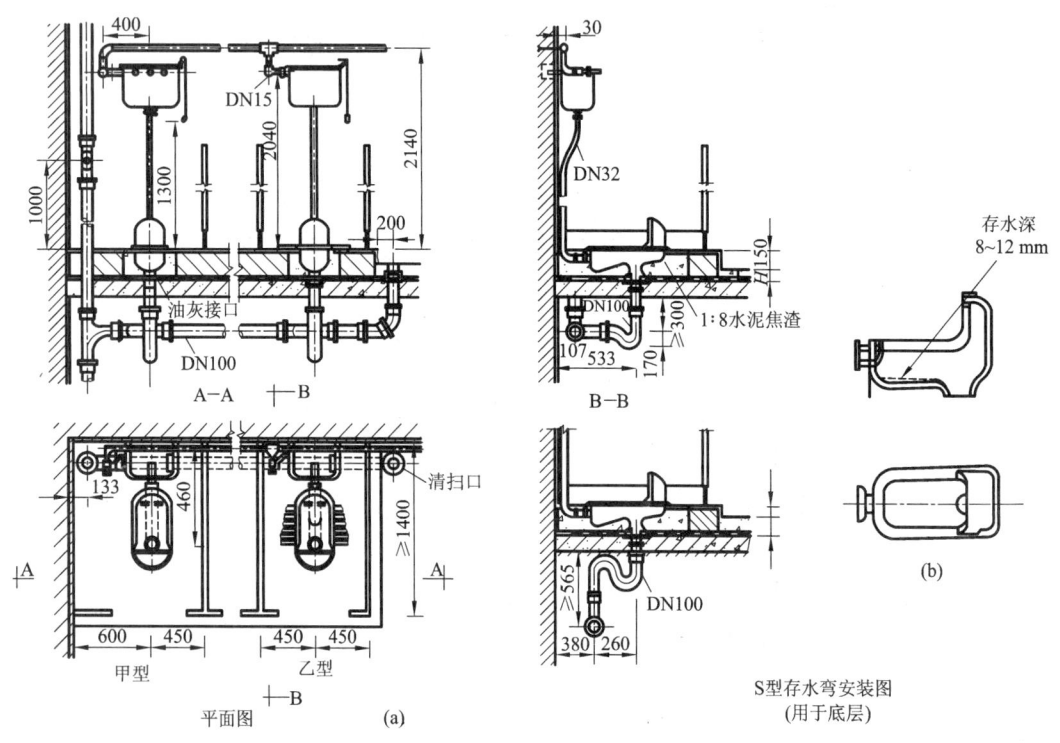

图6-24 高水箱蹲式大便器的安装

(5)挂式小便器安装

小便器有立式、角式和挂式之分,比较常用的地挂式小便器,其安装如图6-25所示。要求斗口边缘距离地面0.6 m,成组装置时,斗间中心距离为0.7 m。安装方法如下:

①根据小便器的位置及安装高度在墙上划出横、竖中心线,找出小便器两耳孔的中心,用木螺丝垫入橡皮通过耳孔把小便器拧固在木砖上。

②将角型阀安装在预留的给水管上,使护口盘紧靠墙壁面。将截好的小铜管(有时需做灯叉弯)穿上铜碗和锁母,上端缠麻抹好铅油插入角型阀内,下端插入小便器的进水口内,用锁母与角型阀锁紧,然后用铜碗压入油灰使小便器进水口与小铜管间密封。

③卸开存水弯锁母,把存水弯下端插入预留的排水管口内,上端套在已缠麻抹好铅油的小便器排水嘴上,然后将存水弯找正,锁母加垫后拧紧,最后把存水弯和排水管的间隙用铅

油麻丝缠绕塞严。

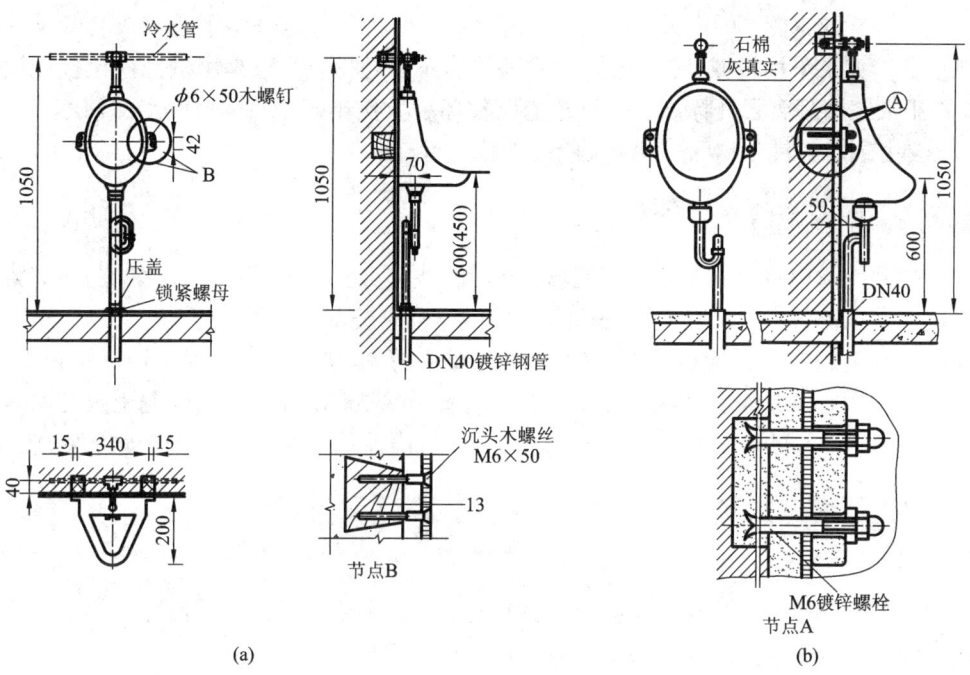

**图 6 - 25　挂式小便器安装**

S(a)不良固定；(b)良好固定

除了上述卫生器具外，还有坐式大便器、大便槽、立式小便器、小便槽、妇女卫生盆、盥洗槽、家具盆、化验盆、洗菜池、洗米池、拖布池和地漏等，施工时，可按施工图或产品说明书并参考以上所讲的器具安装方法进行安装。

# 6.3　室外(庭院)给水管道安装

室外(庭院)给水管道管材的选取，一般情况下，当管径大于或等于 75 mm 时，采用铸铁管；当管径小于 75 mm 时，采用镀锌钢管。目前管材在不断地更新，管材选取详见第 1 章。不同管材的室外(庭院)给水管道，其加工及安装方法，参照前面有关章节。本节讲述铸铁管道的施工安装方法。

室外(庭院)给水管道安装一般包括开挖沟槽、下管、稳管、接口、试压和覆土等主要施工工序。

## 6.3.1　开挖管沟

一般地，室外给水管道工程的土方量比较大。对于较长的管线，施工时，为了防止地下水以及气象条件的影响扰动沟槽地基的土壤，开挖沟槽工作通常要分段进行，并应与后续工序密切地配合。特别是在雨季中施工要注意这一点。

沟槽开挖以前，应根据开槽地段的土质及地下水位情况，以及管道直径、埋设深度、施工季节和地面上的建筑物等情况来确定沟槽的形式。室外(庭院)给水管道埋设较浅,对不超过2.0 m的,可以开直槽。

铺设铸铁管或钢管,可用天然土基作为基础,但要将天然地基整平或挖成与管子外形相符的弧形槽。如果采用机械开挖沟槽,一定要注意不能超挖。一般是用机械挖至接近设计标高后,再用人工清理到设计标高。一旦超挖而破坏了天然土基,或被地面水所浸泡,就应将这部分土壤挖掉,再铺垫砂石,以保证管基的稳定性。

### 6.3.2　检查与清洗管子

在沟槽开挖前应将管材运到施工现场,并沿管线非弃土区一侧按管径大小排开,铸铁管的承口应迎着水流方向,管道配件(三通和阀门等)也应按设计位置放好。

在下管前要检查铸铁管有无缺陷(如砂眼、破裂等),检查方法一般是用小锤轻击管子,根据声音来识别管子是否有裂纹。经检查合格的管子,要清洗掉管子内的泥土及铲除承口内和插口外的飞刺、铸砂等,然后用氧气乙炔焰或喷灯烧掉承口内和插口外的沥青保护层。

### 6.3.3　下管及稳管

1. 下管

管子下放到沟槽内的方法要根据管子的口径、沟槽和施工机具装备情况来确定。当管径较大时,可采用汽车吊车或履带吊车下管。由于庭院管线的管径比较小,一般多采用人力配合小型机具进行下管。常用的下管方法有压绳下管法、木槽溜管法和塔架下管法。

2. 稳管

铸铁管放至沟槽底后,清理好管端的泥土,再进行稳管。根据管道接口的不同,稳管的操作内容略有不同。当采用橡胶圈石棉水泥接口时,应将橡胶圈套在插口上,对正后将管的插口顶入(或拉入)承口内,承口插口对好后,插口端到承口底要有一定的间隙,一般不小于3 mm,最大间隙不得大于表6-9规定。

为了使已对好的承插口同心,应在承插口之间打入铁錾子(俗称铁牙),其数目一般不少于3个。

表6-9　铸铁管承插口最大间隙

| 管径/mm | 沿直线铺设/mm | 沿曲线铺设/mm |
| --- | --- | --- |
| 75 | 4 | 5 |
| 100~200 | 5 | 7~13 |
| 300~500 | 6 | 14~22 |

注:沿曲线铺设每个接口允许有2°转角。

为了操作方便,在接口工作开始前,需在管道接口处挖好工作坑,其尺寸参见表6-10的铸铁管接口工作坑尺寸。

表 6 - 10　铸铁管接口工作坑尺寸

| 管径/mm | 工作坑尺寸/m | | | |
| --- | --- | --- | --- | --- |
| | 宽度 | 长度 | | 深度 |
| | | 承口前 | 承口后 | |
| 75 ~ 200 | 管径 + 0.6 | 0.8 | 0.2 | 0.3 |
| 200 ~ 700 | 管径 + 1.2 | 1.0 | 0.3 | 0.4 |

接口时,如管子上设有阀门,应先将阀门与其配合的两侧短管安装好,再安装阀门。而不应先将两侧管子就位,因为这样对阀门找正及上紧螺栓都不方便。

### 6.3.4　管道接口

室外庭院给水管道的接口方式主要取决于管材。铸铁管一般采用承插式接口;镀锌钢管一般采用螺纹连接接口。在管件连接或其他特殊情况下才采用法兰连接。

承插式接口通常采用油麻石棉水泥封口,也可采用橡胶圈石棉水泥、橡胶圈水泥砂浆、油麻青铅和自应力水泥砂浆封口。施工方法见第 2 章。

### 6.3.5　管道接口的冬季施工

管道接口冬季施工时,宜用盐水洗刷管口,石棉水泥应采用温水拌和。水温不应超过50℃。当气温比较低时,应按水泥用量掺入食盐,一般掺食盐量为:当气温在 -5℃ 以内时,掺食盐量为 1%;当气温在 -5 ~ -10℃时,掺食盐量为 2%;当气温在 -10 ~ -15℃时,掺食盐量为 3%;当气温在 -15℃ 以下时,石棉水泥接口应停止施工。

冬季进行膨胀水泥砂浆接口施工时,砂浆应用温度不超过 35℃ 的温水拌和。当气温低于 -5℃ 时,不宜进行膨胀水泥砂浆接口,必须进行时,应采取防寒保温措施或用掺盐法进行施工。

施工完毕的石棉水泥接口及膨胀水泥砂浆接口,可用盐水拌和的黏泥封口养护,并同时覆盖草帘。石棉水泥接口也可立即用暖土回填。膨胀水泥砂浆接口处,可用暖土临时填埋,但不得加夯。冬季进行铅接口施工时,应将承插口处预先用喷灯烤热,然后进行灌铅,并覆盖 1 ~ 2 h,使其温度慢慢下降,打口时,要设有防风设备,防止骤冷造成脆裂。

## 6.4　室外(庭院)排水管道安装

室外(庭院)排水管道的管材主要有混凝土管、钢筋混凝土管、陶土管和石棉水泥管等。施工时,所采用的管材必须符合质量标准,不得有裂纹,管口不得有残缺。

排水管道安装质量,必须符合下列要求:平面位置及标高要准确,坡度应符合设计要求;接口要严密,污水管道必须经闭水试验合格;混凝土基础与管壁结合应严密、坚固。

室外排水管道的施工工序与室外给水铸铁管道的施工工序基本相同,所不同的或应注意的工序是沟槽排水、铺筑管基及几种不同管材的接口等。

### 6.4.1  管沟排水

由于排水管道中的污水是靠重力流动的，因此，自用户排水出口到庭院管网排水总出口（末端）的管道必须按一定的坡度铺设，其最小的设计坡度为0.004，当排水系统的作用半径较大时，排水管网的总出口将会埋设得很深，使得沟槽底标高低于地下水位标高，在这种情况下，开挖沟槽后常常会遇到地下水，若不及时排除地下水，就会导致天然土基被破坏，因此，在地下水位以下的沟槽，必须先采取排水措施，排除水后才能继续开挖。

沟槽排水最简易的方法是表面排水，即在沟槽底的一侧或两侧做排水沟，将地下水聚积到隔一定距离设置的集水井内，再用水泵将它排出，如图6-26所示。排水沟一般深为300 mm，集水井的底应比排水沟低1 m左右。集水井的距离一般在50~150 m之间，可根据土质与地下水量的大小确定。集水井的结构形式，有木板支撑的集水井、木框集水井及钢筋混凝土管集水井等。

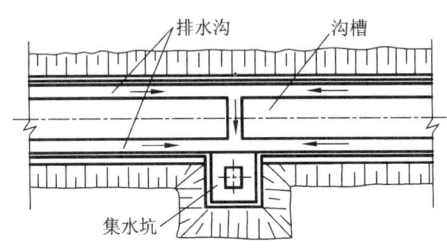

图6-26  沟槽表面排水示意图

### 6.4.2  铺筑管基与下管

由于庭院排水管道绝大多数都是非金属管，因此，铺筑管基工序是非常重要的。管道的基础，一般有混凝土基础和砂石基础两种。混凝土管基的排水管道铺设有以下三种做法：①平基、稳管、砌管座和抹带四个工序合在一起的施工方法（简称"四合一"施工）；②在垫块上稳管，然后灌筑混凝土基础及抹带；③先打平基，等平基达到一定强度，再稳管、砌管座及抹带。

施工时，应根据工人操作熟练程度、地基情况及管径大小等条件，合理地选择铺设方法。一般小管径采用"四合一"施工法；大管径的污水管应在垫块上稳管；雨水管亦应尽量在垫块上稳管。地基不良者，可先做平基。砂石基础一般也是先做平基，夯实后在平基上铺管。对于管径大且长的混凝土管或钢筋混凝土管，可采用机具或压绳法下管。对于管径小于300 mm的陶土管或较短的混凝土管，可采用木槽溜管法下管。

### 6.4.3  管道接口

混凝土管及钢筋混凝土管接口主要有承插式接口、抹带式接口和套环式接口三种。庭院排水管道所采用的陶土管接口，一般多为承插式接口，采用水泥砂浆连接。石棉水泥管接口分为刚性接口和柔性接口两种，刚性接口有石棉水泥接口、自应力水泥（膨胀水泥）砂浆接口和胶结剂接口等，柔性接口可分为套箍式、法兰式和套箍式单面柔性接口三类。

冬季进行水泥砂浆接口时，水泥砂浆应用热水拌和，水温不应超过80℃。当气温较低时，水泥砂浆应掺氯盐，掺盐量可参照下述规定：当最低气温在0~3℃时，掺盐量为2%（以水泥砂浆中的用水量计）；当最低气温在-4~-6℃时，掺盐量为4%；当最低气温在-7~-8℃时，掺盐量为6%；当最低气温在-8℃以下时，掺盐量为8%。冬季施工水泥砂浆接口后，应覆盖草帘养护。水泥砂浆抹带接口，应先覆盖100 mm厚的松散稻草，然后再盖草帘。或者用木架把草帘架于管带上进行养护。

### 6.4.4　回填土

管道铺设完毕,经质量检查及试水合格后,可开始回填土。有时也可以在局部地段先行覆土,而将要检查的部位留出,待检查验收后,再回填。沟槽在回填土之前,应将沟内积水排除,禁止用烂泥、腐殖土等回填。沟底到管顶以上 300～500 mm 处的回填土,不得掺有碎砖、石块及较大的坚硬土块。如冬季施工,应采用暖土回填。

管子两侧部分回填土时应分层回填并夯实,以防管道产生位移,泥土应均匀推开,用轻夯夯实。自管子水平直径到管顶以上 300～500 mm 处,应用木夯轻夯或填较干松土后用脚踏实即可。此层以上部分回填土的密实程度,应根据具体情况而定,如短期内不修路,可以用轻夯夯实。采用机械回填土时,沟底至管顶以上 300～500 mm 范围内,应按上述要求用人工回填,管顶 500 mm 以上可用机械回填,但机械设备不得在管沟上行走。机械夯实的回填土虚铺厚度不应大于 300 mm;人工夯实的虚铺厚度为 200 mm,管道接口工作坑处,可以用轻夯夯实。

## 6.5　室内外(庭院)给排水管道的质量检查与验收

在给水排水管道安装完毕后,应进行质量检查与验收。对无压管道应进行外观检查和满水试验;对埋地压力管道应在覆土前进行压力试验。

### 6.5.1　给水管道水压试验

给水管道一般采用水压试验,只有当水压试验的条件不具备时,采用压气试压。试压的目的是检查管道及接口强度和检查接口的严密性。

1.试验压力的确定

室内给水管道试验压力为工作压力的 1.5 倍,且不应小于 0.6 MPa;生活饮用水和生产、消防合用的管道,其工作压力不超过 1 MPa 的系统,其试验压力也为工作压力的 1.5 倍。试验时达到规定压力即停止加压,在 10 min 内压力降不大于 0.05 MPa,然后将压力降至工作压力进行外观检查,以不漏为合格。

室外给水管道试验压力应符合表 6 - 11 的规定。

表 6 - 11　室外给水管道水压试验压力

| 管材 | 工作压力/MPa | 试验压力/MPa |
|---|---|---|
| 碳素钢管 | | $P+0.5$ 并不小于 0.9 |
| 铸铁管 | $P \leqslant 0.5$ | $2P$ |
| | $P > 0.5$ | $P+0.5$ |
| 预、自应力钢筋混凝土管和钢筋混凝土管 | $P \leqslant 0.6$ | $0.15P$ |
| | $P > 0.6$ | $P+0.3$ |

2.水压试验前的准备工作

①给水管道试压,应在管件支墩做完并达到要求强度后进行。试压前,为防止管道堵头

被水压冲出，管道堵头应做临时后背，方法如图6-27所示。大口径管道的堵头与后座的支撑面积，应根据土质和试验压力经计算决定，一般土质可按承压0.15 MPa考虑。

②埋地管道应在管基检查合格并且胸腔填土不小于500 mm后进行试压，试压管段长度一般不超过1000 m。

③水压试验前，管道的最高点要设排气阀，最低点要设放水阀。

④水压试验所用的手摇式试压泵或电动试压管道要连接稳妥；水压试验系统连接示意图如图6-28所示。

⑤水压试验所用的压力表必须事先校验准确。

⑥管道试压前，要对各管道接口进行外观检查。所有法兰连接处的垫片内应符合要求，螺栓应拧紧。

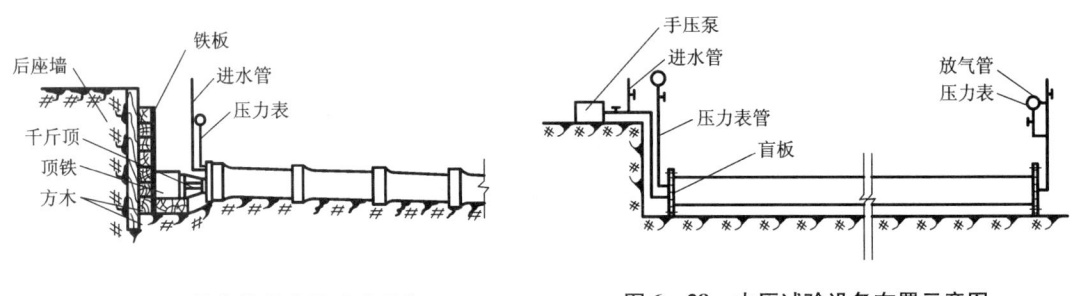

图6-27 给水管道水压试验后背          图6-28 水压试验设备布置示意图

3.水压试验

①水压试验应采用清洁水。向管内灌水时，应打开管道各高处的排气阀，待水灌满后，关闭所有排气阀和进水阀。

②用试压泵加压时，应均匀升压。当加压到一定数值时，应停下来对管道进行检查，无问题后再继续加压，一般应分2~3次使压力升高至试验压力。

③当压力达到试验压力时，停止加压，观测10 min，以压力降不大于0.05 MPa为标准，确认管道、附件和接口和阀件等处均未发生漏裂现象，方可认为强度试验合格。

④试压结束后，将系统水放空，拆除试压设施，对不合格处进行返工，直至合格。

⑤对于小口径(指管径小于300 mm)的管道，在气温低于0℃时，可在采取特殊防冻措施后用50℃左右的热水进行试验，试验完毕应立即将管内存水放净。对于大口径的管道，当气温在-5℃时，可用掺盐量为20%~30%的盐水进行试压。

⑥冬季进行管道试压，小口径的管道容易冻结。压力表管、排气阀及放水阀短管等都要预先缠好草绳或覆盖保温。

⑦试压管段长度宜控制在50 m左右，水压试验操作行动要迅速。

## 6.5.2 给水管道的水质检查和防护

从城市给水管网引入建筑物的自来水，其水质一般均符合"生活饮用水卫生标准"，但若建筑内部的给水系统设计、施工或维护不当，都可能出现水质污染现象，造成疾病传播，危害人民的健康和生命，因此，必须加强水质检查和防护。

**1. 管网水质污染的现象和原因**

①贮水池(箱)的制作材料或防腐涂料选择不当。若含有毒物质,逐渐溶入水中,将直接污染水质。

②水在贮水池(箱)中停留时间过长。当水中余氯量耗尽后,随着有害微生物的生长繁殖,会使水腐败变质。

③贮水池(箱)管理不当。如水池(箱)入孔不严密,通气管或溢流管口敞开设置,尘土、蚊蝇、鼠、雀等均可能通过以上孔、口进入水中造成污染。

④回流污染,即非饮用水或其他液体倒流入生活给水系统。形成回流污染的主要原因是:埋地管道或阀门等附件连接不严密,平时渗漏,当饮用水断流,管道中出现负压时,被污染的地下水或阀门井中的积水会通过渗漏处进入给水系统;放水附件安装不当,出水口设在卫生器具或用水设备溢流水位下,或溢流管堵塞,而器具或设备中留有污水,室外给水管网又因事故供水压力下降,当开启放水附件时,污水即会在负压作用下,吸入给水管道,如图6-29所示;饮用水管与大便器(槽)连接不当,如给水管与大便器(槽)的冲洗管直接相连,并用普通阀门控制冲洗,当给水系统压力下降时,开启阀门也会出现回流污染现象;饮用水与非饮用水管道直接连接,如图6-30所示,若非饮用水压力大于饮用水压且连接管中的止回阀或阀门密闭性差,则非饮用水会渗入饮用水管道造成污染。

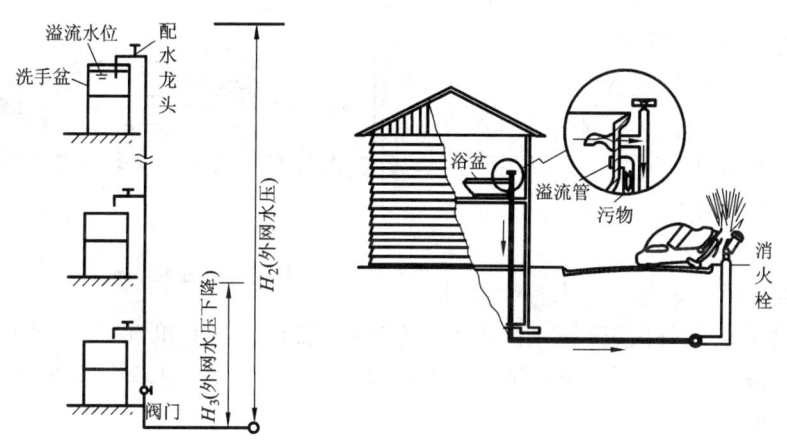

**图6-29 回流污染现象**

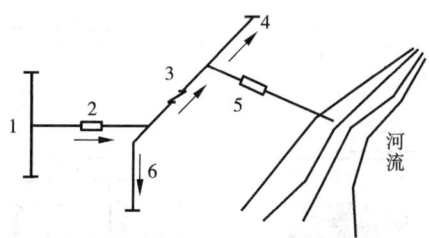

**图6-30 饮用水与非饮用水直接连接**

1—城市给水管网;2—水表井;3—止回阀;4—供生产用水管;5—泵站;6—供生活用水管

**2.给水管道的水质检查和保护措施**

取水源的水质会直接影响给水管道的水质。因此,首先要对取水源的水体污染源进行调查研究,建立水体污染监测网,要查明污染来源、污染途径、有害物质成分、污染范围、污染程度、危害情况与发展趋势。

管网中出现水质不合格除了取水源不合格以外,也有可能是由于水管中的积垢在水流冲击下脱落、管线尽端的水流停滞、或管网边远地区的余氯不足而致细菌繁殖等引起的。因此,对管网中的水质要定期检查,检查水质中的浊度和细菌。特别是在新敷管线竣工或旧管线检修后均应冲洗消毒。消毒之前应先用高速水流冲洗水管,然后用 20 ~ 30 毫克/升的漂白粉溶液浸泡一昼夜以上,再用水冲洗,连续测定浊度和细菌。

保护正常的水质主要有以下措施:

①饮用水管道与贮水池(箱)不要布置在易受污染处,非饮用水管不能从贮水设备中穿过。设在建筑物内的贮水池(箱),不得利用建筑本体结构如基础、墙体、地板等作为池底、池壁、池盖,其四周及顶盖上均应留有检修空间。埋地饮用水池与化粪池之间应有不小于10 m的净距,当净距不能保证时,可采取提高饮用水池标高或化粪池采用防漏材料等措施。

②贮水池(箱)若需防腐,应采用无毒涂料;若采用玻璃钢制作,应选用食品级玻璃钢为原料。其溢流管、排水管不能与污水管直接连接,均应有空气隔断装置。通气管和溢流管口要设铜丝或钢丝网罩,以防污物、蚊蝇等进入。

③贮水池(箱)要加强管理,池(箱)上加盖防护,池(箱)内定期清洗。饮用水在其中停留时间不能过长,否则应采取加氯等消毒措施。在生活(生产)、消防共用的水池(箱)中,为避免平时不能动用的消防用水长期滞留,影响水质,可采用生活(生产)用水从池(箱)底部虹吸出流,或池

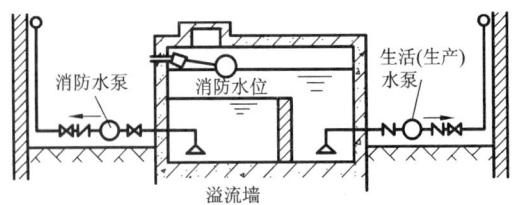

图 6 - 31　在储水池中设溢流墙

(箱)内设溢流墙(板)等措施,使消防用水不断更新,如图 6 - 31 和图 6 - 32 所示。

④给水装置放水口与用水设备溢流水位之间,应有不小于放水口径 2.5 倍的空气间隙,如图 6 - 33 所示。

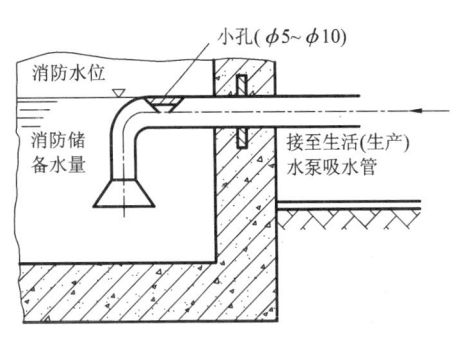

图 6 - 32　在生活或生产水泵吸水管上开孔

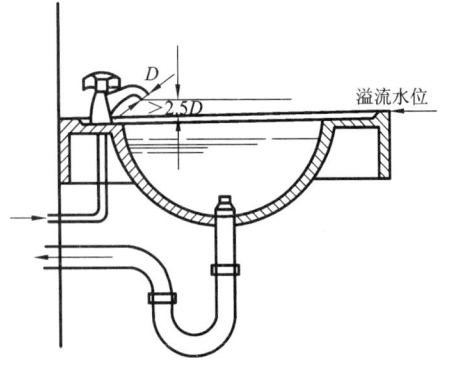

图 6 - 33　卫生器具上的给水配件与用水设备溢流水位之间的空气隔断

⑤生活饮用水管道不能与非饮用水管道直接连接。在特殊情况下，必须用饮用水作为工业备用水源时，应在两种管道连接处的控制阀门之间增设平时常开的泄水阀，以保证管道间的空气隔断，或设置非饮用水压过高时，能自动泄水防止回流污染的隔断装置，如图 6 – 34 所示。

⑥非饮用水管道工程验收时，应逐段检查，严防饮用水与非饮用水管道误接，其管道上的放水口应有明显标志，避免非饮用水误用和误饮。

⑦通过给水栓、消火栓和放水管，定期放去管网中的部分死水，并借此冲洗水管。

⑧长期未用的管线或管线尽端，在恢复使用时必须冲洗干净。

⑨管线延伸过长时，应在管网中加氯，以提高管网边缘地区的余氯量，防止细菌繁殖。

⑩定期清管刮管和衬涂水管内壁。

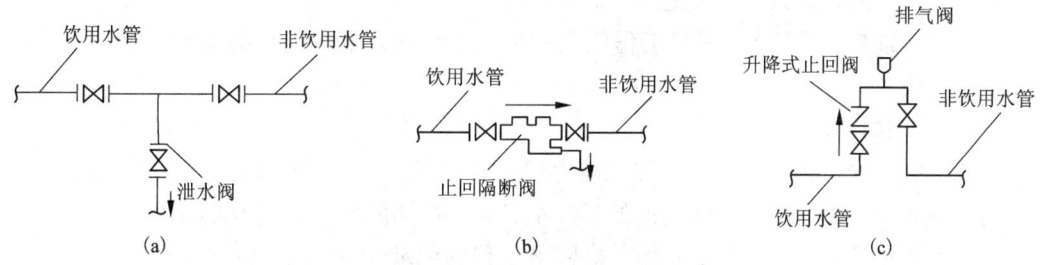

**图 6 – 34　饮用水与非饮用水管道连接时的水质防护措施**
(a)设泄水阀；(b)设止回隔断阀；(c)设升降式止回阀

### 6.5.3　排水管道的闭水试验

室内外排水管道，一般均为无压力管道，因此，只做闭水(灌水)试验。

室内暗装或埋地排水管道，应在隐蔽或覆土前做闭水试验，其灌水高度不应低于底层地面高度。检验的标准是以满水 15 min 后，再灌满并持续 5 min，液面不下降为合格。

室内雨水管道安装完毕，应做闭水试验，灌水高度至每根立管最上部雨水漏斗。

对于室外非金属污水管道，必须做闭水试验；室外雨水管道及其类似管道，除松散土壤及水源地区外，可不做闭水试验。

闭水试验应在管道覆土前进行。试验时，应对接口和管身进行外观检查，以无漏水和无严重渗水现象为合格；对于腐蚀性污水管道，不允许渗漏。

闭水试验一般应在管道灌满水，经 1 ~ 2 昼夜后进行渗水量测定，测定的时间应不小于 30 min。如设计无要求时，闭水试验可按下述规定进行。

①在潮湿土壤中，检查地下水渗入管中的水量。可根据地下水的水平线而定：地下水位超过管顶 2 ~ 4 m 时，渗入管道内的水量不应超过表 6 – 12 的规定；地下水位超过管顶 4 m 以上时，则每增加 1 m 水头，允许增加渗入水量的 10%。

②在干燥土壤中，检查管道的渗出水量。其充水高度，应高出试验管段上游检查井内管顶 4 m，渗出水量不应大于表 6 – 12 的规定；

③在潮湿土壤中，当地下水位高出管顶 2 m 时，可按第 2 项规定做渗出水量试验。

表 6-12 1000 m 长的管道在一昼夜内容许渗出或渗入的水量/m³

| 管径/mm | ≤150 | 200 | 250 | 300 | 350 | 400 | 450 | 500 | 600 |
|---|---|---|---|---|---|---|---|---|---|
| 钢筋混凝土管、混凝土管或石棉水泥管 | 7.0 | 20 | 24 | 28 | 30 | 32 | 34 | 36 | 40 |
| 缸瓦管 | 7.0 | 12 | 15 | 18 | 20 | 21 | 22 | 23 | 23 |

## 6.5.4 给排水工程验收

给、排水工程应按分项、分部或单位工程验收。分项、分部工程由施工单位会同建设单位或监理单位共同验收，单位工程由主管单位组织施工、设计、建设、质检、监理和有关单位联合验收。并应做好记录、签署文件、立卷归档。

分项、分部工程的验收，根据工程施工的特点，可分为隐蔽工程的验收、分项工程的验收和竣工验收。

1. 隐蔽工程验收

所谓隐蔽工程是指下道工序做完能将上道工序掩盖，并且是否符合质量要求无法再进行复查的工程部位，如暗装的或埋地的给、排水管道，均属隐蔽工程。在隐蔽前，应由施工单位组织有关人员进行检查验收，并填写好隐蔽工程的记录，纳入工程档案。

2. 分项工程的验收

在管道施工安装过程中，其分项工程完工、交付使用时，应办理中间验收手续，做好检查记录，以明确使用保管责任。

3. 竣工验收

工程竣工后，须在办理验收证明书后，方可交付使用，对办理过验收手续的部分不再重新验收。竣工验收应重点检查和校验下列各项。

①管道的坐标、标高和坡度是否合乎设计或规范要求。

②管道的连接点或接口应清洁整齐，严密不漏。

③卫生器具和各类支架、挡墩位置正确，安装稳定牢固。

④给水、排水及消防系统的通水能力应符合下列要求：室内给水系统，按设计要求同时开放的最大数量的配水点是否全部达到额定流量，消火栓能否满足组数的最大消防能力；室内排水系统，按给水系统的1/3配水点同时开放，检查排水点是否畅通，接口处有无渗漏；高层建筑可根据管道布置采取分层、分区段做通水试验。

对不符合设计图纸和规范要求的地方，不得交付使用，可列出未完成或保修项目表，修好后再交付使用。

单位工程的竣工验收，应在分项、分部工程验收的基础上进行，各分项、分部的工程质量，均应符合设计要求和规范的有关规定。验收时，应具有下列资料：施工图、竣工图及设计变更文件；设备、制品或构件和主要材料的质量合格证明书或试验记录；隐蔽工程验收记录和分项中间验收记录；设备试验记录；水压试验记录；管道冲洗记录；工程质量事故处理记录；分项、分部、单位工程质量检验评定记录。

上述资料在保证各项工程合理使用，以及维修、扩建时是不可缺少的。资料必须经各级有关技术人员审定，并应如实反映情况，不得擅自伪造、修改和事后补办。

　　工程交工时，为了总结经验及积累工程施工资料，施工单位一般应保存下述技术资料：施工组织设计和施工经验总结；新技术、新工艺和新材料的施工方法及施工操作的总结；重大质量事故情况、原因及处理记录；有关重要的技术决定；施工日记及施工管理的经验总结。

## 复习思考题

　　1. 室外给水管道安装主要程序包括哪些部分？

　　2. 室外给水管道接口的基本要求有哪些？其接口方式有哪几种？

　　3. 室内生活、消防共用水箱的安装及接管有哪些注意事项？

　　4. 高层建筑生活给水系统有哪几种常见的给水方式？其主要特点是什么？

　　5. 高层建筑给水系统为什么要进行竖向分区？如何进行分区？分区的依据是什么？

　　6. 室内给水管道安装的偏差过大，应如何防治？

　　7. 自动喷水灭火系统喷头在安装前如何进行密封性能试验？

　　8. 室内排水管道布置的一般原则是什么？室内排水管道安装有哪些要求？

　　9. 排水管道如何设置检查口和清扫口？

　　10. 室外排水管道敷设包括哪些步骤？

　　11. 各种管道平面排列及标高设计相冲突时，应按哪些原则处理？

　　12. 管道在穿过建筑结构伸缩缝、防震缝及沉降缝敷设时应如何安装？

　　13. 生活给水管道安装完成以后应进行哪些试验？为什么要进行这些试验？如何进行这些试验？

　　14. 如何进行室外给水管道的试压？

　　15. 管道系统水压试验过程中压力稳不住的原因及防治手段是什么？

　　16. 为什么承压管道和设备应做水压试验，非承压管道和设备应做灌水试验？

# 第7章 室内外燃气管道及设备安装

气体燃料比液体燃料和固体燃料具有更高的热能利用率，其燃烧温度高，火力调节容易，使用方便，污染少，易于实现燃烧过程的自动化，可利用管道输送连续供应，目前大、中型城市都普及了管道煤气(或天然气)。

在工业生产上，燃气供应可满足多种生产工艺(如玻璃工业、冶金工业、机械工业等)的特殊要求，可达到提高产量、保证产品质量以及改善劳动条件的目的。

在日常生活中，人们应用燃气作燃料，对改善人民生活条件，降低家务劳动强度，减少空气污染和保护环境，都具有重大意义。

燃气和空气混合到一定比例时，容易引起燃烧或爆炸，火灾危险性较大，且人工煤气和天然气都具有强烈的毒性，容易诱发中毒事故。所以，对于燃气设备及管道的设计、加工和敷设，都有严格的要求。

天然气或人工煤气需经过净化，才可输入城市燃气管网。城市燃气管网根据输送压力的不同可分为：低压管网($P \leqslant 5$ kPa)，中压管网($5$ kPa $< P \leqslant 150$ kPa)，次高压管网($150$ kPa $< P \leqslant 300$ kPa)和高压管网($300$ kPa $< P \leqslant 800$ kPa)。城市燃气管网通常包括室内管网和室外管网两部分。

## 7.1 室内燃气管道及设备安装

室内燃气管道的安装包括引入管、总立管、水平干管、用户立管和支管、灶具支管和连接管，如图7-1所示。

### 7.1.1 室内燃气管道的安装

1. 室内燃气管的安装原则

引入管与燃气燃烧器之间的用户气管称为室内燃气管。室内燃气管道的安装必须遵循以下几条原则。

①室内燃气管道一般采用明装，为了保证安全，室内燃气管道不得穿过卧室、浴室、厕所、烟道、配电间及易燃易爆物品仓库等地方。室内燃气管道是低压管网，多采用普压钢管丝扣连接，埋入地下部分应涂防腐涂料。室内明装管应采用镀锌普压钢管。为保证安全，所有燃气管都不允许有微量漏气。

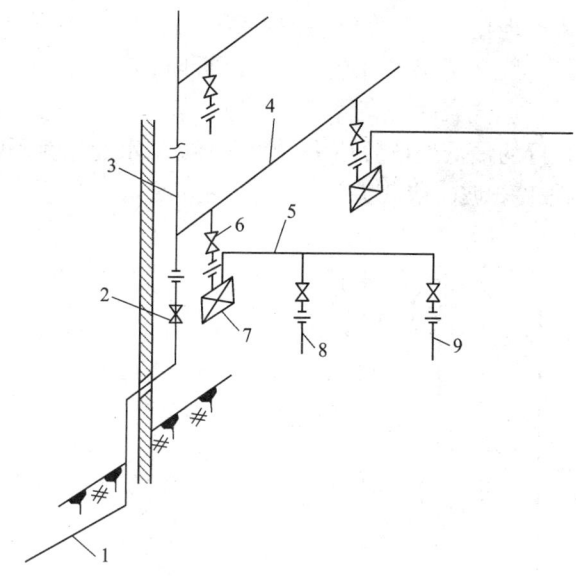

**图 7 – 1　室内燃气系统图**

1—引入管；2—总阀门；3—总立管；4—水平干管；
5—用户支管；6—用户阀门；7—燃气表；8—灶具接口；9—热水器接口

　　②引入管是室外管网与室内系统的连接管。一般埋地敷设，并直接接入总立管。从庭院燃气管处接引入管，一定要从管顶接出，并且在引入管垂直段顶部以三通管件接横向管段，这样敷设可以减少燃气中的杂质和凝液进入用户并便于清通。引入管应有 0.005 的坡度，坡向引入端。引入管及室内燃气管的布置如图 7 – 2 所示。

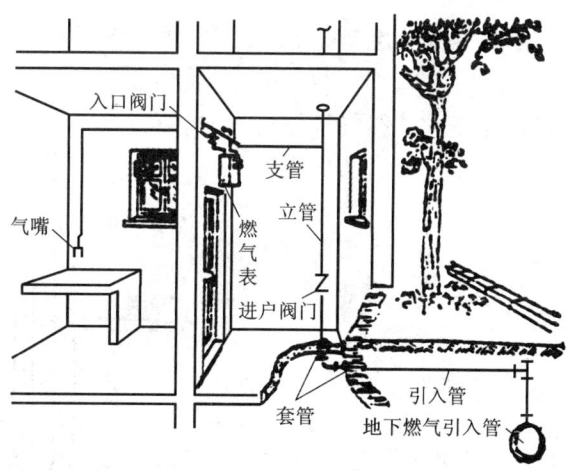

**图 7 – 2　引入管及室内燃气管示意图**

　　③立管一般设在厨房或楼梯间内，立管顶端(最高层)应设置 DN15 的放气丝堵。
　　④水平干管如布置在楼道内，其高度应大于 2 m；布置在厨房内，其高度应大于 1.8 m，距楼顶板的距离应大于 150 mm，并设有 0.002 的坡度，坡向总立管。

⑤室内燃气管穿墙壁或地板时应设套管(图7-3)。进户干管应设不带手轮旋塞式阀门。立管上接出每层的横支管一般在楼层上部接出；然后折向燃气表，燃气表上伸出燃气支管，再接橡胶管通向燃气用具。燃气表后的支管一般不应绕气窗、窗台、门框和窗框敷设。当必须绕门窗时，应在管道绕行的最低处设置堵头，以利于凝结水的排泄和吹扫使用。水平支管应具有0.002~0.005的坡度，坡向堵截头(图7-4)。

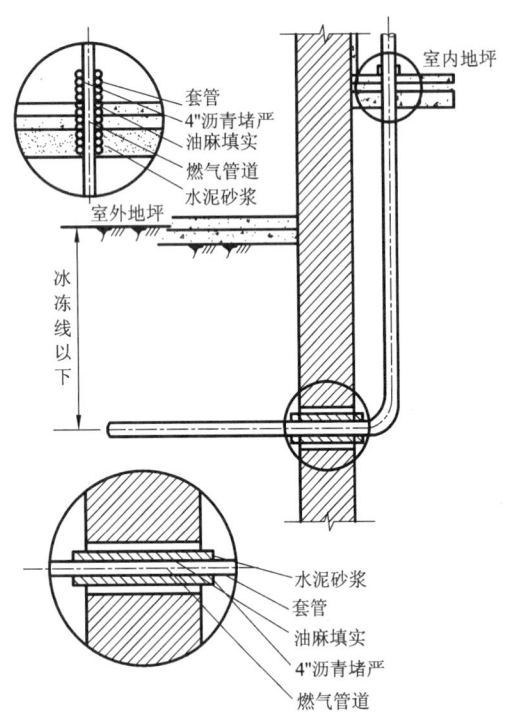

图7-3　燃气管穿越墙壁和地板的作法

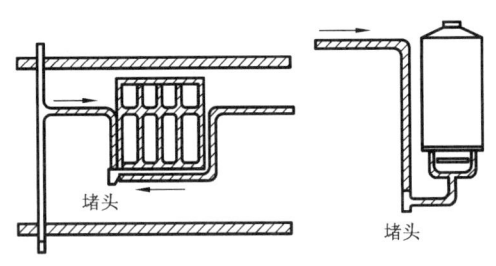

图7-4　燃气支管堵头安装位置

⑥建筑物如有可通风的地下室，燃气干管可以敷设在这种地下室上部。不允许室内燃气干管埋于地面下或敷于管沟内。若公共建筑物地沟为通行地沟且有良好的自然通风设施，则可与其他管道同沟敷设，但燃气干管应采用无缝钢管，焊接连接。

2. 引入管的安装

(1)引入管形式

根据建筑结构形式的不同有不同的连接形式：

1)地上引入式

地下燃气管道在墙外垂直伸出地面，并从高于室内地面0.5 m处进入室内，如图7-5所示。这种形式要求对室外垂直管段保温和采取保护措施，适用于室内侧有暖气地沟或密闭地下室的建筑物。

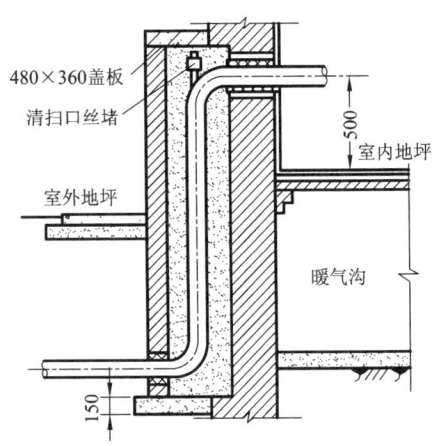

图7-5　带保温台的地上引入管

2）地下引入式

室外燃气管道在地下直接穿过外墙基础，进墙垂直立起，伸出地面高度大于 1500 mm，如图 7-6 所示。这种形式适用于墙内侧无暖气地沟或密闭地下室的建筑物，砖墙应预留孔洞，考虑建筑沉降，管子外壁离孔边缘应有一定间距，并用沥青油麻填满，洞口封上铁丝网，用水泥砂浆抹面。

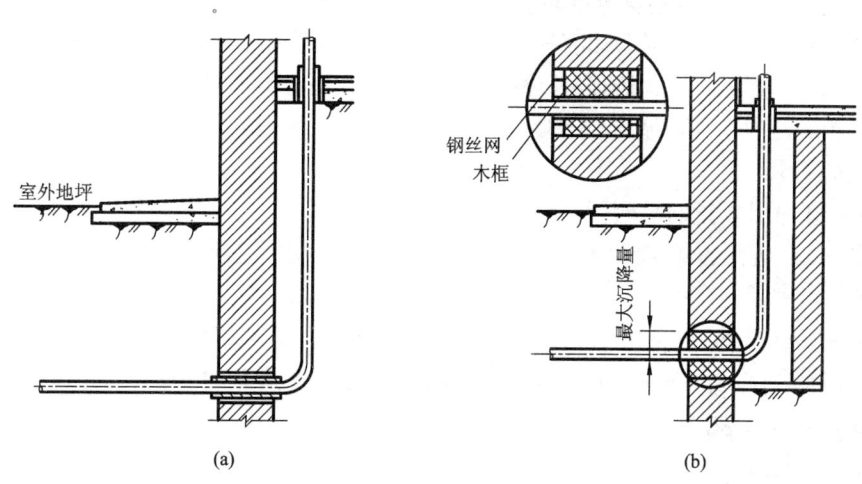

图 7-6　地下引入管

3）嵌墙引入式

在外墙上非承重部位做一条管槽，将燃气垂直嵌入槽内，如图 7-7 所示。这样做可以避免地上引入管安装影响建筑物美观。

4）补偿引入式

为防止高层建筑物的沉降对引入管的破坏，在引入管上安装"乙"字形弯管、波纹管或金属软管作为补偿引入管，图 7-8 中采用铅管作为补偿管。补偿引入管管段处应设井室，供保护和检修用。

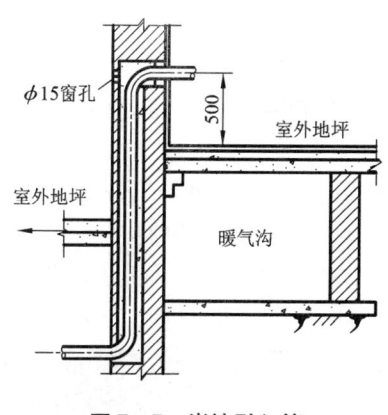

图 7-7　嵌墙引入管

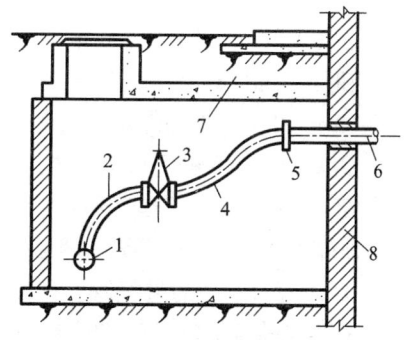

图 7-8　铅管补偿的引入管

1—楼前燃气管；2—钢管；3—阀门；4—铅管；

5—法兰接头；6—燃气管；7—闸井；8—楼房外墙

（2）引入管安装要求

1）引入管在安装时，其埋深、坡度、防腐层等应与室外燃气管道相同（详见图7-2），并随同室外管道试压。

2）引入管在距外墙1 m的范围内不准有接头，弯头只能用煨弯管，不准用焊接弯头。引入管上应设置DN25的清扫口丝堵，当地下引入管与室内总立管直接连接时，清扫口设在与总立管成45°角，且距室内地面0.5 m高的地方（图7-5）；若地下引入管通过水平管段与总立管连接时，清扫口设在立管顶部的三通口上，地上引入管的清扫口设在墙外立管的顶部。

3）引入管的绝热层可采用缠绕及涂抹法施工，用水泥砂浆砌筑台加以保护，砖台上部加盖混凝土盖板，台内空隙填塞岩棉或膨胀珍珠岩，以增强绝热效果。

3.阀门的安装

（1）进入室内引入管的总阀门

一般设在总立管上，距地面1.5~1.7 m，也可安装在水平管段上。

（2）燃气表控制阀

燃气流量$Q_n \leqslant 3$ m³/h的燃气表，表前应安装旋塞阀；流量为$3 < Q_n \leqslant 25$ m³/h的燃气表，表前应安装闸阀；$Q_n \geqslant 40$ m³/h的燃气表，当用户不能中断用气时，燃气表前后均应安装闸阀，并设置旁通管及阀门。

（3）灶具控制阀

每台灶具前均应安装控制阀。一台灶具上设多个燃烧器时，每个燃烧器均应安装控制阀，控制阀应设在炉门旁的燃烧器支管末端；每个燃烧器应安装点火控制器，采用单头煤气旋塞，装在灶具连接管上。灶具控制阀和点火控制器一般是与灶具整体装配的。为便于安装和维修，一般控制阀门后边应设置活接头；DN≤50的立管每隔一层楼设置一个活接头；水平干管较长时，也应在适当位置装活接头。

## 7.1.2　室内燃气设备的安装

室内燃气设备主要包括燃气表、燃气用具和排烟管道等。

1.燃气表的安装

（1）膜式燃气表的规格及连接方式

膜式燃气表的规格按公称流量$Q_g$划分：居民用户安装的燃气表规格一般为2.0 m³/h、3.0 m³/h和4.0 m³/h单接头管和双接头管两种；公共建筑用户燃气表规格为25 m³/h、40 m³/h、65 m³/h和100 m³/h的双接头管式表。

对于$Q_g \leqslant 25$ m³/h的燃气表，燃气进出口用螺纹连接；对于$Q_g \geqslant 40$ m³/h的燃气表，采用法兰连接。单管膜式燃气表的进出口为三通式，进气口位于三通一侧的水平方向，出气口位于三通顶端的垂直方向，管径一般为DN15。双管膜式燃气表的进出口位置一般为"左进右出"，即面对表盘，左边为进气管，右边为出气管，安装时应注意，防止倒装。

燃气表不准随意拆卸，安装时要先检查铅封是否完好，外表有无损伤。距出厂检验期超过半年的燃气表需重新检验，合格后再安装。

（2）民用膜式燃气表安装

室内燃气管网压力试验合格后就可安装燃气表，燃气表安装在用户支管上，按其位置高低分为高锁表、平锁表和低锁表。

1) 高锁表

将燃气表安装在燃气灶一侧的上方,高度一般在 1.8 m 处,如图 7 - 9 所示。为防止烟气熏烤燃气表,影响计量准确,燃气表与灶具间距应大于 300 mm;表背面距墙面应不小于 100 mm。

2) 平锁表

将燃气表安装在燃气灶的一侧,用户支管、灶具支管和灶具连接管均为水平管。

3) 低锁表

将燃气表安装在燃气灶的灶台板下方,表的出口与灶具的连接均为垂直连接,进口应视具体条件采用水平或垂直连接,图 7 - 10 为低锁表和低锁灶。

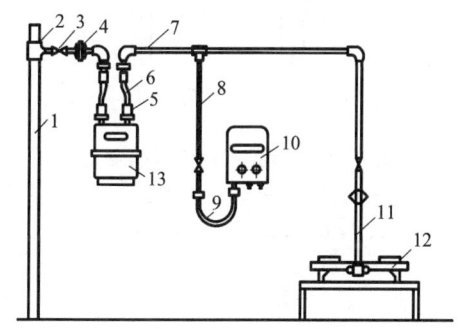

图 7 - 9  高锁表和高锁灶

1—立管;2—三通;3—旋塞阀;4—活接头;
5—锁紧螺母;6—表接头;7—用户支管;8—用具支管;
9—可挠性金属软管;10—快速热水器;
11—用具连接管;12—双眼灶;13—双管燃气表

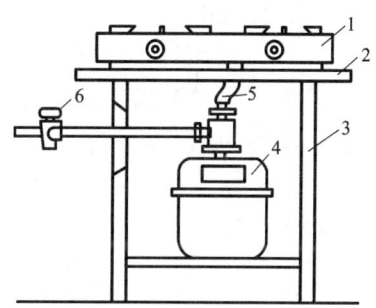

图 7 - 10  低锁表和低锁灶

1—燃气灶;2—灶台板;3—灶架;
4—单管燃气表;5—软管;6—旋塞

(3) 公用膜式燃气表安装

公用燃气表应安装在单独的房间内,室温不低于 5℃,通风良好,位置应便于查表和检修。它距烟道、电器、灶具等应有一定的安全距离。禁止把燃气表安装在蒸汽锅炉房内。

引入管安装固定后即可安装公用燃气表,表下应设置支架或砌筑平台。流量 $Q_g$ 在 40 m³/h 以上的燃气表应装旁通管,燃气进出管及旁通管上应安装明杆阀门,阀门不允许与表进出口直接连接,应采用连接短管相连,并设支架,防止阀门和进出口短管的重力压在燃气表上,如图 7 - 11 所示。流量 $Q_g$ 在 40 m³/h 以下的燃气表,若用螺纹接口,可不设旁通管,一般采用挂墙安装。数台燃气表并联时,表壳间距应大于 1.0 m。

(4) 罗茨式燃气表安装

罗茨式燃气表流量大、压力较高,主要供中压工业用户使用。一般安装在立管上,按表壳箭头方向进口朝上出口朝下。

罗茨式表可以一台单装或数台并联安装,但都必须设旁通管。进出口管及旁通管都应设阀门。为防止燃气中的杂质在管壁内结垢沉积,进气管阀门后面应安装过滤器和设清扫口,如图 7 - 12 所示。罗茨表进出口管中心距一般为 1.0 ~ 1.2 m,数台并联安装时,中心距为 1.2 ~ 1.5 m。

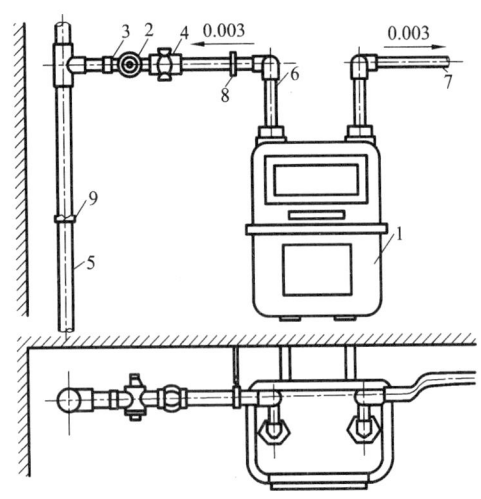

图 7-11　公用膜式燃气表的安装

1—燃气表；2—紧接式旋塞；3—内接头；
4—活接头；5—燃气立管；6—燃气进气管；
7—燃气出气管；8—托钩；9—管卡

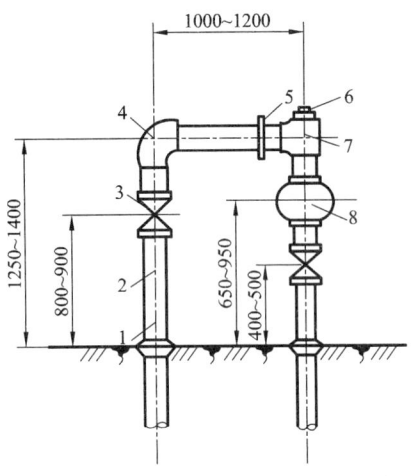

图 7-12　罗茨式燃气表的安装

1—盘接短管；2—丝堵；3—闸阀；4—弯头；
5—法兰；6—丝堵；7—三通；8—燃气表

**2. 燃气用具的安装**

（1）民用灶具安装

室内燃气立管、水平管及炉具支管均应安装牢固，经压力试验合格后，就可安装灶具。灶具是通过连接管与灶具支管连接的。灶具包括单眼灶、双眼灶、烤箱和热水器等。

民用灶具安装方法和燃气表安装方法相同，分为高锁灶、平锁灶和低锁灶。根据灶具连接管的材质分为硬连接和软连接。硬连接用钢管，软连接用金属软管或橡胶软管。民用灶具安装时应注意以下几点。

①灶具应安装在专用厨房内，不允许安装在卧室及通风不良的地下室内。

②安装灶具的房间高度不应低于 2.20 m；安装热水器的房间高度不应低于 2.60 m；房间自然通风和自然采光应良好。

③灶具应与墙面有一定距离，一般不小于 200 mm，墙面应采用不燃材料。

④灶台或灶架应为不燃耐热材料，灶台高度一般为 0.7 m。

（2）公用灶具的安装

公用灶具由灶体、燃烧器和配管组成。按灶具用途分为蒸锅灶、炒菜灶、饼灶、烤灶、开水灶和西餐灶等；按灶体材料结构分为钢结构灶和砌筑型灶。砌筑型灶根据用途配置燃烧器、连接管和灶前管；钢结构灶则在出厂时已配置齐全，只需配装灶具连接管。公用灶具的安装应注意以下几点。

①所有的灶具均应靠近排烟道或窗口砌筑或安装，室内通风应良好。蒸锅灶、炒菜灶和开水灶的近旁应有排水装置。

②为提高灶具的燃烧效率，蒸锅灶或炒菜灶的燃烧器在炉膛内的高度应使火焰高温部位接触锅底（外焰中部）。

③所有的灶具都应在炉门处设置控制阀，距炉门边缘不小于 100 mm，连接管应设管卡固定在炉体上。

④灶具和热水器底部应有 50 mm 以上的空隙高度，保持二次空气畅通。

3. 烟道和排烟管

在楼房内，为了排除燃烧烟气，当层数较少时，应设置各自独立的烟囱。砖墙内烟道的断面应不小于 140 mm × 140 mm。对于高层建筑，若每层设置独立的烟囱，在建筑构造上往往很难处理，可设置一根总烟道连通各层煤气用具，但一定要防止下面房间的烟气窜入上层设有燃气用具的房间，应积极推广使用变压式共用烟道。图 7 – 13 的技术措施可供参考，图中总烟道是一根通过建筑各层，直径为 300 ~ 500 mm 的管道。每层排除燃烧烟气的支烟道采用直径为 100 ~ 125 mm 的管道且应平行于总烟道。每层支烟道在其上面一到二层处接入总烟道，最上层的支烟道亦要升高，然后平行接入总烟道。

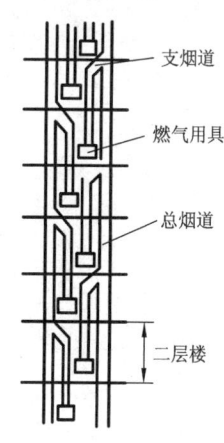

支烟道
燃气用具
总烟道
二层楼

（1）烟道

对于蒸锅、开水炉、热水器等燃气具用封闭式燃烧室，排烟道

**图 7 – 13　总烟道装置**

通入建筑物旧有烟道时，旧烟道排烟能力应不小于 15 Pa。烟道理论排烟压头用下式计算：

$$P = 3550H\left(\frac{1}{T_0} - \frac{1}{T}\right) \tag{7 – 1}$$

式中：$P$——理论排烟压头，Pa；

　　　$H$——烟道高度，m；

　　　$T_0$——灶具外空气绝对温度，K；

　　　$T$——烟道内烟气平均温度，K。

多台灶具共用一个总烟道时，每台灶具的水平烟道上应设闸板，蒸锅灶烟道闸板上应开一个 50 ~ 100 mm 的孔。总烟道伸出平屋顶高度不小于 1.0 m。

（2）排烟管

灶具本身具有排烟管称为一次排烟管，其后用薄钢板制作安装的烟道称为二次排烟管，二次排烟管管径不得小于灶具排烟管口直径，并且应有 0.5 m 以上的垂直排烟管，再接水平排烟管，水平排烟管总长不宜超过 3 m，并有不小于 0.01 的坡度，坡向炉具。

由于气候影响，排烟管内烟气可能产生冷凝水时，应对排烟管做绝热层，并在排烟管下端设冷凝水排出孔。

排烟管距可燃墙面和顶棚应保持一定的安全防火距离，排烟管的顶端应安装防雨帽。

## 7.2　室外燃气管道及设备安装

在大城市，街道燃气管网大都布置成环状，只有边缘地区，才采用枝状管网。燃气由街道高压管网或次高压管网，经过燃气调压站，进入街道中压管网。然后，经过区域的燃气调压站，进入街道低压管网，再经庭院管网而接入用户。临近街道的建筑物也可直接由街道管网引入。在小城市里，一般采用中—低压或低压煤气管网。

庭院燃气管路是指燃气总阀门井以后至各建筑物前的户外管路(图7-14)。

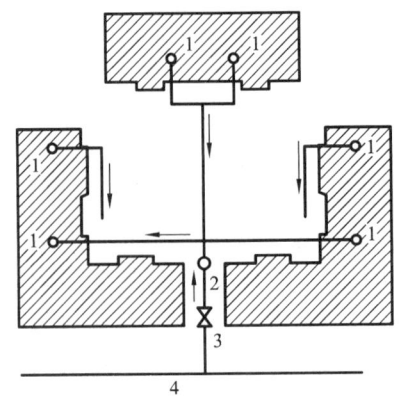

图7-14 庭院燃气管道

1—燃气立管；2—凝水管；3—燃气阀门井；4—街道燃气管

## 7.2.1 室外燃气管道的安装

室外燃气管道一般采用埋地敷设，也可采用架空敷设。埋地敷设不得穿过其他管沟，特殊情况必须穿越时，燃气管道应加套管，穿越城市道路、铁路时，除了设置套管外，套管内的空隙必须用砂填实。当燃气进气管埋设在一般土质的地下时，可采用铸铁管、青铅接口或水泥接口；亦可采用涂有沥青防腐层的钢管，焊接接头。如埋设在土质松软及容易受震地段，应采用无缝钢管，焊接接头。

庭院燃气管敷设在土壤冰冻线以下0.1m的土层内，根据建筑群的总体布置，庭院燃气管道宜与建筑物轴线平行，并埋于人行道或草地下，管道距建筑物基础应不小于2m，与其地下管道的水平净距为1.0m以上，与树木应保持至少1.2m的水平距离。庭院燃气管不能与其他室外地下管道同沟敷设，以免管道发生漏气时经地沟渗入建筑物内。

埋地燃气管道要加强防腐保护，阀门应设在阀门井内。埋地燃气管道的安装过程包括管沟开挖、管子排放与下管、管道连接(撞口和接口方法)、防腐等。具体的施工方法参照室外给水管道安装方法执行。

## 7.2.2 室外燃气设备的安装

室外燃气设备包括凝水器和储气设备等。

1.凝水器的安装

根据燃气的性质及含湿状况，当有必要排除管网中的冷凝水时，管道应具有不小于0.003的坡度，坡向凝水器。并且应定期排除凝水器中的凝结水。图7-15为低压凝水器构造图和安装示意图。

2.储气设备的安装

为了保证城市高峰用气，城市燃气管网应设储气设备。储气设备有罐式和柜式两种。

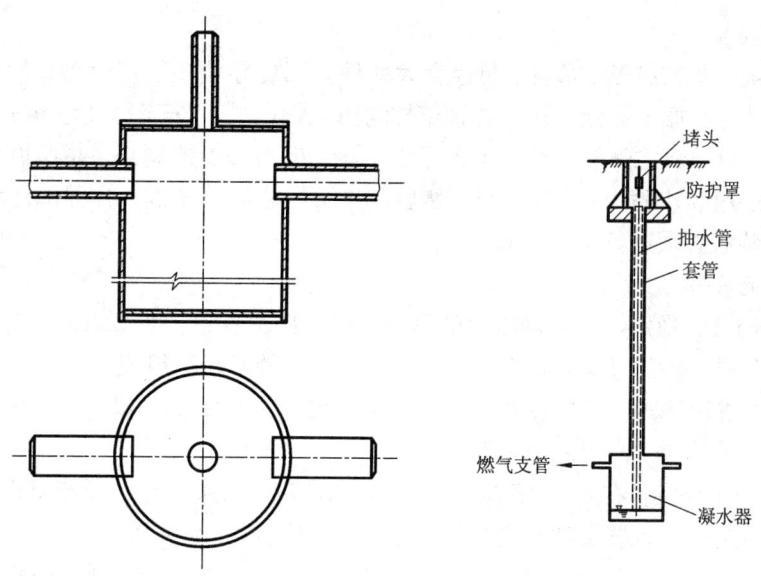

图 7 – 15　低压凝水器构造及安装示意图

（1）球形储气罐

1）球罐的组成

由球壳、支撑杆（架）、梯子、平台、管口和其他附件组成。球壳通常分为几个环带。容积小于 120 m³ 的，分为三个环带（上极带、赤道带和下极带）；容积为 120～1000 m³ 的，分为五个环带（上温带、上极带、赤道带、下极带、下温带）；容积为 2000 m³ 以上的，分为七个环带（上寒带、上温带、上极带、赤道带、下极带、下温带、下寒带）。球壳是储存燃气的主体；支撑杆件要承受球体、接管、梯子、平台及附件等的重量以及风、雨、雪等的外荷载；梯子和平台是供定期检查和经常性维修用的，梯子有直梯、斜梯、圆形梯和螺旋梯四种；附件包括温度计、压力表、安全阀、消防喷淋装置、防雷装置、静电接地装置和各种阀门等。

2）球罐的组装

球罐的组装分为环带组装和逐块组装两种。

环带组装是先将各带组对成环带，再逐环组对成球体。这种组对法先用枕木、钢轨和钢板铺设组对平台，平台要水平、稳固、不变形。组对时，要在平台上先画出环带的上、下口直径的同心圆，壳板沿圆周组对。

逐块组装是直接在球罐的基础上将壳体一块一块组装成球体。其安装可以下寒带或赤道带为基准开始，以下寒带为基准的安装顺序是：搭设平台→安装托架→安装中心柱→组装下寒带→组装赤道带→安装支柱→组装上温带→组装上寒带→组装上极板→组装下极板。球罐安装后必须进行压力试验。

（2）螺旋储气柜

1）气柜的组成

气柜的主要组成部分有：基础、水槽、塔节、塔顶、水封装置、螺旋导轨、塔梯等。塔节安装在水槽顶部环形平台上，塔节之间用水封装置密封，储存和输送燃气时，随着柜内燃气压力的高低，塔节沿螺旋导轨上升或下降。水槽和塔节均为钢板焊接而成。

2)气柜的安装

气柜组装前,要先加工小部件,再组合大部件。螺旋导轨一般用轻型钢轨制作,先加工胎具,再以胎具为准加工螺旋导轨。各种壁柱均由型钢(角钢、槽钢、工字钢)构成。由于导轨为螺旋形,两根导轨之间的塔节板呈菱形,故塔节板均按菱形制作,菱形板采用 3~4 mm 的钢板。气柜的组装步骤为:先装水槽,然后装塔节、塔顶和导轨。各种部件均应进行防腐处理。气柜安装后必须进行压力试验。

3.调压站的安装

调压站是调节和稳定燃气管网压力的设施,它包括调压室、进出站的管道、阀门等。调压室一般由调压器、阀门过滤器、补偿器、安全阀和测量仪表等组成。进出站的燃气管道一般是埋地敷设,进出站阀门设置在调压室外的阀井内,距外墙 10 m 以上。阀门附近要设放散管。放散管应接出室外,高出屋面 1.5 m。

调压室内的所有设备在安装前都要进行检查和清洗,按照设计图纸核对设备和材料,检查是否齐全和完好,然后按设计图进行放线定位,再按照"先地下后地上、先设备后仪表"的次序进行安装。对阀门要进行空气压力试验或渗煤油试验,安装后的阀门手轮应按不同的操作压力涂刷不同的颜色,高压刷红色、中压刷黄色、低压刷绿色。

调压站安装完毕要进行强度和气密性试验。采用压缩空气试验,试压时用肥皂水检查所有接口的气密性,试验压力达到标准后应稳压 6 h,然后观测 12 h,以压力降不超过初压的 1% 为合格。

# 7.3　燃气管道系统的试压

燃气管道的密封性能相当重要,事关人民的生命和财产安全,燃气管道安装后,必须进行试压。

1.试压前的准备

(1)材料

钢管、高压橡胶输气管及接头、气压表、安全阀、水、肥皂和铁丝。

(2)机具

空气压缩机、补偿式微压计、测漏计、电动打压泵、手压泵、压力表、管钳子、活动扳手、克丝钳、三角木、方木和灰袋子。

(3)作业条件

①室内燃气管道已经全部施工完毕。

②庭院管道或引入管已经分别施工完毕。

③管道工作压力 $P \leqslant 5$ kPa 的燃气管道,外观检查已经全部合格。

④管道工作压力 $P > 5$ kPa 时,焊口经外观检查均符合质量要求。

⑤管道基础、坐标、标高、坡度、管道安装、闸阀、抽水缸等经全面检查验收已全部合格,均达到室内外燃气管道安装的允许偏差。

⑥所使用的热水器和其他用气设备均为国家规定厂家生产的合格产品。

⑦试压用的压缩空气机及其附属设备均已准备齐全,并经检查待用。

⑧试压用的压缩空气通过高压橡胶输气管及钢管已和被试压燃气管道连接妥当,试压用

的压力表、安全阀等也均准备齐全，连接好待用。

2. 操作工艺

操作工艺如下：

①燃气管道试验前应进行吹扫，吹扫和试验介质都以采用压缩空气为宜。钢管管道吹扫时，吹扫口应设在宽敞地段并且应加固。每次吹扫管道的长度，都根据吹扫用的介质、压力和气量来确定，不宜超过 3 km。吹扫时应反复进行数次，直到吹净为止，同时做好记录。调压装置不得与管道同时吹扫。

②使用清管球清扫时，发球次数以达到管道清洁为准。但管段直径必须统一规格，凡影响清管球通过的管件、设施，在清管前均应采取必要措施。视管道长短，可将管件、设施临时拆下或临时用同径的管道连接，待清扫合格后再装好管件。

③燃气管道的强度和气密性试验，可以酌情分段进行。室外的庭院管道长度小于 100 m 时可不做强度试压和气密性试验。室内燃气管道试压实验分为两步：先不带燃气表试压、试验，再进行包括燃气表在内的室内燃气管道总体试压，即从燃气引入管的旋塞开始，至双叉气嘴结束。

④燃气管道、设备竣工且验收合格后，超过三个月未通气使用时，开栓之前仍需重新进行整体试压和气密性试验。强度试验与试压禁用燃气和氧气，燃气管道一般情况下都用压缩空气进行强度和严密性试压与试验，其操作工艺可按下述⑤～⑨进行。

⑤室内煤气管道试压不包括煤气表，用压缩空气为介质打进管道内，使压力缓缓升高，试验压力达到 5 kPa 时，稳压 10 min 内压力不降、不漏气为合格。

⑥室内燃气管道总体试压从燃气引入管的旋塞开始至双叉气嘴为止。往燃气管道内打入压缩空气，使管道内的压力缓慢升高，试验压力达到 3 kPa 时，稳压 10 min 内压力不降、不漏气为合格。

⑦室内燃气管道直径大于 75 mm 时，试压从引入口的旋塞至双叉气嘴止（不包括燃气表），打入压缩空气，使室内压力缓慢升高，试验压力达到 20 kPa，稳压 30 min 内压力不降、不漏气为合格，稳压过程中应仔细检查。

⑧庭院管道按城市低压燃气管网试压标准进行。用压缩空气为介质打进庭院管道内，当试验压力达到 0.1 MPa 的空气压力时，稳压 1 h，仔细检查，压力表不降、不漏气为合格。庭院管强度试验合格后，再进行气密性试验。以压缩空气为介质，使庭院管内压力慢慢升高，试验压力达到 20 kPa 气压时，观察 24 h 为宜，压力降不超过验收规范计算结果为合格。

⑨零散的燃气用户及用气设备的改装、新装、分表等情况，以 3 kPa 的压缩空气试验，稳压 10 min 压力不降、不漏气为合格。

以上试压过程中，均应对所有的管口、法兰丝扣等连接部位用肥皂液涂抹的方式检查是否漏气，检查中若接口呈连续状或点状漏气，凡超过两处以上的必须返工，返工的接口超过试验管道接口的 5%，应重新做强度试验，并且必须检查邻近接口是否受影响。

## 复习思考题

1.室内燃气管道安装有哪些要求?

2.室内外燃气管道常用的管材有哪些?各种燃气管道的连接方式有哪些?

3.室内燃气管道安装一般遵循什么顺序?

4.室内燃气引入管安装有哪些要求?

5.室内燃气表安装有哪些要求?

6.高层建筑物室内燃气管道安装时应注意哪些问题?

7.室内燃气管道安装完成后应依次进行哪些试验?为什么要进行这些试验?如何进行这些试验?

8.室外燃气管道安装有哪些要求?

9.室外燃气管道采用埋设敷设时应遵循哪些基本要求?

10.室外燃气管道安装完成后应依次进行哪些试验?为什么要进行这些试验?如何进行这些试验?

# 第8章 管道与设备的防腐与绝热

为了保证管道与设备的使用寿命和暖通空调系统的正常运行,必须对其进行防腐处理;为了保证暖通空调系统运行的效果和经济性,还必须对其进行保温处理。这是建筑设备安装施工的最后两道工序。

## 8.1 管道与设备的防腐

### 8.1.1 管道及设备的除锈

**1.手工除锈**

手工除锈通常是用钢丝刷、铁纱布、锉刀及刮刀将金属表面的铁锈、氧化皮、铸砂等除去,并用蘸有汽油的棉纱擦干净。常见手工除锈工具如图8-1所示。

手工除锈强度大、环境欠佳、效率低,质量也不理想,但因为手工除锈工具简单、操作方便,所以对工程量小的管材或设备表面除锈仍被广泛采用。这种除锈方法只需用钢丝刷、砂纸等刷磨管子表面,使管子露出金属光泽即可。

手工除锈按除锈的程度分为轻锈、中锈和重锈三种,区分标准如下。

轻锈:部分氧化皮开始破裂脱落,红锈开始发生。

中锈:氧化皮部分破裂脱落,呈堆粉末状,除锈后用肉眼能见到腐蚀小凸点。

重锈:氧化皮大部分脱落,呈片状锈层或凸起的锈斑,除锈后出现麻点或麻坑。

**图8-1 手工除锈工具实物图**

**2. 机械除锈**

常用的机械除锈有钢管外壁除锈机除锈和电动钢丝刷除锈机除锈等方法，详见图 8 - 2。

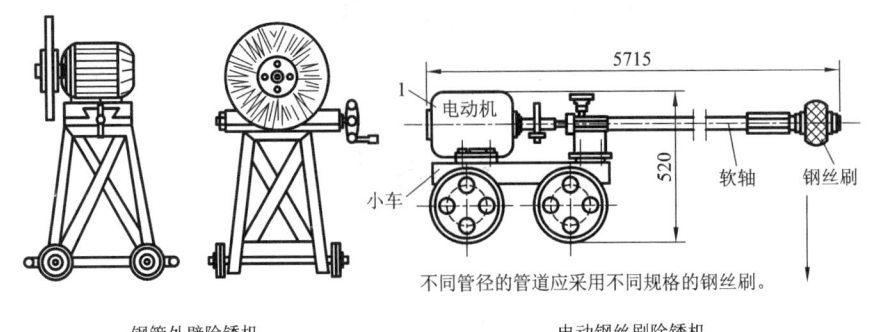

钢管外壁除锈机　　　　　　　　　电动钢丝刷除锈机

图 8 - 2　钢管外壁除锈机、电动钢丝刷除锈机示意图

**3. 喷砂除锈**

采用 0.35 ~ 0.5 MPa 的压缩空气，把粒度为 1.0 ~ 2.0 mm 的砂子喷射到有锈污的金属表面上，靠砂粒的打击去除金属表面的锈蚀、氧化皮等，喷砂装置示意图如图 8 - 3 所示。喷砂除锈操作简单、效率高、质量好，但喷砂过程中会产生大量的灰尘，污染环境，影响人们的身体健康。为减少尘埃的飞扬，可用喷湿砂的方法来除锈。喷湿砂除锈是将砂子、水和缓

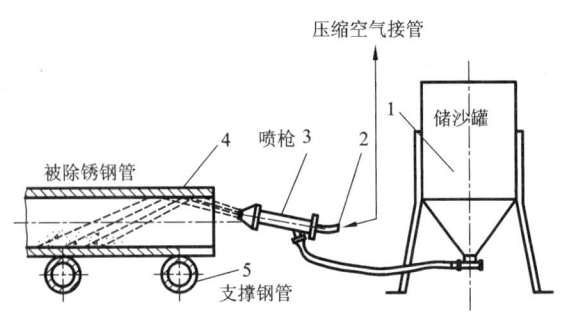

图 8 - 3　喷砂装置示意图

蚀剂在储砂罐内混合，然后沿管道至喷嘴高速喷出。水中加入少量碳酸钠和少量肥皂粉作为缓蚀剂(磷酸三钠、亚硝酸钠等也可作为缓蚀剂)，能使除污后的金属表面形成一层保护膜，让除锈金属短时间内不生锈。

**4. 化学除锈**

化学除锈又称酸洗，常用的酸洗方法有槽式浸泡法和管洗法。

(1)槽式浸泡法

槽式浸泡法的操作程序为：将管子放入酸洗槽中浸泡，并用目测检查，当管子内外壁呈现金属光泽时，立即将管子放入氨水或碳酸钠溶液中浸泡，使管壁内外的酸性物质完全被中和，然后将管子放入热水槽中冲洗，最后使管子干燥并及时涂涂料。

(2)管洗法

将酸溶液灌入管内后，将管子两端密封，然后转动管子，并注意控制酸洗的时间，酸洗后立即将中和液灌入管内，然后冲洗、干燥、涂涂料。

### 8.1.2 管道及设备的腐蚀与防腐

设备及管道防腐蚀常采用以下措施：

①选用耐腐蚀材料(如选用不锈钢等)。

②涂覆保护层(油漆或沥青等)。

③镀金属保护层(如在金属表面镀锌等)。

④电化学保护(阴极保护和牺牲阳极保护)。

⑤改善周围环境。

**1.防腐涂料选择**

防腐涂料的选用应考虑下列因素：

①被涂物的使用环境。

②被涂物表面材料的性质。

③施工条件。

④经济效果。

**2.管道及设备防腐施工**

管道及设备表面应在进行严格的表面处理(如清除铁锈、灰尘、油脂、焊渣等)之后，再进行防腐涂料的施工。

**3.涂料涂刷方式**

(1)手工涂刷法

手工涂刷环境温度宜为5~40℃，自然干燥；涂刷应自上而下，从左至右，先里后外，先难后易，纵横交错地进行。手工涂刷要求刷底漆两道，面漆两道。

(2)喷涂法

涂料喷涂利用压缩空气通过喷嘴时产生的高速气流抽引贮漆罐内漆液，并将其雾化，喷涂于物体的表面。一般采用油漆喷枪喷涂(如图8-4所示)，喷涂环境温度宜为15~30℃，一般距离工件表面250~350 mm，移动速度为10~15 m/min。喷涂漆膜厚薄均匀，表面平整光亮，耗料少，表面平整光亮，效率高。

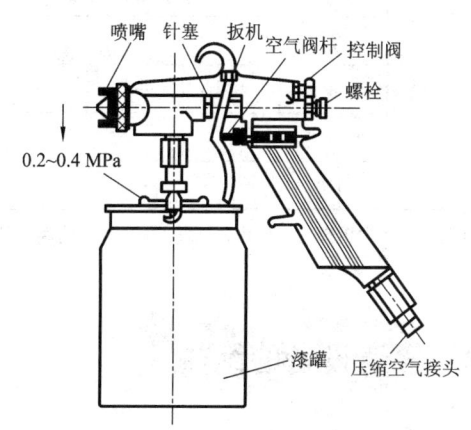

**图8-4 油漆喷漆示意图**

**4.管道及设备的防腐**

(1)防腐等级

根据不同土壤的性质，土壤腐蚀性等级常分为三类，土壤腐蚀性等级分类见表8-1。

(2)沥青防腐

沥青是管道防腐的主要材料。防腐工程中一般采用建筑石油沥青、专用石油沥青、普通石油沥青和环氧煤沥青等，输送介质温度不超过80℃时，应采用防腐石油沥青。沥青具有良好的黏结性、不透水、不导电性、价格低廉、便于施工现场施工以及抵抗稀酸、稀碱、盐、水和土壤的侵蚀的优点。但是，沥青不耐氧化剂和有机溶剂的腐蚀，耐气候性不强。具体施工方法见表8-2。

表 8 - 1　土壤腐蚀性等级表

| 土壤腐蚀性等级 | 土壤腐蚀性质 | | | | 防腐蚀等级 |
|---|---|---|---|---|---|
| | 电阻率 /($\Omega \cdot m$) | 含盐量 /% | 含水量 /% | $\Delta V = 500\ mV$ 时极化电流密度 /($mA \cdot cm^{-1}$) | |
| 弱 | >20 | <0.05 | <5 | <0.025 | 普通级 |
| 中 | 5~20 | 0.75~0.05 | 5~12 | 0.3~0.025 | 加强级 |
| 强 | <5 | >0.75 | >12 | >0.3 | 特加强级 |

表 8 - 2　防腐工程施工方法表

| 防腐等级 | | 普通级(弱性) | 加强级(中性) | 特加强级(强性) |
|---|---|---|---|---|
| 防腐层总厚度/mm | | ≥4 | ≥5.5 | ≥7 |
| 防腐层结构 | | 三油二(三)布 | 四油三(四)布 | 五油四(五)布 |
| 防腐层数 | 1 | 冷底子油一层 | 冷底子油一层 | 冷底子油一层 |
| | 2 | 石油沥青厚≥1.5 mm | 石油沥青厚≥1.5 mm | 石油沥青厚≥1.5 mm |
| | 3 | 玻璃布一层 | 玻璃布一层 | 玻璃布一层 |
| | 4 | 石油沥青厚1.0~1.5 mm | 石油沥青厚1.0~1.5 mm | 石油沥青厚1.0~1.5 mm |
| | 5 | 玻璃布一层 | 玻璃布一层 | 玻璃布一层 |
| | 6 | 石油沥青厚1.0~1.5 mm | 石油沥青厚1.0~1.5 mm | 石油沥青厚1.0~1.5 mm |
| | 7 | — | 玻璃布一层 | 玻璃布一层 |
| | 8 | — | 石油沥青厚1.0~1.5 mm | 石油沥青厚1.0~1.5 mm |
| | 9 | — | — | 玻璃布一层 |
| | 10 | — | — | 石油沥青厚1.0~1.5 mm |

备注：现代常用聚乙烯带代替玻璃丝布，如此防腐最外层应再包缠一层聚乙烯带

## 8.2　管道设备的绝热

### 8.2.1　绝热材料性能要求

工程上，通常把室温下导热系数低于 0.2 W/(m·K)的材料称为绝热材料。主要技术性能包括：材料导热系数、密度、耐热性、物理化学性能、吸水性、机械强度和耐燃性能。

绝热，俗称保温，工程上分为保温绝热和保冷绝热两个方面。对于设备及管道绝热，相关国家标准提出了更严格的限定：

①用于保温时，其绝热材料及制品在平均温度小于等于 623 K(350℃)时，导热系数值不得大于 0.12 W/(m·K)；

②用于保冷时,其绝热材料及制品在平均温度小于等于 300 K(27℃)时,导热系数值不得大于 0.064 W/(m·K)。

### 8.2.2　常用绝热材料

对于保温工程材料,要求热稳定性好。而保冷工程材料要求容量轻、吸湿率小。常用保温工程材料有膨胀珍珠岩制品、超细玻璃棉制品、岩棉制品、矿棉制品、硬质聚氨酯泡沫塑料等。常用保冷工程材料有硬质聚氨酯泡沫塑料、可发性自熄聚苯乙烯泡沫塑料制品、橡塑海绵制品、软木等。常用绝热材料制品及性能见表 8-3,常用绝热材料和绝热材料制品实物如图 8-5 和图 8-6 所示。

表 8-3　常用绝热材料制品及性能

| 材料名称 | | 使用密度/(kg·m⁻¹) | 导热系数/W/(m·k) |
|---|---|---|---|
| 超细玻璃棉制品 | 板 | 48 | ≤0.043 |
| | | 64~120 | ≤0.042 |
| | 管 | ≥45 | ≤0.043 |
| 岩棉及矿渣棉 | 板 | 80 | ≤0.044 |
| | | 100~120 | ≤0.046 |
| | | 150~160 | ≤0.048 |
| | 管 | ≤250 | ≤0.044 |
| 复合硅酸铝镁制品 | 板 | 45~80 | ≤0.036 |
| | 管(硬质) | ≤250 | ≤0.041 |
| 聚氨酯泡沫塑料制品 | | 30~60 | ≤0.027 |
| 聚苯乙烯泡沫塑料制品 | | ≥30 | ≤0.0349 |

聚氨酯泡沫板

聚氨酯泡沫保温管

图 8-5　常用绝热材料实物

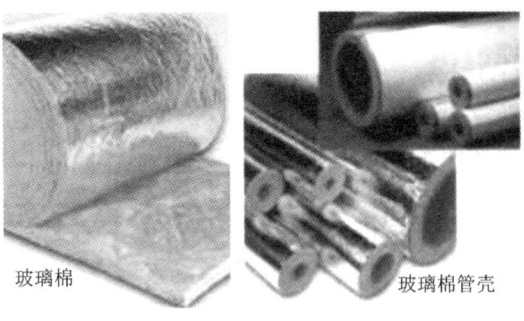

玻璃棉　　　　　　　　玻璃棉管壳

聚乙烯泡沫塑料(PEF)制品

图 8 - 6　常用绝热材料制品

### 8.2.3　管道设备的绝热方法

1. 涂抹法

涂抹法是利用机械和气流技术将液料或粒料输送、混合至特制喷枪口送出,使其附着在绝热面成型的一种施工方法。涂抹法示意图如图 8 - 7 所示。

其中,绝热层的做法是将硅藻土与石棉粉或碳酸镁、碳酸钙等与石棉纤维等不定型的绝热材料按一定的配料比例加水调成胶泥涂抹于需要保温绝热的管道设备上。

2. 绑扎法

绑扎法是一种将绝热材料制品敷于设备及管道表面,再用捆扎材料将其扎紧、定位的绝热方法。绑扎法示意图如图 8 - 8 所示。

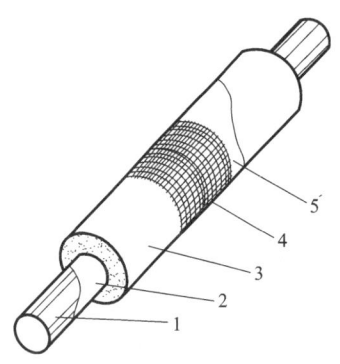
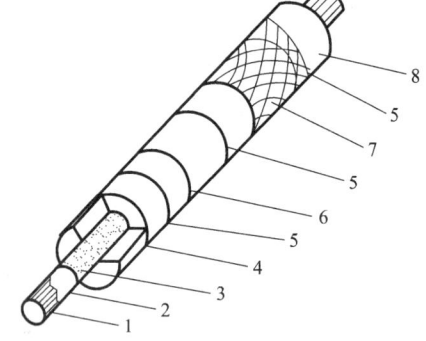

图 8 - 7　涂抹法示意图

1—管道;2—防锈漆;3—绝热层;
4—铁丝网;5—保护层;6—防腐漆

图 8 - 8　绑扎法示意图

1—管道;2—防锈漆;3—胶泥;4—绝热层;
5—镀锌铁丝;6—沥青油毡;7—玻璃丝布;8—防锈漆

3. 缠包法

缠包法适用于卷状的软质绝热材料(如各种棉毡等),成卷的材料适用于有振动或温度变化较大的地方。施工时需要将矿渣棉毡、玻璃棉毡或超细玻璃棉毡等成卷材料剪裁成 200 ~ 300 mm 的条带或整块,以螺旋状缠包到管道上。缠包法示意图如图 8 - 9 所示。

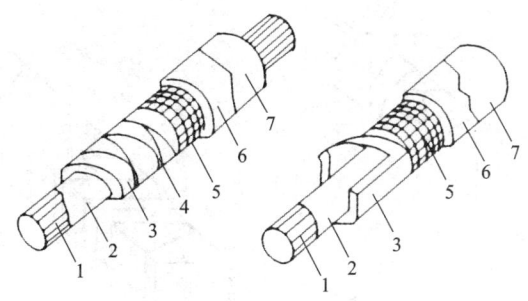

**图 8 - 9　缠包法示意图**

1—管道；2—防锈漆；3—保温毡；4—镀锌铁丝；5—铁丝网；6—保护层；7—防腐漆

**4. 套筒法**

套筒法多用于冷水管道或小型太阳能热水系统。其示意图如图 8 - 10 所示。保温筒或橡塑筒一般由矿纤材料加工而成。

**5. 浇筑法**

浇筑法是将配制好的液态原料或湿料倒入设备及管道外壁设置的模具内，使其发泡定型或养护成型的一种绝热施工方法。在实际工程中较少使用。其示意图如图 8 - 11 所示。

直埋预制保温管一般由工厂集中加工，并在聚氨酯硬质泡沫塑料外作聚乙烯保护套。

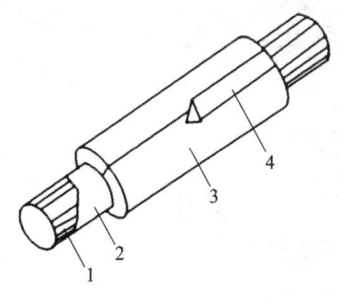

**图 8 - 10　套筒法示意图**

1—管道；2—防锈漆；3—保温筒；4—带胶铝箔带

聚氨脂泡沫塑料预制保温管，用玻璃丝布保护层

**图 8 - 11　浇筑法示意图**

**6. 粘贴法**

粘贴法是一种用胶黏剂(如 101 胶、酚醛树脂、环氧树脂)将绝热材料制品直接粘贴在设备及管道表面的施工方法，多用于空调系统及制冷系统的风管机水管的绝热。其示意图如图 8 - 12 所示。

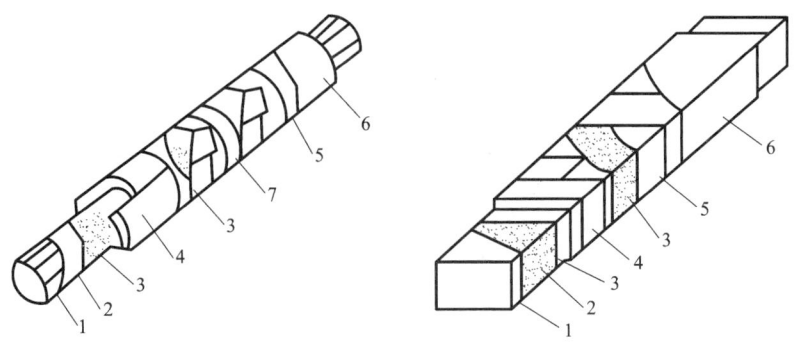

**图 8 - 12　粘贴法示意图**

1—管道；2—防锈漆；3—黏结剂；4—保温材料；5—玻璃丝布；6—防腐漆；7—聚乙烯薄膜

#### 7. 钉贴法

钉贴法是矩形风管采用较多的一种绝热方法。其示意图如图 8 - 13 所示。

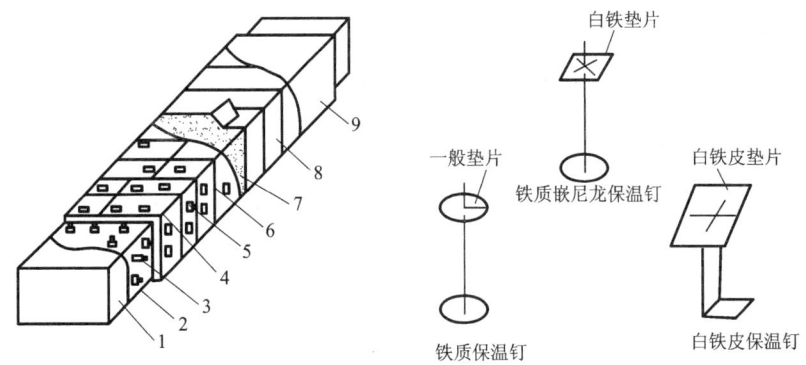

**图 8 - 13　钉贴法示意图**

1—管道；2—防锈漆；3—保温钉；4—保温板；
5—铁垫片；6—包扎带；7—黏结剂；8—玻璃丝布；9—防腐漆

### 8.2.4　绝热工程实物

绝热工程实物如图 8 - 14 所示。

**图 8 - 14　绝热工程实物图**

## 复习思考题

1. 管道及设备防腐前为什么要进行除锈处理?
2. 常用的管道与设备防腐工艺程序是什么?
3. 常用的管道与设备防腐做法有哪些?
4. 埋地管道的防腐层级别有哪些? 结构做法有哪些?
5. 防腐工程中,除了涂刷涂料以外还有哪些防腐措施?
6. 管道绝热的目的是什么? 对绝热材料有哪些要求?
7. 保温层的做法有哪些? 保温的方法有哪些?
8. 保温和保冷做法上的区别有哪些?
9. 空调风道的保温做法有哪几种?
10. 管道电伴热的做法是什么?
11. 管道保护层的做法有哪些?

# 参考文献

[1] 邵宗义，曹兴，邹声华.建筑设备施工安装技术[M].北京：机械工业出版社，2015

[2] 黄炜.建筑环境与设备[M].徐州：中国矿业大学出版社，2006

[3] 邬振耀，徐德胜，孙兆礼，朱寅生.制冷与空调[M].上海：上海交通大学出版社，1991

[4] 马最良，等.水环热泵空调系统设计[M].北京：化学工业出版社，2005

[5] 刘耀华.安装技术[M].北京：中国建筑工业出版社，1997

[6] 张祉祐.制冷原理与设备[M].西安：西安交通大学出版社，1986

[7] 王增长.建筑给水排水工程[M].北京：中国建筑工业出版社，1998